생물정보학을 위한 파이썬

생물정보학을 위한 파이썬

유연한 파이썬 코드 작성, 테스트, 리팩토링

황태웅 옮김 켄 유엔스 클락 지음

i!i
에이콘

에이콘출판의 기틀을 마련하신 故 정완재 선생님 (1935-2004)

옮긴이 소개

황태웅(taeung2008@gmail.com)

고등학교 때 생물이 재밌어서 경희대학교 유전공학과에 입학했고, 2학년 때 '생물정보학을 위한 파이썬'이라는 전공 과목을 듣고 생물과 코딩의 조합에 빠져 생물정보학을 공부하게 됐다. 더 깊게 공부하고 싶어서 식물유전체학 연구실에서 벼를 키우며 생물정보학을 배웠다. 실험실에서는 리눅스 시스템 내에서 파이썬과 R로 분석해 연구를 진행했다. 생물정보학을 배우다 보니 유전자에 관한 지식보다는 소프트웨어 코딩에 조금 더 관심을 갖게 됐고, 웹 프로그래머가 되고자 독학을 해서 웹 개발자로 취직했다. 현재는 롯데정보통신 회사에서 소프트웨어 개발자로 일하는 중이며, 앱 개발도 배워 여러 개발을 해보고 싶다는 생각을 하고 있다.

옮긴이의 말

생물정보학은 생명공학과 컴퓨터공학 두 가지 지식을 모두 갖고 있어야 제대로 이해할 수 있다고 생각한다. 특히 컴퓨터공학 지식을 더 많이 갖고 있다면 더 이해하기 쉬운 학문인 것 같다. 왜냐하면 내가 생물정보학을 처음 배울 때 이해를 하나도 못 했었기 때문이다. 그러나 이 책을 번역하면서 생명공학에 대한 지식이 부족해서가 아니라, 컴퓨터 지식이 없어서였다는 사실을 깨달았다. 소프트웨어 개발자가 된 지금은 컴퓨터 용어에 대한 지식을 통해 파이썬 로직이 왜 그렇게 진행되는지 이해할 수 있게 됐다.

그렇기 때문에 컴퓨터 코딩 지식, 특히 파이썬과 알고리듬을 배웠다면 이 책을 이해하기 수월할 것이다. 특히, 문서화하고 테스트하는 과정은 생명공학도로서는 이해하기 힘들 수 있다. 테스트는 테스트 주도 개발론^{TDD}적으로 꼭 필요한 과정이고, 문서화하는 과정도 개발자가 소통하기 위해 꼭 필요한 과정이다. 그렇기 때문에, 개발자의 입장에서 쓴 생물정보학 책이라고 볼 수 있다.

그렇지만 생명공학도가 봐도 좋은 책이다. 코드로 분석하는 방법을 정말 자세히 설명하고 있어서 초보자도 차근차근 따라하기 쉽다. 물론 파이썬에 대한 기초 지식은 있어야 이해하기 쉽다. 생명공학도든 개발자든 생물정보학을 기초부터 시작해서 깊이 있게 배우고 싶다면 이 책이 큰 도움이 될 것이라고 확신한다.

이 책은 나의 첫 번째 번역 책으로 서툴게 진행했다. 그렇지만 책을 번역하면서 많이 배웠으며, 아직도 개발적으로 지식이 부족하다는 생각을 자주 했다. 독자들은 책을 차근차근 읽으며 나보다 더 많이 얻어갔으면 좋겠다. 책을 읽으며 표현이 어색하거나 해석이 이상한 부분이 있다면 언제든 피드백을 주길 바란다.

지은이 소개

켄 유엔스 클락 Ken Youens-Clark

약 25년 동안 프로그래밍을 해왔다. 노스텍사스대학교University of North Texas에서 음악으로 시작해서 영문학으로 끝난 방황하는 학부 교육을 받은 후, 직장에서 다양하고 잡다한 언어를 사용해서 프로그래밍을 배웠다. 결국 생물정보학 실험실에 들어갔고, 생물정보학이 전에 했던 프로그래밍들보다 훨씬 더 멋져 보인다고 생각했으며, 그래서 생물정보학을 고수했다. 미국 애리조나 주 투싼Tucson에 살고 있으며, 애리조나대학교University of Arizona에서 2019년에 바이오시스템 공학 석사 학위를 취득했다. 코딩을 하지 않을 때는 요리하고, 음악을 연주하고, 자전거를 타고, 아내와 3명의 아이들과 함께 있는 것을 즐긴다.

감사의 글

편집자 코빈 콜린스Corbin Collins를 포함해 이 책을 검토한 많은 사람에게 감사하고 싶다. 전체 프로덕션 팀, 특히 내 프로덕션 편집자 케이틀린 게건Caitlin Ghegan, 기술 평론가 알 쉐러Al Scherer, 브래드 풀턴Brad Fulton, 빌 루바노비치Bill Lubanovic, 랑가라잔 자나니Rangarajan Janani, 조슈아 오비스Joshua Orvis에게 감사한다. 그리고 마크 헨더슨Mark Henderson, 마크 바눌스 토르네로Marc Bañuls Tornero, 스콧 케인Scott Cain 박사를 포함한 많은 사람이 피드백을 줬다.

직업적으로 성장할 수 있도록 도와주고 더 나은 사람이 되도록 밀어준 멋진 상사, 관리자, 동료가 많이 있어서 정말 운이 좋았다. 에릭 토르센Eric Thorsen은 코딩을 배울 수 있는 잠재력이 내게 있다는 것을 처음으로 알려준 사람이었고, 영업과 지원에 대한 중요한 교훈뿐만 아니라 다양한 언어와 데이터베이스를 배우는 데 도움을 줬다. 스티브 레푸치Steve Reppucci는 boston.com의 상사였으며 펄과 유닉스에 대해 훨씬 더 깊이 이해하고 정직하고 사려 깊은 팀 리더가 되는 방법을 알려줬다. CSHL의 링컨 스테인Lincoln Stein 박사는 생물학에 대한 지식이 없는 내게 자신의 연구실에서 일할 기회를 줬고, 감히 상상도 못했던 프로그램을 만들도록 해줬다. 도린 웨어Doreen Ware 박사는 인내심을 갖고 생물학을 가르쳤고, 지도자 역할을 맡아 출판하도록 독려했다. 보니 후르비츠Bonnie Hurwitz 박사는 수년간 고성능 컴퓨팅, 더 많은 프로그래밍 언어, 멘토링, 교육, 글쓰기를 배우면서 나를 지원했다. 모든 위치에서, 인간으로서 프로그래밍에 대해 많은 것을 가르쳐 준 많은 동료가 있었고, 그 과정에서 도와준 모든 사람에게 감사의 말을 전하고 싶다.

나를 사랑하고 지원해준 가족이 없었다면 여기에 없었을 것이다. 부모님은 평생 동안 큰 지원을 해주셨다. 부모님이 없었다면 지금의 나는 없었을 것이다. 로리 킨들러Lori Kindler와 내가 결혼한 지 25년이 됐다. 그녀가 없는 삶은 상상할 수 없다. 우리는 함께 놀라운 기쁨과 도전의 원천이 된 3명의 아이를 낳았다.

차례

1부 | Rosalind.info 챌린지

1장 테트라뉴클레오타이드 빈도: 빈도수 계산   41

7장   mRNA를 단백질로 변환하기: 더 많은 함수형 프로그래밍   235

8장   DNA에서 모티프 찾기: 염기 서열 유사성 탐색하기   257

9장 중첩 그래프: 공유 K-mer를 사용한 염기 서열 조립　　279

10장 가장 긴 공유 부분 염기 서열 찾기: k-mer 찾기, 함수 작성, 이진 탐색 사용　　309

14장   열린 번역 프레임 찾기   393

2부 | 다른 프로그램

15장   Seqmagique: 보고서 생성과 형식 지정   411

들어가며

프로그래밍은 힘을 증가시킨다. 우리는 지루한 수작업에서 벗어나 연구를 가속화하기 위해 컴퓨터 프로그램을 작성할 수 있다. 모든 언어로 프로그래밍하면 생산성이 향상될 가능성이 높지만, 각 언어는 코딩 프로세스를 개선하거나 방해하는 서로 다른 학습 곡선과 서로 다른 개발 툴을 갖고 있다.

비즈니스에는 세 가지 선택지가 있다는 격언이 있다.

1. 빠르다
2. 좋다
3. 싸다

이 중 아무거나 2개를 선택한다.

프로그래밍 언어와 관련해서 파이썬^{Python}은 학습하는 것과 아이디어의 동작 프로토타입을 작성하는 것이 매우 쉽기 때문에 빠르게 작성할 수 있다는 점에서 최적의 위치에 있다. 따라서 거의 항상 모든 프로그램을 작성하는 데 사용하는 첫 번째 언어다. 내 프로그램은 일반적으로 노트북이나 작은 AWS 인스턴스와 같은 상용 하드웨어에서 충분히 실행되기 때문에 파이썬은 저렴하다고 생각한다. 그러나 언어 자체는 상당히 느슨하기 때문에 파이썬을 사용해서 좋은 프로그램을 만드는 것이 반드시 쉽지는 않다고 생각한다. 예를 들어 프로그램을 중단시키는 작업에서 문자와 숫자를 혼합할 수 있다.

이 책은 파이썬의 모범 사례와 다음과 같은 개발 툴에 대해 배우고자 하는 야심 찬 생물정보학 프로그래머^{bioinformatics programmer}를 위해 작성됐다.

- 파이썬 3.6부터 타입 지시를 추가할 수 있다. 예를 들어 변수가 숫자나 리스트와 같은 타입이어야 하고, `mypy` 개발 툴을 사용해서 타입이 올바르게 사용되는지 확인할 수 있다.

- `pytest`와 같은 테스트 프레임워크는 좋은 데이터와 나쁜 데이터를 모두 사용하고 코드를 실행해서 예측 가능한 방식으로 반응하는지 확인할 수 있다.

- `pylint`와 `flake8` 같은 개발 툴은 프로그램을 이해하기 어렵게 만드는 잠재적 오류와 스타일적인 문제를 찾을 수 있다.

- `argparse` 모듈은 프로그램의 인수를 문서화하고 검증할 수 있다.

- 파이썬 에코시스템을 사용하면 바이오파이썬^{Biopython}과 같은 수백 개의 기존 모듈을 활용해서 프로그램을 짧게 만들고 더 안정적으로 만들 수 있다.

위와 같은 개발 툴을 개별적으로 사용하면 프로그램 성능이 향상되지만, 개발 툴을 모두 결합하면 복합적인 방식으로 코드가 개선된다. 이 책은 그 자체로 생물정보학에 관한 교과서가 아니다. 파이썬이 제공하는 것이 무엇인지에 초점이 맞춰져 있기 때문에 재현 가능한 과학적 프로그램을 작성하는 데 적합하다. 즉 동일한 입력이 주어졌을 때 항상 동일한 출력을 생성하는 프로그램을 설계하고 테스트하는 방법을 소개할 것이다. 생물정보학은 제대로 작성되지 않고 문서화되지 않은 프로그램들로 가득 차 있고, 내 목표는 한 번에 한 프로그램별로 이 추세를 바꾸는 것이다.

프로그램 재현성의 기준은 다음과 같다.

매개 변수

모든 프로그램 매개 변수^{parameter}를 런타임 인수로 설정할 수 있다. 이는 프로그램의 동작을 변경하기 위해 소스 코드를 변경해야 하는 하드 코딩$^{hard\ coding}$된 값이 없음을 의미한다.

문서

프로그램은 매개 변수와 사용법을 출력해서 `--help` 인수에 응답해야 한다.

테스트

코드가 몇 설명서를 충족한다는 것을 증명하는 테스트 모음을 실행할 수 있어야 한다.

이 기준이 논리적으로 정확한 프로그램으로 이어질 것이라고 예상할 수도 있지만, 안타깝게도 에츠허르 데이크스트라^{Edsger Dijkstra}는 다음과 같은 유명한 말을 했다. "프로그램 테스트는 버그의 존재를 보여 주는 데 사용될 수 있지만, 버그가 없다는 것을 보여 주지는 않는다!"

대부분의 생물정보학자는 프로그래밍을 배운 과학자이거나 생물학을 배운 프로그래머(또는 둘 다 배워야 하는 나 같은 사람)다. 여러분이 생물정보학 분야에 어떻게 접근했는지에 간에 올바른 프로그램을 빠르게 작성하는 데 도움이 되는 실용적인 프로그래밍 기술을 보여주고 싶다. 이 책의 주장을 문서화하고 검증하는 프로그램을 작성하는 방법부터 시작할 것이다. 그런 다음 프로그램이 의도한 대로 작동하는지 확인하기 위해 테스트를 작성하는 방법을 보여줄 것이다.

예를 들어 첫 번째 장에서는 유전자^{DNA} 문자열에서 테트라뉴클레오타이드^{tetranucleotide} 빈도를 보고하는 방법을 소개한다. 꽤 간단하게 들리지 않는가? 사소한 아이디어이지만, 이 프로그램을 구성하고, 문서화하고, 테스트하는 방법을 보여 주기 위해 약 40페이지를 할애해야 할 것이다. 파이썬 데이터 구조, 구문, 모듈, 개발 툴의 여러 측면을 탐색할 수 있도록 프로그램의 여러 버전을 작성하고 테스트하는 방법에 많은 시간이 필요하다.

이 책의 대상 독자

프로그래밍 기술에 관심이 있고, 문서를 생성하고, 매개 변수를 검증하고, 우아하게 실패하고, 안정적으로 작동하는 프로그램을 작성하는 방법을 배우고 싶다면 이 책을 읽어야 한다. 테스트는 코드를 이해하고 코드의 정확성을 확인하는 데 중요한 기술이다.

내가 작성한 테스트를 사용하는 방법과 프로그램에 대한 테스트를 작성하는 방법을 소개할 것이다.

이 책을 최대한 활용하기 위해서는 파이썬에 대한 확실한 이해가 있어야 한다. 『21개의 작고 재미난 파이썬 프로젝트』(제이펍, 2021)에서 가르친 기술을 바탕으로 문자열, 리스트, 튜플, 딕셔너리, 집합, 명명된 튜플과 같은 파이썬 데이터 구조를 사용하는 방법을 보여줄 것이다. 파이썬 전문가가 될 필요는 없지만, 타입, 정규 표현식, 고차 함수에 대한 아이디어, 테스트와 스타일, 구문, 정확성 체크를 위한 pylint, flake8, yapf, pytest 개발 툴 사용 방법과 같은 몇 가지 고급 개념을 이해하도록 확실히 밀어줄 것이다. 한 가지 주목할 만한 차이점은 내가 이 책의 모든 코드에서 일관되게 타입 주석을 사용할 것이며, mypy 개발 툴을 사용해서 올바른 타입 사용을 보장할 것이라는 점이다.

프로그래밍 스타일: OOP와 예외를 피해야 하는 이유

나는 객체지향 프로그래밍OOP, Object-Oriented Programming을 피하는 경향이 있다. OOP가 무슨 뜻인지 몰라도 괜찮다. 파이썬 자체는 OO 언어이며, 문자열에서 집합에 이르는 거의 모든 요소는 기술적으로 내부 상태와 메서드를 가진 객체다. OOP가 의미하는 바를 느낄 수 있을 만큼 충분한 객체를 만나게 될 것이지만, 내가 제시하는 프로그램들은 아이디어를 표현하기 위해 객체 사용을 대부분 피할 것이다.

우선, 1장에서는 클래스를 사용해서 복잡한 데이터 구조를 나타내는 방법을 보여준다. 클래스를 사용하면 데이터 타입을 올바르게 사용하는지 확인할 수 있도록 타입 주석을 사용해서 데이터 구조를 정의할 수 있다. 이는 OOP를 이해하는 데 조금 도움이 된다. 예를 들어 클래스는 객체의 속성을 정의하고, 부모 클래스로부터 속성을 상속받을 수 있지만, 클래스는 본질적으로 내가 파이썬에서 OOP를 사용하는 방법과 이유에 대한 한계를 설명한다. 지금은 완전히 따르지 않아도 괜찮다. 한번 보면 이해할 수 있을 것이다.

나는 객체지향 코드 대신 거의 대부분 함수로 구성된 프로그램으로 설명할 것이다. 이 함수는 주어진 값에만 작용한다는 점에서 순수하다. 즉 순수 함수는 전역 변수와 같은 일부 숨겨진 변경 가능한 상태에 의존하지 않으며, 동일한 인수가 주어지면 항상 동일한 값을 반환한다. 또한 모든 함수에는 예상대로 작동하는지 확인하기 위해 실행할 수 있는 테스트가 있다. 이 테스트가 OOP를 사용해서 작성된 솔루션보다 더 투명하고 테스트하기 쉬운 더 짧은 프로그램으로 이어진다고 생각한다. 당신이 동의하지 않을 수 있고, 테스트를 통과하는 한 원하는 프로그래밍 스타일을 사용해서 솔루션을 작성하는 것을 환영한다. 파이썬 함수형 프로그래밍 방법 설명서(https://docs.python.org/3/howto/functional.html)는 파이썬이 함수형 프로그래밍FP, Functional Programming에 적합한 이유를 잘 보여준다.

마지막으로, 이 책의 프로그램들은 예외 사용을 피하는데, 예외는 개인적인 용도로 쓰는 짧은 프로그램들에 적합하다고 생각한다. 프로그램의 흐름을 방해하지 않도록 예외를 관리하는 것은 또 다른 수준의 복잡성을 증가시켜 프로그램을 이해하는 사람의 능력을 떨어뜨린다고 생각한다. 나는 일반적으로 파이썬에서 오류를 반환하는 함수를 쓰는 방법에 대해 불만이 있다. 많은 사람이 예외를 발생시키고 try/catch 블록이 실수를 처리하도록 한다. 나는 예외가 타당하다고 생각되면 종종 예외를 포착하지 않고 대신 프로그램을 중단하도록 선택한다. 이런 점에서 얼랭Erlang 언어의 창시자인 조 암스트롱Joe Armstrong이 말한 다음의 아이디어를 따른다. "얼랭 방식은 오류 수정 코드로 가득 찬 구불구불하고 작은 구절을 작성하지 않고 행복한 경로를 작성하는 것이다."

일반 공개용 프로그램과 모듈을 작성하기로 선택한 경우 예외와 오류 처리에 대해 훨씬 더 자세히 알아야 하지만 이는 이 책의 범위를 벗어난다.

이 책의 구성

이 책은 크게 두 부분으로 나뉜다. 1부는 Rosalind.info 웹 사이트에서 발견된 프로그래밍 문제 중 14개를 다룬다(http://rosalind.info/about).[1] 2부는 생물정보학에서 내가 중요

---

1   DNA의 구조를 발견하는 데 기여한 공로로 노벨상을 받았어야 했던 로잘린드 프랭클린(Rosalind Franklin)의 이름을 따서 명명됐다.

하다고 생각하는 다른 패턴이나 개념을 보여 주는 더 복잡한 프로그램을 다룬다. 모든 장에서는 작성해야 할 코딩 과제를 설명하고 작업 프로그램을 언제 작성했는지 확인할 수 있는 테스트 모음을 제공한다.

비록 'Zen of Python'(https://oreil.ly/20PSy)은 "프로그램을 수행하는 분명한 방법이 하나 있어야 하며, 가급적이면 하나만 있어야 한다"라고 말하지만, 나는 문제에 대해 다양한 접근 방식을 시도함으로써 상당히 많은 것을 배울 수 있다고 생각한다. 펄Perl은 생물 정보학으로 들어가는 관문이었고, 펄 커뮤니티의 '시도하기 위한 한 가지 이상의 방법이 있다TMTOWTDI, There's More Than One Way To Do It' 정신은 여전히 나에게 공감을 일으킨다. 일반적으로 각 장의 주제와 변형 접근 방식을 따르며, 파이썬 구문과 데이터 구조의 다양한 측면을 탐색하기 위한 많은 솔루션을 보여준다.

테스트 주도 개발

> 테스트하는 행동보다, 테스트를 설계하는 행동은 알려진 최고의 버그 방지 방법 중 하나다. 유용한 테스트를 만들기 위해 수행해야 하는 생각은 코드화되기 전에 버그를 발견하고 제거할 수 있다. 실제로 테스트 설계 사고는 개념부터 사양, 설계, 코딩, 기타 나머지까지 소프트웨어 생성의 모든 단계에서 버그를 발견하고 제거할 수 있다.
>
> – 보리스 베이저Boris Beizer,
> 『Software Testing Techniques』(Thompson Computer Press, 1983)

내 모든 실험의 기초는 프로그램이 계속해서 올바르게 작동하는지 확인하기 위해 지속적으로 실행하는 테스트 모음이 될 것이다. 기회가 있을 때마다 나는 켄트 벡Kent Beck이 쓴 『테스트 주도 개발』(인사이트, 2014)에 설명된 아이디어인 테스트 주도 개발TDD, Test-Driven Development을 가르치려고 노력한다. TDD는 코드를 작성하기 전에 코드의 테스트 작성을 주장한다. 일반적인 주기에는 다음이 포함된다.

1. 테스트를 추가한다.
2. 모든 테스트를 실행하고 새 테스트가 실패하는지 확인한다.

3. 코드를 작성한다.

4. 코드를 실행한다.

5. 코드를 리팩토링refactoring한다.

6. 반복한다.

깃허브GitHub 저장소(https://oreil.ly/yrTZZ)에서 이 책에서 작성할 각 프로그램에 대한 테스트를 찾을 수 있다. 테스트를 실행하고 작성하는 방법을 설명할 것이며, 자료가 끝날 때 당신이 TDD를 사용하는 상식과 기본적인 예의를 믿게 되기를 바란다. 테스트를 먼저 생각하는 것이 코딩을 이해하고 탐색하는 방식을 바꾸는 시작이 되기를 바란다.

커맨드 라인 사용과 파이썬 설치

생물정보학에 대한 나의 경험은 항상 유닉스Unix 커맨드 라인command line을 중심으로 이뤄졌다. 일상적인 작업의 대부분은 셸 스크립트shell script, 펄, 파이썬을 사용해서 기존 커맨드 라인 프로그램을 함께 연결하는 일종의 리눅스Linux 서버에서 이뤄졌다. 노트북에서 프로그램이나 파이프라인을 작성하고 디버깅할 수 있지만, 고성능 컴퓨팅HPC, High-Performance Compute 클러스터에 툴을 배포할 때 한밤중이나 주말에 사용자의 감독이나 개입 없이 스케줄러가 프로그램을 비동기식으로 실행하는 경우가 많다. 또한 데이터베이스와 웹 사이트를 구축하고 서버를 관리하는 모든 작업은 전적으로 커맨드 라인에서 수행되므로 생물정보학에서 성공하기 위해서는 이 환경을 마스터해야 한다고 생각한다.

나는 매킨토시를 사용해서 이 책의 모든 자료를 작성하고 테스트했으며, MacOS에는 커맨드 라인에 사용할 수 있는 터미널 앱이 있다. 또한 다양한 리눅스 배포판을 사용해서 모든 프로그램을 테스트했으며, 깃허브 저장소에는 도커Docker와 함께 리눅스 가상 시스템을 사용하는 방법에 대한 지침이 포함돼 있다. 또한 우분투Ubuntu 배포판 윈도우 시스템을 위한 리눅스WSL, Windows Subsystem for Linux 버전 1을 사용해서 윈도우 10의 모든 프로그램을 테스트했다. 진정한 유닉스 커맨드 라인을 사용하려면 윈도우 사용자에게 WSL을 적극 권장하지만 cmd.exe, PowerShell, Git Bash와 같은 윈도우 셸은 일부 프로그램에서 충분히 잘 작동한다.

프로그램을 작성, 실행, 테스트하는 데 도움이 되는 VS Code, PyCharm, Spyder와 같은 통합 개발 환경IDE, Integrated Development Environment을 탐색하는 것이 좋다. 이런 툴은 텍스트 편집기, 도움말 설명서, 터미널을 통합한다. 내가 모든 프로그램, 테스트, 심지어 이 책까지 터미널의 vim 편집기를 사용해서 작성했지만, 대부분의 사람은 적어도 Sublime, Text Mate, 또는 Notepad++와 같은 최신 텍스트 편집기의 사용을 선호할 것이다.

파이썬 버전 3.8.6과 3.9.1을 사용해서 모든 예제를 작성하고 테스트했다. 일부 예제는 버전 3.6에 없는 파이썬 구문을 사용하므로 해당 버전을 사용하지 않는 것이 좋다. 파이썬 버전 2.x는 더 이상 지원되지 않으며 사용해서는 안 된다. 나는 파이썬 다운로드 페이지(https://www.python.org/downloads)에서 최신 버전의 파이썬 3를 받았지만, 아나콘다 파이썬 배포판(https://www.anaconda.com)을 사용하는 데도 성공했다. 최신 버전을 설치할 수 있는 우분투의 apt 또는 맥Mac의 brew와 같은 패키지 관리자가 있거나 소스에서 빌드하도록 선택할 수 있다. 당신의 플랫폼과 설치 방법이 무엇이든 간에 언어는 계속 변경되기 때문에 대부분 더 좋은 최신 버전을 사용하는 것이 좋다.

몇 가지 이유로 프로그램을 주피터 노트북Jupyter Notebook이 아닌 커맨드 라인 프로그램으로 표시하기로 결정했다. 나는 데이터 탐색을 위해 주피터 노트북을 좋아하지만, 노트북의 소스 코드는 라인 중심 텍스트가 아닌 JSONJavaScript Object Notification으로 저장된다. 따라서 diff와 같은 개발 툴을 사용해서 두 노트북 간의 차이점을 찾는 것은 매우 어렵다. 또한 노트북은 매개 변수화할 수 없다. 즉 동작을 변경하기 위해 프로그램 외부에서 인수를 전달할 수 없으며 대신 소스 코드 자체를 변경해야 한다. 이것은 프로그램을 유연하지 않게 만들고 자동화된 테스트를 불가능하게 만든다. 특히 파이썬을 실행하는 대화식 방법으로 노트북을 탐색하는 것이 좋지만, 여기서는 커맨드 라인 프로그램을 작성하는 방법에 초점을 맞출 것이다.

코드와 테스트 코드 가져오기

모든 코드와 테스트는 책의 깃허브 저장소에서 이용할 수 있다. 다음 명령을 사용해서 깃^{Git} 프로그램(설치가 필요할 수 있음)을 이용해서 코드를 컴퓨터에 복사할 수 있다. 이렇게 하면 저장소의 내용을 사용해서 컴퓨터에 biofx_python이라는 새 폴더가 만들어진다.

```
$ git clone https://github.com/kyclark/biofx_python
```

IDE를 사용하는 경우 그림 P-1과 같이 해당 인터페이스를 통해 저장소를 복제할 수 있다. 많은 IDE는 프로젝트를 관리하고 코드를 작성하는 데 도움이 될 수 있지만 모두 다르게 작동한다. 간단하게 하기 위해 커맨드 라인을 사용해서 대부분의 작업을 수행하는 방법을 소개하겠다.

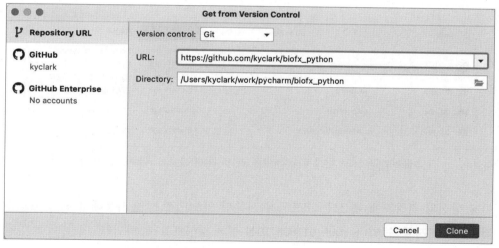

그림 P-1. 파이참 개발 툴은 깃허브 저장소를 직접 복제할 수 있다.

 파이참(PyCharm)과 같은 일부 개발 툴은 프로젝트 폴더 내에 가상 환경을 자동으로 만들려고 시도할 수 있다. 이는 컴퓨터의 다른 프로젝트에서 파이썬과 모듈 버전을 분리하는 방법이다. 가상 환경을 사용할지 여부는 개인의 취향이다. 그것들을 사용하는 것이 필수 사항은 아니다.

변경 사항을 추적하고 솔루션을 다른 사람과 공유할 수 있도록 자신의 계정에 코드 사본을 만드는 것이 좋다. 내 코드에서 분리하고 프로그램을 저장소에 추가하기 때문에 이를 포킹^{forking}이라고 한다.

내 깃허브 저장소를 포크하려면 다음을 수행한다.

1. GitHub.com에서 계정을 만든다.
2. 다음 링크(httpshttps://github.com/kyclark/biofx_python)로 이동한다.
3. 오른쪽 상단 모서리에 있는 Fork 버튼(그림 P-2 참고)을 클릭해서 당신의 계정에 저장소의 복사본을 만든다.

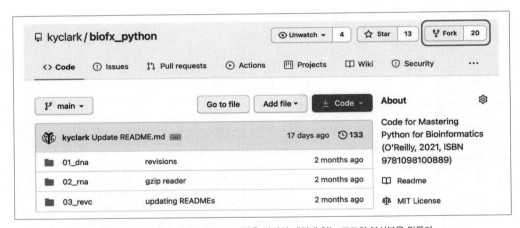

그림 P-2. 내 깃허브 저장소의 Fork 버튼은 당신의 계정에 있는 코드의 복사본을 만든다.

이제 당신의 저장소에 내 모든 코드의 복사본이 있으므로 깃을 사용해서 해당 코드를 컴퓨터에 복사할 수 있다. `YOUR_GITHUB_ID`를 실제 깃허브 ID로 바꿔라.

```
$ git clone https://github.com/YOUR_GITHUB_ID/biofx_python
```

당신이 복사본을 만든 후에 저장소를 업데이트할 수 있다. 업데이트를 받으려면 내 저장소를 상위 소스로 설정하도록 깃을 구성해야 한다. 이렇게 하려면 저장소를 컴퓨터에 복제한 후 biofx_python 폴더로 이동한다.

```
$ cd biofx_python
```

그리고 다음 명령을 실행한다.

```
$ git remote add upstream https://github.com/kyclark/biofx_python.git
```

내 저장소에서 저장소를 업데이트하고 싶을 때마다 다음 명령을 실행할 수 있다.

```
$ git pull upstream main
```

모듈 설치

여러 파이썬 모듈과 개발 툴을 설치해야 한다. 저장소의 최상위 경로에 requirements. txt 파일을 포함시켰다. 이 파일에는 책의 프로그램을 실행하는 데 필요한 모든 모듈을 나열한다. 일부 IDE는 이 파일을 검색해서 설치하도록 제안하거나 다음 명령을 사용할 수 있다.

```
$ python3 -m pip install -r requirements.txt
```

또는 pip3 개발 툴을 사용한다.

```
$ pip3 install -r requirements.txt
```

종종 pylint는 프로그램의 일부 변수 이름에 불만을 제기할 수 있으며, mypy는 종종 타입 주석이 없는 모듈을 불러올 때 몇 가지 문제를 일으킬 수 있다. 이러한 오류를 없애기 위해 프로그램이 동작을 사용자 정의하는 데 사용할 초기화 파일을 홈 폴더에 만들 수 있다. 소스 저장소의 루트에는 다음과 같이 홈 폴더에 복사해야 하는 pylintrc와 mypy. ini라는 파일이 있다.

```
$ cp pylintrc ~/.pylintrc
$ cp mypy.ini ~/.mypy.ini
```

또는 다음 명령을 사용해서 새 pylintrc를 생성할 수 있다.

```
$ cd ~
$ pylint --generate-rcfile > .pylintrc
```

이 파일들을 취향대로 자유롭게 사용자 정의하라.

new.py 프로그램 설치하기

파이썬 프로그램을 생성하는 new.py라는 파이썬 프로그램을 작성했다. 나는 이 프로그램을 내 자신을 위해 쓰고 나서 학생들에게 줬다. 왜냐하면 빈 화면에서 프로그램을 작성하기 시작하는 것이 꽤 어렵다고 생각하기 때문이다. new.py 프로그램은 argparse 모듈을 사용해서 커맨드 라인 인수를 해석하는 새롭고 잘 구성된 파이썬 프로그램을 만든다. 프로그램은 모듈 종속성과 함께 이전 절에서 설치돼 있어야 한다. 그렇지 않은 경우 다음과 같이 pip 모듈을 사용해서 설치할 수 있다.

```
$ python3 -m pip install new-py
```

이제 **new.py**를 실행해서 다음과 같은 내용을 확인할 수 있다.

```
$ new.py
usage: new.py [-h] [-n NAME] [-e EMAIL] [-p PURPOSE] [-t] [-f] [--version]
              program
new.py: error: the following arguments are required: program
```

각 연습에서는 new.py를 사용해서 새 프로그램을 작성할 것을 제안한다. 예를 들어 1장에서 다음과 같이 01_dna 폴더에 dna.py라는 프로그램을 생성한다.

```
$ cd 01_dna/
$ new.py dna.py
Done, see new script "dna.py".
```

그런 다음 **./dna.py -help**를 실행하면 프로그램 사용 방법에 대한 도움말 문서가 생성된다. 편집기에서 dna.py 프로그램을 열고, 인수를 수정하고, 프로그램 및 테스트의 요구 사항을 충족하도록 코드를 추가해야 한다.

new.py를 반드시 사용해야 하는 것은 아니다. 나는 프로그램을 시작할 때 도움이 될 정도로만 제공한다. 이것이 내 모든 프로그램을 시작하는 방법이지만, 내가 유용하다고 생각하는 동안, 당신은 다른 길을 가는 것을 선호할 수도 있다. 당신의 프로그램이 테스트 모음을 통과하기만 한다면 당신이 원하는 대로 프로그램을 작성할 수 있다.

이 책을 쓴 이유

리처드 해밍Richard Hamming은 벨Bell 연구소에서 수학자와 연구원으로 수십 년을 보냈다. 그는 자신이 모르는 사람들을 찾아내고 그들의 연구에 대해 묻는 것으로 유명했다. 그런 다음 그는 그들에게 자신의 분야에서 답이 없는 가장 크고 시급한 질문이 무엇이라고 생각하는지 물었다. 이 두 가지에 대한 답변이 동일하지 않은 경우 그는 "그럼 왜 그 작업을 하지 않습니까?"라고 물었다.

생물정보학에서 가장 시급한 문제 중 하나는 많은 소프트웨어가 제대로 작성되지 않았고 적절한 문서와 테스트가 부족하다는 것이다. 시간이 지남에 따라 새로운 기능을 추가하고 더 좋고 더 나은 소프트웨어를 출시하는 것이 더 쉬워질 것이기 때문에 타입, 테스트, 린터linter를 사용하는 것이 덜 어렵다는 것을 보여주고 싶었다. 최소한 어느 정도의 정확성을 위해 프로그램이 정확할 때 확실하게 알 수 있는 자신감을 갖게 될 것이다.

이를 위해 소프트웨어 개발의 모범 사례를 소개하고자 한다. 나는 파이썬을 매개체로 사용하고 있지만 원칙은 C에서 R, 자바스크립트JavaScript에 이르기까지 모든 언어에 적용된다. 이 책에서 배울 수 있는 가장 중요한 것은 우리 모두가 함께 과학 연구 컴퓨팅을 발전시킬 수 있도록 소프트웨어를 개발하고, 테스트하고, 문서화하고, 출시하고, 지원하는 기술이다.

나의 생물정보학 경력은 방황과 행복한 우연의 결과물이다. 나는 대학에서 영문학과 음악을 공부했다. 그 후 데이터베이스, HTML을 다루기 시작했고, 1990년대 중반에 직장에서 프로그래밍을 배웠다. 2001년에는 괜찮은 펄 해커가 됐고, 콜드 스프링 하버 연구소CSHL, Cold Spring Harbor Laboratory에서 펄 모듈과 책을 쓴 링컨 스테인 박사의 웹 개발자로 일할 수 있었다. 그와 내 상사인 도린 웨어 박사는 그들이 쓰고 싶은 프로그램을 이해할 수 있을 만큼의 생물학적 지식을 인내심 있게 가르쳐 줬다. 나는 13년 동안 Gramene.org라는 비교 식물 유전체학 데이터베이스를 연구하면서 프로그래밍 언어와 컴퓨터 과학을 계속 탐구하면서 상당한 양의 과학을 배웠다.

링컨은 데이터와 코드에서부터 교육까지 모든 것을 공유하는 것에 열정적이었다. 그는 CSHL에서 생물학을 위한 프로그래밍 과정을 시작했는데, 이 과정은 유닉스 커맨드 라인, 펄 프로그래밍, 생물정보학 기술을 가르치는 2주간의 집중 과정이었다. 이 프로그래밍 과정은 현재 파이썬을 사용하고 있지만 여전히 가르치고 있으며, 나는 조교로 활동할 수 있는 기회가 여러 번 있었다. 나는 항상 누군가가 연구를 진행하기 위해 사용할 기술을 배울 수 있도록 돕는 것이 보람 있다고 생각했다.

CSHL에서 근무하던 중 보니 후르비츠를 만났고, 그녀는 마침내 애리조나대학교UA, University of Arizona에서 박사학위를 따러 떠났다. 그녀가 UA에서 새로운 실험실을 시작했을 때 난 그녀의 첫 번째 고용인이었다. 보니와 나는 몇 년 동안 함께 일했고, 가르치는 일은 내가 가장 좋아하는 일 중 하나가 됐다. 링컨의 과정과 마찬가지로 우리는 더 많은 컴퓨터 접근 방식으로 확장하려는 과학자들에게 기본 프로그래밍 기술을 소개했다.

내가 이 수업을 위해 쓴 자료들 중 일부는 내 첫 번째 책인 『21개의 작고 재미난 파이썬 프로젝트』의 기초가 됐다. 이 책에서 나는 파이썬 언어 구문의 필수 요소와 테스트를 사용해서 프로그램이 정확하고 재현 가능함을 확인하는 방법뿐만 아니라 과학적 프로그래밍에 중요한 요소들을 가르치려고 노력한다. 또한 생물학을 위한 프로그램을 작성하는 데 도움이 될 파이썬 요소에 초점을 맞추고 있다.

편집 규약

이 책에서는 다음과 같은 편집 규약을 사용한다.

고정폭 글꼴

변수 또는 함수 이름, 데이터베이스, 데이터 유형, 환경 변수, 명령문, 키워드와 같은
프로그램 요소를 참고하는 단락과 프로그램 목록에 사용한다.

볼드체

사용자가 문자 그대로 입력해야 하는 명령 또는 기타 문자에 사용한다.

 팁이나 제안을 나타낸다.

 일반적인 참고 사항을 나타낸다.

 경고나 주의를 나타낸다.

보충 자료 다운로드

보충 자료(코드 예제, 연습 문제 등)는 다음 링크(https://github.com/kyclark/biofx_python)
에서 다운로드할 수 있다. 기술적인 질문이나 코드 예제를 사용하는 데 문제가 있는 경
우 bookquestions@oreilly.com으로 이메일을 보내주길 바란다.

이 책의 예제를 통해 여러 가지 문제를 해결할 수 있기 때문에 일반적으로 제공하는 예
제 코드를 바로 프로그램과 문서에 사용할 수 있다. 이 책에서 제공하는 코드를 너무 많
이 재사용하지만 않는다면 저자에게 따로 허가를 받을 필요 없으며, 이 책에서 제공하
는 코드를 사용하는 프로그램을 작성하기 위해 허가를 받을 필요도 없다. 또한 이 책과
예제 코드를 인용해 포럼 등에 답변하는 데도 허가를 받을 필요 없다. 하지만 이 책의
예제 코드의 상당히 많은 양을 여러분 제품의 문서에 사용할 때는 허락이 필요하다. 또
한 이 책의 예제를 상업적으로 사용하는 경우 사전 허락이 필요하다.

저작자 표기가 필수는 아니지만 표기해 준다면 감사하겠다. 저작자 표기를 할 때는 다음과 같이 제목, 저자, 출판사, ISBN을 기재한다.

"Mastering Python for Bioinformatics by Ken Youens-Clark(O'Reilly). Copyright 2021 Charles Kenneth Youens-Clark, 978-1-098-10088-9."

만약 예제 코드의 사용이 일반적인 범위를 벗어나거나 사용 허가가 필요하다면 부담 없이 permission@oreilly.com으로 문의하길 바란다.

문의

이 책에 관한 의견이나 문의는 출판사로 보내주길 바란다.

이 책의 정오표, 예제, 추가 정보는 책의 웹 페이지(https://oreil.ly/mastering-bioinformatics-python)를 참고한다. 한국어판의 정오표는 에이콘출판사의 도서정보 페이지(http://www.acornpub.co.kr/book/python-bioinformatics)에서 확인할 수 있다.

이 책의 기술적인 내용에 관한 의견이나 문의는 bookquestions@Oreilly.com으로 이메일을 보내 주기 바란다. 그리고 한국어판에 관해 질문이 있다면 에이콘출판사 편집 팀(editor@acornpub.co.kr)이나 옮긴이의 이메일로 연락 주길 바란다.

표지 그림

표지의 동물은 미국 남서부와 멕시코 중부의 사막에서 발견되는 매우 독성이 강한 살무사 종인 모하비 방울뱀Crotalus scutulatus이다.

이 육중한 몸을 가진 뱀은 길이가 약 120센티미터까지 자라며, 꼬리에 달린 눈에 띄는 딸랑이로 쉽게 알아볼 수 있다. 모하비 방울뱀의 배는 종종 회색, 노란색 또는 갈색이며 몸을 따라 밝은 테두리의 어두운 다이아몬드 또는 얼룩이 있다.

주식은 포유류지만 새, 도마뱀, 개구리, 기타 뱀도 먹는다. 모하비 방울뱀이 다른 방울뱀보다 더 위험하다는 주장이 자주 나오는데, 주로 대부분의 모하비 방울뱀 개체군이 생산하는 독이 다른 방울뱀의 독보다 실험실 쥐에게 더 치명적인 것으로 반복적으로 나타났기 때문이다. 하지만 그들은 위협을 느끼지 않는 한 보통 사람들에게 공격적이지 않다.

많은 동물이 멸종 위기에 처해 있는데 그 동물들은 모두 세상에 중요하다. 표지 그림은 카렌 몽고메리Karen Montgomery의 작품으로, 『도버 동물들Dover's Animals』에 수록한 흑백 판화를 바탕으로 제작했다.

Rosalind.info 챌린지

1부의 장에서는 잘 구성되고, 문서화되고, 테스트되고, 재현 가능한 프로그램을 작성할 수 있는 파이썬의 구문과 개발 툴 요소들을 설명한다. Rosalind.info의 14가지 과제를 해결하는 방법을 소개할 것이다. 이 문제들은 짧고 집중적이고 파이썬을 탐색할 때 도움이 되는 다양한 솔루션을 제공한다. 또한 단계별로 테스트를 사용해서 프로그램을 작성하는 방법을 가르쳐주고 작업이 완료되면 알려줄 것이다. 모든 배경과 정보를 요약할 공간이 따로 없기 때문에 각 문제의 Rosalind 페이지를 읽어보기를 권장한다.

테트라뉴클레오타이드 빈도: 빈도수 계산

유전자DNA 염기 서열sequence 계산은 어쩌면 생물정보학bioinformatics에서의 'Hello, World'와 같다. 로잘린드 DNA 챌린지Rosalind DNA challenge(https://oreil.ly/maR31)에서는 DNA 염기 서열을 추출해서 얼마나 많은 A, C, G, T가 발견되는지 개수를 세어 출력하는 프로그램을 설명한다. 파이썬에는 놀랍도록 많은 DNA 염기 서열 계산 방법이 있는데, 파이썬이 제공하는 방법들을 알아보자. 또한 인수를 검증하는 잘 만들어지고 문서화된 프로그램을 작성하는 방법과 프로그램이 올바르게 작동하는지 확인하기 위해 테스트 코드를 작성하고 실행하는 방법도 살펴보자.

1장에서 배울 내용은 다음과 같다.

- new.py로 새 프로그램을 시작하는 방법

- argparse를 사용해 커맨드 라인 인수를 정의하고 검증하는 방법

- pytest를 사용해 테스트 그룹을 실행하는 방법

- 문자열의 문자를 반복하는 방법

- DNA 수집물의 요소를 계산하는 방법

- If/elif 문을 사용해 의사결정 트리를 만드는 방법

- 문자열 형식 지정 방법

시작하기

시작하기에 앞서 '들어가며' 29페이지의 '코드와 테스트 코드 가져오기'를 읽어야 한다. 제공한 코드 저장소에서 자신의 컴퓨터에 복사본을 만들고 01_dna 폴더로 이동한다.

```
$ cd 01_dna
```

이 폴더에는 프로그램이 올바르게 실행되는지 확인할 때 사용할 수 있는 테스트 코드와 입력 데이터들을 포함한 solution*.py 프로그램들이 있다. 프로그램이 어떻게 실행되는지 알기 위해 dna.py 프로그램에 첫 번째 솔루션을 복사한다.

```
$ cp solution1_iter.py dna.py
```

이제 인수 없이 -h 또는 --help 플래그flag를 사용해 프로그램을 실행한다. 이 프로그램은 설명서를 출력한다(출력값의 첫 번째 단어가 사용법이다).

```
$ ./dna.py
usage: dna.py [-h] DNA
dna.py: error: the following arguments are required: DNA
```

 만약 'permission denied' 같은 에러가 발생하면 **chmod +x dna.py**를 실행해 실행할 수 있는 비트를 추가하는 프로그램 모드로 변경해야 한다.

문서를 제공하는 것은 재현 가능성의 첫 번째 요소다. 프로그램은 작동 방법을 포함한 문서를 제공해야 한다. 프로그램에는 README 파일이나 프로그램을 설명하는 문서가 있는 것이 일반적이지만, 프로그램 속에도 매개 변수와 출력값을 문서로 제공해야 한다. 이제 argparse 모듈을 사용해 인수를 정의하고 검증하는 방법과 설명서를 생성하는 방법을 배워보자. 프로그램에 의해 생성된 사용 설명서는 잘못될 가능성이 없다. 프로그램에 의해 생성된 사용 설명서를 README 파일, 변경 로그 등과 비교해보면 README 파일이나 문서는 프로그램 개발과 동시에 바로 동기화되지 않는지 알 수 있다. 따라서 프로그램 속 설명서가 다른 것들보다 효과적이다.

프로그램이 DNA 같은 것을 인수로 기대한다는 것을 입력 라인에서 볼 수 있다. 이제 염기 서열을 적어 보자. 로잘린드 웹페이지에 설명된 대로 프로그램은 각 염기 A, C, G, T의 계산을 순서대로 출력하고 각각 한 칸씩 구분한다.

```
$ ./dna.py ACCGGGTTTT
1 2 3 4
```

Rosalind.info 웹 사이트에 문제를 풀러 가면 프로그램 입력값이 다운로드 파일로 제공되므로 파일의 내용도 읽을 수 있도록 프로그램을 작성할 것이다. **cat** 명령(연결 명령어)을 사용해 test/inputs 폴더에 있는 파일 중 하나를 출력할 수 있다.

```
$ cat tests/inputs/input2.txt
AGCTTTTCATTCTGACTGCAACGGGCAATATGTCTCTGTGTGGATTAAAAAAAGAGTGTCTGATAGCAGC
```

이 염기 서열의 순서는 웹 사이트 예제와 같다. 따라서 계산 프로그램의 출력값은 다음과 같다.

```
$ ./dna.py tests/inputs/input2.txt
20 12 17 21
```

앞으로 이 책에서는 pytest 개발 툴을 사용해 프로그램이 예상대로 실행되는지 확인하는 테스트를 할 것이다. **pytest** 명령을 실행하면 현재 폴더에서 테스트 코드와 유사한 테스트 코드와 함수를 재귀적으로 검색한다. 윈도우의 경우 **python3 -m pytest** 또는 **pytest.exe** 명령으로 실행할 수 있다. **pytest**를 실행해보면 프로그램이 tests/dna_test.py 파일에 있는 네 가지 테스트를 모두 통과했다는 내용이 표시된다.

```
$ pytest
=========================== test session starts ===========================
collected 4 items[1]
```

---

[1] 위 코드에서 4 items와 4 passed라고 써 있지만 직접 실행해본 결과 현재는 5 items와 5 passed로 업데이트됨을 확인했다.
    – 옮긴이

```
tests/dna_test.py ....                                    [100%]
============================ 4 passed in 0.41s ============================
```

 소프트웨어 테스트의 핵심은 확실한 입력값으로 프로그램을 실행하고 프로그램이 올바른 출력값을 출력하는지 확인하는 것이다. 당연한 말이지만, 단순히 프로그램을 실행하고 제대로 실행되는지 확인하지 않는 '테스트' 계획은 반대한다.

new.py를 사용해 새 프로그램 만들기

앞 절에서 솔루션 하나를 복사한 경우 처음부터 시작할 수 있도록 해당 프로그램을 삭제한다.

```
$ rm dna.py
```

아직 이 책에서 제공되는 솔루션들을 보지 않았다면 주어진 문제들을 스스로 풀어보기를 권한다. 필요한 정보를 이미 알고 있다고 생각되면 언제든 pytest를 사용해 자신만의 dna.py 버전을 작성해 제공된 테스트 코드를 실행해보라. 그러나 프로그램 작성과 테스트 코드 실행 방법을 차근차근 배우고 싶다면 계속 읽는 것을 추천한다.

이 책의 모든 프로그램은 커맨드 라인에서 인수를 받고 텍스트나 새 파일과 같은 출력값을 생성한다. 여기서는 앞서 설명한 new.py 프로그램을 사용했지만, 반드시 new.py가 필요한 것은 아니다. 원하는 지점에서 시작해 원하는 방향대로 프로그램을 작성할 수 있다. 그러나 원하는 방향대로 생성한 프로그램은 사용 설명서를 생성하고 인수를 적절히 검증하는 것과 같이 다른 프로그램들과 동일한 기능이 있어야 한다.

01_dna 폴더에 테스트 파일이 포함된 dna.py 프로그램을 만든다. 다음은 dna.py 프로그램을 실행하는 방법이다. --purpose 인수는 프로그램 설명서가 된다.

```
$ new.py --purpose 'Tetranucleotide frequency' dna.py
Done, see new script "dna.py."
```

새로운 dna.py 프로그램을 실행하면 커맨드 라인에 공통적으로 다양한 타입의 인수를
정의한다.

```
$ ./dna.py --help
usage: dna.py [-h] [-a str] [-i int] [-f FILE] [-o] str

Tetranucleotide frequency ❶

positional arguments:
  str                   A positional argument ❷

optional arguments:
  -h, --help            show this help message and exit ❸
  -a str, --arg str     A named string argument (default: ) ❹
  -i int, --int int     A named integer argument (default: 0) ❺
  -f FILE, --file FILE  A readable file (default: None) ❻
  -o, --on              A boolean flag (default: False) ❼
```

❶ new.py의 '--purpose'는 여기서 프로그램을 설명하는 데 사용된다.

❷ 프로그램은 단일 위치 문자열 인수를 받는다.

❸ -h와 --help 플래그는 argparse가 자동으로 추가하고 실행시킨다.

❹ 문자열 값에 짧은(-a) 명칭과 긴(--arg) 명칭을 부여하는 명명 옵션이다.

❺ 정숫값에 짧은(-i) 명칭과 긴(--int) 명칭을 부여하는 명명 옵션이다.

❻ 파일 인수의 짧은(-f) 명칭과 긴(--file) 명칭을 부여하는 명명 옵션이다.

❼ -o 또는 --on이 있으면 True, 없으면 False인 불 방식Boolean의 플래그다.

이 프로그램은 str 위치 인수만 필요하며 metavar[2] 값으로 DNA를 사용해 인수의 의미를
사용자에게 일부 표시할 수 있다. 다른 매개 변수는 모두 삭제한다. -h와 --help 플래그
는 argparse 내부에서 사용 요청에 응답하는 데 사용되므로 정의하지 않는다. 다음과

---

2   명칭 재지정 옵션. 도움말 메시지를 생성할 때 표시되는 명칭을 변경할 수 있다. - 옮긴이

같은 사용법이 생성될 때까지 프로그램을 수정해보라(아직 사용법을 만들지 못하더라도 걱정하지 않아도 된다. 다음 절에서 볼 수 있다).

```
$ ./dna.py -h
usage: dna.py [-h] DNA

Tetranucleotide frequency

positional arguments:
  DNA             Input DNA sequence

optional arguments:
  -h, --help      show this help message and exit
```

이 작업을 완성했다면 이 프로그램은 정확히 하나의 인수만을 받는다는 점을 알 수 있다. 더 많은 인수를 넣고 실행하면 프로그램이 즉시 중지되고 오류 메시지가 출력된다.

```
$ ./dna.py AACC GGTT
usage: dna.py [-h] DNA
dna.py: error: unrecognized arguments: GGTT
```

마찬가지로 이 프로그램은 알 수 없는 플래그나 옵션을 거부한다. 이제까지 단 몇 라인의 코드로 프로그램 안에 인수의 유효성을 검사하는 문서화된 프로그램을 만들었다. 지금까지 배운 것은 재현 가능성을 향한 매우 기본적이고 중요한 단계다.

argparse 사용하기

new.py에서 만든 프로그램은 argparse 모듈을 사용해 프로그램의 매개 변수를 정의하고 인수가 올바른지 확인하며 사용자를 위한 문서를 만든다. argparse 모듈은 표준 파이썬 모듈이며, 표준 모듈이란 항상 존재함을 의미한다. 다른 모듈도 argparse 모듈과 같은 작업을 할 수 있으며, 개발자는 argparse 모듈의 기능들을 다루기 위해 원하는 메서드를 자유롭게 사용할 수 있다. 단지 작성한 프로그램이 테스트 코드를 통과해야 한다는 점을 명심하라.

작은 파이썬 프로젝트를 위해 new.py 버전을 작성했는데, 이 버전은 깃허브 저장소 (https://oreil.ly/7romb)의 bin 폴더에서 찾을 수 있다. 이 버전은 독자들에게 소개하는 버전보다 좀 더 간단하다. 먼저 이전 버전의 new.py를 사용해 만든 dna.py 버전을 소개 한다.

```python
#!/usr/bin/env python3 ❶
""" Tetranucleotide frequency """ ❷

import argparse ❸
# --------------------------------------------------
def get_args(): ❹
  """ Get command-line arguments """ ❺

  parser = argparse.ArgumentParser( ❻
    description='Tetranucleotide frequency',
    formatter_class=argparse.ArgumentDefaultsHelpFormatter)

  parser.add_argument('dna', metavar='DNA', help='Input DNA sequence') ❼

  return parser.parse_args() ❽

# --------------------------------------------------
def main(): ❾
  """ Make a jazz noise here """

  args = get_args() ❿
  print(args.dna) ⓫

# --------------------------------------------------
if __name__ == '__main__': ⓬
  main()
```

❶ 구어체 셔뱅shebang(#!)은 운영체제가 env 명령어(환경)를 사용해 나머지 프로그램을 실행하기 위해 python3를 찾도록 지시한다.

❷ 프로그램 또는 모듈 전체를 위한 docstring(문서 문자열)이다.

❸ 커맨드 라인 인수를 처리하기 위해 argparse 모듈을 가져온다.

❹ argparse 코드를 처리하기 위해 항상 get_args() 함수를 정의한다.

❺ 문서 문자열을 위한 함수다.

❻ parser 객체는 프로그램의 매개 변수를 정의하는 데 사용된다.

❼ dna 인수를 정의하는데, dna라는 명칭은 대시(-)로 시작하지 않기 때문에 위치가 정해진다. metavar는 축약어로 사용될 때 나타날 인수의 간략한 설명이다. 다른 인수는 필요하지 않다.

❽ 함수는 인수 파싱parsing 결과를 반환한다. 도움말 플래그 혹은 인수에 문제가 있을 때 argparse는 사용 설명서/오류 메시지를 출력하고 프로그램을 종료한다.

❾ 책의 모든 프로그램은 항상 main() 함수에서 시작한다.

❿ main()의 첫 번째 단계는 항상 get_args()를 호출하는 것이다. 이 호출이 성공하려면 인수가 반드시 유효해야 한다.

⓫ DNA 값은 인수의 명칭이므로 args.dna 속성에서 사용할 수 있다.

⓬ 파이썬 프로그램이 실행될 시기를 감지하고(불러오는 것이 아니다) main() 함수를 실행하기 위한 일반적인 관용구다.

 셔뱅 라인은 ./dna.py와 같은 프로그램에 의해 호출될 때 유닉스 셸에서 사용된다. 셔뱅 라인은 프로그램을 실행하기 위해 **python.exe dna.py**를 쳐서 실행해야 하는 윈도우에서는 작동하지 않는다.

위 코드는 완벽하고 적절하게 동작하지만, get_args()에서 반환된 값은 프로그램이 실행될 때 동적으로 생성되는 argparse.Namespace 객체다. 즉 런타임에서 이 객체의 구조를 수정하기 위해 parser.add_argument()와 같은 코드를 사용하기 때문에 파이썬은 컴파일 시 파싱된 인수에서 어떤 속성을 사용할 수 있는지 혹은 타입이 무엇인지 분명하게 알 수 없다. 필수 문자열 인수가 하나만 있어야 한다는 것이 분명하지만, 파이썬이 이 인수를 식별하기 위한 정보가 충분하지 않다.

 프로그램을 컴파일(compile)한다는 것은 컴퓨터가 실행할 수 있는 기계 코드로 바꾸는 것이다. C와 같은 일부 언어들은 실행되기 전에 별도로 컴파일해야 한다. 파이썬 프로그램들은 대부분 한 단계로 컴파일되고 실행되지만, 여전히 컴파일 단계가 더 있다. 몇몇 오류는 컴파일할 때 발견될 수 있지만 다른 오류는 런타임까지 나타나지 않는다. 예를 들어 문법(syntax) 오류로 컴파일이 중지될 수 있다. 런타임 오류보다 컴파일 시간 오류가 더 낫다.

컴파일 시 인수 파악 오류가 왜 문제가 되는지 알기 위해 main() 함수를 변경해 타입 오류를 발생시켜 보려고 한다. 즉 args.dna 값의 타입을 의도적으로 잘못 적을 것이다. 달리 명시되지 않는 한 argparse가 커맨드 라인에서 반환한 모든 인숫값은 문자열이다. 문자열 args.dna를 정숫값 2로 나누려고 하면 파이썬은 예외를 발생시키고 런타임에 프로그램을 중단시킨다.

```
def main():
    args = get_args()
    print(args.dna / 2) ❶
```

❶ 문자열을 정수로 나누면 예외가 발생한다.

이 프로그램을 실행시키면 다음과 같은 충돌이 예상된다.

```
$ ./dna.py ACGT
Traceback (most recent call last):
  File "./dna.py", line 30, in <module>
    main()
  File "./dna.py", line 25, in main
    print(args.dna / 2)
TypeError: unsupported operand type(s) for /: 'str' and 'int'
```

우리의 크고 물렁물렁한 뇌는 이 오류가 당연히 발생한다는 것을 알고 있지만 파이썬은 알지 못한다. 우리에게 필요한 것은 프로그램 실행 시 수정할 수 없는 인수의 정적 정의다. 타입 주석과 기타 개발 툴이 이런 종류의 버그를 감지할 수 있는지 계속 읽어 보자.

코드의 오류를 찾기 위한 개발 툴

1장의 목표는 정확하고 재현 가능한 프로그램을 파이썬으로 작성하는 것이다. 숫자 연산 프로그램에서 문자열을 잘못 적는 일과 같은 문제를 발견하고 방지할 수 있는 방법이 있을까? python3 인터프리터^{interpreter}는 코드 실행을 방해하는 어떠한 문제점도 발견하지 못한다. 즉 프로그램이 구문적으로는 정확하기 때문에 앞서 적었던 코드는 프로그램을 실행할 때만 런타임 오류를 발생시킨다. 몇 년 전, 일했던 곳에서의 농담이 있다. "만약 그 코드가 컴파일된다면 그 코드를 쓰라!" 이 말은 파이썬으로 코딩할 때는 굉장히 근시안적인 접근법이다.

린터^{linter}와 타입 검사기^{type checker}와 같은 개발 툴을 사용해 코드의 몇 가지 문제점을 찾을 수 있다. 린터는 프로그램 스타일과 잘못된 문법 등 많은 종류의 오류를 검사하는 개발 툴이다. pylint 개발 툴(https://www.pylint.org)은 거의 매일 사용하는 인기 있는 파이썬 린터다. 그렇다면 이 린터는 앞서 말한 문제를 찾을 수 있을까? 그렇지 않은 것 같다. 린터는 엄지를 추켜올리면서 다음과 같이 출력한다.

```
$ pylint dna.py
```

```
--------------------------------------------------------------------
Your code has been rated at 10.00/10 (previous run: 9.78/10, +0.22)
```

flake8(https://oreil.ly/b3Qtj) 개발 툴은 pylint와 함께 자주 사용하는 다른 린터다. 이 개발 툴은 다양한 종류의 오류를 보고한다. flake8로 dna.py를 실행하면 출력값이 나타나지 않는다. 즉 보고할 오류를 발견하지 못했기 때문이다.

mypy(http://mypy-lang.org) 개발 툴은 파이썬을 위한 정적 타입 검사기로, 문자열을 숫자로 나누려는 시도처럼 잘못 사용된 타입을 찾도록 설계돼 있다. pylint나 flake8 둘 다 타입 오류를 잡도록 설계되지 않았으니 버그를 놓쳤다는 사실이 놀랍지는 않다. 그럼 mypy는 어떻게 출력할까?

```
$ mypy dna.py
Success: no issues found in 1 source file
```

결과는 다소 실망스럽다. 그러나 mypy가 타입 정보가 없기 때문에 문제를 보고하지 못하고 있다는 것을 알아야 한다. 즉 mypy에 args.dna를 2로 나누는 것이 잘못됐다고 알려 줄 정보가 없다. 빠르게 고쳐 보자.

파이썬의 대화형 인터프리터 사용하기

다음 절에서는 파이썬의 대화형 인터프리터(interactive interpreter) python3를 사용해 짧은 코드 조각을 실행하는 방법을 소개할 것이다. 이런 종류의 인터페이스를 REPL(Read-Evaluate-Print-Loop)이라 한다('레플'로 발음한다). REPL에 코드를 입력할 때마다 파이썬은 즉시 코드를 읽고 평가하고 결과를 출력한 다음 더 많은 입력값을 받기 위해 기다리는 루프(loop)를 반복한다.

REPL을 사용하는 것은 생소할 수 있으므로 잠시 좋은 방법을 소개한다. 그림 1-1과 같이 VS Code 같은 통합 개발 환경(IDE) 내에서 idle3, ipython, 주피터 노트북 또는 파이썬 콘솔을 사용할 수 있다.

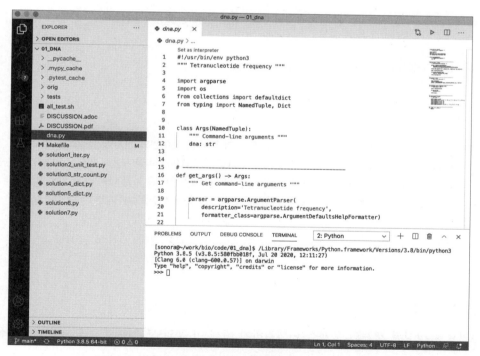

그림 1-1. VS Code 내에서 파이썬 대화형 인터프리터를 실행할 수 있다.

독자의 선택과 상관없이 스스로 모든 예시를 직접 적는 것을 강력히 권장한다. 파이썬 인터프리터와의 상호 작용을 통해 많은 것을 배울 수 있다. REPL을 시작하려면 **python3**를 입력하거나 최신 버전을 지정했을 경우 **python**만 입력하면 된다. 컴퓨터에 표시되는 모습은 다음과 같다.

```
$ python3
Python 3.9.1 (v3.9.1:1e5d33e9b9, Dec 7 2020, 12:10:52)
[Clang 6.0 (clang-600.0.57)] on Darwin
Type "help", "copyright", "credits" or "license" for more information.
>>>
```

표준 **python3** REPL에서는 프롬프트[3]로 >>>를 사용한다. >>> 프롬프트는 입력하지 말고 뒤에 나오는 텍스트만 입력하라. 예를 들어 3, 5 같은 두 숫자를 더하면 다음과 같다.

```
>>> 3 + 5
8
```

3 + 5<Enter> 만 입력하면 된다. 만약 앞의 프롬프트를 포함하면 오류가 발생한다.

```
>>> >>> 3 + 5
  File "<stdin>", line 1
    >>> 3 + 5
    ^
SyntaxError: invalid syntax
```

REPL을 사용해 문서를 읽는 것은 특히 더 좋다. 예를 들어 파이썬의 문자열 클래스를 읽으려면 **help(str)**를 입력한다. 도움말 설명서에는 F키, Ctrl-F키, 스페이스 바를 사용해 앞으로 이동하고 B키 혹은 Ctrl-B키를 사용해 뒤로 이동할 수 있다. /키와 문자열을 차례로 누른 다음 Enter키를 눌러 검색한다. 도움말을 종료하려면 Q를 누른다. REPL를 종료하려면 **exit()**를 입력하거나 Ctrl-D를 누르면 된다.

명명된 튜플 소개

동적으로 생성된 객체의 문제점을 해결하기 위해 이 책의 모든 프로그램은 명명된 튜플 데이터 구조를 사용해 get_args() 인수를 정적으로 정의한다. 튜플은 본질적으로 불변

---

3   시스템이 다음 명령이나 메시지, 또는 다른 사용자의 행동을 받아들일 준비가 됐음을 사용자에게 알려 주는 메시지. - 옮긴이

리스트이며 파이썬에서 레코드 타입의 데이터 구조를 나타내는 데 자주 사용된다. 튜플은 설명할 것들이 많지만, 그 전에 리스트를 먼저 보자.

먼저 리스트는 항목들이 순서대로 정렬된 배열이다. 항목들은 서로 다를 수 있다. 이론적으로 리스트는 모든 항목이 서로 다른 타입일 수 있다. 그러나 실제로 타입을 혼합하는 것은 좋지 않다. python3 REPL을 사용해 리스트의 몇 가지 양상을 볼 것이다. **help(list)** 명령을 사용해 문서를 읽는 것을 추천한다.

일부 염기 서열을 저장할 빈 리스트를 만들려면 빈 대괄호([])를 사용한다.

```
>>> seqs = []
```

list() 함수도 새로운 빈 리스트를 만들 수 있다.

```
>>> seqs = list()
```

type() 함수를 사용해서 변수의 타입을 반환해 리스트인지 확인한다.

```
>>> type(seqs)
<class 'list'>
```

리스트에는 list.append()처럼 하나의 값을 추가하기 위해 목록 끝에 값을 추가하는 메서드가 있다.

```
>>> seqs.append('ACT')
>>> seqs
['ACT']
```

그리고 list.extend()처럼 여러 개의 값을 추가하는 메서드도 있다.

```
>>> seqs.extend(['GCA', 'TTT'])
>>> seqs
['ACT', 'GCA', 'TTT']
```

변수를 직접 REPL에 입력하면 다음과 같이 평가되고 문자 표현으로 문자열화된다.

```
>>> seqs
['ACT', 'GCA', 'TTT']
```

위 변수를 print()로 출력할 때 기본적으로 다음과 같은 현상이 발생한다.

```
>>> print(seqs)
['ACT', 'GCA', 'TTT']
```

인덱스를 사용해 그 자리의 값을 수정할 수 있다. 파이썬의 모든 인덱싱은 0부터 시작하기 때문에 0이 첫 번째 요소다. 첫 번째 염기 서열을 TCA로 변경한다.

```
>>> seqs[0] = 'TCA'
```

변경된 내용을 확인한다.

```
>>> seqs
['TCA', 'GCA', 'TTT']
```

리스트와 마찬가지로 튜플은 이질적인 객체들이 순서대로 정렬된 배열이다. 연속된 항목들 사이에 쉼표를 넣을 때마다 튜플이 만들어진다.

```
>>> seqs = 'TCA', 'GCA', 'TTT'
>>> type(seqs)
<class 'tuple'>
```

일반적으로 보다 명확하게 하기 위해 튜플값 주위에 괄호를 사용한다.

```
>>> seqs = ('TCA', 'GCA', 'TTT')
>>> type(seqs)
<class 'tuple'>
```

리스트와 달리 튜플을 한 번 생성하면 변경할 수 없다. help(tuple)을 읽어 보면 튜플은 내장된 불변성 배열이기 때문에 값을 추가할 수 없다.

```
>>> seqs.append('GGT')
```

```
Traceback (most recent call last):
  File "<stdin>", line 1, in <module>
AttributeError: 'tuple' object has no attribute 'append'
```

혹은 기존에 입력된 값도 수정이 불가능하다.

```
>>> seqs[0] = 'TCA'
Traceback (most recent call last):
  File "<stdin>", line 1, in <module>
TypeError: 'tuple' object does not support item assignment
```

일반적으로 파이썬에서는 튜플을 사용해 레코드들을 표현한다. 예를 들어 고유 ID와 염기 문자를 갖는 염기 서열을 나타낼 수 있다.

```
>>> seq = ('CAM_0231669729', 'GTGTTTATTCAATGCTAG')
```

리스트와 마찬가지로 인덱싱을 이용해 튜플에서 값을 가져올 수 있지만, 이는 어색하고 오류가 발생하기 쉽다. 명명된 튜플named tuple은 필드에 명칭을 할당할 수 있으므로 보다 인체공학적으로 사용할 수 있다. 명명된 튜플을 사용하기 위해 collections 모듈에서 namedtuple() 함수를 불러왔다.

```
>>> from collections import namedtuple
```

그림 1-2와 같이 namedtuple() 함수를 사용해 id와 seq 필드가 있는 Sequence 클래스 객체를 만드는 메서드를 생성했다.

```
>>> Sequence = namedtuple('Sequence', ['id', 'seq'])
```

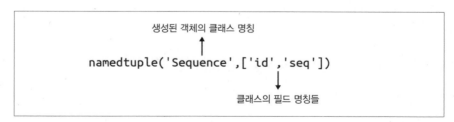

그림 1-2. namedtuple() 함수는 id 및 seq 필드를 가진 Sequence 클래스 객체를 만드는 메서드를 생성한다.

이 Sequence 객체는 정확히 무엇일까?

```
>>> type(Sequence)
<class 'type'>
```

방금 새로운 타입을 만들었다. Sequence() 함수는 Sequence 클래스의 새로운 객체를 생성하는 데 사용되는 함수이기 때문에 팩토리factory[4]라고 할 수 있다. 팩토리 함수와 클래스 명칭을 구분하기 위해 첫 단어를 대문자로 지정하는 것TitleCased이 일반적인 명명 규칙이다.

list() 함수를 사용해 새 리스트를 만들 수 있는 것처럼 Sequence() 함수를 사용해 새 Sequence 객체를 만들 수 있다. 클래스에 정의된 순서와 일치시켜 id 및 seq 값을 전달할 수 있다.

```
>>> seq1 = Sequence('CAM_0231669729', 'GTGTTTATTCAATGCTAG')
>>> type(seq1)
<class '__main__.Sequence'>
```

또는 필드 명칭을 사용해 원하는 순서대로 키/값을 쌍으로 객체에 전달할 수 있다.

```
>>> seq2 = Sequence(seq='GTGTTTATTCAATGCTAG', id='CAM_0231669729')
>>> seq2
Sequence(id='CAM_0231669729', seq='GTGTTTATTCAATGCTAG')
```

반면에 인덱스를 사용해 ID와 염기 서열에 접근할 수도 있다.

```
>>> 'ID = ' + seq1[0]
'ID = CAM_0231669729'
>>> 'seq = ' + seq1[1]
'seq = GTGTTTATTCAATGCTAG'
```

명명된 튜플의 요점은 필드 명칭을 사용하는 것이다.

---

4   팩토리 메서드(factory method)에서 가져온 단어. 부모 클래스에서 하위 클래스에 어떤 객체를 생성할지 결정하는 패턴 – 옮긴이

```
>>> 'ID = ' + seq1.id
'ID = CAM_0231669729'
>>> 'seq = ' + seq1.seq
'seq = GTGTTTATTCAATGCTAG'
```

레코드들의 값은 변하지 않는다.

```
>>> seq1.id = 'XXX'
Traceback (most recent call last):
  File "<stdin>", line 1, in <module>
AttributeError: can't set attribute
```

종종 코드의 값이 실수로 변경되지 않는다는 보장이 필요하다. 파이썬은 변수가 상수거나 불변이라고 선언할 방법이 없다. 튜플은 기본적으로 불변이기 때문에 튜플을 사용하는 것이 변경할 수 없는 데이터 구조를 사용해 프로그램의 인수를 표현하는 합리적인 방법이라고 생각한다. 입력값은 신성 불가침이며 (거의) 절대 수정해서는 안 된다.

명명된 튜플에 타입 추가하기

namedtuple()도 훌륭하지만, 입력 모듈에서 NamedTuple 클래스를 가져와 Sequence의 기본 클래스로 사용해서 코드를 더 좋게 만들 수 있다. 추가적으로 이 구문을 사용해 필드에 타입을 할당할 수 있다. REPL에서 블록의 완료를 표현하려면 빈 라인을 사용해야 한다.

```
>>> from typing import NamedTuple
>>> class Sequence(NamedTuple):
...     id: str
...     seq: str
...
```

 ...은 라인이 계속된다는 것을 알려 준다. REPL이 지금까지 입력된 내용이 완전한 식이 아님을 알려 주는 것이다. 코드 블록 작업이 완료됐음을 REPL에 알리려면 빈 라인을 입력해야 한다.

`namedtuple()` 메서드와 마찬가지로 `Sequence`는 새로운 타입이다.

```
>>> type(Sequence)
<class 'type'>
```

새 `Sequence` 객체를 인스턴스화[5]하는 코드는 동일하다.

```
>>> seq3 = Sequence('CAM_0231669729', 'GTGTTTATTCAATGCTAG')
>>> type(seq3)
<class '__main__.Sequence'>
```

여전히 필드의 명칭을 이용해 접근할 수 있다.

```
>>> seq3.id, seq3.seq
('CAM_0231669729', 'GTGTTTATTCAATGCTAG')
```

두 필드 모두에 문자열 타입이 있다고 정의했으므로 다음과 같이 가정할 수 있다.

```
>>> seq4 = Sequence(id='CAM_0231669729', seq=3.14)
```

유감스럽지만, 파이썬 자체는 타입 정보를 무시한다. 그렇기 때문에 문자열이길 바랐던 `seq` 필드가 실제로는 `float`라는 것을 볼 수 있다.

```
>>> seq4
Sequence(id='CAM_0231669729', seq=3.14)
>>> type(seq4.seq)
<class 'float'>
```

그럼 이 객체가 어떻게 도움이 될까? REPL에서는 도움이 되지 않지만 소스 코드에 타입을 추가하면 `mypy`와 같은 타입 검사 개발 툴이 이러한 오류를 찾을 수 있다.

---

5 인스턴스는 추상화 개념 또는 클래스 객체, 컴퓨터 프로세스 등과 같은 템플릿이 실제 구현된 것을 뜻하며, 인스턴스화는 클래스 내의 객체에 대해 특정한 변형을 정의하고 물리적으로 어떤 장소에 위치시키는 등의 작업을 통해 인스턴스를 만드는 것을 의미한다. – 옮긴이

NamedTuple로 인수 표현하기

프로그램의 인수를 나타내는 데이터 구조에 타입 정보가 포함되기를 원한다. Sequence 클래스와 마찬가지로 NamedTuple 타입에서 파생된 클래스를 정의할 수 있으며, 이 클래스에서 타입이 있는 데이터 구조를 정적으로 정의할 수 있다. 이 클래스를 Args라 부르고 싶지만, 원하는 대로 불러도 상관없다. 이런 정의는 아마도 큰 망치로 마무리 못을 박는 것처럼 보이겠지만, 이런 상세한 설명은 미래에 도움이 될 것이다.

최신 new.py는 typing 모듈의 NamedTuple 클래스를 사용한다. 다음은 인수를 정의하고 표현하는 방법이다.

```
#!/usr/bin/env python3
"""Tetranucleotide frequency"""

import argparse
from typing import NamedTuple ❶

class Args(NamedTuple): ❷
    """ Command-line arguments """
    dna: str ❸

# --------------------------------------------------
def get_args() -> Args: ❹
    """ Get command-line arguments """

    parser = argparse.ArgumentParser(
        description='Tetranucleotide frequency',
        formatter_class=argparse.ArgumentDefaultsHelpFormatter)

    parser.add_argument('dna', metavar='DNA', help='Input DNA sequence')

    args = parser.parse_args() ❺

    return Args(args.dna) ❻

# --------------------------------------------------
def main() -> None: ❼
    """ Make a jazz noise here """
```

```
    args = get_args()
    print(args.dna / 2) ❽


# ----------------------------------------------------
if __name__ == '__main__':
    main()
```

❶ typing 모듈에서 NamedTuple 클래스 가져온다.

❷ NamedTuple 클래스를 기반으로 하는 인수의 클래스 정의. 다음 주석을 참고하라.

❸ 이 클래스는 dna라는 단일 필드가 있으며 str 타입을 갖고 있다.

❹ get_args() 함수의 타입 주석은 Args 타입의 객체를 반환한다는 것을 알려 준다.

❺ 인수를 이전과 같이 파싱한다.

❻ args.dna의 하나의 값을 포함하는 새 Args 객체를 반환한다.

❼ main() 함수에 반환문이 없으므로 기본값인 None값을 반환한다.

❽ 이전 프로그램에서 발생한 타입 오류다.

 pylint로 이 프로그램을 실행하면 'Inheriting NamedTuple, which is not a class. (inherit
-non-class)' 또는 'Too few public methods (0/2) (too-few-public-methods)' 오
류가 발생할 수 있다. pylintrc 파일의 'disable' 구간에 'inherit-non-class'와 'too-few-
public-methods'를 추가해 이런 경고를 사용하지 않도록 설정하거나 깃허브 저장소의 루트
에 포함된 pylintrc 파일을 사용하라.

이 프로그램을 실행하면 여전히 동일한 오류가 발생한다. flake8과 pylint는 모두 프로
그램이 오류가 없다고 보고하지만 mypy는 이렇게 보여준다.

```
$ mypy dna.py
dna.py:32: error: Unsupported operand types for / ("str" and "int")
Found 1 error in 1 file (checked 1 source file)
```

에러 메시지는 32행의 나누기(/) 연산자의 인수에 문제가 있음을 보여준다. 문자열과 정숫값이 섞여 있다. 타입 주석이 없다면 mypy는 버그를 찾을 수 없을 것이다. mypy로부터 이 경고가 없었다면 오류를 포함한 코드를 분기마다 실행하면서 오류를 찾기 위해 노력했을 것이다. 이렇게 오류를 찾을 경우 명백하고 자명하지만, 수많은 함수와 논리 분기(if/else문과 같은)가 있는 수백 혹은 수천 라인의 코드^{LOC, Lines Of Code}가 있는 훨씬 큰 프로그램에서는 이 오류를 발견하지 못할 수 있다. 이러한 종류의 오류를 수정하기 위해 테스트 코드에 의존하거나 사용자가 버그를 보고하기를 기다리기보다는 타입과 mypy (와 pylint 그리고 flake8 등) 같은 프로그램을 쓴다.

커맨드 라인 또는 파일에서 입력값 읽기

프로그램이 Rosalind.info 웹 사이트에서 작동한다는 것을 증명하려 할 때 프로그램의 입력값을 포함한 데이터 파일을 다운로드할 것이다. 보통 이 데이터는 책 문제에 설명된 샘플 데이터보다 훨씬 크다. 예를 들어 책의 샘플 DNA 문자열은 70개의 염기이지만, 지난번에 다운로드해서 시도했던 파일 중 하나는 910개의 염기였다.

다운로드한 파일의 내용을 복사 및 붙여넣기 할 필요가 없도록 커맨드 라인과 텍스트 파일에서 프로그램 입력값을 모두 읽도록 해야 한다. 이것은 일반적인 패턴이며 커맨드 라인에서 인수 처리 때문에 get_args() 함수 내에서 입력값 읽기 옵션을 처리한다.

먼저 나눗셈 없이 args.dna 값을 출력하도록 수정한다.

```
def main() -> None:
  args = get_args()
  print(args.dna) ❶
```

❶ 나누기 타입 에러를 제거한다.

실행이 되는지 확인한다.

```
$ ./dna.py ACGT
ACGT
```

다음 부분에서는 운영체제와 상호 작용할 os 모듈을 가져와야 한다. 코드 맨 윗줄 다른 import 문에 import os를 추가한 다음, get_args() 함수에 다음 두 줄을 추가한다.

```python
def get_args() -> Args:
  """ Get command-line arguments """

  parser = argparse.ArgumentParser(
    description='Tetranucleotide frequency',
    formatter_class=argparse.ArgumentDefaultsHelpFormatter)

  parser.add_argument('dna', metavar='DNA', help='Input DNA sequence')

  args = parser.parse_args()

  if os.path.isfile(args.dna): ❶
    args.dna = open(args.dna).read().rstrip() ❷

  return Args(args.dna)
```

❶ dna 값이 파일인지 확인한다.

❷ open()을 호출해 파일핸들^{filehandle}6을 연 다음, fh.read() 메서드를 묶어 문자열을 반환하고 str.rstrip() 메서드를 묶어 후행 공백을 제거하라.

 fh.read() 함수는 전체 파일을 변수로 읽는다. 이 경우 입력 파일이 작으므로 괜찮지만 생물정보학에서는 일반적으로 기가바이트(gigabyte) 크기의 파일을 처리한다. 큰 파일에서 read()를 사용하면 프로그램 또는 컴퓨터 전체가 손상될 수 있다. 나중에 이 문제를 방지하기 위해 파일을 한 줄씩 읽는 방법을 소개한다.

이제 프로그램이 작동하는지 확인하기 위해 문자열 값을 넣어 본다.

```
$ ./dna.py ACGT
ACGT
```

이제 텍스트 파일을 인수로 넣어 본다.

---

6   컴퓨터 운영체제에서 프로그램에 사용되는 각각의 파일을 식별하기 위해 부여한 고유의 ID. – 옮긴이

```
$ ./dna.py tests/inputs/input2.txt
AGCTTTTCATTCTGACTGCAACGGGCAATATGTCTCTGTGTGGATTAAAAAAAGAGTGTCTGATAGCAGC
```

이제 2개의 다른 자료에서 입력을 읽는 유연한 프로그램이 생겼다. **mypy**로 **dna.py**를 실행해 문제가 없는지 확인한다.

프로그램 테스트하기

로잘린드 설명서에서 알 수 있듯이 입력값 ACGT가 주어지면 프로그램은 각각 A, C, G, T의 개수인 1 1 1 1을 출력해야 한다는 것을 알 수 있다. 01_dna_test.py 폴더에는 **dna.py** 프로그램의 테스트 코드가 포함된 dna_test.py라는 파일이 있다. 이런 테스트 코드들을 작성한 이유는 프로그램이 정확한지 확실하게 알려 주는 메서드를 사용해 프로그램을 개발하는 것이 어떤 것인지 알게 하기 위해서다. 테스트 코드는 정말 기본적이다. 입력 문자열이 주어지면 프로그램은 4개의 뉴클레오타이드^{nucleotide}의 정확한 개수를 출력해야 한다. 이후 프로그램이 정확한 숫자를 보고하면 실행된다.

01_dna 폴더 내에서 **pytest**(또는 윈도우에서는 **python3 -m pytest** 또는 **pytest.exe**)를 실행한다. 프로그램은 test_로 시작하거나 _test.py로 끝나는 명칭의 모든 파일을 재귀적으로 검색한다. 그런 다음 test_로 시작하는 명칭을 가진 파일의 모든 함수를 실행한다. **pytest**를 실행하면 많은 출력값을 볼 수 있으며 대부분은 테스트에 실패한다. 테스트가 실패한 이유를 이해하기 위해 test/dna_test.py 모듈을 살펴보자.

```
""" Tests for dna.py """ ❶

import os ❷
import platform ❸
from subprocess import getstatusoutput ❹

PRG = './dna.py' ❺
RUN = f'python {PRG}' if platform.system() == 'Windows' else PRG ❻
TEST1 = ('./tests/inputs/input1.txt', '1 2 3 4') ❼
TEST2 = ('./tests/inputs/input2.txt', '20 12 17 21')
TEST3 = ('./tests/inputs/input3.txt', '196 231 237 246')
```

❶ 이것은 모듈의 문서 문자열이다.

❷ 표준 os 모듈은 운영체제와 상호 작용한다.

❸ platform 모듈은 윈도우에서 실행 중인지 확인할 때 사용된다.

❹ subprocess 모듈에서 dna.py 프로그램을 실행하고 출력값과 상태를 캡처하는 함수를 가져온다.

❺ 다음 라인들은 프로그램의 전역 변수다. 테스트 코드 밖에서의 글로벌 변수를 피하는 편이다. 여기서 함수에서 사용할 값들을 정의한다. 전역 변수들의 가시성을 강조하기 위해 대문자 명칭(UPPERCASE_NAMES)을 사용한다.

❻ RUN 변수는 dna.py 프로그램의 실행 방법을 결정한다. 윈도우에서는 파이썬 프로그램을 실행하기 위해 파이썬 명령어를 사용하지만 유닉스 플랫폼에서는 dna.py 프로그램을 직접 실행할 수 있다.

❼ TEST* 변수들은 DNA 문자열과 DNA 문자열 프로그램의 예상 출력값을 포함하는 파일을 정의하는 튜플이다.

pytest 모듈은 테스트 파일에 정의된 순서대로 테스트 함수를 실행한다. 테스트 코드를 구조화한 후 가장 단순한 사례에서 더 복잡한 사례 순서로 진행하므로 일반적으로는 실패 후 테스트를 계속하는 것은 의미 없다. 예를 들어 첫 번째 테스트는 항상 테스트를 진행할 수 있는 프로그램이다. 만약 테스트가 실패한다면 테스트를 계속 진행해봐야 소용없다. 자세한 출력을 위해 -v 플래그와 함께 pytest를 실행하는 것이 좋고, 첫 번째 실패 테스트에서 중지하려면 -x 플래그를 사용해 pytest를 실행하는 것이 좋다.

첫 번째 테스트 코드를 보자. 이 함수를 test_exists()라 명명해 pytest가 찾을 수 있도록 한다. 함수 본문에서는 하나 이상의 assert 문을 사용해 어떤 조건이 참truthy[7]인지 확인한다. 다음은 dna.py가 존재하는지 확인한 코드다. 프로그램은 이 폴더에 있어야

---

7   부울(Boolean) 타입은 True 또는 False이지만, 다른 많은 데이터 타입은 참(truthy)이거나 거짓(falsey)이다. 빈 문자열("")은 거짓
     이므로 비어 있지 않은 문자열은 참이다. 숫자 0은 거짓이므로 0이 아닌 값은 참이다. 빈 리스트, 집합(set), 또는 딕셔너리(dict)는
     거짓이므로 비어 있지 않은 것은 참이다.

하며, 그렇지 않으면 테스트 코드가 찾을 수 없다.

```
def test_exists(): ❶
  """ Program exists """

  assert os.path.exists(PRG) ❷
```

❶ pytest가 찾을 수 있으려면 함수 명칭은 test_로 시작해야 한다.

❷ 지정된 인수가 파일인 경우 os.path.exists() 함수는 True를 반환한다. False를 반환하면 가정이 실패하고 이 테스트가 실패한다.

다음에 작성하는 테스트 코드는 프로그램이 항상 -h와 --help 플래그의 사용 설명서를 생성하는지 확인하는 것이다. subprocess.getstatusoutput() 함수는 짧고 긴 도움말 플래그를 사용해 dna.py 프로그램을 실행한다. 각각의 경우 프로그램이 usage라는 단어로 시작하는 문자를 출력하는지 확인하고 싶다. 다음 코드는 완벽한 테스트 코드가 아니다. 이 코드는 문서가 정확한지 확인하지 않고 단지 사용 설명서로 보이는 것만 확인한다. 모든 테스트 코드가 완전히 완벽할 필요는 없다고 생각한다. 테스트 코드는 다음과 같다.

```
def test_usage() -> None:
  """ Prints usage """

  for arg in ['-h', '--help']: ❶
    rv, out = getstatusoutput(f'{RUN} {arg}') ❷
    assert rv == 0 ❸
    assert out.lower().startswith('usage:') ❹
```

❶ 짧고 긴 도움말 플래그를 반복한다.

❷ 인수를 전달해 프로그램을 실행하고 반환값과 출력값을 저장한다.

❸ 프로그램이 성공적인 종료값 0을 보고하는지 확인한다.

❹ 프로그램의 소문자 출력값이 문자 usage로 시작하는지 확인한다.

커맨드 라인 프로그램은 일반적으로 0이 아닌 값을 반환해 운영체제의 오류를 나타낸다. 프로그램이 성공적으로 실행되면 0을 반환한다. 0이 아닌 값은 때때로 내부 오류 코드와 관련이 있을 수 있지만, 대부분은 단지 문제가 생겼다는 것을 의미한다. 마찬가지로 앞으로 작성하는 프로그램도 성공적인 실행에 0을 보고하고 오류가 있을 때 0이 아닌 값을 보고하도록 노력할 것이다.

다음으로 인수가 주어지지 않을 때 프로그램이 중단되는지 확인하고 싶다.

```
def test_dies_no_args() -> None:
  """ Dies with no arguments """

  rv, out = getstatusoutput(RUN) ❶
  assert rv != 0 ❷
  assert out.lower().startswith('usage:') ❸
```

❶ 인수 없이 프로그램을 실행해 반환값과 출력값을 저장한다.

❷ 반환값이 0이 아닌 실패 코드인지 확인한다.

❸ 출력값이 사용 설명서와 같은지 확인한다.

이 테스트 시점에서 우리는 문서를 생성하기 위해 실행할 수 있는 올바른 명칭의 프로그램이 있다는 것을 알고 있다. 이는 프로그램이 최소한 구문적으로 정확하다는 것을 의미하며, 테스트를 시작하기에 적절한 지점이다. 프로그램의 출력에 오류가 있는 경우 이 지점까지 수정해야 한다.

출력 테스트하기 위해 프로그램 실행하기

이제 프로그램이 해야 할 일을 하는지 확인해보자. 프로그램을 테스트하는 방법에는 여러 가지 방법이 있으며, 여기서는 인사이드 아웃inside-out과 아웃사이드 인outside-in이라는 두 가지 기본적인 접근 방식을 사용한다. 인사이드 아웃 접근법은 프로그램 내부의 개별 함수를 테스트하는 수준에서 시작한다. 함수는 컴퓨팅computing[8]의 기본 단위로 간주

---

8   컴퓨터를 사용하는 행위, 또는 컴퓨터를 사용해 이뤄지는 처리 과정 – 옮긴이

되므로 이를 단위^{unit} 테스트라 하며, 다음 솔루션 절에서 이를 설명할 것이다. 아웃사이드 인 접근 방식부터 시작해보자. 이 접근 방식은 사용자가 프로그램을 실행하는 것과 마찬가지로 커맨드 라인에서 프로그램을 실행한다는 의미다. 이 접근 방식은 코드 조각들이 정확한 출력을 만들기 위해 함께 작동하는지 확인하는 전체적인 접근 방식이며, 그렇기 때문에 이를 보통 통합^{integration} 테스트라고 부른다.

첫 번째 테스트는 DNA 문자열을 커맨드 라인에 인수로 전달하고, 프로그램이 정확한 문자열로 포맷된 정확한 계산을 생성하는지 확인한다.

```
def test_arg():
    """ Uses command-line arg """

    for file, expected in [TEST1, TEST2, TEST3]: ❶
        dna = open(file).read() ❷
        retval, out = getstatusoutput(f'{RUN} {dna}') ❸
        assert retval == 0 ❹
        assert out == expected ❺
```

❶ 이 입력으로 실행할 때 프로그램의 expected 값과 DNA 문자열을 포함한 file 안에 튜플의 묶음을 푼다.

❷ 파일을 열고 내용에서 dna를 읽는다.

❸ 프로그램의 반환값과 텍스트 출력값(표준 출력으로 발음되는 STDOUT이라고도 함)을 모두 제공하는 함수 subprocess.getstatusoutput()을 사용해 주어진 DNA 문자열로 프로그램을 실행한다.

❹ 반환값이 성공(또는 오류 0)을 나타내는 0인 것을 확인한다.

❺ 프로그램의 출력이 예상되는 숫자 문자열인지 확인한다.

다음 테스트는 거의 동일하지만 이번에는 파일에서 DNA를 올바르게 읽는지 확인하기 위해 파일 이름을 프로그램에 인수로 전달한다.

```
def test_file():
```

```
    """ Uses file arg """
    for file, expected in [TEST1, TEST2, TEST3]:
        retval, out = getstatusoutput(f'{RUN} {file}') ❶
        assert retval == 0
        assert out == expected
```

❶ 첫 번째 테스트와 다른 점은 파일 내용 대신 파일 이름을 전달한다는 것이다.

이제 테스트 코드를 살펴봤으니 돌아가서 다시 테스트 코드를 실행하자. 이번에는 **pytest -xv**를 사용한다. 여기서 -v 옵션은 자세한 출력을 위한 것이다. -x와 -v는 모두 짧은 플래그이므로 -xv 혹은 -vx처럼 결합할 수 있다. 출력값을 자세히 읽어 보면 프로그램이 DNA 염기 서열을 출력하고 있지만 테스트에서는 숫자 서열을 예상한다는 것을 알 수 있다.

```
$ pytest -xv
============================ test session starts ============================
...

tests/dna_test.py::test_exists PASSED                               [ 25%]
tests/dna_test.py::test_usage PASSED                                [ 50%]
tests/dna_test.py::test_arg FAILED                                  [ 75%]

================================== FAILURES ==================================
_____ test_arg _____

    def test_arg():
      """ Uses command-line arg """

      for file, expected in [TEST1, TEST2, TEST3]:
        dna = open(file).read()
        retval, out = getstatusoutput(f'{RUN} {dna}')
        assert retval == 0
>       assert out == expected ❶
E       AssertionError: assert 'ACCGGGTTTT' == '1 2 3 4' ❷
E         - 1 2 3 4
E         + ACCGGGTTTT

tests/dna_test.py:36: AssertionError
```

```
========================= short test summary info =========================
FAILED tests/dna_test.py::test_arg - AssertionError: assert 'ACCGGGTTTT' == '...
!!!!!!!!!!!!!!!!!!!!!!!!!! stopping after 1 failures !!!!!!!!!!!!!!!!!!!!!!!!!!!
========================= 1 failed, 2 passed in 0.35s =========================
```

❶ 이 줄의 첫 부분에 있는 > 기호는 이것이 오류의 원인이라는 것을 나타낸다.

❷ 프로그램의 출력값은 문자열 ACCGGGTTTT지만 예상값은 1 2 3 4다. 이 값이 같지 않기 때문에 AsertionError 예외가 발생했다.

이제 코드를 고쳐 보자. 만약 프로그램을 완벽하게 종료하는 방법을 알고 있다고 생각한다면 즉시 해당 솔루션으로 해결해도 좋다. 먼저 프로그램을 실행해 올바른 A의 개수를 보고하는지 확인한다.

```
$ ./dna.py A
1 0 0 0
```

그리고 C의 개수도 확인한다.

```
$ ./dna.py C
0 1 0 0
```

마찬가지로 G와 T의 개수도 확인한다. 그런 다음 **pytest**를 실행해 모든 테스트를 통과했는지 확인한다.

작업 버전을 따로 만든 후에 같은 답을 얻기 위해 가능한 한 다양한 방법을 생각해보라. 이를 프로그램 리팩토링refactoring이라고 한다. 일단 제대로 작동하는 것부터 시작해서 이를 개선하려고 노력해야 한다. 개선 사항은 여러 가지 방법으로 측정할 수 있다. 같은 아이디어를 갖고 코드를 더 적게 사용해 작성할 수 있는 방법을 찾거나 더 빨리 실행되는 솔루션을 찾을 수 있다. 사용 중인 측정 시스템과는 관계없이 **pytest**를 계속 실행해 프로그램이 올바른지 확인한다.

솔루션

솔루션 1: 문자열의 문자 반복과 계산

어디서부터 시작해야 할지 모르겠다면 첫 번째 솔루션을 함께 생각해보자. 목표는 DNA 문자열의 모든 염기를 통과하는 것이다. 먼저 REPL에서 값을 할당해 dna라는 변수를 생성한다.

```
>>> dna = 'ACGT'
```

단일 혹은 이중 여부에 관계없이 따옴표로 묶인 모든 값은 문자열이다. 파이썬에서는 단 하나의 문자도 문자열로 간주된다. 변수 타입을 확인하기 위해 type() 함수를 사용했고, dna가 str(문자열) 클래스라는 것을 알 수 있다.

```
>>> type(dna)
<class 'str'>
```

REPL에 help(str)을 입력하면 문자열로 할 수 있는 모든 멋진 작업을 볼 수 있다. 이 데이터 타입은 문자열이 많은 데이터를 구성하는 유전체학에서 특히 중요하다.

파이썬 언어로 DNA의 뉴클레오타이드 문자열의 문자를 반복하고 싶다. for 루프로 문자를 반복할 수 있다. 파이썬이 문자열을 정렬된 문자 서열로 보고 for 루프가 처음부터 끝까지 각 문자를 방문한다.

```
>>> for base in dna: ❶
...     print(base) ❷
...
A
C
G
T
```

❶ dna 문자열의 각 문자가 base 변수로 복사된다. 복사된 변수를 char라고 부르거나, 문자^{character}를 의미하는 c로 부르거나 원하는 대로 불러도 된다.

❷ print()로 각각 호출하면 새로운 라인으로 끝나므로 분리된 라인에서 각 염기를 볼 수 있다.

나중에 for 루프를 파일의 리스트, 딕셔너리, 집합, 라인(기본적으로 모든 반복 가능한 데이터 구조)과 함께 사용될 수 있다는 것을 알게 될 것이다.

뉴클레오타이드 계산하기

이제 각 염기를 차례로 방문하는 방법을 알았으니, 각 염기를 출력하기보다는 계산할 필요가 있다. 즉 4개의 뉴클레오타이드 각각의 숫자를 추적하려면 몇 가지 변수가 필요하다. 한 가지 방법은 각 염기당 하나씩 정수 개수를 보유하는 4개의 변수를 만드는 것이다. 계산을 위해 4개의 변수를 초깃값 0으로 초기화한다.

```
>>> count_a = 0
>>> count_c = 0
>>> count_g = 0
>>> count_t = 0
```

이전에 보여준 튜플 묶음 풀기 구문을 사용해 위 코드를 한 줄로 작성할 수 있다.

```
>>> count_a, count_c, count_g, count_t = 0, 0, 0, 0
```

변수 명명 규칙

변수 명칭을 countA 또는 CountA 또는 COUNTA 또는 count_A 또는 여러 가지 방법으로 지정할 수 있지만 항상 '파이썬 코드 스타일 가이드'(https://oreil.ly/UmUYt)에서 제안된 명명 규칙을 고수하는 것을 추천한다. PEP8로 알려져 있는 이 규칙은 함수 및 변수 명칭이 '가독성을 향상시키기 위해 필요에 따라 밑줄로 구분된 단어를 사용한 소문자여야 한다'고 말한다.

각 염기를 보고 증가할 변수를 결정해 값을 1씩 증가시켜야 한다. 예를 들어 현재 염기가 C이면 count_c 변수를 증가시켜야 한다. 코드로 이렇게 쓸 수 있다.

```
for base in dna:
  if base == 'C': ❶
    count_c = count_c + 1 ❷
```

❶ == 연산자는 두 값이 같은지 비교하는 데 사용된다. 이 코드에서는 현재 염기가 문자열 C와 같은지 알고 싶다.

❷ count_c를 현재값보다 1 큰 값으로 설정한다.

 == 연산자는 두 값이 같은지 비교하는 데 사용된다. 2개의 문자열 또는 2개의 숫자를 비교하는 것이 가능하다. 문자열과 숫자를 섞으면 /로 나눴을 때 예외가 발생한다는 것을 알고 있다. 그렇다면 예를 들어 '3' == 3과 같이 == 연산자와 타입을 혼합하면 어떻게 될까? 먼저 타입을 비교하지 않고 사용할 수 있는 안전한 연산자일까?

그림 1-3에서 볼 수 있듯이 변수를 증가시키는 더 짧은 방법은 += 연산자를 사용해 표현식의 오른쪽(종종 RHS로 표시된다)에 있는 것을 왼쪽(또는 LHS)에 있는 것에 추가하는 것이다.

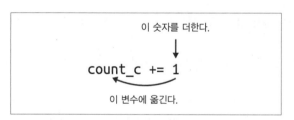

그림 1-3. += 연산자는 오른쪽에 있는 값을 왼쪽에 있는 변수에 더한다.

확인할 뉴클레오타이드가 4개이므로 if 표현식을 3개 더 결합하는 방법이 필요하다. if 문을 결합하는 파이썬의 구문은 else if 문에 elif를 사용하고 마지막 또는 기본인 경우에 else를 사용하는 것이다. 다음은 프로그램 또는 REPL에 입력할 수 있는 간단한 의사결정 트리를 구현하는 코드 블록이다.

```
dna = 'ACCGGGTTTT'
count_a, count_c, count_g, count_t = 0, 0, 0, 0
for base in dna:
  if base == 'A':
    count_a += 1
  elif base == 'C':
    count_c += 1
  elif base == 'G':
    count_g += 1
  elif base == 'T':
    count_t += 1
```

정렬된 각 염기는 1, 2, 3, 4로 끝나야 한다.

```
>>> count_a, count_c, count_g, count_t
(1, 2, 3, 4)
```

이제 사용자에게 결과를 보고한다.

```
>>> print(count_a, count_c, count_g, count_t)
1 2 3 4
```

이 결과가 프로그램이 예상했던 정확한 결과다. print()는 여러 값을 출력할 수 있고 각 값 사이에 공백을 삽입한다. REPL에서 help(print)를 읽으면 sep 인수로 공백의 값을 변경할 수 있음을 알 수 있다.

```
>>> print(count_a, count_c, count_g, count_t, sep='::')
1::2::3::4
```

print() 함수는 출력의 끝에 새로운 라인을 넣을 것이고, 마찬가지로 end 옵션을 사용해 변경할 수 있다.

```
>>> print(count_a, count_c, count_g, count_t, end='\n-30-\n')
1 2 3 4
-30-
```

솔루션 작성 및 검증

앞의 코드를 사용해 모든 테스트를 통과하는 프로그램을 만들 수 있어야 한다. 코드를 작성하면서 pylint, flake8, mypy를 자주 실행해서 잠재적인 오류가 있는지 소스 코드를 확인하는 것을 권한다. 더 나아가 이런 테스트가 일상적으로 포함될 수 있도록 pytest 확장 기능을 설치하는 것이 좋다.

```
$ python3 -m pip install pytest-pylint pytest-flake8 pytest-mypy
```

대신에 책 전체에서 사용할 다양한 의존성dependency을 나열한 requirements.txt 파일을 깃허브 저장소의 루트 폴더에 배치했다. 다음 명령을 사용해 모든 모듈을 설치할 수 있다.

```
$ python3 -m pip install -r requirements.txt
```

이러한 확장 기능을 사용하면 다음 명령을 실행해 tests/dna_test.py 파일에 정의된 테스트뿐만 아니라 개발 툴을 사용한 린터와 타입 검사를 위한 테스트도 실행할 수 있다.

```
$ pytest -xv --pylint --flake8 --mypy tests/dna_test.py
=========================== test session starts ============================
...
collected 7 items

tests/dna_test.py::FLAKE8 SKIPPED                              [ 12%]
tests/dna_test.py::mypy PASSED                                 [ 25%]
tests/dna_test.py::test_exists PASSED                          [ 37%]
tests/dna_test.py::test_usage PASSED                           [ 50%]
tests/dna_test.py::test_dies_no_args PASSED                    [ 62%]
tests/dna_test.py::test_arg PASSED                             [ 75%]
tests/dna_test.py::test_file PASSED                            [ 87%]
::mypy PASSED                                                  [100%]
=================================== mypy ===================================

Success: no issues found in 1 source file
======================= 7 passed, 1 skipped in 0.58s =======================
```

캐시된 버전이 마지막 테스트 이후 변경된 사항이 없다고 표시하면 일부 테스트를 건너뛴다. 그러므로 ---cache-clear 옵션으로 pytest를 실행해 테스트를 강제로 실행한다. 또한 코드의 형식이나 들여쓰기가 올바르지 않으면 린트 테스트에 실패할 수 있다. yapf 또는 black을 사용해 코드를 자동으로 포맷할 수 있다. 대부분의 IDE와 에디터는 자동 형식 옵션을 제공한다.

입력해야 할 내용이 많기 때문에 폴더에 Makefile 형식으로 바로가기를 만들었다.

```
$ cat Makefile
.PHONY: test

test:
  python3 -m pytest -xv --flake8 --pylint --pylint-rcfile=../pylintrc \ --mypy dna.py
tests/dna_test.py

all:
  ../bin/all_test.py dna.py
```

부록 A를 읽으면 Makefile과 같은 파일을 자세히 알 수 있다. 지금은 시스템에 설치를 완료한 경우, make test 명령을 사용해 Makefile의 test 대상에서 명령을 실행할 수 있음을 이해하면 된다. make가 설치돼 있지 않거나 사용하지 않아도 괜찮지만, Makefile을 사용해 프로세스를 문서화하고 자동화하는 방법을 탐색하는 것이 좋다.

dna.py의 테스트 통과 버전을 작성하는 방법에는 여러 가지가 있으며, 솔루션을 읽기 전에 계속 찾아보는 것을 권한다. 무엇보다 프로그램을 변경한 다음 잘 작동하는지 확인하기 위해 테스트를 실행하는 것에 익숙해지기 바란다. 먼저 몇 가지 측정 시스템을 만들어 프로그램이 올바르게 작동할 시기를 결정하는 것이 테스트 주도 개발의 주기다. 이 책을 예를 들면 pytest가 실행하는 dna_test.py 프로그램이다.

테스트 코드는 목표에서 벗어나지 않도록 해주고, 프로그램 요구 사항을 충족시켰을 때 알려 주기도 한다. 이 테스트 코드를 실행할 수 있는 프로그램으로 구체화된 사양(스펙이라고도 한다)이라고 한다. 테스트 코드가 없다면 프로그램이 제대로 작동한 시간 또는 종료한 시간을 알 수 있을까? 루이스 스리글리Louis Srygley는 이렇게 말했다. "요구 사항이나 디자인이 없다면 프로그래밍은 빈 텍스트 파일에 버그를 추가하는 기술이다."

테스트는 재현 가능한 프로그램을 만드는 데 필수적이다. 좋은 데이터와 나쁜 데이터를 모두 사용해 프로그램을 실행할 때 정확성과 예측 가능성을 절대적이고 자동으로 증명할 수 없다면 좋은 소프트웨어를 작성한 것이 아니다.

추가적인 솔루션

1장의 앞부분에서 작성한 프로그램은 깃허브 저장소에 있는 solution1_iter.py 버전이기 때문에 그 버전을 검토하지 않아도 된다. 간단한 아이디어에서 더 복잡한 아이디어로 진행되는 몇 가지 대체 솔루션을 소개한다. 더 복잡한 아이디어로 진행된다고 해서 나쁜 것에서 더 나은 것으로 발전한다는 의미는 아니다. 모든 버전이 테스트를 통과하므로 모두 동일하게 유효하다. 요점은 파이썬이 일반적인 문제를 해결하기 위해 무엇을 제공해야 하는지 탐구하는 것이다. 참고하자면, get_args() 함수와 같은 공통 코드는 생략한다.

솔루션 2: count() 함수 생성과 단위 테스트 추가하기

첫 번째 변형된 아이디어는 계산을 수행하는 main() 함수의 모든 코드를 count() 함수로 이동시키는 것이다. 이 count() 함수는 프로그램의 아무 곳에서나 정의할 수 있지만 일반적으로 get_args()를 먼저, main() 함수를 두 번째로, 그다음에는 이후의 다른 함수를 정의한다. 그러나 main() 함수 호출은 마지막 2행 전에 사용한다.

다음 함수의 경우 typing.Tuple 값을 불러와야 한다.

```
def count(dna: str) -> Tuple[int, int, int, int]: ❶
  """ Count bases in DNA """

  count_a, count_c, count_g, count_t = 0, 0, 0, 0 ❷
  for base in dna:
    if base == 'A':
      count_a += 1
```

```
    elif base == 'C':
      count_c += 1
    elif base == 'G':
      count_g += 1
    elif base == 'T':
      count_t += 1

return (count_a, count_c, count_g, count_t) ❸
```

❶ 타입은 함수가 문자열을 사용하고 4개의 정숫값을 포함하는 튜플을 반환한다고 알려준다.

❷ main()에서 계산을 수행할 코드다.

❸ 4개의 counts 튜플을 반환한다.

이 코드를 함수로 옮기는 데는 많은 이유가 있다. 우선, 이 코드는 DNA 문자열로 주어진 계산 단위이며, 테트라뉴클레오타이드 빈도를 반환하기 때문에 캡슐화하는 것이 타당하다. 이렇게 캡슐화하면 main()을 더 짧고 읽기 쉽게 만들 수 있으며, 함수의 단위 테스트를 작성할 수 있다. 함수는 count()로 명명했기 때문에 단위 테스트는 test_count()라고 명명했다. 편의상 dna_test.py 프로그램이 아닌 dna.py 프로그램 속 count() 함수 바로 뒤에 test_count() 함수를 배치했다. 짧은 프로그램의 경우 함수와 단위 테스트를 소스 코드에 함께 넣는 경향이 있지만 프로젝트가 커질수록 단위 테스트를 별도의 모듈로 분리해야 한다. 다음은 테스트 함수다.

```
def test_count() -> None: ❶
  """ Test count """

  assert count('') == (0, 0, 0, 0) ❷
  assert count('123XYZ') == (0, 0, 0, 0)
  assert count('A') == (1, 0, 0, 0) ❸
  assert count('C') == (0, 1, 0, 0)
  assert count('G') == (0, 0, 1, 0)
  assert count('T') == (0, 0, 0, 1)
  assert count('ACCGGGTTTT') == (1, 2, 3, 4)
```

❶ 함수 명칭은 pytest에서 찾을 수 있도록 test_로 시작해야 한다. 여기서 타입은 테스트가 인수를 받지 않으며 return 문이 없기 때문에 기본 None 값을 반환한다는 것을 보여준다.

❷ 예상값과 예상치 못한 값을 모두 사용해 함수를 테스트한 후 합당한 값을 반환하는지 확인한다. 빈 문자열은 모두 0을 반환해야 한다.

❸ 나머지 테스트 코드에서는 각 염기가 올바른 위치에 있는지 확인한다.

만든 함수가 작동하는지 확인하기 위해 dna.py 프로그램에서 pytest를 사용해서 확인한다.

```
$ pytest -xv dna.py
=========================== test session starts ===========================
...

dna.py::test_count PASSED                                          [100%]

=========================== 1 passed in 0.01s ===========================
```

첫 번째 테스트는 빈 문자열을 전달하고 계산값이 모두 0일 것이라고 예상한다. 이 예상값은 솔직히 개인적인 의견이다. 입력값이 없다고 사용자에게 불만을 표시해야 한다고 결정할 수도 있다. 즉 빈 문자열을 입력값으로 사용해 프로그램을 실행할 수 있으며 이 버전은 다음을 보고한다.

```
$ ./dna.py ""
0 0 0 0
```

마찬가지로 빈 파일을 전달해도 같은 대답을 얻을 수 있다. **touch** 명령을 사용해 빈 파일을 만든다.

```
$ touch empty
$ ./dna.py empty
0 0 0 0
```

유닉스 시스템에서 /dev/null은 아무것도 반환하지 않는 특수 파일핸들이다.

```
$ ./dna.py /dev/null
0 0 0 0
```

입력값이 오류가 아니라고 생각하고 그대로 보고할 수 있다. 테스트의 중요한 점은 테스트를 하면서 계속 그 결과를 생각해야 한다는 점이다. 예를 들어 count() 함수는 0을 반환해야 할까, 아니면 빈 분자열이 있는 경우 예외를 발생시켜야 할까? 프로그램이 빈 입력값일 때 충돌돼 0이 아닌 상태로 종료해야 할까? 프로그램을 위해 이런 결정을 내려야 한다.

이제 dna.py 코드에 단위 테스트를 갖고 있고, 이 테스트가 통과하는지 확인하기 위해 pytest로 dna.py 파일을 실행할 수 있다.

```
$ pytest -v dna.py
============================= test session starts ==============================
...
collected 1 item

dna.py::test_count PASSED                                                 [100%]

============================== 1 passed in 0.01s ===============================
```

코드를 작성할 때 가능한 한 적은 매개 변수로 제한된 한 가지 작업만 수행하는 함수를 작성해야 한다. 그런 다음 소스 코드의 함수 바로 뒤에 test_와 같은 명칭에 함수 명칭을 더한 테스트를 작성해야 한다. 이런 종류의 단위 테스트가 많은 경우 별도의 파일로 옮겨서 해당 파일을 pytest로 실행하도록 결정할 수 있다.

새 함수를 사용하려면 main()을 다음과 같이 수정한다.

```
def main() -> None:
    args = get_args()
    count_a, count_c, count_g, count_t = count(args.dna)  ❶
    print('{} {} {} {}'.format(count_a, count_c, count_g, count_t))  ❷
```

❶ count()에서 반환된 4개의 값을 별도의 변수에 묶음 풀기를 한다.

❷ str.format()을 사용해 출력 문자열을 만든다.

파이썬의 str.format()에 잠시 초점을 맞춰 보자. 그림 1-4에서 보다시피 문자열 '{}
{} {} {}'은 생성할 출력의 템플릿이며, 문자 리터럴에서 직접 str.form() 함수를 호
출한다. str.format()은 str.join() 함수처럼 파이썬의 일반적인 관용구다. 파이썬에
서는 문자 리터럴(따옴표로 소스 코드 안에 존재하는 문자열)도 메서드를 호출할 수 있는
객체라는 점을 기억해야 한다.

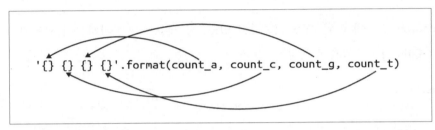

그림 1-4. str.format() 함수는 중괄호가 포함된 템플릿을 사용해 인숫값으로 채워지는 자리 표시자를 정의한다.

문자열 템플릿의 모든 {}은 함수의 인수로 제공되는 값의 자리 표시자placeholder다. str.
format() 함수를 사용할 때는 자리 표시자 수와 인수 수가 같은지 확인해야 한다. 인수
는 입력된 순서대로 삽입된다. str.format() 함수는 나중에 더 자세히 설명하겠다.

count() 함수에 의해 반환된 튜플의 묶음 풀기는 필요하지 않다. 앞에 별표(*)를 추가해
서 표시하면 전체 튜플을 str.format() 함수의 인수로 전달할 수 있다. 별표(*)는 파이
썬에 튜플을 해당 값을 확장하도록 지시한다.

```
def main() -> None:
    args = get_args()
    counts = count(args.dna) ❶
    print('{} {} {} {}'.format(*counts)) ❷
```

❶ counts 변수는 정수 염기 계산값의 4-튜플이다.

❷ *counts 구문은 튜플을 포맷 문자열에 필요한 4개의 값으로 확장한다. 그렇지 않으면 튜플은 단일값으로 해석된다.

counts 변수를 한 번만 사용하기 때문에 변수를 할당하는 과정을 건너뛰고 한 줄로 줄일 수 있다.

```
def main() -> None:
  args = get_args()
  print('{} {} {} {}'.format(*count(args.dna))) ❶
```

❶ count()의 반환값을 str.form() 메서드로 직접 전달한다.

첫 번째 솔루션은 틀림없이 읽고 이해하기 쉬울 것이고, {} 자리 표시자의 수가 변수의 수와 일치하지 않을 때 flake8과 같은 개발 툴로 찾을 수 있을 것이다. 단순하고 장황하며 분명한 코드가 간결하고 영리한 코드보다 나은 경우가 많다. 그래도 튜플 묶음 풀기와 변수 스플래팅splatting[9]을 아는 것은 나중에 프로그램의 아이디어를 짜는 데 유용하기 때문에 알아 두는 것이 좋다.

솔루션 3: str.count() 사용하기

이전 count() 함수는 매우 장황하다. str.count() 메서드를 사용해 한 줄의 코드로 함수를 작성할 수 있다. 이 함수는 한 문자열이 다른 문자열 내에서 발견되는 횟수를 계산한다. REPL에서 보자.

```
>>> seq = 'ACCGGGTTTT'
>>> seq.count('A')
1
>>> seq.count('C')
2
```

---

9   묶음 형식의 데이터 정보를 확장시켜 여러 개의 단어나 원소로 분해하는 것. 파이썬에서는 위 코드처럼 별표(*)를 이용한다. – 옮긴이

문자열이 없으면 0을 보고하므로 염기 서열 입력값에 하나 이상의 염기가 없을 때에도 4개의 뉴클레오타이드를 모두 계산하는 것이 안전하다.

```
>>> 'AAA'.count('T')
0
```

다음은 이 아이디어를 사용한 count() 함수의 새 버전이다.

```
def count(dna: str) -> Tuple[int, int, int, int]: ❶
    """ Count bases in DNA """

    return (dna.count('A'), dna.count('C'), dna.count('G'), dna.count('T')) ❷
```

❶ 이전 코드들과 비슷한 시그니처^{signature}다.

❷ 4개의 염기 각각에 dna.count() 메서드를 호출한다.

이 코드는 훨씬 간결하며 같은 단위 테스트를 통해 정확한지 확인할 수 있다. 함수는 검은 상자처럼 작동해야 한다는 것이 핵심이다. 즉 상자 안에서 무슨 일이 일어나는지 알지도, 관심도 없다. 무엇이 들어가고, 답이 나오고 그리고 단지 답이 맞다는 것만을 신경 쓴다. 외부와의 계약(매개 변수와 반환값)이 동일하게 유지되는 동안은 상자 내에서 발생하는 작업을 자유롭게 변경할 수 있다.

다음은 파이썬의 f-string 구문을 사용해 main() 함수에서 출력 문자열을 만드는 또 다른 방법이다.

```
def main() -> None:
    args = get_args()
    count_a, count_c, count_g, count_t = count(args.dna) ❶
    print(f'{count_a} {count_c} {count_g} {count_t}') ❷
```

❶ 4개의 count에 튜플의 묶음을 푼다.

❷ f-string을 사용해 변수를 넣는다.

f가 따옴표 앞에 오기 때문에 f-string이라고 한다. f-string이 문자열 형식이라는 것을 알려주기 위해 연상 기호 format을 사용한다. 파이썬에는 r이 앞에 존재하는 원시 문자열도 있지만, 이는 나중에 설명하겠다. 파이썬의 모든 문자열(bare, f-string, r-string)은 작은 따옴표나 큰 따옴표로 묶을 수 있다. 아무거나 상관없다.

f-string을 사용해 {} 자리 표시자는 변수를 넣을 수 있으며, 이는 변수를 변숫값으로 바꾸는 것을 의미한다. 이 곱슬거리는 것(중괄호)들로 코드를 실행할 수도 있다. 예를 들어 len() 함수는 문자열 길이를 반환하며 중괄호 내에서 실행할 수 있다.

```
>>> seq = 'ACGT'
>>> f'The sequence "{seq}" has {len(seq)} bases.'
'The sequence "ACGT" has 4 bases.'
```

나는 보통 str.format()을 사용하는 동일한 코드보다 f-string을 사용한 코드가 읽기 더 쉽다. 대부분의 개발자가 코드를 짧고 멋지게 쓰려고 하지만, 나는 코드를 더 읽기 쉽게 작성하는 것을 추천한다.

솔루션 4: 딕셔너리를 사용해 모든 문자 계산하기

지금까지 파이썬의 문자열, 리스트, 튜플을 설명했다. 이번 솔루션에서는 키/값 저장소인 딕셔너리^{dictionary}를 소개한다. 내부적으로 딕셔너리를 사용하는 count() 함수 버전을 소개하고, 이해해야 할 몇 가지 중요한 점을 짚고 넘어가겠다.

```
def count(dna: str) -> Tuple[int, int, int, int]: ❶
    """ Count bases in DNA """

    counts = {} ❷
    for base in dna: ❸
        if base not in counts: ❹
            counts[base] = 0 ❺
        counts[base] += 1 ❻

    return (counts.get('A', 0), ❼
        counts.get('C', 0),
```

```
        counts.get('G', 0),
        counts.get('T', 0))
```

❶ 내부적으로 딕셔너리를 사용할 예정이지만, 함수의 시그니처는 변경되지 않는다.

❷ counts를 저장할 빈 딕셔너리를 초기화한다.

❸ for 루프를 사용해 염기 서열을 반복한다.

❹ 딕셔너리에 염기가 아직 없는지 확인한다.

❺ 이 염기의 값을 0으로 초기화한다.

❻ 이 염기의 계산을 1씩 증가시킨다.

❼ dict.get() 메서드를 사용해 각 염기의 계산값 또는 기본값 0을 가져온다.

다시 말하지만, 이 함수의 계약(타입 시그니처type signature)은 변경되지 않는다. 여전히 문자열이 안에 있는 정수의 4-튜플이다. 함수 내에서 빈 중괄호를 사용해 초기화할 딕셔너리를 사용할 것이다.

```
>>> counts = {}
```

dict() 함수도 사용 가능하다. 둘 다 선호되지 않는다.

```
>>> counts = dict()
```

type() 함수를 사용해 딕셔너리인지 확인할 수 있다.

```
>>> type(counts)
<class 'dict'>
```

isinstance() 함수는 변수의 타입을 확인하는 또 다른 방법이다.

```
>>> isinstance(counts, dict)
True
```

목표는 각 염기를 키로 갖고 발생하는 횟수를 값^{value}으로 갖는 딕셔너리를 만드는 것이다. 예를 들어 ACCGGGTTT 염기 서열이 주어지면 counts는 다음과 같이 표시되기를 원한다.

```
>>> counts
{'A': 1, 'C': 2, 'G': 3, 'T': 4}
```

다음과 같이 대괄호와 키 명칭을 사용해 값에 접근할 수 있다.

```
>>> counts['G']
3
```

존재하지 않는 딕셔너리 키에 접근하려고 하면 파이썬에서 **KeyError** 예외가 발생한다.

```
>>> counts['N']
Traceback (most recent call last):
  File "", line 1, in
KeyError: 'N'
```

in 키워드를 사용해 딕셔너리에 키가 존재하는지 확인할 수 있다.

```
>>> 'N' in counts
False
>>> 'T' in counts
True
```

각 염기 서열을 반복하고 있기 때문에 염기 서열이 counts 딕셔너리에 존재하는지 확인해야 한다. 그렇지 않으면 0으로 초기화해야 한다. 그러면 안전하게 +=를 배치해 염기의 계산을 1만큼 증가시킬 수 있다.

```
>>> seq = 'ACCGGGTTTT'
>>> counts = {}
>>> for base in seq:
...   if not base in counts:
...     counts[base] = 0
...   counts[base] += 1
```

```
...
>>> counts
{'A': 1, 'C': 2, 'G': 3, 'T': 4}
```

마지막으로, 각각의 염기 계산값의 4-튜플을 반환하고 싶다. 아마 이 방법이 효과가 있다고 생각할 수도 있다.

```
>>> counts['A'], counts['C'], counts['G'], counts['T']
(1, 2, 3, 4)
```

하지만 만약 염기 서열에서 염기 하나가 누락되면 어떻게 될지 스스로 질문해보자. 위 코드가 단위 테스트를 통과할 수 있을까? 분명히 아니다. KeyError 예외를 생성하기 때문에 빈 문자열을 사용하는 첫 번째 테스트에서 실패한다. 딕셔너리에 값을 요청하는 안전한 방법은 dict.get() 메서드를 사용하는 것이다. 만약 키가 없다면 None을 반환한다.

```
>>> counts.get('T')
4
>>> counts.get('N')
```

파이썬의 None 값

REPL이 None을 표시하지 않기 때문에 위 코드에서 두 번째 호출은 아무 일도 하지 않는 것처럼 보인다. 반환값을 확인하기 위해 type() 함수를 사용할 것이다. NoneType은 None 값의 타입이다.

```
>>> type(counts.get('N'))
<class 'NoneType'>
```

== 연산자를 사용해 반환값이 None이라는 것을 확인할 수도 있다.

```
>>> counts.get('N') == None
True
```

그러나 PEP8은 "None과 같은 일원소 집합의 비교는 항상 is 또는 is not으로 수행돼야 하며 절대 동등 연산자를 사용하지 않아야 한다"고 권장한다. 다음은 값이 None인지 확인하는 규정된 방법이다.

```
>>> counts.get('N') is None
True
```

dict.get() 메서드는 키가 없을 때 반환할 기본값으로 두 번째 인수를 받으므로 이 방법이 염기 계산값의 4-튜플을 반환하는 가장 안전한 방법이다.

```
>>> counts.get('A', 0), counts.get('C', 0), counts.get('G', 0), counts.get('T', 0)
(1, 2, 3, 4)
```

 count() 함수 내부에 무엇을 작성하든 test_count() 단위 테스트를 통과하는지 확인해야 한다.

솔루션 5: 원하는 염기만 계산하기

이전 솔루션들은 입력 염기 서열의 모든 문자를 계산하지만, 4개의 뉴클레오타이드만 계산하려면 어떻게 해야 할까? 이 솔루션에서는 원하는 염기의 값을 0인 딕셔너리로 초기화한다. 또한 이 코드를 실행하려면 typing.Dict가 필요하다.

```
def count(dna: str) -> Dict[str, int]: ❶
  """ Count bases in DNA """

  counts = {'A': 0, 'C': 0, 'G': 0, 'T': 0} ❷
  for base in dna: ❸
    if base in counts: ❹
      counts[base] += 1 ❺

  return counts ❻
```

❶ 이제 시그니처는 키에 문자열, 값에 정수가 있는 딕셔너리를 반환할 것을 나타낸다.

❷ 4개의 염기를 키로, 값을 0으로 해서 counts 딕셔너리를 초기화한다.

❸ 각 염기를 반복한다.

❹ 염기가 counts 딕셔너리에서 키로 발견됐는지 확인한다.

❺ 그렇다면 이 염기의 계산을 1씩 증가시킨다.

❻ counts 딕셔너리를 반환한다.

count() 함수는 이제 튜플이 아닌 딕셔너리를 반환하므로 test_count() 함수는 다음과 같이 변경해야 한다.

```python
def test_count() -> None:
    """ Test count """

    assert count('') == {'A': 0, 'C': 0, 'G': 0, 'T': 0} ❶
    assert count('123XYZ') == {'A': 0, 'C': 0, 'G': 0, 'T': 0} ❷
    assert count('A') == {'A': 1, 'C': 0, 'G': 0, 'T': 0}
    assert count('C') == {'A': 0, 'C': 1, 'G': 0, 'T': 0}
    assert count('G') == {'A': 0, 'C': 0, 'G': 1, 'T': 0}
    assert count('T') == {'A': 0, 'C': 0, 'G': 0, 'T': 1}
    assert count('ACCGGGTTTT') == {'A': 1, 'C': 2, 'G': 3, 'T': 4}
```

❶ 반환된 딕셔너리에는 항상 A, C, G, T 키가 존재한다. 심지어 빈 문자열의 경우에도 각 키가 존재하며 0으로 설정된다.

❷ 다른 모든 테스트에는 동일한 입력값이 있지만, 이제 그 답이 딕셔너리로 반환되는지를 확인한다.

이런 테스트를 작성할 때 딕셔너리 키의 순서는 중요하지 않다. 다음 코드의 두 딕셔너리는 다르게 정의돼도 동일한 내용을 가진다.

```python
>>> counts1 = {'A': 1, 'C': 2, 'G': 3, 'T': 4}
>>> counts2 = {'T': 4, 'G': 3, 'C': 2, 'A': 1}
>>> counts1 == counts2
True
```

test_count() 함수는 함수를 테스트해서 정확한지 확인하고 문서 역할도 하는지 테스트한다. 이 테스트를 읽으면 함수에서 가능한 입력값 및 예상 출력값의 구조를 확인할 수 있다.

반환된 딕셔너리를 사용하기 위해 main() 함수를 변경하는 방법은 다음과 같다.

```
def main() -> None:
    args = get_args()
    counts = count(args.dna) ❶
    print('{} {} {} {}'.format(counts['A'], counts['C'], counts['G'], counts['T'])) ❷
```

❶ counts는 이제 딕셔너리다.

❷ str.form() 메서드를 사용해 딕셔너리의 값을 이용한 출력값을 만든다.

솔루션 6: collections.defaultdict() 사용하기

collections 모듈의 defaultdict() 함수를 사용하면 딕셔너리를 초기화하고 키를 확인하려는 이전의 모든 노력을 하지 않아도 된다.

```
>>> from collections import defaultdict
```

defaultdict() 함수를 사용해 새 딕셔너리를 만들 때 함수에 값의 기본 타입을 알려준다. defaultdict 타입이 기본 타입의 대푯값을 사용해 참고하는 모든 키를 자동으로 생성하기 때문에 더 이상 키를 사용하기 전에 확인할 필요가 없다. 뉴클레오타이드를 계산하는 경우 int 타입을 사용할 것이다.

```
>>> counts = defaultdict(int)
```

기본 int 값은 0이다. 존재하지 않는 키의 참고는 0값으로 생성된다.

```
>>> counts['A']
0
```

즉 모든 염기를 한 번에 인스턴스화하고 증가시킬 수 있다.

```
>>> counts['C'] += 1
>>> counts
defaultdict(, {'A': 0, 'C': 1})
```

다음은 이 아이디어를 사용해 count() 함수를 다시 쓰는 방법이다.

```python
def count(dna: str) -> Dict[str, int]:
    """ Count bases in DNA """

    counts: Dict[str, int] = defaultdict(int) ❶

    for base in dna:
        counts[base] += 1 ❷

    return counts
```

❶ counts는 정숫값이 있는 defaultdict다. mypy는 반환값이 올바른지 확인할 수 있도록 타입 주석을 요구한다.

❷ 이 염기의 counts를 안전하게 증가시킬 수 있다.

test_count() 함수는 매우 다르게 보인다. 이전 버전과 매우 다르다는 것을 한눈에 알 수 있다.

```python
def test_count() -> None:
    """ Test count """

    assert count('') == {} ❶
    assert count('123XYZ') == {'1': 1, '2': 1, '3': 1, 'X': 1, 'Y': 1, 'Z': 1} ❷
    assert count('A') == {'A': 1} ❸
    assert count('C') == {'C': 1}
    assert count('G') == {'G': 1}
    assert count('T') == {'T': 1}
    assert count('ACCGGGTTTT') == {'A': 1, 'C': 2, 'G': 3, 'T': 4}
```

❶ 빈 문자열이 주어지면 빈 딕셔너리를 반환한다.

❷ 문자열의 모든 문자는 딕셔너리의 키다.

❸ count가 1인 A만 있다.

반환된 딕셔너리가 모든 염기를 포함하지 않을 수 있으므로 main()의 코드는 count.

get() 메서드를 사용해 각 염기의 빈도를 검색해야 한다.

```
def main() -> None:
    args = get_args()
    counts = count(args.dna)  ❶
    print(counts.get('A', 0), counts.get('C', 0), counts.get('G', 0), counts.get('T', 0))  ❷
```

❶ counts는 모든 뉴클레오타이드를 포함하지 않을 수도 있는 딕셔너리가 될 것이다.

❷ 기본값이 0인 dict.get() 메서드를 사용하는 것이 가장 안전하다.

솔루션 7: collections.Counter() 사용하기

> 완벽은 더 이상 더할 것이 없을 때가 아니라 뺄 것이 없을 때 이뤄진다.
>
> – 앙투안 드 생텍쥐페리(Antoine de Saint-Exupery)

마지막 세 가지 솔루션은 그다지 마음에 들지 않지만, collections.Counter() 사용의 단순성을 이해할 수 있도록 수동으로 딕셔너리와 defaultdict()를 모두 사용해 딕셔너리를 사용하는 방법을 단계별로 설명할 것이다.

```
>>> from collections import Counter
>>> Counter('ACCGGGTTT')
Counter({'G': 3, 'T': 3, 'C': 2, 'A': 1})
```

최고의 코드는 작성하지 않아도 되는 코드이며, Counter()는 사용자가 전달할 수 있는 반복 가능한 객체에 포함된 항목의 빈도와 함께 딕셔너리를 반환하는 사전에 이미 패키징된 함수다. 이 함수를 bag 또는 multiset이라고 한다. 여기서 반복 가능한 객체는 문자로 구성된 문자열이므로 마지막 두 솔루션과 동일한 딕셔너리를 얻었지만 코드를 작성하지 않았다.

너무 간단해서 count()와 test_count() 함수를 생략하고 main() 함수에 직접 통합할 수 있다.

```
def main() -> None:
  args = get_args()
  counts = Counter(args.dna) ❶
  print(counts.get('A', 0), counts.get('C', 0), counts.get('G', 0), counts.get('T', 0)) ❷
```

❶ counts는 args.dna에 있는 문자의 빈도를 포함하는 딕셔너리가 된다.

❷ 모든 염기가 있는지 확신할 수 없기 때문에 dict.get()을 사용하는 것이 안전하다.

이 코드가 count() 함수에 속하고 테스트 코드를 갖고 있다고 주장할 수 있지만, Counter() 함수는 이미 테스트됐고, 잘 정의된 인터페이스를 갖고 있다. 따라서 이 인라인 함수를 사용하는 것이 더 합리적이라 생각한다.

더 나아가기

소개한 솔루션들은 대문자 텍스트로 제공된 DNA 서열만 처리한다. 염기 서열이 소문자로 제공되는 것이 드문 일은 아니다. 예를 들어 식물 유전체학에서는 반복적인 DNA 영역을 나타내기 위해 소문자 염기를 사용하는 것이 일반적이다. 다음을 수행해 대문자와 소문자 입력을 모두 처리하도록 프로그램을 수정하라.

1. 대소문자를 혼합한 새 입력 파일을 추가한다.

2. 새 파일을 사용하고 대소문자와 상관없이 예상 개수를 지정하는 테스트 코드를 dna_test.py에 추가한다.

3. 새 테스트 코드를 실행하고 프로그램이 실패하는지 확인한다.

4. 새 테스트와 이전 테스트를 모두 통과할 때까지 프로그램을 변경한다.

사용 가능한 모든 문자를 계산하기 위해 딕셔너리를 사용하는 솔루션이 더 유연해 보인다. 즉 일부 테스트 코드는 염기 A, C, G, T만 설명하지만, 만약 입력 염기 서열이 IUPAC 코드(https://oreil.ly/qGfsO)로 인코딩돼 시퀀싱할 때 문자가 애매모호하다면, 프로그램은 완전히 다시 작성해야 한다. 4개의 뉴클레오타이드만 보기 위해 하드 코딩된 프로그램은 다른 알파벳을 사용하는 단백질 서열에도 쓸모가 없다. 첫 번째 열에 있는 각 문자와 두 번째 열에 있는 문자의 빈도를 2개의 출력 열로 출력하는 프로그램 버전을 작성하는 것을 고려하라. 그러면 사용자가 열을 기준으로 오름차순 또는 내림차순으로 정렬할 수 있다.

요점 정리

1장은 일종의 괴물 같은 장이다. 1장에서 다룬 많은 기본 아이디어를 바탕으로 이후의 장들은 조금 더 짧게 설명하겠다.

- new.py 프로그램으로 argparse를 사용해 커맨드 라인 인수를 받고 검증하는 파이썬 프로그램의 기본 구조를 만들 수 있다.

- pytest 모듈은 test_로 시작하는 명칭의 모든 함수를 실행하고 결과로 통과 횟수를 보고한다.

- 단위 테스트는 함수가 작동하는지 확인하고, 통합 테스트는 프로그램이 전체적으로 작동하는지 확인한다.

- pylint, flake8, mypy와 같은 프로그램들은 코드에서 다양한 종류의 오류를 발견할 수 있다. 또한 pytest가 자동으로 테스트 코드를 실행해 오류 테스트를 통과하는지 확인할 수 있다.

- 복잡한 명령어는 Makefile에 대상으로 저장되고 make 명령을 사용해 실행할 수 있다.

- 일련의 if/else 문을 사용해 의사결정 트리를 생성할 수 있다.

- 문자열의 모든 문자를 계산하는 방법은 여러 가지가 있다. collections.Counter() 함수는 아마도 문자 빈도 딕셔너리를 만드는 가장 간단한 방법일 것이다.

- 타입으로 변수와 함수에 주석을 달 수 있으며, mypy를 사용해 타입이 올바르게 사용됐는지 확인할 수 있다.

- 파이썬 REPL은 코드 예제를 실행하고 문서를 읽기 위한 대화형 개발 툴이다.

- 파이썬 커뮤니티는 일반적으로 PEP8과 같은 스타일 지침을 따른다. yapf, black 과 같은 개발 툴은 이런 지침에 따라 자동으로 코드를 포맷할 수 있으며 pylint, flake8과 같은 개발 툴은 지침에서 벗어난 것을 보고한다.

- 파이썬 문자열, 리스트, 튜플, 딕셔너리는 각각 유용한 메서드와 풍부한 문서를 가진 매우 강력한 데이터 구조다.

- 명명된 튜플에서 불변의 사용자 지정 타입 class를 만들 수 있다.

일곱 가지 솔루션 중 어떤 것이 가장 좋은지 궁금할 수 있다. 인생의 많은 것과 마찬가지로 솔루션도 궁금하다. 일부 프로그램은 쓰기 짧고 이해하기 쉽지만, 대규모 데이터셋에 직면할 경우 효과가 떨어질 수 있다. 2장에서는 프로그램을 벤치마킹하는 방법을 알려 주고, 어떤 프로그램이 가장 성능이 좋은지 결정하기 위해 큰 입력값으로 여러 실행을 통해 서로 비교해볼 것이다.

## 2장

DNA를 mRNA로 변환:
문자열 변경, 파일 읽기와 쓰기

생명 유지에 필요한 단백질을 발현시키려면 DNA 부분이 메신저 RNA^{mRNA, messenger RNA}라고 불리는 RNA의 형태로 전사돼야 한다. DNA와 RNA 사이에는 많은 생화학적 차이가 있지만, 우리의 목적에 맞는 유일한 차이점은 DNA 염기 서열에서 염기 티민^{thymine}을 나타내는 모든 문자 T가 우라실^{uracil}을 나타내는 문자 U로 변경돼야 한다는 것이다. 로잘린드 RNA 페이지(https://oreil.ly/9Dddm)에 설명된 바와 같이 앞으로 소개할 프로그램은 ACGT와 같은 DNA 문자열을 받아들이고 전사된 mRNA ACGU를 출력한다. 파이썬의 str.replace() 함수를 사용해 한 줄로 이 작업을 수행할 수 있다.

```
>>> 'GATGGAACTTGACTACGTAAATT'.replace('T', 'U')
'GAUGGAACUUGACUACGUAAAUU'
```

이미 1장에서 커맨드 라인이나 파일에서 DNA 염기 서열을 받아들이고 결과를 출력하는 프로그램을 작성하는 방법을 봤기 때문에 다시 반복하면 새로운 것을 많이 배우지 못할 것이다. 이제는 생물정보학에서 흔히 볼 수 있는 패턴을 다루면서 이 프로그램을 더 흥미롭게 만들 것이다. 즉 하나 이상의 입력 파일을 처리하고 결과를 출력 폴더에 배치하는 방법을 보여줄 것이다. 예를 들어 시퀀싱 실행 결과를 품질 검사와 필터링이 필요한 파일의 폴더로 되돌리고, 정리된 염기 서열을 분석하려고 새 폴더로 이동시키는 것은 매우 일반적이다. 여기 입력 파일에는 DNA 염기 서열이 한 줄에 하나씩 작성돼 있으며, mRNA 염기 서열을 출력 폴더에 같은 이름의 파일로 작성할 것이다.

2장에서 배울 내용은 다음과 같다.

- 하나 이상의 파일 입력을 요구하는 프로그램을 작성하는 방법

- 폴더를 만드는 방법

- 파일을 읽고 쓰는 방법

- 문자열을 수정하는 방법

시작하기

먼저 솔루션 중 하나를 실행해 프로그램이 어떻게 작동하는지 확인하는 것이 도움이 될
것이다. 02_rna로 변경하고 첫 번째 솔루션을 rna.py 프로그램에 복사해 시작한다.

```
$ cd 02_rna
$ cp solution1_str_replace.py rna.py
```

-h 플래그를 사용해 프로그램 사용을 요청한다.

```
$ ./rna.py -h
usage: rna.py [-h] [-o DIR] FILE [FILE ...] ❶

Transcribe DNA into RNA

positional arguments: ❷
  FILE               Input DNA file

optional arguments:
  -h, --help    show this help message and exit
  -o DIR, --out_dir DIR
                Output directory (default: out) ❸
```

❶ 대괄호([])로 묶인 인수는 선택 사항이다. [FILE ...] 구문은 이 인수가 반복될 수
  있다는 것을 의미한다.

❷ 입력 FILE 인수는 위치가 지정된다.

❸ 선택적 출력 폴더의 기본값은 out이다.

이 프로그램의 목적은 하나 이상의 파일을 처리하는 것이며, 각각의 파일은 DNA 염기 서열을 포함하고 있다. 다음은 첫 번째 테스트 입력 파일이다.

```
$ cat tests/inputs/input1.txt
GATGGAACTTGACTACGTAAATT
```

이 입력 파일을 사용해 rna.py 프로그램을 실행하고 출력값을 기록한다.

```
$ ./rna.py tests/inputs/input1.txt
Done, wrote 1 sequence in 1 file to directory "out".
```

이제 input1.txt라는 파일이 포함된 out 폴더가 있어야 한다.

```
$ ls out/
input1.txt
```

파일의 내용은 입력 DNA 염기 서열과 일치해야 하지만 모든 T가 U로 변경됐다.

```
$ cat out/input1.txt
GAUGGAACUUGACUACGUAAAUU
```

여러 입력값으로 프로그램을 실행하고 출력 폴더에 여러 파일이 있는지 확인해야 한다. 여기서는 rna라는 출력 폴더 안에 있는 모든 테스트 입력 파일을 사용할 것이다. 요약된 내용이 염기 서열(들)과 파일(들)에 올바른 단수/복수를 어떻게 사용하는지 주목하라.

```
$ ./rna.py --out_dir rna tests/inputs/*
Done, wrote 5 sequences in 3 files to directory "rna".
```

wc(단어 계산) 프로그램을 -1 옵션과 함께 사용해 출력 파일의 행 수를 계산하고, 5개의 시퀀스가 rna 폴더 속 3개의 파일에 기록됐는지 확인할 수 있다.

```
$ wc -l rna/*
  1 rna/input1.txt
  2 rna/input2.txt
  2 rna/input3.txt
  5 total
```

프로그램의 매개 변수 정의

이전에 사용했던 코드들을 보면 프로그램은 다음 매개 변수를 받을 수 있다.

- 하나 이상의 위치 인수는 각각 기록할 DNA 문자열을 포함하는 읽을 수 있는 텍스트 파일이어야 한다.

- 선택적 -o 혹은 --out_dir 인수는 RNA 염기 서열을 기록할 출력 폴더의 명칭을 지정한다. 기본값은 out이다.

원하는 대로 프로그램을 작성하고 구성할 수 있지만(테스트를 통과하는 한), 이 책에서는 항상 **new.py**와 첫 번째 장에서 보여 준 구조를 사용해 프로그램을 시작할 것이다. --force 플래그는 기존 rna.py를 덮어쓴다는 뜻이다.

```
$ new.py --force -p "Transcribe DNA to RNA" rna.py
Done, see new script "rna.py".
```

선택적 매개 변수 정의

이전 절에서 설명한 매개 변수를 허용하도록 get_args() 함수를 수정한다. 시작하려면 out_dir 매개 변수를 정의한다. new.py에서 생성된 -a | --arg 옵션을 다음과 같이 변경할 것을 제안한다.

```
parser.add_argument('-o', ❶
                    '--out_dir', ❷
                    help='Output directory', ❸
                    metavar='DIR', ❹
```

```
                    type=str, ❺
                    default='out') ❻
```

❶ 이것은 짧은 플래그 명칭이다. 짧은 플래그는 1개의 대시(-)로 시작하고 그 뒤에 하나의 문자가 따라온다.

❷ 이것은 긴 플래그 명칭이다. 긴 플래그는 2개의 대시(-)로 시작하고 짧은 플래그보다 기억하기 쉬운 문자열이 뒤따른다. 또한 argparse가 값에 접근하는 데 사용할 명칭이다.

❸ 이것은 인수를 설명하도록 사용 설명서에 통합될 것이다.

❹ metavar는 사용법에도 표시되는 간단한 설명이다.

❺ 모든 인수의 기본 타입은 str(문자열)이므로 기술적으로 불필요하지만 문서화하는 것도 나쁘지 않다.

❻ 기본값은 문자열 출력값이다. 옵션을 지정할 때 default 속성을 지정하지 않으면 기본값은 None이 된다.

하나 이상의 필수 위치 매개 변수 정의하기

FILE 값의 경우 기본 -f | --file 매개 변수를 다음과 같이 수정할 수 있다.

```
parser.add_argument('file', ❶
                    help='Input DNA file(s)', ❷
                    metavar='FILE', ❸
                    nargs='+', ❹
                    type=argparse.FileType('rt')) ❺
```

❶ -f 짧은 플래그와 --file에서 2개의 대시를 제거해 이것이 file이라는 위치 인수가 되도록 한다. 선택적 매개 변수는 대시로 시작하지만 위치 매개 변수는 그렇지 않다.

❷ help 문자열은 인수가 DNA 염기 서열을 포함하는 하나 이상의 파일이어야 한다는 것을 나타낸다.

❸ 이 문자열은 인수가 파일이어야 한다는 것을 나타내려고 짧은 사용법으로 출력된다.

❹ 인수의 수를 나타낸다. +는 하나 이상의 값이 필요하다는 것을 나타낸다.

❺ 이것이 argparse가 강요할 실제 타입이다. 읽기 쉬운 텍스트(rt) 파일 값을 요구한다.

nargs를 사용해 인수의 수 정의하기

nargs를 사용해 프로그램의 인수의 수를 설명하려 한다. 얼마나 많은 값을 허용하는지 정확히 설명하도록 정숫값을 사용하는 것 외에도 표 2-1에 표시된 세 가지 기호를 사용할 수 있다.

표 2-1. nargs에 가능한 값

기호	뜻
?	0 혹은 1
*	0 혹은 많은 수
+	1 혹은 많은 수

nargs와 함께 +를 사용하면 argparse가 인수를 리스트로 제공한다. 인수가 하나뿐인 경우에도 하나의 요소를 포함하는 리스트가 표시된다. 하나 이상의 인수가 필요하기 때문에 빈 리스트가 없다.

argparse.FileType()을 사용해 파일 인수의 유효성 검사하기

argparse.FileType() 함수는 매우 강력하고, 이를 사용하면 파일 입력의 유효성을 검사하는 데 걸리는 시간을 절약할 수 있다. 이 타입으로 매개 변수를 정의하면 argparse는 오류 메시지를 인쇄하고 인수 중 하나라도 파일이 아닌 경우 프로그램 실행을 중지한다. 예를 들어 02_dna 폴더에 blargh라는 파일이 없다고 가정해보자. 해당 값을 전달하면 결과를 알 수 있다.

```
$ ./rna.py blargh
usage: rna.py [-h] [-o DIR] FILE [FILE ...]
rna.py: error: argument FILE: can't open 'blargh': [Errno 2]
No such file or directory: 'blargh'
```

여기서는 명확하지 않지만 argparse가 다음 내용들을 수행했기 때문에 프로그램은 get_args() 함수에서 벗어나지 못했다.

1. blargh가 올바른 파일이 아님을 감지

2. 간단한 사용 설명서 출력

3. 유용한 오류 메시지 출력

4. 0이 아닌 값으로 프로그램을 종료

위와 같은 방식이 바로 잘 작성된 프로그램이 작동하는 방식이며, 가능한 한 빨리 잘못된 인수를 감지하고 거부하고 사용자에게 문제를 알려야 한다. 내가 직접 코드를 작성하지 않았지만 내가 원하던 방향으로 모든 일이 일어났다. 다시 말하지만, 최고의 코드는 작성하지 않아도 되는 코드다(또는 일론 머스크가 말했듯이 가장 좋은 부분은 부분이 없는 것이고, 가장 좋은 과정은 과정이 없는 것이다).

파일 타입을 사용하기 때문에 리스트의 요소는 파일 이름으로 표시된 문자열이 아니라 열린 파일핸들이 된다. 파일핸들은 파일의 내용을 읽고 쓰는 메커니즘이다. 마지막 장에서 DNA 인수가 파일 이름일 때 파일핸들을 사용했다.

 이 사례에서는 소스 코드에서 매개 변수를 정의하는 순서가 중요하지 않다. 위치 매개 변수 앞 또는 뒤에 옵션을 정의할 수 있다. 순서는 위치 인수가 여러 개인 경우에만 중요하다. 첫 번째 매개 변수는 첫 번째 위치 인수이고, 두 번째 매개 변수는 두 번째 위치 인수가 되는 방식이다.

Args 클래스 정의하기

마지막으로, 인수를 나타내는 Args 클래스를 정의하는 방법이 필요하다.

```python
from typing import NamedTuple, List, TextIO ❶

class Args(NamedTuple):
    """ Command-line arguments """
    files: List[TextIO] ❷
    out_dir: str ❸
```

❶ typing 모듈에서 2개의 새로운 import 문이 필요하다. 리스트를 설명하는 List, 열린 파일핸들을 불러올 TextIO가 필요하다.

❷ files 속성은 열린 파일핸들들의 리스트다.

❸ out_dir 속성은 문자열이다.

Args 클래스를 사용해 get_args()에서 반환값을 만들 수 있다. 다음 구문은 파일이 첫 번째 필드이고 out_dir이 두 번째 필드가 되도록 위치 표기법을 사용한다. 1개 또는 2개의 필드가 있는 경우 위치 표기법을 사용하곤 한다.

```python
return Args(args.file, args.out_dir)
```

필드 명칭을 분명하게 드러내서 사용하는 것이 더 안전하고 읽기 쉬우며, 필드가 많을수록 필드 명칭이 매우 중요하다.

```python
return Args(files=args.file, out_dir=args.out_dir)
```

이제 입력값을 정의, 문서화, 검증할 수 있는 모든 코드가 생겼다. 다음은 나머지 프로그램의 동작 방식을 소개한다.

의사 코드를 사용한 프로그램 개요

일반적으로 입력 파일과 출력 파일을 처리하는 방법을 설명하기 위해 코드와 의사 코드 pseudocode를 혼합해 main() 함수에서 프로그램 로직의 기본을 소개한다. 이 접근 방식은 새 프로그램을 작성하는 데 어려움을 겪을 때마다 무엇을 해야 하는지 알 수 있게 도와준다. 그런 다음 다음과 같은 방법을 찾을 수 있다.

```python
def main() -> None:
    args = get_args()

    if not os.path.isdir(args.out_dir): ❶
        os.makedirs(args.out_dir) ❷

    num_files, num_seqs = 0, 0 ❸
    for fh in args.files: ❹
        # 출력 폴더에서 출력 파일을 연다. ❺
        # 입력 파일의 각 라인/염기 서열에서
            # 전사된 염기 서열을 출력파일에 작성한다.
            # 처리된 염기 서열 개수로 수정한다.
        # 처리된 파일 개수로 수정한다.
    print('Done.') ❻
```

❶ `os.path.isdir()` 함수는 출력 폴더가 있는지 보고한다.

❷ `os.makedirs()` 함수는 폴더 경로를 생성한다.

❸ 프로그램이 종료될 때 제공하는 피드백에 사용될 파일과 염기 서열 수의 변수를 초기화한다.

❹ `for` 루프를 사용해 `args.files`의 파일핸들 리스트를 반복한다. 반복자 변수 `fh`는 타입을 상기시키는 데 도움이 된다.

❺ 각 파일핸들로 수행해야 하는 단계를 설명하는 의사 코드다.

❻ 사용자에게 무엇이 발생했는지 알리려고 요약된 내용을 출력한다.

> `os.makedirs()` 함수는 폴더와 모든 상위 폴더를 생성하는데, `os.mkdir()` 함수는 상위 폴더가 없으면 실패한다. 그래서 보통 `os.makedirs()` 함수를 사용한다.

프로그램을 완료하는 방법을 알고 있다고 생각되면 자유롭게 진행해도 좋다. 코드가 올바른지 확인하려고 **pytest**를 실행(또는 `make test`)하는 것을 잊지 말아야 한다. 파일을 읽고 쓰는 방법에 대한 조금 더 많은 지도가 필요하다면 계속 읽기를 바란다. 다음 절에 서는 의사 코드를 다룰 것이다.

입력 파일 반복

args.files는 List[TextIO]이고, 이는 파일핸들의 리스트를 의미한다. for 루프를 사용해 리스트에 있는 반복 가능한 각 요소를 방문할 수 있다.

```
for fh in args.files:
```

각 값이 파일핸들이기 때문에 fh라는 반복자 변수를 선택했다는 점을 강조하고 싶다. 가끔 for 루프에서 i나 x 같은 반복자 변수를 사용하는 사람들을 보는데, 이는 서술형 변수 이름이 아니다.[1] 숫자를 반복할 때 n(숫자의 경우) 또는 i(정수의 경우)와 같은 변수 이름을 사용하는 것이 매우 일반적이라는 사실을 인정한다.

```
for i in range(10):
```

그리고 때때로 x와 xs(exes)를 사용해 일반적인 값 중 하나를 나타낼 수 있다.

```
for x in xs:
```

이 외의 상황에서는 변수가 나타내는 것을 정확하게 설명하는 변수 이름을 사용하는 것이 매우 중요하다.

출력 파일 이름 생성하기

의사 코드의 첫 번째 목표는 출력 파일을 여는 것이다. 그러려면 출력 폴더의 이름과 입력 파일의 이름을 결합한 파일 이름이 필요하다. 즉 입력 파일이 dna/input1.txt이고 출력 폴더가 rna이면 출력 파일 경로는 rna/input1.txt가 돼야 한다.

---

1   필 칼튼(Phil Karlton)이 다음과 같이 말했다. "컴퓨터 과학에는 캐시 무효화와 명명법이라는 두 가지 어려운 점이 있다."

os 모듈은 운영체제(윈도우, macOS 또는 리눅스와 같은)와 상호 작용하는 데 사용되며, os.path 모듈에는 파일 경로에서 폴더의 이름을 가져오는 os.path.dirname() 함수와 파일 이름을 가져오는 os.path.basename() 함수 같은 많은 함수가 있다(그림 2-1).

```
>>> import os
>>> os.path.dirname('./tests/inputs/input1.txt')
'./tests/inputs'
>>> os.path.basename('./tests/inputs/input1.txt')
'input1.txt'
```

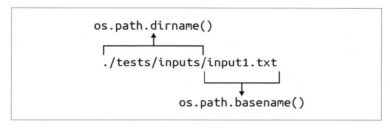

그림 2-1. os.path 모듈에는 dirname()와 basename()과 같은 유용한 함수가 포함돼 있어서 파일의 경로에서 모듈의 일부를 추출할 수 있다.

새 염기 서열은 args.out_dir의 출력 파일에 기록된다. 그림 2-2와 같이 os.path.join() 함수를 입력 파일의 기본 이름으로 사용해서 출력 파일 이름을 생성하는 것이 좋다. 이렇게 하면 출력 파일 이름이 각각 슬래시(/)와 백슬래시(\)와 같은 서로 다른 경로 구분자를 사용하는 유닉스와 윈도우에서 모두 작동한다. 또한 pathlib 모듈에서 유사한 함수를 조사할 수도 있다.

```
        os.path.basename("tests/input/input1.txt")
                              ↓
os.path.join("rna", "input1.txt") ──→ "rna/input1.txt"
              ↑
         args.out_dir
```

그림 2-2. os.path.join()은 입력 파일의 기본 명칭과 출력 폴더를 결합해 출력 경로를 생성한다.

파일핸들의 `fh.name` 특성에서 파일 경로를 가져올 수 있다.

```
for fh in args.files:
  out_file = os.path.join(args.out_dir, os.path.basename(fh.name))
  print(fh.name, '->', out_file)
```

프로그램을 실행해 다음과 같이 표시되는지 확인한다.

```
$ ./rna.py tests/inputs/*
tests/inputs/input1.txt -> out/input1.txt
tests/inputs/input2.txt -> out/input2.txt
tests/inputs/input3.txt -> out/input3.txt
```

이제 프로그램이 해야 할 일을 향해 걸음마를 떼고 있다. 한두 줄의 코드만 작성한 후 프로그램을 실행해 정확한지 확인하는 것은 매우 중요하다. 종종 학생들이 프로그램을 실행하기 전에 여러 줄의 코드를 작성하는 것을 목격한다. 그것은 절대 제대로 동작하지 않는다.

출력 파일 열기

위 출력 파일 명칭을 사용해 파일핸들을 open() 해야 한다. 1장에서 이 open() 함수를 사용해 입력 파일에서 DNA를 읽었다. 기본적으로 open()은 파일 읽기만 허용하지만, 우리는 파일을 작성해야 한다. 선택적으로 사용 가능한 두 번째 인수인 w를 전달해서 쓰기를 위해 파일을 열고 싶다고 표현할 수 있다.

 w 모드로 기존 파일을 열면 파일을 덮어쓰게 되므로 이전 내용이 즉시 영구적으로 사라진다. 필요한 경우 os.path.isfile() 함수를 사용해 기존 파일을 열고 있는지 확인할 수 있다.

표 2-2에서 볼 수 있듯이 읽기(기본값)에 r값을 사용하고, 추가에는 a값을 사용할 수 있다. 이 방법을 사용해 기존 파일의 끝부분에 더 많은 내용을 쓰도록 파일을 열 수 있다.

표 2-2. 파일 쓰기 모드

모드	뜻
w	쓰기
r	읽기
a	추가

표 2-3은 t와 b 모드를 각각 사용해 텍스트 또는 원시 바이트를 읽고 쓸 수 있다.

표 2-3. 파일 콘텐츠 모드

모드	뜻
t	텍스트
b	바이트

이를 합쳐서, 바이트를 읽을 때는 rb를 사용하고 텍스트를 쓸 때는 wt를 사용할 수 있다.

```
for fh in args.files:
  out_file = os.path.join(args.out_dir, os.path.basename(fh.name))
  out_fh = open(out_file, 'wt') ❶
```

❶ 출력 파일핸들이라는 것을 상기시키려고 변수 명칭을 out_fh로 지정했다.

출력 염기 서열 쓰기

의사 코드를 다시 보면 입력 파일핸들에, 그리고 파일핸들에 있는 각 DNA 라인에 하나씩 두 가지 반복 단계가 있다. 열린 파일핸들에서 각 라인을 읽으려면 또 다른 for 루프를 사용한다.

```
for fh in args.files:
  for dna in fh:
```

input2.txt 파일에는 2개의 염기 서열이 있고, 각각의 염기 서열은 새 라인으로 끝난다.

```
$ cat tests/inputs/input2.txt
TTAGCCCAGACTAGGACTTT
AACTAGTCAAAGTACACC
```

먼저 콘솔에 각 염기 서열을 출력하는 방법을 소개하고, print()를 사용해 파일핸들에 내용을 쓰는 방법을 소개하고자 한다. 1장에서는 print() 함수가 새 줄(유닉스 플랫폼에서는 \n, 윈도우에서는 \r\n)을 자동으로 추가한다고 언급했다. 다음 코드에서 2개의 줄 바꿈을 피하려고 하나는 염기 서열에서, 다른 하나는 print()에서 제거할 수 있다. str. rstrip() 함수를 사용해 다음과 같이 염기 서열에서 줄 바꿈을 제거할 수 있다.

```
>>> fh = open('./tests/inputs/input2.txt')
>>> for dna in fh:
...   print(dna.rstrip()) ❶
...
TTAGCCCAGACTAGGACTTT
AACTAGTCAAAGTACACC
```

❶ dna.rstrip()을 사용해 뒤의 새 라인을 제거한다.

혹은 print()에서 end 옵션을 사용해 제거할 수 있다.

```
>>> fh = open('./tests/inputs/input2.txt')
>>> for dna in fh:
...   print(dna, end='') ❶
...
TTAGCCCAGACTAGGACTTT
AACTAGTCAAAGTACACC
```

❶ 줄 바꿈 대신 끝에 빈 문자열을 사용한다.

목표는 각 DNA 서열을 RNA로 전사하고 결과를 out_fh로 쓰는 것이다. 2장의 소개 부분에서 str.replace() 함수를 사용할 수 있다고 제안했었다. REPL에서 help(str. replace)를 읽으면 '이전 하위 문자열이 모두 새로운 것으로 대체된 복사본을 반환한다'는 것을 알 수 있다.

```
>>> dna = 'ACTG'
>>> dna.replace('T', 'U')
'ACUG'
```

T를 U로 바꿀 수 있는 다른 방법들이 있다. 먼저, 파이썬 문자열은 불변이며, 제자리에서 변경할 수 없다. 즉 문자 T가 DNA 문자열에 있는지 확인한 다음 str.index() 함수를 사용해 위치를 찾고 문자 U로 덮어쓸 수 있지만, 이렇게 하면 예외가 발생한다.

```
>>> dna = 'ACTG'
>>> if 'T' in dna:
...   dna[dna.index('T')] = 'U'
...
Traceback (most recent call last):
  File "<stdin>", line 2, in <module>
TypeError: 'str' object does not support item assignment
```

대신 str.replace()를 사용해 새 문자열을 만들어 보자.

```
>>> dna.replace('T', 'U')
'ACUG'
>>> dna
'ACTG'
```

이 새 문자열을 out_fh 출력 파일핸들에 써야 한다. 두 가지 옵션이 있다. 첫 번째로, print() 함수의 file 옵션을 사용해 문자열을 인쇄할 위치를 설명할 수 있다. REPL의 help(print) 문서를 참고하라.

```
print(...)
  print(value, ..., sep=' ', end='\n', file=sys.stdout, flush=False)

  Prints the values to a stream, or to sys.stdout by default.
  Optional keyword arguments:
  file: a file-like object (stream); defaults to the current sys.stdout. ❶
  sep: string inserted between values, default a space.
  end: string appended after the last value, default a newline.
  flush: whether to forcibly flush the stream.
```

❶ 열린 파일핸들에 문자열을 인쇄하는 데 필요한 옵션이다.

out_fh 파일핸들을 file의 인수로 사용해야 한다. 기본 파일 값은 sys.stdout이다. 커맨드 라인에서 STDOUT^standard out은 프로그램 출력값이 나타나는 표준 위치이며 일반적으로 그 위치는 콘솔이다.

또 다른 옵션은 파일핸들 자체의 out_fh.write() 메서드를 사용하는 것이지만, 이 함수는 줄 바꿈을 해주지 않는다. 언제 줄 바꿈을 할지는 사용자의 몫이다. 줄 바꿈으로 끝나는 이러한 염기 서열을 읽는 경우에는 필요하지 않다.

상태 보고서 출력하기

나는 항상 작성한 프로그램의 실행이 끝났을 때 무언가를 출력하는 것을 선호해서 최소한 프로그램이 끝까지 갔다는 것을 알 수 있다. 그것은 '완료!'처럼 간단한 것일 수도 있다. 하지만 바로 여기 끝부분에서 처리된 파일의 염기 서열 수를 알고 싶다. 또한 기본 출력 폴더의 이름을 잊어버린 경우 유용한 출력값의 위치를 알고 싶다.

테스트에서는 올바른 문법을 사용해 숫자를 설명할 것을 예상한다. 예를 들어 염기 서열 1개와 파일 1개를 다음과 같이 설명한다.

```
$ ./rna.py tests/inputs/input1.txt
Done, wrote 1 sequence in 1 file to directory "out".
```

혹은 염기 서열 3개와 파일 2개를 다음과 같이 설명한다.

```
$ ./rna.py --out_dir rna tests/inputs/input[12].txt ❶
Done, wrote 3 sequences in 2 files to directory "rna".
```

❶ 구문 input[12].txt는 1 또는 2가 발생할 수 있다는 것을 나타내는 방법이기 때문에 input1.txt와 input2.txt는 모두 일치한다.

테스트 모음 사용하기

pytest -xv를 실행해 test/rna_test.py를 실행할 수 있다. 통과한 테스트 모음은 다음과 같다.

```
$ pytest -xv
======================= test session starts =======================
...

tests/rna_test.py::test_exists PASSED                      [ 14%] ❶
tests/rna_test.py::test_usage PASSED                       [ 28%] ❷
tests/rna_test.py::test_no_args PASSED                     [ 42%] ❸
tests/rna_test.py::test_bad_file PASSED                    [ 57%] ❹
tests/rna_test.py::test_good_input1 PASSED                 [ 71%] ❺
tests/rna_test.py::test_good_input2 PASSED                 [ 85%]
tests/rna_test.py::test_good_multiple_inputs PASSED        [100%]

======================= 7 passed in 0.37s =======================
```

❶ rna.py 프로그램이 존재한다.

❷ 프로그램은 요청 시 사용 설명서를 출력한다.

❸ 인수를 지정하지 않으면 프로그램이 오류와 함께 종료된다.

❹ 잘못된 파일 인수가 지정되면 프로그램에서 오류 메시지를 출력한다.

❺ 다음에 나오는 테스트 코드들은 모두 적절한 입력값이 주어지면 프로그램이 제대로 작동하는지 확인한다.

일반적으로, 적절한 입력값을 적기 전에 프로그램을 중단시키는 테스트 코드를 먼저 작성한다. 예를 들어 파일이 없거나 존재하지 않는 파일이 주어졌을 때 프로그램이 실패하기를 원한다. 최고의 탐정이 범죄자처럼 생각하는 것과 마찬가지로 프로그램을 중단시킬 수 있는 모든 방법을 상상하고 그러한 상황에서 예상대로 행동하는지 테스트하려고 노력한다.

처음 세 가지 테스트 코드는 정확히 1장과 동일하다. 네 번째 테스트 코드에서는 존재하지 않는 파일을 전달하고 사용법과 오류 메시지와 함께 0이 아닌 종료값을 출력한다. 이 오류는 특히 잘못된 값(여기서는 잘못된 파일 이름)을 언급한다. 사용자가 문제의 원인과 해결 방법을 정확하게 알 수 있는 피드백을 작성하도록 노력해야 한다.

```python
def test_bad_file():
    """ Die on missing input """

    bad = random_filename()  ❶
    retval, out = getstatusoutput(f'{RUN} {bad}')  ❷
    assert retval != 0  ❸
    assert re.match('usage:', out, re.IGNORECASE)  ❹
    assert re.search(f"No such file or directory: '{bad}'", out)  ❺
```

❶ 무작위 문자를 생성하려고 작성한 함수다.

❷ 존재하지 않는 이 파일로 프로그램을 실행한다.

❸ 종료값이 0이 아닌지 확인하라.

❹ 정규식^{regex}을 사용해 출력값에서 사용법을 찾는다.

❺ 다른 정규식을 사용해 잘못된 입력 파일 이름을 설명하는 오류 메시지를 찾는다.

정규 표현식은 아직 소개하지 않았지만, 나중에 작성하는 솔루션의 핵심이 될 것이다. 왜 정규 표현식이 유용한지 보려면 잘못된 파일 입력으로 실행할 때 프로그램의 출력값을 확인하면 된다.

```
$ ./rna.py dKej82
usage: rna.py [-h] [-o DIR] FILE [FILE ...]
rna.py: error: argument FILE: can't open 'dKej82':
[Errno 2] No such file or directory: 'dKej82'
```

re.match() 함수를 사용해 out 텍스트의 시작 부분에서 시작하는 텍스트 패턴을 찾는다. re.search() 함수를 사용해 out 텍스트 내부 어딘가에서 발생하는 다른 패턴을 찾는다. 정규식은 나중에 더 설명할 것이다. 현재는 정규식이 매우 유용하다는 것만 짚고 넘어가도 충분하다.

적절한 입력값이 주어졌을 때 프로그램이 올바르게 실행되는지 확인하는 마지막 테스트 코드를 소개한다. 이런 테스트 코드를 작성하는 방법은 다양하므로 이것이 표준이라고 생각하면 안 된다.

```python
def test_good_input1():
    """ Runs on good input """

    out_dir = 'out'  ❶
    try:  ❷
        if os.path.isdir(out_dir):  ❸
            shutil.rmtree(out_dir)  ❹

        retval, out = getstatusoutput(f'{RUN} {INPUT1}')  ❺
        assert retval == 0
        assert out == 'Done, wrote 1 sequence in 1 file to directory "out".'
        assert os.path.isdir(out_dir)  ❻
        out_file = os.path.join(out_dir, 'input1.txt')
        assert os.path.isfile(out_file)  ❼
        assert open(out_file).read().rstrip() == 'GAUGGAACUUGACUACGUAAAUU'  ❽

    finally:  ❾
        if os.path.isdir(out_dir):  ❿
            shutil.rmtree(out_dir)
```

❶ 기본 출력 폴더 이름이다.

❷ try/finally 구간은 테스트가 실패할 때 정리하는 데 도움이 된다.

❸ 이전 실행에서 출력 폴더가 남아 있는지 확인한다.

❹ shutil.rmtree() 함수를 사용해 폴더와 해당 내용을 삭제한다.

❺ 적절한 입력 파일로 프로그램을 실행한다.

❻ 예상된 출력 폴더가 생성됐는지 확인한다.

❼ 예상된 출력 파일이 생성됐는지 확인한다.

❽ 출력 파일의 내용이 올바른지 확인한다.

❾ try 구간에서 오류가 발생하더라도 finally 구간에서 실행된다.

❿ 테스트 환경을 정리한다.

프로그램이 수행해야 하는 모든 측면을 확인하는 것은 굉장히 중요하다. 여기서 소개하는 프로그램은 몇 가지 입력 파일을 처리하고, 출력 폴더를 만든 다음, 처리된 데이터를 출력 폴더의 파일에 넣는다. 출력값이 예상대로 생성되는지 확인하도록 결과를 알 수 있는 입력값을 사용해 요구 사항을 모두 테스트한다.

앞에서 이미 보여 준 테스트 코드와 비슷하기 때문에 여기서 다루지 않을 다른 테스트 코드들이 몇 가지 있지만, 전체 test/rna_test.py 프로그램을 읽어 보는 것을 권한다. 첫 번째 입력 파일은 하나의 염기 서열을 가진다. 두 번째 입력 파일은 2개의 염기 서열을 갖고 있으며, 이를 이용해 2개의 염기 서열이 출력 파일에 기록되는지 테스트한다. 세 번째 입력 파일은 매우 긴 2개의 염기 서열을 갖고 있다. 이런 입력값을 개별적으로, 혹은 함께 사용해 상상 가능한 프로그램의 모든 측면을 테스트하려고 노력한다.

pytest를 사용해 tests/rna_test.py에서 테스트를 실행할 수 있지만, 프로그램을 확인하도록 pylint, flake8, mypy를 사용할 것을 권장한다. make test 바로가기는 이러한 개발 툴을 실행하려고 추가 인수로 pytest를 실행한다. 우리의 목표는 완전히 깨끗한 테스트 모음이다.

 pylint는 fh가 너무 짧거나 소문자 단어가 밑줄과 결합되는 snake_case가 아닌 것과 같은 변수 이름을 주면 불평할 것이다. 그래서 깃허브 저장소의 최상위 폴더에 pylintrc 구성 파일을 포함시켰다. pylint 오류를 잠재우려면 홈 폴더의 .pylintrc 파일에 이 파일을 복사하라.

이 프로그램을 완료하는 데 도움이 되는 충분한 정보와 테스트 코드가 있어야 한다. 솔루션을 보기 전에 스스로 작업 프로그램을 직접 작성하려고 노력한다면 이 책에서 많은 이익을 얻을 수 있을 것이다. 작동하는 버전이 하나 있다면 다른 해결 방법을 찾아보자.

만약 정규 표현식을 알고 있다면 그것도 좋은 솔루션이 될 수 있다. 그렇지 않은 경우 정규 표현식을 사용하는 버전을 소개한다.

솔루션

다음의 두 가지 솔루션은 T를 U로 대체하는 방법만 다르다. 첫 번째는 str.replace() 메서드를 사용한다. 두 번째는 정규식을 도입하고 파이썬 re.sub() 함수를 사용한다.

솔루션 1: str.replace() 사용하기

다음은 2장의 서론에서 설명한 str.replace() 메서드를 사용하는 솔루션이다.

```python
#!/usr/bin/env python3
""" Transcribe DNA into RNA """

import argparse
import os
from typing import NamedTuple, List, TextIO

class Args(NamedTuple):
    """ Command-line arguments """
    files: List[TextIO]
    out_dir: str

# --------------------------------------------------
def get_args() -> Args:
    """ Get command-line arguments """

    parser = argparse.ArgumentParser(
        description='Transcribe DNA into RNA',
        formatter_class=argparse.ArgumentDefaultsHelpFormatter)

    parser.add_argument('file',
                        help='Input DNA file',
                        metavar='FILE',
                        type=argparse.FileType('rt'),
```

```
                        nargs='+')

    parser.add_argument('-o',
                        '--out_dir',
                        help='Output directory',
                        metavar='DIR',
                        type=str,
                        default='out')

    args = parser.parse_args()

    return Args(args.file, args.out_dir)


# ----------------------------------------------------
def main() -> None:
    """ Make a jazz noise here """

    args = get_args()

    if not os.path.isdir(args.out_dir):
        os.makedirs(args.out_dir)

    num_files, num_seqs = 0, 0 ❶
    for fh in args.files: ❷
        num_files += 1 ❸
        out_file = os.path.join(args.out_dir, os.path.basename(fh.name))
        out_fh = open(out_file, 'wt') ❹

        for dna in fh: ❺
            num_seqs += 1 ❻
            out_fh.write(dna.replace('T', 'U')) ❼

        out_fh.close() ❽

    print(f'Done, wrote {num_seqs} sequence{"" if num_seqs == 1 else "s"} '
        f'in {num_files} file{"" if num_files == 1 else "s"} '
        f'to directory "{args.out_dir}".') ❾


# ----------------------------------------------------
if __name__ == '__main__':
    main()
```

❶ 파일 및 염기 서열의 계산을 초기화한다.

❷ 파일핸들을 반복한다.

❸ 파일의 계산을 증가시킨다.

❹ 이 입력 파일의 출력 파일을 연다.

❺ 입력 파일의 염기 서열을 반복한다.

❻ 염기 서열의 계산을 증가시킨다.

❼ 전사된 염기 서열을 출력 파일에 입력한다.

❽ 출력 파일핸들을 닫는다.

❾ 상태를 출력한다. 하나의 출력 문자열을 만들려면 파이썬의 암시적 인접 문자열 연결
을 사용한다.

솔루션 2: re.sub() 사용하기

솔루션 중 정규식을 사용하는 방법을 앞서 설명한 적이 있다. 정규식은 텍스트 패턴을
설명하는 언어다. 정규식은 파이썬이 만들어지기 훨씬 전부터 수십 년 동안 존재했다.
처음에는 다소 어려워 보일 수 있지만 정규식은 배우기 위해 노력할 가치가 있다.

파이썬에서 정규식을 사용하려면 re 모듈을 가져와야 한다.[2]

```
>>> import re
```

이전 코드에서는 다른 문자열 안에서 텍스트의 패턴을 찾도록 re.search() 함수를 사
용했다. 이 프로그램에서 찾고 싶은 패턴은 문자 T이며, 리터럴 문자열로 쓸 수 있다.

---

2   제프리 프리들(Jeffrey Friedl)의 『Mastering Regular Expressions』(O'Reilly Media, 2006)은 내가 찾은 최고의 책 중 하나다.

```
>>> re.search('T', 'ACGT') ❶
<re.Match object; span=(3, 4), match='T'> ❷
```

❶ 문자열 ACGT 내부에서 패턴 T를 검색한다.

❷ T를 찾았기 때문에 반환값은 찾은 패턴의 위치를 나타내는 Re.Match 객체다. 실패한
  검색은 None을 반환한다.

span=(3, 4)는 패턴 T가 발견되는 시작 인덱스와 중지 인덱스를 보고한다. 슬라이스^{slice}
를 사용해 하위 문자열을 추출할 수 있다.

```
>>> 'ACGT'[3:4]
'T'
```

하지만 T만 찾는 것이 아니라 T 문자열을 U로 교체하고 싶다. 그림 2-3과 같이 re.sub()
(대체용) 함수가 이를 수행한다.

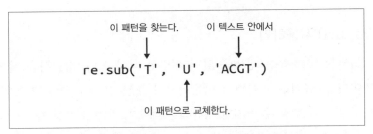

그림 2-3. re.sub() 함수는 패턴의 모든 경우들이 새 문자열로 바뀐 새 문자열을 반환한다.

결과는 T가 모두 U로 대체된 새 문자열이다.

```
>>> re.sub('T', 'U', 'ACGT') ❶
'ACGU' ❷
```

❶ ACGT 문자열에서 모든 T를 U로 바꾼다.

❷ 그 결과 대체된 항목이 포함된 새 문자열이 생성된다.

이 버전을 사용하려면 다음과 같이 내부 for 루프를 수정할 수 있다. print()로 인해 라인이 바뀌기 때문에 입력 DNA 문자열이 종료된다. 그래서 str.strip() 메서드를 사용해 라인 바뀜으로 인한 종료를 방지했다.

```
for dna in fh:
  num_seqs += 1
  print(re.sub('T', 'U', dna.rstrip()), file=out_fh) ❶
```

❶ dna에서 새 라인을 제거하고 모든 T를 U로 대체한 다음, 결과 문자열을 출력 파일핸들에 출력한다.

벤치마킹하기

솔루션 중 어떤 것이 더 빠른지 궁금할 수 있다. 연관된 프로그램끼리 런타임 비교하는 것을 벤치마킹^{benchmarking}이라고 하는데, 몇 가지 기본적인 bash 명령을 사용해 이 두 솔루션을 비교하는 간단한 방법을 소개한다. 가장 큰 텍스트 파일인 ./tests/inputs/input3.txt 파일을 사용한다. 파이썬과 거의 동일한 구문으로 bash에서 for 루프를 작성할 수 있다. 이 커맨드에서는 가독성을 높이려고 줄 바꿈을 사용하고 있으며 bash는 >로 줄 바꿈을 기록한다. 세미콜론(;)으로 대체해 한 줄로 작성할 수 있다.

```
$ for py in ./solution*
> do echo $py && time $py ./tests/inputs/input3.txt
> done
./solution1_str_replace.py
Done, wrote 2 sequences in 1 file to directory "out".

real  0m1.539s
user  0m0.046s
sys   0m0.036s
./solution2_re_sub.py
Done, wrote 2 sequences in 1 file to directory "out".

Real  0m0.179s
```

```
user   0m0.035s
sys    0m0.013s
```

정규식을 사용한 두 번째 솔루션이 더 빨라 보이지만, 데이터가 충분하지 않아 확신할 수 없다. 좀 더 실제 같은 입력 파일이 필요하다. seq.txt라는 파일에서 1,000,000개 염기의 1,000개 염기 서열을 생성하는 02_rna 폴더의 genseq.py라는 프로그램을 찾을 수 있다. 물론 다음과 같은 매개 변수를 수정할 수 있다.

```
$ ./genseq.py --help
usage: genseq.py [-h] [-l int] [-n int] [-o FILE]

Generate long sequence

optional arguments:
  -h, --help            show this help message and exit
  -l int, --len int     Sequence length (default: 1000000)
  -n int, --num int     Number of sequences (default: 100)
  -o FILE, --outfile    FILE
                        Output file (default: seq.txt)
```

기본값을 사용해서 생성되는 seq.txt 파일은 약 95MB이다. 보다 사실적인 입력 파일을 사용해 프로그램을 수행하는 방법은 다음과 같다.

```
$ for py in ./solution*; do echo $py && time $py seq.txt; done
./solution1_str_replace.py
Done, wrote 100 sequences in 1 file to directory "out".

real  0m0.456s
user  0m0.372s
sys   0m0.064s
./solution2_re_sub.py
Done, wrote 100 sequences in 1 file to directory "out".

real 0m3.100s
user 0m2.700s
sys  0m0.385s
```

이제 첫 번째 솔루션이 더 빠른 것처럼 보인다. 다른 솔루션을 생각하는 것은 굉장히 가치 있는 일이기에 몇 가지 다른 솔루션을 생각해 냈지만, 이 두 가지 솔루션은 새로 만든 다른 솔루션보다 훨씬 좋았다. 궁극적으로 최고의 성능으로 이어질 수 있는 더 영리한 솔루션을 만들 수 있다고 생각했다. 그러나 최고의 프로그램이라고 생각했던 프로그램이 이 두 프로그램보다 몇 배나 느린 것으로 밝혀졌을 때 내 자존심은 큰 상처를 입었다. 가정을 할 때는 '신뢰하되 검증하라'는 말처럼 해야 한다.

더 나아가기

염기 서열의 길이를 전사된 RNA가 아닌 출력 파일로 출력하도록 프로그램을 수정해보자. 최종 상태가 최대, 최소, 평균 염기 서열의 길이를 보고하도록 한다.

요점 정리

2장의 주요 요점은 다음과 같다.

- argparse.FileType 옵션은 파일 인수의 유효성을 검사한다.

- argparse의 nargs 옵션을 사용하면 매개 변수의 유효한 인수의 수를 정의할 수 있다.

- os.path.isdir() 함수는 폴더가 있는지 감지할 수 있다.

- os.makedirs() 함수는 폴더 구조를 생성한다.

- open() 함수는 기본적으로 파일 읽기만 허용한다. w 옵션은 파일핸들을 쓰는 데 사용해야 하며, a 옵션은 기존 파일에 값을 추가할 때 사용해야 한다.

- 이미지 파일을 읽을 때와 같이 텍스트의 경우 t 옵션(기본값)으로, 바이트의 경우 b 옵션을 사용해 파일핸들을 열 수 있다.

- 문자열은 불변이며 str.place()와 re.sub()를 포함해 문자열을 새로운 문자열로 변경하는 많은 방법이 있다.

## 3장

DNA 역상보체: 문자열 조작

로잘린드 REVC 챌린지(https://oreil.ly/ot4z6)에서는 DNA 염기가 A-T와 G-C쌍을 형성한다고 설명한다. 게다가 DNA는 방향성을 갖고 있고 보통 5'-말단(5-프라임 말단)에서 3'-말단(3-프라임 말단)으로 읽는다. 그림 3-1과 같이 DNA 문자열 AAAACCCGGT의 보체는 TTTTGGGCCA다. 그런 다음 이 문자열(3'-말단부터 읽는다)을 반전시켜 ACCGGGTTTT를 역상보체로 가져온다.

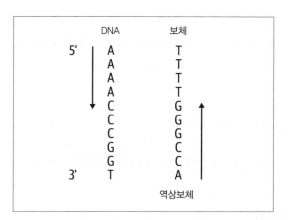

그림 3-1. DNA의 역상보체는 보체를 반대 방향에서 읽은 것이다.

DNA의 역상보체를 생성하기 위한 많은 기존의 개발 툴을 찾을 수 있지만, 자체 알고리듬을 작성하는 이유는 파이썬을 탐색하기 위함이다(최종 솔루션은 바이오파이썬^{biopython} 라이브러리의 함수를 사용할 것이다).

3장에서 배울 내용은 다음과 같다.

- 딕셔너리를 조회 테이블로 사용해서 의사결정 트리를 구현하는 방법

- 리스트 또는 문자열을 동적으로 생성하는 방법

- 반복자의 예시인 reversed() 함수를 사용하는 방법

- 파이썬이 문자열과 리스트를 유사하게 처리하는 방법

- 리스트를 생성하도록 리스트 컴프리헨션list comprehension을 사용하는 방법

- str.maketrans()와 str.translate()를 사용해 문자열을 변환하는 방법

- 바이오파이썬의 Bio.Seq 모듈 사용법

- 진정한 보물은 혼자 가는 길을 같이 가주는 친구라는 사실

시작하기

이 프로그램의 코드와 테스트 코드는 03_revc 폴더에 있다. 프로그램이 어떻게 작동하는지 알아보려면 해당 폴더로 변경하고 첫 번째 솔루션을 revc.py라는 프로그램에 복사하라.

```
$ cd 03_revc
$ cp solution1_for_loop.py revc.py
```

사용법을 읽으려면 --help를 사용해 프로그램을 실행해야 한다.

```
$ ./revc.py -help
usage: revc.py [-h] DNA

Print the reverse complement of DNA

positional arguments:
  DNA        Input sequence or file
```

```
optional arguments:
  -h, --help show this help message and exit
```

프로그램은 DNA를 받기를 원하고, 역상보체를 출력해서 이를 문자열로 줄 것이다.

```
$ ./revc.py AAAACCCGGT
ACCGGGTTTT
```

도움말에서 알 수 있듯이 프로그램은 파일도 입력값으로 받아들인다. 첫 번째 테스트 코드의 입력 문자열은 동일하다.

```
$ cat tests/inputs/input1.txt
AAAACCCGGT
```

그래서 출력값도 동일해야 한다.

```
$ ./revc.py tests/inputs/input1.txt
ACCGGGTTTT
```

테스트 코드가 대소문자를 혼용해서 통과할 수 있도록 프로그램 사양을 조금 더 어렵게 만들고 싶다. 출력값은 입력값의 대소문자를 고려해야 한다.

```
$ ./revc.py aaaaCCCGGT
ACCGGGtttt
```

pytest를 실행(또는 make test)해서 프로그램이 통과해야 하는 테스트 코드의 유형을 확인한다. 프로그램이 수행해야 할 작업이 무엇인지 알겠다면 새로 만들어서 시작해보라.

```
$ new.py -f -p 'Print the reverse complement of DNA' revc.py
Done, see new script "revc.py".
```

프로그램이 이전 사용법을 출력할 때까지 get_args() 함수를 수정하라. 그런 다음 커맨드 라인 또는 입력 파일에서 입력값을 에코 백[echo back][1]하도록 프로그램을 수정한다.

---

1   컴퓨터로 입출력되는 자료의 정확도를 확인하도록 디스플레이 장치와 같은 출력 장치로 되돌려보내는 것을 의미한다. – 옮긴이

```
$ ./revc.py AAAACCCGGT
AAAACCCGGT
$ ./revc.py tests/inputs/input1.txt
AAAACCCGGT
```

테스트 모음을 실행하는 경우 프로그램은 처음 세 가지 테스트 코드를 통과해야 한다.

```
$ pytest -xv
============================ test session starts =============================
...

tests/revc_test.py::test_exists PASSED                                  [ 14%]
tests/revc_test.py::test_usage PASSED                                   [ 28%]
tests/revc_test.py::test_no_args PASSED                                 [ 42%]
tests/revc_test.py::test_uppercase FAILED                              [ 57%]


================================= FAILURES ===================================
_____ test_uppercase _____

   def test_uppercase():
     """ Runs on uppercase input """

     rv, out = getstatusoutput(f'{RUN} AAAACCCGGT')
     assert rv == 0
>    assert out == 'ACCGGGTTTT'
E    AssertionError: assert 'AAAACCCGGT' == 'ACCGGGTTTT'
E      - ACCGGGTTTT
E      + AAAACCCGGT

tests/revc_test.py:47: AssertionError
=========================== short test summary info ==========================
FAILED tests/revc_test.py::test_uppercase - AssertionError: assert 'AAAACCCGG...
!!!!!!!!!!!!!!!!!!!!!!!!!!!! stopping after 1 failures !!!!!!!!!!!!!!!!!!!!!!!!!!!
========================== 1 failed, 3 passed in 0.33s ========================
```

프로그램이 입력 문자열 AAAACCCGGT를 전달받고 있으며, 테스트에서는 ACCGGGTTTT를
출력할 것으로 예상된다. 프로그램이 입력값을 되돌려 보냈으므로 이 테스트는 실패
했다. 이 테스트를 만족시키는 프로그램을 작성하는 방법을 알고 있다고 생각한다면 실

행해보라. 모른다면 간단한 접근 방식으로 시작해서 보다 우아한 솔루션으로 작업해 DNA의 역상보체를 만드는 방법을 소개하겠다.

역문자열을 반복하기

DNA의 역상보체를 만들 때 먼저 서열을 역전시킨 다음 이를 보완하든 그 반대로 하든 상관없다. 어느 쪽이든 같은 답을 얻을 수 있으니 문자열을 반전시킬 수 있는 방법부터 시작해보겠다. 2장에서 문자열 슬라이스를 사용해 문자열의 일부를 얻는 방법을 소개 했다. 시작 위치를 생략하면 처음부터 시작된다.

```
>>> dna = 'AAAACCCGGT'
>>> dna[:2]
'AA'
```

중단 위치를 생략하면 끝으로 이동한다.

```
>>> dna[-2:]
'GT'
```

시작과 중단 위치를 모두 생략하면 전체 문자열의 복사본이 반환된다.

```
>>> dna[:]
'AAAACCCGGT'
```

또한 각 단계의 크기를 나타내는 선택적 세 번째 인수를 사용할 수 있다. 시작과 중단 위치에 인수를 사용하지 않고 세 번째 인자에 -1을 사용해 문자열을 반전시킬 수 있다.

```
>>> dna[::-1]
'TGGCCCAAAA'
```

파이썬에는 reversed() 함수가 내장돼 있으므로 이를 사용해보자.

```
>>> reversed(dna)
<reversed object at 0x7ffc4c9013a0>
```

놀랍지 않은가! TGGCCCAAAA 문자열이 나오리라 예상했을 것이다. 그러나 REPL에서 help(reversed)를 읽으면 이 함수가 '주어진 염기 서열 값의 역방향 반복자를 반환'한다는 것을 볼 수 있다.

반복자란 무엇일까? 파이썬의 함수형 프로그래밍 사용법(https://oreil.ly/dIzn3)에서는 반복자를 '데이터 흐름을 나타내는 객체'라고 설명한다. 반복자는 파이썬이 개별적으로 방문할 수 있는 요소 모음이라고 언급한 적도 있다. 예를 들어 문자열의 문자 또는 리스트의 요소가 있다. 반복자는 소진될 때까지 값을 생성하는 것이다. 문자열의 첫 번째 문자(또는 리스트의 첫 번째 요소 또는 파일의 첫 줄)로 시작해서 문자열(또는 리스트 또는 파일)의 끝까지 읽을 수 있는 것처럼 반복자는 생성된 첫 번째 값부터 끝날 때까지 반복할 수 있다.

이 경우 reversed() 함수는 반전된 값이 필요한 것처럼 보이면 즉시 반전된 값을 생성하겠다는 약속을 반환한다. 이 예시는 일을 강제로 할 때까지 기다리기 때문에 게으른 함수의 예시다. reversed()에서 값을 강제 변환하는 한 가지 방법은 값을 사용하는 함수를 사용하는 것이다. 예를 들어 유일한 목표가 문자열을 반전시키는 것이라면 str.join() 함수를 사용할 수 있다. 항상 이 함수에서 문법이 거꾸로 돼 있다고 생각하지만, 염기 서열을 결합하는 데 사용되는 요소인 문자열 리터럴에서 str.join() 메서드를 호출하는 경우가 많다.

```
>>> ''.join(reversed(dna)) ❶
'TGGCCCAAAA'
```

❶ 빈 문자열을 사용해 DNA 문자열의 반전된 문자를 결합한다.

또 다른 방법은 list() 함수를 사용해 reversed()가 값을 생성하도록 한다.

```
>>> list(reversed(dna))
['T', 'G', 'G', 'C', 'C', 'C', 'A', 'A', 'A', 'A']
```

잠깐, 무슨 일일까? dna 변수는 문자열이지만 리스트를 다시 가져왔다. 이는 단순히 list() 함수를 사용했기 때문만은 아니다. reversed() 설명 문서에서는 함수가 시퀀스를 갖는다는 것을 보여주는데, 이는 어떤 데이터 구조나 함수가 다른 것을 반환하는 것을 의미한다. 리스트나 반복자 구문에서 파이썬은 문자열을 문자 리스트로 취급한다.

```
>>> list(dna)
['A', 'A', 'A', 'A', 'C', 'C', 'C', 'G', 'G', 'T']
```

역전된 DNA 염기 서열을 구축하는 더 긴 방법은 for 루프를 사용해 역염기를 반복하고 문자열에 추가하는 것이다. 먼저 rev 변수를 선언하고 += 연산자를 사용해 각 염기를 역순으로 추가한다.

```
>>> rev = '' ❶
>>> for base in reversed(dna): ❷
...     rev += base ❸
...
>>> rev
'TGGCCCAAAA'
```

❶ 빈 문자열로 rev 변수를 초기화한다.

❷ DNA의 반전된 염기를 반복한다.

❸ 현재 기준을 rev 변수에 추가한다.

하지만 아직 염기를 보완해야 하기 때문에 아직 준비가 덜 됐다.

의사결정 트리 만들기

보완하는 방안이 총 여덟 가지 있다. A에서 T까지, G에서 C까지, 모두 대문자와 소문자로, 그리고 이것들을 반대로 하는 것이다. 문자가 A, C, G, T가 아닌 경우도 처리해야 한다. if/elif 문을 사용해 의사결정 트리를 만들 수 있다. 이제 역상보체를 만들려면 변수를 revc로 변경하고 각 염기의 올바른 보체를 구한다.

```
revc = '' ❶
for base in reversed(dna): ❷
```

```
if base == 'A': ❸
  revc += 'T' ❹
elif base == 'T':
  revc += 'A'
elif base == 'G':
  revc += 'C'
elif base == 'C':
  revc += 'G'
elif base == 'a':
  revc += 't'
elif base == 't':
  revc += 'a'
elif base == 'g':
  revc += 'c'
elif base == 'c':
  revc += 'g'
else: ❺
  revc += base
```

❶ 역상보체 문자열을 가질 변수를 초기화한다.

❷ DNA 문자열에서 반전된 염기를 반복한다.

❸ 각 대문자와 소문자를 테스트한다.

❹ 변수에 보완할 기준을 추가한다.

❺ 염기가 테스트 코드의 어떤 분기와도 일치하지 않으면 염기를 있는 그대로 사용하라.

revc 변수를 검사하면 제대로 나온 것을 확인할 수 있다.

```
>>> revc
'ACCGGGTTTT'
```

이런 아이디어를 테스트 모음을 통과할 프로그램에 적용할 수 있어야 한다. 프로그램이 정확히 무엇을 예상하는지 보려면 tests/revc_test.py 파일을 살펴보라. test_uppercase() 함수를 전달한 후 test_lowercase()에서 예상되는 값을 확인하라.

```
def test_lowercase():
    """ Runs on lowercase input """

    rv, out = getstatusoutput(f'{RUN} aaaaCCCGGT') ❶
    assert rv == 0 ❷
    assert out == 'ACCGGGtttt' ❸
```

❶ 소문자와 대문자 DNA 문자열을 사용해 프로그램을 실행한다.

❷ 종료값은 0이어야 한다.

❸ 프로그램의 출력값은 해당 문자열처럼 표시된 문자열이어야 한다.

다음 테스트 코드는 문자열이 아닌 파일 명칭을 입력값으로 전달한다.

```
def test_input1():
    """ Runs on file input """

    file, expected = TEST1 ❶
    rv, out = getstatusoutput(f'{RUN} {file}') ❷
    assert rv == 0 ❸
    assert out == open(expected).read().rstrip() ❹
```

❶ TEST1 튜플은 입력 파일과 예상 출력 파일이다.

❷ 파일 이름으로 프로그램을 실행한다.

❸ 종료값이 0인지 확인해야 한다.

❹ 예상 출력 파일을 열고 읽어서 출력값과 비교한다.

솔루션 작성 방법을 배우는 것과 마찬가지로 테스트 코드를 읽고 이해하는 것도 중요
하다. 프로그램을 작성할 때 지금까지 작성한 테스트 코드에서 많은 아이디어를 복사하
고 시간을 절약할 수 있다.

리팩토링하기

앞 절의 알고리듬이 정답을 생성하긴 하지만 우아한 솔루션은 아니다. 테스트를 통과한 시작 지점에 불과하다. 도전 과제를 전보다 더 잘 이해했을 테니 이제 프로그램을 리팩토링할 때다. 책에서 제시했던 솔루션 중 일부는 한두 줄의 코드로 짧다. 고려할 수 있는 몇 가지 아이디어는 다음과 같다.

- `if/elif` 체인 대신 딕셔너리를 검색 테이블^{lookup table}로 사용한다.

- `for` 루프를 리스트 컴프리헨션으로 다시 작성한다.

- `str.translate()` 메서드를 사용해 염기를 보완한다.

- `Bio.Seq` 객체를 만들고, 이 작업을 수행할 메서드를 찾는다.

미리 읽으려고 서두를 필요는 없다. 천천히 다른 솔루션을 사용해보면 된다. 아직 이 아이디어들을 다 소개하지 못했기 때문에 모르는 것들이 있는지 조사해서 스스로 알아낼 수 있는지 생각해보기를 권한다.

어릴 때 음악 학교의 한 선생님이 이 인용문을 공유했었다.

> 이번에는 한 교사가 말했다. "우리에게 가르치는 것에 대해 말씀해 주시옵소서."
> 그리고 그가 말했다.
> "그 어떠한 사람도
> 깨달음의 새벽에 이미 반쯤 잠들어 누워 있는 것 이외에는
> 그대 자신을 드러나게 할 수 없으며,
> 자신을 따르는 많은 제자에게 둘러싸여 사원의 그늘을 거니는
> 교사라 할지라도 그의 신념과 애정은 줄 수 있으나 지혜는 줄 수 없으니,
> 만일 그가 참으로 현명하다면
> 그대를 지혜의 집으로 들어가야 한다고 강요하지 않을 것이며
> 오히려 그대가 그대 자신의 마음의 문으로 들어가도록 그대를 인도하리라."
>
> – 카릴 지브란(Kahlil Gibran)

솔루션

모든 솔루션은 다음과 같이 동일한 get_args() 함수를 공유한다.

```python
class Args(NamedTuple):  ❶
    """ Command-line arguments """
    dna: str


# --------------------------------------------------
def get_args() -> Args:
    """ Get command-line arguments """

    parser = argparse.ArgumentParser(
        description='Print the reverse complement of DNA',
        formatter_class=argparse.ArgumentDefaultsHelpFormatter)

    parser.add_argument('dna', metavar='DNA', help='Input sequence or file')

    args = parser.parse_args()

    if os.path.isfile(args.dna):  ❷
        args.dna = open(args.dna).read().rstrip()

    return Args(args.dna)  ❸
```

❶ 프로그램의 유일한 인수는 DNA 문자열이다.

❷ 파일 입력값을 읽을 때 케이스를 처리한다.

❸ 함수 시그니처에 따라 Args 객체를 반환한다.

솔루션 1: for 루프와 의사결정 트리 사용하기

다음은 if/else 결정 트리를 사용하는 첫 번째 솔루션이다.

```python
def main() -> None:
    args = get_args()
    revc = ''  ❶
```

```
  for base in reversed(args.dna): ❷
    if base == 'A': ❸
      revc += 'T'
    elif base == 'T':
      revc += 'A'
    elif base == 'G':
      revc += 'C'
    elif base == 'C':
      revc += 'G'
    elif base == 'a':
      revc += 't'
    elif base == 't':
      revc += 'a'
    elif base == 'g':
      revc += 'c'
    elif base == 'c':
      revc += 'g'
    else:
      revc += base

  print(revc) ❹
```

❶ 역상보체를 유지하도록 변수를 초기화한다.

❷ DNA 인수의 반전된 염기를 반복한다.

❸ 각 염기의 보체를 결정하도록 if/elif 결정 트리를 만든다.

❹ 결과를 출력한다.

솔루션 2: 딕셔너리 검색 사용하기

if/else 체인을 교체해봐야 한다고 언급한 적이 있다. 이는 딕셔너리 검색을 사용해 더 쉽게 표현할 수 있는 18줄의 코드다.

```
>>> trans = {
...     'A': 'T', 'C': 'G', 'G': 'C', 'T': 'A',
...     'a': 't', 'c': 'g', 'g': 'c', 't': 'a'
... }
```

for 루프를 사용해 DNA 문자열을 반복하는 경우 dict.get() 메서드를 사용해 DNA 문자열의 각 염기에 안전하게 보체를 생성하도록 요청할 수 있다(그림 3-1 참고). base를 dict.get()의 선택적 두 번째 인수로 사용한다. 염기가 검색 테이블에 없으면 첫 번째 솔루션의 else 경우와 마찬가지로 염기를 그대로 사용한다.

```
>>> for base in 'AAAACCCGGT':
...     print(base, trans.get(base, base))
...
A T
A T
A T
A T
C G
C G
C G
G C
G C
T A
```

생성한 새 문자열을 저장할 complement 변수를 만들 수 있다.

```
>>> complement = ''
>>> for base in 'AAAACCCGGT':
...     complement += trans.get(base, base)
...
>>> complement
'TTTTGGGCCA'
```

문자열에 reversed() 함수를 사용하면 문자열의 문자 리스트가 역순으로 반환된다는 것을 알고 있다.

```
>>> list(reversed(complement))
['A', 'C', 'C', 'G', 'G', 'G', 'T', 'T', 'T', 'T']
```

str.join() 함수를 사용해 리스트에서 새 문자열을 만들 수 있다.

```
>>> ''.join(reversed(complement))
'ACCGGGTTTT'
```

이 모든 아이디어를 종합해보면 main() 함수가 훨씬 더 짧아진다. 또한 의사결정 트리에 새 분기를 추가하려면 딕셔너리에 새 키/값 쌍을 추가하기만 하면 되기 때문에 확장이 더 쉬워진다.

```
def main() -> None:
  args = get_args()
  trans = { ❶
    'A': 'T', 'C': 'G', 'G': 'C', 'T': 'A',
    'a': 't', 'c': 'g', 'g': 'c', 't': 'a'
  }
  complement = '' ❷
  for base in args.dna: ❸
    complement += trans.get(base, base) ❹

  print(''.join(reversed(complement))) ❺
```

❶ 하나의 염기를 보체로 번역하는 방법을 보여 주는 딕셔너리다.

❷ 변수를 초기화해서 DNA 보체를 고정한다.

❸ DNA 문자열의 각 염기를 반복한다.

❹ 염기 또는 염기 자체의 번역을 보체에 추가한다.

❺ 보체를 반전시키고 빈 문자열에 결과를 추가한다.

파이썬 문자열과 리스트는 어느 정도 상호 교환이 가능하다. complement 변수를 리스트로 변경할 수 있으며, 프로그램의 다른 것은 변경되지 않는다.

```
def main() -> None:
  args = get_args()
  trans = {
    'A': 'T', 'C': 'G', 'G': 'C', 'T': 'A',
    'a': 't', 'c': 'g', 'g': 'c', 't': 'a'
  }
```

```
complement = [] ❶
for base in args.dna:
    complement += trans.get(base, base)

print(''.join(reversed(complement)))
```

❶ 문자열 대신 빈 리스트로 보체를 초기화한다.

+= 연산자가 문자열과 리스트를 모두 사용해서 끝에 새 값을 추가한다는 점을 강조하고
싶다. 동일한 작업을 수행하는 list.append() 메서드가 있다.

```
for base in args.dna:
    complement.append(trans.get(base, base))
```

reversed() 함수는 문자열과 마찬가지로 리스트에서도 동작한다. complement에 두 가
지 다른 타입을 사용하면 코드가 거의 변경되지 않는다는 사실이 다소 놀랍다.

솔루션 3: 리스트 컴프리헨션 사용하기

리스트 컴프리헨션이 무엇인지 알려 주지 않고 그저 사용하기를 권했었다. 한 번도 사
용해본 적이 없는 경우 새 리스트를 만드는 데 사용되는 대괄호([]) 안에 for 루프를 작
성하는 것이 필수적이다(그림 3-2 참고). for 루프를 사용하는 목표가 새 문자열이나 리
스트를 작성하는 것이라면 리스트 컴프리헨션을 사용하는 것이 합리적이다.

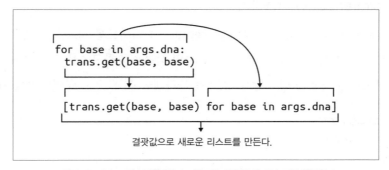

그림 3-2. 리스트 컴프리헨션은 for 루프를 사용해 새 리스트를 생성한다.

그림 3-2에서 complement를 초기화하고 DNA 문자열을 반복하도록 세 줄에서 한 줄로 줄였다.

```
def main() -> None:
  args = get_args()
  trans = {
    'A': 'T', 'C': 'G', 'G': 'C', 'T': 'A',
    'a': 't', 'c': 'g', 'g': 'c', 't': 'a'
  }

  complement = [trans.get(base, base) for base in args.dna] ❶
  print(''.join(reversed(complement)))
```

❶ for 루프를 리스트 컴프리헨션으로 교체했다.

complement 변수는 한 번만 사용되므로 리스트 컴프리헨션을 직접 사용해 더 짧게 할 수 있다.

```
print(''.join(reversed([trans.get(base, base) for base in args.dna])))
```

이 코드는 PEP8에서 권장하는 최대 79자보다 짧기 때문에 허용되지만, 더 긴 코드 버전처럼 가독성이 좋지는 않다. 가장 이해하기 쉽다고 생각되는 버전을 사용하는 것이 좋다.

솔루션 4: str.translate() 사용하기

2장에서는 DNA를 RNA로 전사할 때 str.replace() 메서드를 사용해 모든 T를 U로 치환했다. 여기서도 사용해보자. 먼저 DNA 문자열을 초기화하고 A를 T로 교체한다. 문자열은 불변이므로 문자열을 변경할 수 없으며 문자열을 새 값으로 덮어써야 한다.

```
>>> dna = 'AAAACCCGGT'
>>> dna = dna.replace('A', 'T')
```

이제 DNA 문자열을 보자.

```
>>> dna
'TTTTCCCGGT'
```

어디에서 잘못되기 시작했는지 알겠는가? 이제 T를 A로 보완하고 문제를 찾을 수 있는지 확인해보자.

```
>>> dna = dna.replace('T', 'A')
>>> dna
'AAAACCCGGA'
```

그림 3-3과 같이 첫 번째 동작에서 T로 바뀌었던 모든 A가 다시 A로 바뀌었다. 이것은 바보 같은 짓이다.

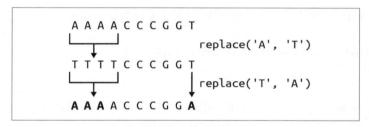

그림 3-3. str.replace()를 반복적으로 사용하면 값이 이중으로 바뀌고 오답이 발생한다.

다행히 파이썬은 정확히 반복적인 변경을 위한 str.translate() 함수가 있다. **help(str.translate)**를 읽으면 함수에 테이블이 필요하다는 것을 알 수 있다. "유니코드 서수를 유니코드 서수, 문자열 또는 None으로 매핑해야 한다." trans 딕셔너리 테이블이 제공되지만, 먼저 보체 테이블을 키의 서수 값을 사용하는 형식으로 변환하려면 값을 str.maketrans() 함수에 전달해야 한다.

```
>>> trans = {
...    'A': 'T', 'C': 'G', 'G': 'C', 'T': 'A',
...    'a': 't', 'c': 'g', 'g': 'c', 't': 'a'
...    }
>>> str.maketrans(trans)
{65: 'T', 67: 'G', 71: 'C', 84: 'A', 97: 't', 99: 'g', 103: 'c', 116: 'a'}
```

문자열 키 A가 정숫값 65로 변환된 것을 볼 수 있으며, 이는 ord() 함수에서 반환된 것과 동일한 값이다.

```
>>> ord('A')
65
```

이 값은 ASCII^{American Standard Code for Information Interchange}('아스키'로 발음한다) 테이블에서 문자 A의 서수 위치를 나타낸다. 즉 A는 표의 65번째 문자다. chr() 함수는 반대로 서숫값으로 표시되는 문자를 제공한다.

```
>>> chr(65)
'A'
```

str.maketrans() 함수는 키의 서숫값을 갖는 보체 테이블을 요구한다.

```
>>> 'AAAACCCGGT'.translate(str.maketrans(trans))
'TTTTGGGCCA'
```

마지막으로 보체를 뒤집어야 한다. 다음은 이 모든 아이디어를 통합하는 솔루션이다.

```
def main() -> None:
    args = get_args()

    trans = str.maketrans({   ❶
        'A': 'T', 'C': 'G', 'G': 'C', 'T': 'A',
        'a': 't', 'c': 'g', 'g': 'c', 't': 'a'
    })
    print(''.join(reversed(args.dna.translate(trans))))   ❷
```

❶ str.translate() 함수에 필요한 번역 테이블을 만든다.

❷ trans 테이블을 사용해 DNA를 보완한다. 그리고 DNA를 반전시키고 새 문자열에 결합시킨다.

하지만 이 코드를 쓰는 더 짧은 방법이 있다. help(str.translate) 문서에는 다음과 같이 나와 있다.

인수가 하나만 있는 경우 유니코드 서수(정수) 또는 문자를 유니코드 서수, 문자열 또는 None으로 매핑하는 딕셔너리여야 한다. 그러면 문자 키는 서수로 변환된다. 만약 2개의 인수가 있다면 이 인수들은 같은 길이의 문자열이어야 하며, 결과 딕셔너리에서 x의 각 문자는 y의 같은 위치에 있는 문자에 매핑될 것이다.

그래서 trans 딕셔너리를 제거하고 전체 솔루션을 다음과 같이 쓸 수 있다.

```
def main() -> None:
    args = get_args()
    trans = str.maketrans('ACGTacgt', 'TGCAtgca') ❶
    print(''.join(reversed(args.seq.translate(trans)))) ❷
```

❶ 길이가 같은 두 문자열을 사용해 번역 테이블을 만든다.

❷ 역상보체를 생성한다.

누군가의 하루를 망치고 싶다면, 그리고 그 사람이 미래의 당신이 될 가능성이 크다면, 이 코드를 한 줄로 압축할 수도 있다.

솔루션 5: Bio.Seq 사용하기

3장의 시작 부분에서 최종 해결책은 기존 함수를 포함할 것이라고 언급한 적이 있다.[2] 생물정보학에서 일하는 많은 파이썬 프로그래머들은 바이오파이썬(https://biopython.org)이라는 이름으로 모듈 집합에 기여했다. 프로그래머들은 엄청나게 많은 알고리듬을 만들고 테스트했고, 다른 사람의 코드를 사용할 수 있을 때 자신의 코드를 작성하는 것은 거의 의미가 없게 됐다.

다음을 실행해서 먼저 biopython을 설치해야 한다.

```
$ python3 -m pip install biopython
```

---

2   이것은 고등학교 미적분 선생님이 일주일 동안 손으로 미분 푸는 법을 가르쳐 준 다음, 지수 등을 끌어내려서 20초 안에 어떻게 할 수 있는지 보여 준 것과 비슷하다.

import Bio를 사용해 전체 모듈을 가져올 수도 있지만, 필요한 코드만 가져오는 것이 훨씬 더 합리적이다. 여기서는 Seq 클래스만 필요하다.

```
>>> from Bio import Seq
```

이제 Seq.reverse_complement() 함수를 사용할 수 있다.

```
>>> Seq.reverse_complement('AAAACCCGGT')
'ACCGGGTTTT'
```

이 최종 솔루션은 가장 짧고, 파이썬을 사용한 생물정보학에서 거의 모든 곳에 존재하는 잘 테스트되고, 문서화된 모듈을 사용하기 때문에 권장하는 버전이다.

```
def main() -> None:
    args = get_args()
    print(Seq.reverse_complement(args.dna)) ❶
```

❶ Bio.Seq.reverse_complement() 함수를 사용한다.

이 솔루션에서 mypy를 실행하면(모든 프로그램에서 mypy를 실행 중이다) 다음과 같은 오류가 발생할 수 있다.

```
================================= FAILURES =================================
_____ revc.py _____
6: error: Skipping analyzing 'Bio': found module but no type hints or librar stubs
6: note: See https://mypy.readthedocs.io/en/latest/running_mypy.html#missing
-imports
================================== mypy ====================================
Found 1 error in 1 file (checked 2 source files)
mypy.ini: No [mypy] section in config file

========================= short test summary info =========================
FAILED revc.py::mypy
!!!!!!!!!!!!!!!!!!!!!!!!!! stopping after 1 failures !!!!!!!!!!!!!!!!!!!!!!!!!!
========================= 1 failed, 1 skipped in 0.20s =========================
```

이 오류를 없애려면 타입 주석이 누락된 파일을 무시하도록 할 수 있다. 이 책의 깃허브 저장소의 루트 폴더(https://oreil.ly/RpMgV)에는 다음 내용이 포함된 mypy.ini라는 파일이 있다.

```
$ cat mypy.ini
[mypy]
ignore_missing_imports = True
```

작업 폴더에 mypy.ini 파일을 추가하면 동일한 폴더에서 mypy를 실행할 때 mypy가 사용하는 기본값을 변경할 수 있다. 이 기본값을 전역적으로 변경해서 mypy가 현재 있는 폴더에 관계없이 사용하도록 하려면 동일한 내용을 $HOME/.mypy.ini에 넣어라.

요점 정리

DNA의 역상보체를 수동으로 만드는 것은 통과의례 같은 것이다. 3장의 주요 요점은 다음과 같다.

- 일련의 if/else 문을 사용하거나 딕셔너리를 검색 테이블로 사용해 의사결정 트리를 작성할 수 있다.

- 문자열과 리스트는 매우 유사하다. 둘 다 for 루프를 사용해서 반복할 수 있으며 += 연산자를 사용해 추가할 수 있다.

- 리스트 컴프리헨션은 염기 서열을 반복하고 새 리스트를 생성하도록 for 루프를 사용한다.

- reversed() 함수는 염기 서열 요소의 반복자를 역순으로 반환하는 지연 함수다.

- REPL의 list() 함수를 사용해 지연 함수, 반복자, 생성자가 값을 생성하도록 할 수 있다.

- str.maketrans()와 str.translate() 함수는 문자열 치환을 수행하고 새 문자열을 생성할 수 있다.

- ord() 함수는 문자의 서숫값을 반환하고, 반대로 chr() 함수는 주어진 서숫값의 문자를 반환한다.

- 바이오파이썬은 생물정보학에 특화된 모듈과 기능의 집합이다. DNA의 역상보체를 생성하는 바람직한 방법은 Bio.Seq.reverse_complement() 함수를 사용하는 것이다.

## 4장

피보나치 수열 만들기: 알고리듬 작성, 테스트, 벤치마킹하기

피보나치 수열의 구현법을 작성하는 것은 개발자가 되기 위한 영웅의 여정 중 또 다른 단계다. 로잘린드 피보나치 설명서(https://oreil.ly/7vkRw)에 따르면 수열의 기원이 일부 중요한(그리고 비현실적인) 가정에 의존하는 번식 토끼의 수학적 시뮬레이션이라고 언급한다.

- 첫 달은 한 쌍의 갓 태어난 토끼에서 시작한다.

- 토끼는 한 달 후에 번식할 수 있다.

- 매달 생식 가능 연령의 모든 토끼는 생식 가능 연령의 다른 토끼와 짝짓기를 한다.

- 두 마리의 토끼가 짝짓기를 한 지 정확히 한 달 후에 같은 크기의 새끼를 낳는다.

- 토끼는 죽지 않으며 짝짓기를 멈추지 않는다.

수열은 항상 숫자 0과 1로 시작한다. 그다음 숫자는 그림 4-1처럼 리스트에서 바로 이전 값 2개를 추가해 무한대로 생성할 수 있다.

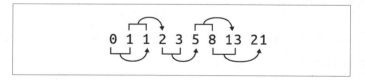

그림 4-1. 피보나치 수열의 처음 8개 숫자 – 처음 0과 1 이후 앞의 두 수를 더해서 만든다.

인터넷에서 솔루션을 검색하면 수열을 생성하는 다양한 방법을 찾을 수 있다. 그중에서 세 가지의 상당히 다른 접근 방식에 초점을 맞추고 싶다. 첫 번째 솔루션은 알고리듬이 모든 단계를 엄격하게 정의하는 명령적 접근 방식을 사용한다. 다음 솔루션은 생성자 함수를 사용하며, 마지막 솔루션은 재귀 솔루션에 초점을 맞춘다. 재귀는 흥미롭지만 더 많은 수열을 생성하려고 할수록 속도가 크게 느려진다. 이는 캐싱caching을 사용해서 성능 문제를 해결할 수 있다.

4장에서 배울 내용은 다음과 같다.

- 인수를 수동으로 검증하고 오류를 발생시키는 방법

- 리스트를 스택stack으로 사용하는 방법

- 생성자 함수 작성 방법

- 재귀 함수 작성 방법

- 재귀 기능이 느려질 수 있는 이유와 메모이제이션memoization으로 이를 수정하는 방법

- 함수 데코레이터decorator 사용 방법

시작하기

4장의 코드와 테스트 코드는 04_fib 폴더에 있다. fib.py에 첫 번째 솔루션을 복사해서 시작한다.

```
$ cd 04_fib/
$ cp solution1_list.py fib.py
```

매개 변수가 어떻게 정의되는지 보려면 설명서를 보면 된다. n과 k를 사용할 수 있지만, generations와 litter라는 명칭을 사용했다.

```
$ ./fib.py -h
```

```
usage: fib.py [-h] generations litter

Calculate Fibonacci

positional arguments:
  generations Number of generations
  litter Size of litter per generation

optional arguments:
  -h, --help show this help message and exit
```

이 프로그램은 문자열이 아닌 인수를 받는 첫 번째 프로그램이 될 것이다. 로잘린드 챌린지challenge는 프로그램이 2개의 양의 정숫값을 허용해야 한다고 알려 준다.

- n ≤ 40인 세대 수를 나타낸다.

- k ≤ 5는 짝짓기 쌍이 생성한 한배 새끼의 크기를 나타낸다.

정숫값이 아닌 값을 전달해서 프로그램이 어떻게 실패하는지 확인한다.

```
$ ./fib.py foo
usage: fib.py [-h] generations litter
fib.py: error: argument generations: invalid int value: 'foo'
```

자세히 알 수는 없지만 간단한 사용법과 유용한 오류 메시지를 출력하는 것 외에도 프로그램은 0이 아닌 종료값도 생성했다. 유닉스 커맨드 라인에서 종료값 0은 성공을 나타낸다. 이는 '0 오류'라고 생각한다. bash 셸에서 $? 변수를 검사해서 최근 프로세스의 종료 상태를 확인할 수 있다. 예를 들어 echo Hello 명령은 값이 0으로 종료돼야 하며 실제로 다음과 같은 작업을 수행한다.

```
$ echo Hello
Hello
$ echo $?
0
```

이전에 실패한 명령을 다시 시도하고 $? 변수를 검사해보자.

```
$ ./fib.py foo
usage: fib.py [-h] generations litter
fib.py: error: argument generations: invalid int value: 'foo'
$ echo $?
2
```

종료 상태값이 2라는 것보다는 0이 아니라는 사실이 더 중요하다. 이 코드는 잘못된 인수를 거부하고 유용한 오류 메시지를 출력하며 0이 아닌 상태로 종료되기 때문에 잘 동작하는 프로그램이다. 이 프로그램이 데이터 처리 단계 파이프라인(예, Makefile, 부록 A에서 논의됨)의 일부라면 종료값이 0이 아닐 경우 전체 프로세스가 중지되며 이는 좋은 일이다. 잘못된 값을 묵묵히 수행하고 조용히 실패하거나 아예 실패하지 않는 프로그램은 되돌릴 수 없는 결과를 초래할 수 있다. 프로그램이 인수를 제대로 검증하고 진행할 수 없을 때 매우 설득력 있게 실패하는 것이 매우 중요하다.

프로그램은 허용하는 숫자의 타입에도 매우 엄격하다. 값은 정수여야 한다. 또한 부동 소수점 값을 밀어낸다.

```
$ ./fib.py 5 3.2
usage: fib.py [-h] generations litter
fib.py: error: argument litter: invalid int value: '3.2'
```

 프로그램의 모든 커맨드 라인 인수는 문자열로 수신된다. 커맨드 라인에 5가 숫자 5처럼 보여도 문자 '5'다. 이 상황에서 값을 문자열에서 정수로 변환하기 위해 argparse를 사용한다. 이 작업이 실패하면 argparse는 위와 같은 유용한 오류 메시지를 생성한다.

또한 프로그램은 허용 범위를 벗어나는 generations과 litter 매개 변수의 값을 거부한다. 오류 메시지에는 인수 명칭과 문제 있는 값이 포함돼 있어 사용자가 해결할 수 있도록 충분한 피드백을 제공한다.

```
$ ./fib.py -3 2
usage: fib.py [-h] generations litter
fib.py: error: generations "-3" must be between 1 and 40 ❶
$ ./fib.py 5 10
```

```
usage: fib.py [-h] generations litter
fib.py: error: litter "10" must be between 1 and 5 ❷
```

❶ generation 인수 -3이 명시된 값 범위에 없다.

❷ litter 인수 10이 너무 높다.

이 문제를 해결하는 방법은 솔루션의 첫 번째 부분을 참고하면 된다.

```
import argparse
from typing import NamedTuple


class Args(NamedTuple):
    """ Command-line arguments """
    generations: int ❶
    litter: int ❷


def get_args() -> Args:
    """ Get command-line arguments """

    parser = argparse.ArgumentParser(
        description='Calculate Fibonacci',
        formatter_class=argparse.ArgumentDefaultsHelpFormatter)

    parser.add_argument('gen', ❸
                        metavar='generations',
                        type=int, ❹
                        help='Number of generations')

    parser.add_argument('litter', ❺
                        metavar='litter',
                        type=int,
                        help='Size of litter per generation')

    args = parser.parse_args() ❻

    if not 1 <= args.gen <= 40: ❼
        parser.error(f'generations "{args.gen}" must be between 1 and 40') ❽

    if not 1 <= args.litter <= 5: ❾
```

```
        parser.error(f'litter "{args.litter}" must be between 1 and 5') ❿

    return Args(generations=args.gen, litter=args.litter) ⓫
```

❶ generations 필드는 int여야 한다.

❷ litter 필드 또한 int여야 한다.

❸ gen 위치 매개 변수가 먼저 정의되므로 첫 번째 위치값을 받는다.

❹ type=int는 값의 필수 클래스를 나타낸다. int는 클래스 이름이 아니라 클래스 자체를 나타낸다.

❺ litter 위치 매개 변수는 두 번째로 정의되므로 두 번째 위치값을 받는다.

❻ 인수를 구문 분석한다. 오류가 발생하면 오류 메시지가 발생하고 프로그램이 0이 아닌 값으로 종료된다.

❼ args.gen 값은 실제 int 값이 됐으므로 수치 비교를 할 수 있다. 허용 범위 내에 있는지 확인한다.

❽ parser.error() 함수를 사용해 오류를 생성하고 프로그램을 종료한다.

❾ 마찬가지로 args.litter 인숫값을 확인해야 한다.

❿ 사용자가 문제를 해결하는 데 필요한 정보가 포함된 오류를 생성한다.

⓫ 프로그램이 이 지점에 도달하면 인수는 허용된 범위에서 유효한 정숫값이므로 Args를 반환한다.

generations와 litter 값이 main() 함수에서 정확한 범위 안에 있는지 확인할 수 있지만, parser.error() 함수를 사용해 유용한 메시지를 생성하고 0이 아닌 값으로 프로그램을 종료할 수 있도록 get_args() 함수 내에서 가능한 한 많은 인수를 검증하는 것을 선호한다.

fib.py 프로그램을 제거하고 **new.py** 또는 선호하는 프로그램 생성 방법으로 새로 시작한다.

```
$ new.py -fp 'Calculate Fibonacci' fib.py
Done, see new script "fib.py".
```

get_args() 정의를 이전 코드로 바꾼 다음 main() 함수를 다음과 같이 수정할 수 있다.

```
def main() -> None:
    args = get_args()
    print(f'generations = {args.generations}')
    print(f'litter = {args.litter}')
```

잘못된 입력값으로 프로그램을 실행하고 이전에 표시된 오류 메시지의 종류가 표시되는지 확인한다. 허용 가능한 값을 사용해 프로그램을 실행해보고 다음과 같은 종류의 출력이 나오는지 확인한다.

```
$ ./fib.py 1 2
generations = 1
litter = 2
```

pytest를 실행해 프로그램이 통과하고 실패하는지 확인한다. 처음 네 가지 테스트를 통과하고 다섯 번째 테스트에 실패해야 한다.

```
$ pytest -xv
=========================== test session starts ===========================
...
tests/fib_test.py::test_exists PASSED                            [ 14%]
tests/fib_test.py::test_usage PASSED                             [ 28%]
tests/fib_test.py::test_bad_generations PASSED                   [ 42%]
tests/fib_test.py::test_bad_litter PASSED                        [ 57%]
tests/fib_test.py::test_1 FAILED                                 [ 71%] ❶


================================ FAILURES =================================
_____ test_1 _____
```

```
  def test_1():
    """runs on good input"""

    rv, out = getstatusoutput(f'{RUN} 5 3') ❷
    assert rv == 0
>   assert out == '19' ❸
E   AssertionError: assert 'generations = 5\nlitter = 3' == '19' ❹
E    - 19 ❺
E    + generations = 5 ❻
E    + litter = 3
```

```
tests/fib_test.py:60: AssertionError
========================= short test summary info =========================
FAILED tests/fib_test.py::test_1 - AssertionError: assert 'generations...
!!!!!!!!!!!!!!!!!!!!!!!!! stopping after 1 failures !!!!!!!!!!!!!!!!!!!!!!!!!
===================== 1 failed, 4 passed in 0.38s =====================
```

❶ 첫 번째 실패한 테스트. -x 플래그 때문에 여기서 테스트가 중지된다.

❷ 프로그램은 generations 크기는 5, litter 크기는 3으로 시작한다.

❸ 출력값은 19가 돼야 한다.

❹ 이는 비교되고 있는 2개의 문자열이 같지 않다는 것을 보여준다.

❺ 예상되는 값은 19다.

❻ 이는 실제로 받은 출력값이다.

pytest는 정확히 무엇이 잘못됐는지 출력값으로 알려 주려고 노력한다. 출력값은 프로
그램이 어떻게 운영됐는지, 무엇을 기대했는지, 무엇을 제작했는지 보여준다. 프로그램
은 3을 사용할 때 피보나치 수열의 다섯 번째 숫자인 19를 출력해야 한다. 스스로 프로
그램을 마무리 짓고 싶으면 바로 해보라. 모든 테스트를 통과했는지 확인하려면 **pytest**
를 사용하면 된다. 또한 **make test**를 실행해서 pylint, flake8, mypy를 사용해 프로그
램을 확인한다. 가이드가 필요하다면 앞서 설명했던 첫 번째 접근법을 다루겠다.

명령적 접근법

그림 4-2는 피보나치 수열의 증가를 보여준다. 작은 토끼는 더 큰 번식 쌍으로 성숙해야 하는 번식하지 않는 쌍을 나타낸다.

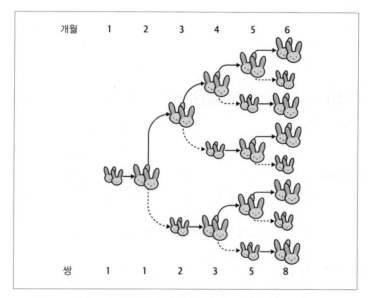

그림 4-2. 한배 크기로 짝짓기하는 토끼 쌍으로 피보나치 수열의 성장을 시각화

처음 2개 이후 숫자를 생성하려면 이전 2개 숫자를 알아야 한다. 이 공식을 사용해 피보나치 수열(F)의 임의의 위치 n의 값을 설명할 수 있다.

$F_n = F_{n-1} + F_{n-2}$

파이썬에서 어떤 데이터 구조를 통해 숫자의 순서를 유지하고 그 위치에 따라 참고할 수 있을까? 바로 리스트다. $F_1 = 0$ 과 $F_2 = 2$로 시작하겠다.

```
>>> fib = [0, 1]
```

F_3의 값은 $F_2 + F_1 = 1 + 0 = 1$이다. 다음 숫자를 생성할 때 항상 수열의 마지막 두 요소를 참고할 것이다. 리스트의 끝에서 위치를 나타내려면 음수 인덱싱을 사용하는 것이

가장 쉽다. 리스트의 마지막 값은 항상 -1 위치에 있다.

```
>>> fib[-1]
1
```

소수점 값은 -2다.

```
>>> fib[-2]
0
```

해당 세대가 생성한 자손의 수를 계산하려면 이 값에 자식의 수를 곱해야 한다. 우선, 1의 자손 크기를 고려해본다.

```
>>> litter = 1
>>> fib[-2] * litter
0
```

이 두 숫자를 더하고 결과를 리스트에 추가하고자 한다.

```
>>> fib.append((fib[-2] * litter) + fib[-1])
>>> fib
[0, 1, 1]
```

이 작업을 다시 수행하면 올바른 수열이 나타나고 있음을 알 수 있다.

```
>>> fib.append((fib[-2] * litter) + fib[-1])
>>> fib
[0, 1, 1, 2]
```

이 액션을 generations 수만큼 반복해야 한다(파이썬이 0-염기 인덱싱을 사용하기 때문에 기술적으로 generations-1번 반복한다). 파이썬 range() 함수를 사용해 0부터 마지막 값까지 숫자 리스트를 생성할 수 있지만 마지막 값은 포함되지 않는다. 특정 횟수만큼 반복하는 부작용 때문에 이 함수를 호출하고 있으므로 range() 함수로 생성된 값은 필요하지 않다. 값을 의도적으로 무시하기 위해 밑줄(_) 변수를 사용하는 것이 일반적이다.

```
>>> fib = [0, 1]
>>> litter = 1
>>> generations = 5
>>> for _ in range(generations - 1):
...     fib.append((fib[-2] * litter) + fib[-1])
...
>>> fib
[0, 1, 1, 2, 3, 5]
```

이 정도면 테스트를 통과하는 솔루션을 만들 수 있을 것이다. 다음 절에서는 파이썬의 몇 가지 흥미로운 부분을 강조하는 다른 두 가지 솔루션을 설명할 것이다.

솔루션

다음 모든 솔루션은 이전에 보여 준 get_args()를 공유한다.

솔루션 1: 리스트를 스택으로 사용하는 명령적 솔루션

이제 내가 작성한 명령적 솔루션을 보여줄 차례다. 과거의 값을 추적하기 위해 리스트를 스택의 일종으로 사용하고 있다. 모든 값이 필요하지 않고 마지막 2개의 값만 필요하지만, 리스트를 계속 늘린 후 마지막 2개의 값만 참고하는 것은 매우 쉽다.

```
def main() -> None:
  args = get_args()

  fib = [0, 1] ❶
  for _ in range(args.generations - 1): ❷
    fib.append((fib[-2] * args.litter) + fib[-1]) ❸

  print(fib[-1]) ❹
```

❶ 0과 1로 시작한다.

❷ range() 함수를 사용해 올바른 루프의 개수를 만든다.

❸ 수열에 다음 값을 추가한다.

❹ 수열의 마지막 번호를 출력한다.

 변수를 사용하지 않으려는 것을 분명하게 표현하기 위해 for 루프에 변수 이름 _를 사용했다. 밑줄은 유효한 파이썬 식별자이며, 폐기값을 나타내는 규칙이기도 하다. 예를 들어 린팅 (linting) 툴은 변수에 값을 할당했지만 사용하지 않은 것으로 보일 수 있으며, 이는 일반적으로 오류가 발생할 수 있는 가능성을 갖고 있다. 밑줄 변수는 값을 사용할 의도가 없다는 것을 나타낸다. 위 코드의 경우 range() 함수를 단지 필요한 루프 수를 만들기 위해 사용하고 있다.

알고리듬의 모든 명령어를 코드가 직접 인코딩하기 때문에 이것은 명령적 솔루션이라 할 수 있다. 재귀 솔루션을 읽으면 알고리듬이 좀 더 선언적인 방식으로 작성됐다는 것을 알 수 있으며, 이 방식은 자신이 처리해야 할 의도하지 않은 결과를 불러올 수 있다.

명령적 솔루션을 약간 변형하자면, 작성한 코드를 fib()라는 함수 안에 넣는 것이다. 파이썬에서는 다른 함수 안에 함수를 선언할 수 있는데, 여기서 main() 안에 fib()를 만들 것이다. 이렇게 하면 함수가 litter 크기의 런타임 값을 갖고 있기 때문에 클로저closure 를 생성해서 args.litter 매개 변수를 참고할 수 있도록 이 작업을 수행한다.

```python
def main() -> None:
    args = get_args()

    def fib(n: int) -> int: ❶
        nums = [0, 1] ❷
        for _ in range(n - 1): ❸
            nums.append((nums[-2] * args.litter) + nums[-1]) ❹
        return nums[-1] ❺

    print(fib(args.generations)) ❻
```

❶ 정수 매개 변수 n을 받아들이고 정수를 반환하는 fib() 함수를 만든다.

❷ 전 코드와 같다. 이 리스트는 nums라고 선언해서 함수 이름과 충돌하지 않게 한다.

❸ range() 함수를 사용해서 세대를 반복시킨다. 값을 무시하려면 _를 사용하면 된다.

❹ 함수는 args.litter 매개 변수를 참고하고 클로저를 생성한다.

❺ return을 사용해 최종값을 반환한다.

❻ args.generation 매개 변수를 사용해 fib() 함수를 호출한다.

앞의 예시에서 fib() 함수의 범위는 main() 함수로 제한된다. 스코프scope는 이렇게 프로그램에서 특정 함수 이름이나 변수가 합법적으로 보이는 부분을 나타낸다.

군이 클로저를 사용할 필요가 없다. 표준 함수로 동일한 아이디어를 표현할 수 있는 방법은 다음과 같다.

```
def main() -> None:
  args = get_args()

  print(fib(args.generations, args.litter)) ❶

def fib(n: int, litter: int) -> int: ❷
  nums = [0, 1]
  for _ in range(n - 1):
    nums.append((nums[-2] * litter) + nums[-1])

  return nums[-1]
```

❶ fib() 함수는 2개의 인수로 호출돼야 한다.

❷ 이 함수는 세대 수와 새끼를 낳는 크기 2개를 필요로 한다. 함수 내용은 본질적으로 동일하다.

앞의 코드에서는 2개의 인수를 fib()에 전달해야 하는 반면에 클로저는 litter가 이미 참고되고 있기 때문에 1개의 인수만 필요함을 알 수 있다. 이처럼 값을 바인딩하고 매개 변수 수를 줄이는 것 때문에 클로저를 사용한다. 클로저를 작성하는 또 다른 이유는 함수의 범위를 제한하기 때문이다. fib()의 클로저 정의는 main() 함수 내에서만 유효하지만, 이전 버전은 프로그램 전체에서 볼 수 있다. 다른 함수 안에 함수를 숨기면 테스트하기 더 어려워진다. 이 경우 fib() 함수는 거의 전체 프로그램이므로 테스트 코드는 이미 test/fib_test.py에 작성했다.

솔루션 2: 생성자 함수 만들기

이전 솔루션에서는 요청한 값까지 피보나치 수열을 생성한 다음 중지했지만, 사실 피보나치 수열은 무한이다. 수열의 모든 숫자를 생성할 수 있는 함수를 만들 수 있을까? 엄밀히 말하자면, 그렇다. 그러나 절대 끝나지 않을 것이다.

파이썬은 무한 수열을 생성하는 함수를 일시 중단하는 방법이 있다. yield를 사용해 함수에서 값을 반환할 수 있으며, 나중에 다음 값이 요청될 때 같은 상태로 함수를 다시 시작할 수 있다. 이러한 함수를 생성자라고 하는데, 이 함수를 사용해 수열을 생성하는 방법은 다음과 같다.

```
def fib(k: int) -> Generator[int, None, None]: ❶
  x, y = 0, 1 ❷
  yield x ❸

  while True: ❹
    yield y ❺
    x, y = y * k, x + y ❻
```

❶ 타입 시그니처는 함수가 매개 변수 k(litter 크기)를 사용한다는 것을 나타내며 int여야 한다. int 값을 생성하고 전송 또는 반환 타입이 없는 Generator 타입의 특수 함수를 반환한다.

❷ 0과 1로 초기화하는 마지막 두 세대만 추적하면 된다.

❸ 0을 추출한다.

❹ 무한 루프를 생성한다.

❺ 마지막 세대를 추출한다.

❻ x(2세대 이전)를 현재 세대와 litter 크기를 곱한 값으로 설정한다. Y(1세대 이전)를 두 현재 세대의 합으로 설정한다.

생성자는 반복자처럼 동작하며, 코드의 요청에 따라 소진될 때까지 값을 생성한다. 이 생성자는 산출된 값만 생성하므로 전송 또는 반환 타입은 None이다. 그렇지 않으면, 이 코드는 멋진 생성자 함수 내에서만 프로그램의 첫 번째 버전을 정확히 수행한다. 그림 4-3을 참고해서 두 가지 다른 litter 크기의 함수가 작동하는 방법을 생각해보라.

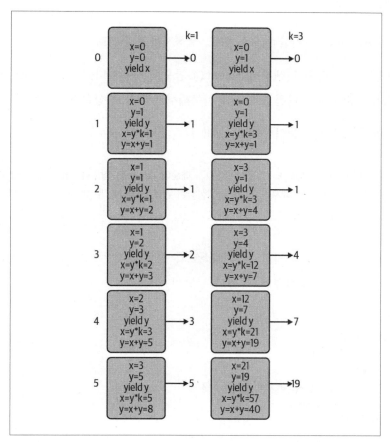

그림 4-3. 2개의 litter 크기(k=1, k=3)가 시간이 지남에 따라 fib() 생성자의 상태가 어떻게 변화하는지에 대한 묘사

Generator의 타입 시그니처는 추출, 전송, 반환 타입을 정의하기 때문에 조금 복잡하다. 여기서 더 자세히는 설명하지 않지만, **typing** 모듈(https://oreil.ly/Oir3d)의 문서를 읽어보는 것을 추천한다.

사용 방법은 다음과 같다.

```
def main() -> None:
  args = get_args()
  gen = fib(args.litter) ❶
  seq = [next(gen) for _ in range(args.generations + 1)] ❷
  print(seq[-1]) ❸
```

❶ fib() 함수는 litter 크기를 인수로 하고, 생성자를 반환한다.

❷ 생성자에서 다음 값을 검색하려면 next() 함수를 사용한다. 리스트 컴프리헨션을 사용해 요청된 값까지 정확한 횟수만큼 반복해서 수열을 생성한다.

❸ 수열의 마지막 숫자를 출력한다.

 첫 번째 버전에서는 0과 1을 갖고 있기 때문에 range() 함수를 사용하면 조금 다르게 시작해야 한다. 이 코드에서는 0과 1을 생성하기 위해 생성자를 두 번 더 호출해야 한다.

리스트 컴프리헨션이 더 좋지만 전체 리스트가 필요한 것은 아니다. 마지막 값만 알면 되기 때문에 다음과 같이 작성할 수 있다.

```
def main() -> None:
  args = get_args()
  gen = fib(args.litter)
  answer = 0 ❶
  for _ in range(args.generations + 1): ❷
    answer = next(gen) ❸
  print(answer) ❹
```

❶ 0으로 답을 초기화한다.

❷ 올바른 루프 수를 생성한다.

❸ 현재 세대의 값을 가져온다.

❹ 결과를 출력한다.

리스트를 생성하기 위해 함수를 반복적으로 호출하기 때문에 우리는 이를 수행하는 함수를 갖고 있다. itertools.islice() 함수는 '반복 가능한 항목에서 선택한 항목을 반환하는 반복자를 만든다.' 사용 방법은 다음과 같다.

```
def main() -> None:
  args = get_args()
  seq = list(islice(fib(args.litter), args.generations + 1)) ❶
  print(seq[-1]) ❷
```

❶ islice()의 첫 번째 인수는 호출될 함수이고, 두 번째 인수는 호출할 횟수다. 함수가 지연된 함수이기 때문에 list()를 사용해서 값을 리스트로 강제로 변경했다.

❷ 마지막 값을 출력한다.

사실 seq 변수를 한 번만 사용하기 때문에 굳이 이 변수를 작성할 필요는 없었다. 벤치마킹해서 다음 버전이 가장 우수한 버전이라는 것이 입증된다면 다음과 같이 한 줄로 작성할 것이다.

```
def main() -> None:
  args = get_args()
  print(list(islice(fib(args.litter), args.generations + 1))[-1])
```

그러나 이렇게 영리한 코드는 재미있지만 읽기 쉽지 않다.[1]

생성자는 멋지지만 리스트를 생성하는 것보다 더 복잡하다. 생성자는 매우 크거나 잠재적으로 무한한 값의 수열을 생성하는 데 적합한 방법인데, 왜냐하면 속도가 느리고 필요할 때만 다음 값을 계산하기 때문이다.

---

1   전설적인 데이비드 세인트 허브빈스(David St. Hubbins)와 니겔 터프넬(Nigel Tufnel)이 말했듯이 '어리석음과 영리함의 차이는 아주 미세하다.'

솔루션 3: 재귀 및 메모이제이션 사용하기

무한 수열을 생성하는 알고리듬을 만드는 재미있는 방법이 더 많이 있지만, 재귀(함수가 자신을 호출하는 것)를 사용한 방법을 하나만 더 소개한다.

```
def main() -> None:
  args = get_args()

  def fib(n: int) -> int: ❶
    return 1 if n in (1, 2) \ ❷
      else fib(n - 2) * args.litter + fib(n - 1) ❸

  print(fib(args.generations)) ❹
```

❶ 원하는 세대 수를 int로 받아 int를 반환하는 fib() 함수를 정의한다.

❷ 생성자가 1 또는 2이면 1을 반환한다. 이것은 재귀 호출을 하지 않는 가장 중요한 기본 사례다.

❸ 다른 모든 경우에는 fib() 함수를 두 번 호출한다. 한 번은 두 세대 이전 세대를 호출하고 다른 한 번은 이전 세대를 호출한다. 이전처럼 자손 크기를 고려한다.

❹ 주어진 세대의 fib() 함수 결과를 출력한다.

fib() 함수 내부의 args.litter 값을 사용하기 위해 fib() 함수를 main() 함수 내부의 클로저로 정의한 또 다른 예가 있다. 이 함수는 args.litter 주변을 닫아서 해당 값을 함수에 효과적으로 결합한다. 만약 main() 함수 외부에 fib() 함수를 정의했다면 재귀 호출에서 args.litter 인수를 전달해야 했을 것이다.

재귀는 거의 모든 컴퓨터 과학 입문 수업에서 배울 수 있는 정말 우아한 솔루션이다. 재귀를 공부하는 것은 재미있지만, 결국 그 함수를 너무 많이 호출하다 보면 엄청나게 느려진다. fib(5)는 값을 더하기 위해 fib(4)와 fib(3)을 호출해야 한다. 다시, fib(4)는 fib(3)과 fib(2)를 호출해야 한다. 그림 4-4는 fib(5)가 5개의 구별된 값을 생성하기 위해 14개의 함수를 호출하는 것을 시각적으로 보여준다. 예를 들어 fib(2)는 세 번 계산되지만, 사실 우리는 한 번만 계산해서 값을 기억하면 된다.

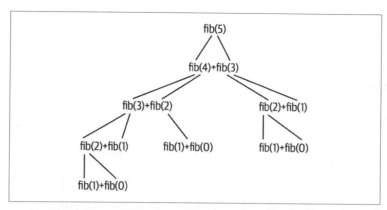

그림 4-4. fib(5)의 호출 스택은 많은 재귀 호출을 발생시키고, 입력값이 증가하면 그 호출 수는 거의 기하급수적으로 증가한다.

이 문제점을 설명하기 위해 프로그램을 최대 n인 40까지 완료되는 데 걸리는 시간을 샘플로 추출할 것이다. 다시 말하자면, bash 커맨드 라인에서 for 루프를 사용해 프로그램을 벤치마킹하는 방법을 보여줄 것이다.

```
$ for n in 10 20 30 40;
> do echo "==> $n <==" && time ./solution3_recursion.py $n 1
> done
==> 10 <==
55

real    0m0.045s
user    0m0.032s
sys     0m0.011s
==> 20 <==
6765

real    0m0.041s
user    0m0.031s
sys     0m0.009s
==> 30 <==
832040

real    0m0.292s
user    0m0.281s
```

```
sys     0m0.009s
==> 40 <==
102334155

real    0m31.629s
user    0m31.505s
sys     0m0.043s
```

n=30의 경우 0.29초에서 n=40의 경우 31초로 크게 상승했다. n이 50 이상일 경우를 상상해보라. 속도를 높일 방법을 찾든지 아니면 재귀라는 방법을 버려야 한다. 해결 방법은 이전에 계산된 결과를 캐시하는 것이다. 이를 메모이제이션이라고 하며 이를 구현하는 방법은 여러 가지가 있다. 다음은 메모이제이션을 구현하는 한 가지 방법이다. **typing.Callable**을 불러와야 한다.

```
def memoize(f: Callable) -> Callable: ❶
  """ Memoize a function """

  cache = {} ❷

  def memo(x): ❸
    if x not in cache: ❹
      cache[x] = f(x) ❺
    return cache[x] ❻

  return memo ❼
```

❶ 함수(호출 가능한 함수)를 사용하고 함수를 반환하는 함수를 정의한다.

❷ 딕셔너리를 사용해 캐시된 값을 저장한다.

❸ memo()를 캐시 주변의 클로저로 정의한다. 함수는 호출될 때 일부 매개 변수 x를 사용한다.

❹ 인숫값이 캐시에 있는지 확인한다.

❺ 캐시에 없으면 인수를 사용해 함수를 호출하고 해당 인숫값의 캐시를 결과로 설정한다.

❻ 인수의 캐시된 값을 반환한다.

❼ 새 함수를 반환한다.

memorize() 함수는 새 함수를 반환한다. 파이썬에서 함수들은 일급 객체로 간주되는데, 이는 함수들이 다른 종류의 변수들처럼 사용될 수 있다는 것을 의미한다. memorize() 함수는 다른 함수를 인수로 사용하기 때문에 고차 함수^{HOF, Higher-Order Function}의 예다. 이 책 전체에서 filter(), map()과 같은 다른 HOF를 사용할 것이다.

memorize() 함수를 사용하기 위해 fib()를 정의한 후 메모이제이션된 버전으로 재정의한다. 이 명령을 실행하면 n이 얼마나 커지든 거의 즉각적으로 결과를 알 수 있다.

```
def main() -> None:
  args = get_args()

  def fib(n: int) -> int:
    return 1 if n in (1, 2) else fib(n - 2) * args.litter + fib(n - 1)

  fib = memoize(fib) ❶

  print(fib(args.generations))
```

❶ 기존 fib()를 메모이제이션된 함수로 덮어쓴다.

이 함수를 실행하기 위해 더 선호되는 방법은 다른 함수를 수정하는 함수인 데코레이터를 사용하는 것이다.

```
def main() -> None:
  args = get_args()

  @memoize ❶
  def fib(n: int) -> int:
    return 1 if n in (1, 2) else fib(n - 2) * args.litter + fib(n - 1)

print(fib(args.generations))
```

❶ fib() 함수를 memorize() 함수로 데코레이트한다.

메모이제이션 기능을 사용하는 것은 흥미롭지만, 다른 사람들이 이미 해결해줬을 정도로 흔한 요구 사항이다. memoize() 함수를 제거하고 대신 functools.lru_cache(최근에 가장 적게 사용된 캐시) 함수를 가져올 수 있다.

```
from functools import lru_cache
```

fib() 함수를 lru_cache() 함수를 데코레이터로 사용해서 깔끔하게 메모이제이션을 얻는다.

```
def main() -> None:
  args = get_args()

  @lru_cache() ❶
  def fib(n: int) -> int:
    return 1 if n in (1, 2) else fib(n - 2) * args.litter + fib(n - 1)

  print(fib(args.generations))
```

❶ lru_cache() 함수를 데코레이터로 사용해서 fib() 함수의 메모이제이션을 얻는다. 파이썬 3.6 버전에는 괄호가 필요하지만 3.8 이상 버전에는 괄호가 필요하지 않다.

솔루션 벤치마킹하기

어떤 것이 가장 빠른 솔루션일까? 명령의 실행 시간을 비교하기 위해 시간 명령과 함께 bash에서 for 루프를 사용하는 방법을 설명했었다.

```
$ for py in ./solution1_list.py ./solution2_generator_islice.py \
./solution3_recursion_lru_cache.py; do echo $py && time $py 40 5; done
./solution1_list.py
148277527396903091

real    0m0.070s
user    0m0.043s
sys     0m0.016s
```

```
./solution2_generator_islice.py
148277527396903091

real    0m0.049s
user    0m0.033s
sys     0m0.013s
./solution3_recursion_lru_cache.py
148277527396903091

real    0m0.041s
user    0m0.030s
sys     0m0.010s
```

LRU 캐싱을 사용하는 재귀 솔루션이 가장 빠른 것처럼 보이지만, 프로그램당 한 번만 실행하기 때문에 데이터가 거의 없다. 또한 이 데이터를 찾아보고 어느 것이 가장 빠른지 알아내야 하기 때문에 좋은 방법이 아니다.

더 좋은 방법이 있다. 각 명령을 여러 번 실행하고 결과를 비교할 수 있도록 hyperfine (https://oreil.ly/shqOS)이라는 개발 툴을 설치했다.

```
$ hyperfine -L prg ./solution1_list.py,./solution2_generator_islice.py,\
./solution3_recursion_lru_cache.py '{prg} 40 5' --prepare 'rm -rf __pycache__'
Benchmark #1: ./solution1_list.py 40 5
  Time (mean ± σ):     38.1 ms ± 1.1 ms     [User: 28.3 ms, System: 8.2 ms]
  Range (min … max) : 36.6 ms … 42.8 ms   60 runs

Benchmark #2: ./solution2_generator_islice.py 40 5
  Time (mean ± σ):     38.0 ms ± 0.6 ms     [User: 28.2 ms, System: 8.1 ms]
  Range (min … max): 36.7 ms … 39.2       ms 66 runs

Benchmark #3: ./solution3_recursion_lru_cache.py 40 5
  Time (mean ± σ):     37.9 ms ± 0.6 ms     [User: 28.1 ms, System: 8.1 ms]
  Range (min … max): 36.6 ms … 39.4 ms   65 runs

Summary
  './solution3_recursion_lru_cache.py 40 5' ran
  1.00 ± 0.02 times faster than './solution2_generator_islice.py 40 5'
  1.01 ± 0.03 times faster than './solution1_list.py 40 5'
```

hyperfine은 각 명령을 60~66회 실행하고 결과를 평균화했고, solution3_recursion_lru_cache.py 프로그램이 hyperfine보다 약간 더 빠른 것을 알 수 있다. 유용한 또 다른 벤치마킹 개발 툴은 bench(https://oreil.ly/FKnmd)이지만, 인터넷에서 사용자의 취향에 맞는 다른 벤치마킹 툴을 검색해서 사용해도 좋다. 어떤 개발 툴을 사용하든 테스트 코드처럼 벤치마킹은 까다롭게 코드를 가정하는 데 필수적이다.

명령을 실행하기 전에 pycache 폴더를 제거하도록 --prepare 옵션으로 hyperfine을 실행시켰다. 이 폴더는 파이썬이 프로그램의 bytecode를 캐시하기 위해 만든 것이다. 만약 프로그램의 소스 코드가 마지막 실행 이후 변경되지 않았다면, 파이썬은 컴파일을 건너뛰고 pycache 폴더에 존재하는 bytecode 버전을 사용할 수 있다. 아마도 캐싱 효과로 인해 명령을 실행할 때 hyperfine이 통계적 이상값을 감지했기 때문에 이것을 제거해야 했다.

좋은 테스트, 나쁜 테스트, 못생긴 테스트

모든 문제에서 여러분이 테스트 코드로 코드를 읽는 데 시간을 할애하기 바란다. 테스트 설계와 작성법을 배우는 것은 이 책에서 배우는 다른 어떤 것 못지않게 중요하다. 앞서 언급했듯이 첫 번째 테스트는 예상되는 프로그램이 존재하는지 확인하고 요청 시 사용 설명서를 생성할 것이다. 그 후, 보통 프로그램이 실패하도록 잘못된 입력값을 전달한다. 나쁜 n 매개 변수와 k 매개 변수의 테스트를 강조하고자 한다. 기본적으로 동일한 정수이므로 첫 번째 정숫값을 임의로 선택하는 방법(음수이거나 너무 높을 수 있음)을 보여줄 것이다.

```
def test_bad_n():
  """ Dies when n is bad """

  n = random.choice(list(range(-10, 0)) + list(range(41, 50)))  ❶
  k = random.randint(1, 5)  ❷
  rv, out = getstatusoutput(f'{RUN} {n} {k}')  ❸
  assert rv != 0  ❹
  assert out.lower().startswith('usage:')  ❺
  assert re.search(f'n "{n}" must be between 1 and 40', out)  ❻
```

❶ 2개의 잘못된 숫자 범위의 리스트를 결합하고 값을 임의로 선택한다.

❷ 1에서 5 사이의 랜덤 정수를 선택한다(두 경계 포함).

❸ 인수와 함께 프로그램을 실행하고 출력값을 저장한다.

❹ 프로그램이 실패(0이 아닌 종료값)를 보고했는지 확인한다.

❺ 출력값이 사용 설명서와 같이 시작하는지 확인한다.

❻ n 인수의 문제를 설명하는 오류 메시지를 찾는다.

가끔 테스트를 할 때 무작위로 선택한 잘못된 값을 사용하는 것을 좋아한다. 이는 학생들이 한 번의 잘못된 입력 때문에 실패하는 프로그램을 작성하지 않도록 테스트를 작성하는 것에서 의미가 있지만, 또한 특정 입력값을 실수로 코딩하지 않도록 도움을 준다고 생각한다. 아직 random 모듈을 다루지 않았지만 의사 난수^{pseudorandom}를 선택할 수 있는 방법을 소개한다. 먼저 모듈을 가져와야 한다.

```
>>> import random
```

예를 들어 random.randint()를 사용해 지정된 범위에서 단일 정수를 선택할 수 있다.

```
>>> random.randint(1, 5)
2
>>> random.randint(1, 5)
5
```

또는 random.choice() 함수를 사용해 일부 서열에서 단일값을 무작위로 선택한다. 다음은 양수 범위와 분리된 연속되지 않은 음수 범위를 구성했다.

```
>>> random.choice(list(range(-10, 0)) + list(range(41, 50)))
46
>>> random.choice(list(range(-10, 0)) + list(range(41, 50)))
-1
```

다음 테스트 코드는 모두 프로그램에 좋은 입력값을 제공한다.

```
def test_2():
    """ Runs on good input """

    rv, out = getstatusoutput(f'{RUN} 30 4') ❶
    assert rv == 0 ❷
    assert out == '436390025825' ❸
```

❶ 로잘린드 챌린지를 풀면서 받은 값이다.

❷ 이 입력값에서 프로그램이 실패해서는 안 된다.

❸ 로잘린드에서의 정답이다.

테스트는 문서화와 마찬가지로 미래의 자신에게 보내는 러브레터다. 테스트가 지루해 보일지라도 기능을 추가하고 실수로 이전에 작동했던 것을 깨트릴 때 테스트 코드에 실패하면 감사하게 될 것이다. 테스트 코드를 열심히 작성하고 실행하면 손상된 프로그램의 배포를 방지할 수 있다.

모든 솔루션에서 테스트 모음집 실행하기

각 장마다 문제를 해결하기 위한 다양한 방법을 모색하고자 여러 가지 솔루션을 작성했다. 프로그램이 정확한지 확인하기 위해서 테스트 코드에 전적으로 의존했다. 아마 모든 솔루션을 테스트하는 프로세스를 어떻게 자동화하는지 궁금할 것이다. Makefile에서 all 대상을 찾는다.

```
$ cat Makefile
.PHONY: test

test:
  python3 -m pytest -xv --flake8 --pylint --mypy fib.py tests/fib_test.py

all:
  ../bin/all_test.py fib.py
```

all_test.py 프로그램은 테스트 모음집을 실행하기 전에 fib.py 프로그램을 각 솔루션으로 덮어쓴다. 이 프로그램은 솔루션을 덮어쓸 수 있다. make all을 실행하기 전에 버전을 깃(Git)에 커밋하거나 최소한 복사본을 만들어야 한다. 그렇지 않으면 작업을 잃을 수 있다.

다음은 all 대상에서 실행되는 all_test.py 프로그램이다. 첫 번째 부분부터 get_args()까지 두 부분으로 나눈다. 지금쯤이면 모든 것이 익숙할 것이다.

```python
#!/usr/bin/env python3
""" Run the test suite on all solution*.py """

import argparse
import os
import re
import shutil
import sys
from subprocess import getstatusoutput
from functools import partial
from typing import NamedTuple

class Args(NamedTuple):
    """ Command-line arguments """
    program: str ❶
    quiet: bool ❷

# --------------------------------------------------
def get_args() -> Args:
    """ Get command-line arguments """

    parser = argparse.ArgumentParser(
        description='Run the test suite on all solution*.py',
        formatter_class=argparse.ArgumentDefaultsHelpFormatter)

    parser.add_argument('program', metavar='prg', help='Program to test')❸

    parser.add_argument('-q', '--quiet', action='store_true', help='Be quiet')❹

    args = parser.parse_args()

    return Args(args.program, args.quiet)
```

❶ 테스트할 프로그램의 이름은 fib.py다.

❷ True 또는 False의 부울 값을 사용해 더 많거나 더 적은 출력값을 생성한다.

❸ 기본 타입은 str이다.

❹ action=''store_true'는 이 플래그를 부울 플래그로 만든다. 이 플래그가 있으면 값은 True이고 그렇지 않으면 False다.

main() 함수는 테스트를 진행하는 곳이다.

```python
def main() -> None:
  args = get_args()
  cwd = os.getcwd() ❶
  solutions = list( ❷
    filter(partial(re.match, r'solution.*\.py'), os.listdir(cwd))) ❸

  for solution in sorted(solutions): ❹
    print(f'==> {solution} <==')
    shutil.copyfile(solution, os.path.join(cwd, args.program)) ❺
    subprocess.run(['chmod', '+x', args.program], check=True) ❻
    rv, out = getstatusoutput('make test') ❼
    if rv != 0: ❽
      sys.exit(out) ❾

    if not args.quiet: ❿
      print(out)

  print('Done.') ⓫
```

❶ 명령을 실행할 때 해당 폴더에 있는 경우 현재 작업 폴더를 가져온다. 이 폴더는 04_fib 폴더가 된다.

❷ 현재 폴더에서 모든 solution*.py 파일을 찾는다.

❸ filter()와 partial()은 모두 HOF다. 이는 다음에 설명할 것이다.

❹ 파일 명칭은 임의의 순서로 정렬되므로 정렬된 파일을 반복한다.

❺ solution*.py 파일을 테스트 파일 이름에 복사한다.

❻ 프로그램을 실행 가능하게 한다.

❼ make test 명령을 실행하고 반환값과 출력을 저장한다.

❽ 반환값이 0이 아닌지 확인한다.

❾ 테스트 결과를 출력하고 0이 아닌 값을 반환하는 동안 이 프로그램을 종료한다.

❿ 프로그램이 조용히 끝나야 하는 경우가 아니라면 테스트 결과를 출력한다.

⓫ 프로그램이 정상적으로 종료된다는 것을 사용자에게 알린다.

앞의 코드에서는 sys.exit()를 사용해 프로그램을 즉시 중지하고 오류 메시지를 출력하고 0이 아닌 종료값을 반환한다. 문서를 참고하면 인수, 정숫값 또는 문자열과 같은 객체를 사용하지 않고 sys.exit()를 호출할 수 있다는 것을 알 수 있다.

```
exit(status=None, /)
    Exit the interpreter by raising SystemExit(status).

    If the status is omitted or None, it defaults to zero (i.e., success).
    If the status is an integer, it will be used as the system exit status.
    If it is another kind of object, it will be printed and the system
    exit status will be one (i.e., failure).
```

앞선 프로그램은 아직 다루지 않은 filter() 또는 partial() 함수도 사용한다. 둘 다 HOF다. 이제 이것을 어떻게, 왜 사용하는지 설명할 것이다. 먼저, os.listdir() 함수는 파일 및 폴더를 포함해 폴더의 전체 내용을 반환한다.

```
>>> import os
>>> files = os.listdir()
```

폴더에 양이 많으니 pprint 모듈에서 pprint() 함수를 불러와 예쁘게 출력해보자.

```
>>> from pprint import pprint
>>> pprint(files)
```

```
['solution3_recursion_memoize_decorator.py',
 'solution2_generator_for_loop.py',
 '.pytest_cache',
 'Makefile',
 'solution2_generator_islice.py',
 'tests',
 '__pycache__',
 'fib.py',
 'README.md',
 'solution3_recursion_memoize.py',
 'bench.html',
 'solution2_generator.py',
 '.mypy_cache',
 '.gitignore',
 'solution1_list.py',
 'solution3_recursion_lru_cache.py',
 'solution3_recursion.py']
```

솔루션에서 시작해서 .py로 끝나는 이름으로 조건을 걸어 검색해보고 싶다. 커맨드 라인에서 solution*.py와 같은 file glob[2]를 사용해 이 패턴을 일치시킨다. 여기서 *는 0 이상의 문자를 의미하고 .(점)은 문자 그대로의 점을 의미한다. 이 패턴의 정규식 버전은 약간 더 복잡한 solution.*\.py이며, 여기서 .은 모든 문자를 나타내는 정규식 메타 문자이고 *(별 또는 별표)는 0 이상을 의미한다(그림 4-5 참고). 리터럴 점을 나타내려면 백슬래시(\.)로 점을 이스케이프해야 한다. 이 패턴을 둘러싸려면 r 문자열(원시 문자열)을 사용하는 것이 좋다.

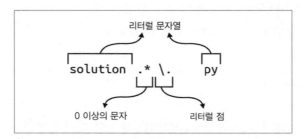

그림 4-5. file glob로 solution*.py와 일치하는 파일을 찾기 위한 정규식이다.

---

2   와일드카드 문자로 해당하는 명칭의 파일들 전체 리스트를 뽑을 때 사용한다. – 옮긴이

일치하면 re.Match 객체가 반환된다.

```
>>> import re
>>> re.match(r'solution.*\.py', 'solution1.py')
<re.Match object; span=(0, 12), match='solution1.py'>
```

일치하지 않으면 None 값이 반환된다. REPL에 None 값이 표시되지 않으므로 type()을
사용해야 한다.

```
>>> type(re.match(r'solution.*\.py', 'fib.py'))
<class 'NoneType'>
```

os.listdir()가 반환한 모든 파일에 이 match 코드를 적용하고 싶다. filter()와
lambda 키워드를 사용해 익명 함수를 만들 수 있다. files의 각 파일 명칭은 match에
사용된 이름 인수로 전달된다. filter() 함수는 truth 값을 반환하는 요소만 반환하므
로 일치하지 않을 경우 None을 반환하는 파일 명칭은 제외된다.

```
>>> pprint(list(filter(lambda name: re.match(r'solution.*\.py', name), files)))
['solution3_recursion_memoize_decorator.py',
  'solution2_generator_for_loop.py',
  'solution2_generator_islice.py',
  'solution3_recursion_memoize.py',
  'solution2_generator.py',
  'solution1_list.py',
  'solution3_recursion_lru_cache.py',
  'solution3_recursion.py']
```

re.match() 함수는 일치시킬 패턴과 문자열, 2개의 인수를 사용한다. partial() 함수는
함수를 부분적으로 적용할 수 있게 해주며, 그 결과 새로운 함수가 생겨난다. 예를 들어
operator.add() 함수는 두 값을 예상하고 합계를 반환한다.

```
>>> import operator
>>> operator.add(1, 2)
3
```

다음과 같이 임의의 값에 1을 더하는 함수를 만들 수 있다.

```
>>> from functools import partial
>>> succ = partial(op.add, 1)
```

succ() 함수는 하나의 인수를 필요로 하며 다음 인수를 반환한다.

```
>>> succ(3)
4
>>> succ(succ(3))
5
```

마찬가지로 첫 번째 인수인 정규식 패턴을 사용해서 re.match() 함수를 부분적으로 적용하는 함수 f()를 만들 수 있다.

```
>>> f = partial(re.match, r'solution.*\.py')
```

f() 함수가 match를 적용할 문자열을 기다리고 있다.

```
>>> type(f('solution1.py'))
<class 're.Match'>
>>> type(f('fib.py'))
<class 'NoneType'>
```

인수 없이 호출하면 예외가 발생한다.

```
>>> f()
Traceback (most recent call last):
  File "", line 1, in
TypeError: match() missing 1 required positional argument: 'string'
```

filter()의 첫 번째 인수로 lambda를 부분적으로 적용된 함수로 바꿀 수 있다.

```
>>> pprint(list(filter(f, files)))
['solution3_recursion_memoize_decorator.py',
  'solution2_generator_for_loop.py',
  'solution2_generator_islice.py',
```

```
'solution3_recursion_memoize.py',
'solution2_generator.py',
'solution1_list.py',
'solution3_recursion_lru_cache.py',
'solution3_recursion.py']
```

내 프로그래밍 방식은 함수형 프로그래밍 아이디어에 가깝다. 나는 이 방식이 마치 레고LEGO 블록을 갖고 노는 것과 같다고 생각한다. 작고, 명확하며, 테스트를 거친 함수들은 잘 작동하는 큰 프로그램들로 구성될 수 있다.

더 나아가기

프로그래밍에는 절차적, 기능적, 객체지향적 등 다양한 방식이 있다. 파이썬과 같은 객체지향 언어에서도, 코드를 작성할 때 여러 다른 접근 방식을 사용할 수 있다. 첫 번째 솔루션은 작은 문제를 먼저 해결한 뒤 큰 문제를 해결하려고 하기 때문에 동적 프로그래밍 접근법이라 할 수 있다. 재귀적 함수가 흥미롭다면 또 다른 고전적 문제 해결 방식인 하노이Hanoi 타워 문제도 살펴보면 좋다. 하스켈Haskell과 같은 순수 함수 언어는 대부분 루프와 같은 구조를 피하고 재귀와 고차 함수를 자주 사용한다. 말하는 언어와 프로그래밍 언어 모두 우리가 생각하는 방식대로 작성하며, 다른 솔루션을 해결하기 위해 알고 있는 다른 언어를 사용해 문제를 해결해보는 것이 좋다.

요점 정리

4장의 주요 요점은 다음과 같다.

- get_args() 함수 내에서 수동으로 인수 검증을 수행하고, parser.error() 함수를 사용해 수동으로 argparse 오류를 생성할 수 있다.

- 항목을 넣고 빼면서 리스트를 스택으로 사용할 수 있다.

- 함수에 `yield`를 사용하면 생성기로 바뀐다. 함수가 값을 생성하면 값이 반환되고, 다음 값이 요청될 때까지 함수의 상태가 유지된다. 생성기를 사용해 잠재적으로 무한한 값의 흐름을 생성할 수 있다.

- 재귀 함수는 자신을 호출하며 재귀는 심각한 성능 문제를 일으킬 수 있다. 한 가지 해결책은 메모이제이션을 사용해 값을 캐시하고 계산을 다시 하지 않는 것이다.

- 고차 함수는 다른 함수를 인수로 받아들이는 함수다.

- 파이썬의 함수 데코레이터는 다른 함수에 고차 함수를 적용한다.

- 벤치마킹은 최고 성능의 알고리듬을 결정하는 중요한 기술이다. hyperfine 개발 툴과 bench 개발 툴을 사용하면 여러 반복에 걸쳐 명령의 실행 시간을 비교할 수 있다.

- `random` 모듈은 의사 난수값 선택을 위한 많은 함수를 제공한다.

## 5장

GC 함량 계산하기:
FASTA 파싱하고 염기 서열 분석하기

1장에서 DNA 문자의 모든 염기를 계산했었다. 5장에서는 염기 서열 속의 G와 C의 개수를 계산하고, 염기 서열의 길이로 나눠 로잘린드 GC 페이지(https://oreil.ly/gv8V7)에 설명한 대로 GC 함량을 측정할 것이다. GC 함량은 여러 가지 면에서 유용하다. 높은 GC 함량은 분자생물학적으로 상대적으로 높은 온도의 녹는점을 갖고 있고, 단백질로 번역되는 DNA 염기 서열은 GC 함량이 높은 구간에서 나타나는 경향이 있다. 이 문제를 해결할 많은 방법이 있고, 그 방법들은 모두 생물정보학에서의 중요한 파일 형식인 FASTA 파일을 파싱하는 바이오파이썬을 사용해 시작한다. `Bio.SeqIO` 모듈을 사용해 염기 서열을 반복해서 GC 함량이 높은 염기 서열을 식별하는 법을 소개할 것이다.

5장에서 배울 내용은 다음과 같다.

- `Bio.SeqIO`를 사용해 FASTA 형식을 파싱하는 법
- `STDIN`(standard in으로 읽음)을 읽는 법
- 리스트 컴프리헨션, `filter()`, `map()`을 사용해 for 루프의 개념을 나타내는 다양한 방법
- 대용량 파일을 구문 분석할 때 메모리 할당과 같은 런타임 문제를 해결하는 방법
- `sorted()` 함수에 대해 더 알아가기
- 형식 문자열에 형식 구조를 포함하는 법

- sum() 함수를 사용해 리스트의 숫자를 추가하는 법

- 정규식을 사용해 반복된 패턴의 문자열을 계산하는 법

시작하기

이 프로그램의 모든 코드와 테스트 코드는 05_gc 폴더에 있다. 이 프로그램을 gc.py 라고 이름을 붙이고 싶지만, 이 이름은 메모리 여유와 같은 쓰레기 수집에 사용되는 gc.py(https://oreil.ly/7eNBw)라는 매우 중요한 파이썬 모듈과 충돌한다. 대신, GC를 계산하는 cgc.py라는 이름을 사용할 것이다.

 만약 이 프로그램을 gc.py라는 이름으로 호출한다면 내 코드는 내장된 gc 모듈을 그림자 처리해서 사용할 수 없게 된다. 마찬가지로, len이나 dict 같은 이름으로 변수와 함수를 만들수 있는데 이런 식으로 명명하면 내장 함수를 음영 처리하게 된다. 그러면 나쁜 일이 많이 일어날 것이기 때문에 이렇게 명명하는 것을 피하는 것이 좋다. pylint, flake8과 같은 프로그램들은 이와 같은 문제점을 발견할 수 있다.

첫 번째 솔루션을 복사하고 사용 방법을 묻는 것부터 시작한다.

```
$ cp solution1_list.py cgc.py
$ ./cgc.py -h
usage: cgc.py [-h] [FILE] ❶

Compute GC content

positional arguments:
  FILE    Input sequence file (default: <_io.TextIOWrapper ❷
          name='' mode='r' encoding='utf-8'>)

optional arguments:
  -h, --help show this help message and exit
```

❶ [FILE]은 대괄호로 묶어서 옵션임을 나타낸다.

❷ 기본 입력이 STDIN라는 것을 설명하려는 다소 못생긴 메시지다.

2장에서와 같이 이 프로그램은 입력값으로 파일을 받으며, 유효하지 않거나 읽을 수 없는 파일을 거부한다. 다음은 touch를 사용해 빈 파일을 만든 다음 chmod(변경 모드)를 사용해 권한은 000(모든 읽기/쓰기/실행 비트 끄기)으로 설정한다.

```
$ touch cant-touch-this
$ chmod 000 cant-touch-this
```

파일을 읽을 수 있는 권한이 없다는 오류 메시지가 표시된다.

```
$ ./cgc.py cant-touch-this
usage: cgc.py [-h] [FILE]
cgc.py: error: argument FILE: can't open 'cant-touch-this': [Errno 13]
Permission denied: 'cant-touch-this'
```

이제 유효한 입력값으로 프로그램을 실행하고, GC 비율이 가장 높은 레코드의 ID를 출력하는지 관찰한다.

```
$ ./cgc.py tests/inputs/1.fa
Rosalind_0808 60.919540
```

이 프로그램은 STDIN에서도 읽을 수 있다. 단순히 재미로, bash 셸에서 파이프 연산자(|)를 사용해 STDOUT을 한 프로그램에서 다른 프로그램의 STDIN으로 라우팅하는 방법을 소개한다. 예를 들어 cat 프로그램은 파일의 내용을 STDOUT으로 출력한다.

```
$ cat tests/inputs/1.fa
>Rosalind_6404
CCTGCGGAAGATCGGCACTAGAATAGCCAGAACCGTTTCTCTGAGGCTTCCGGCCTTCCC TCCCACTAATAATTCTGAGG
>Rosalind_5959
CCATCGGTAGCGCATCCTTAGTCCAATTAAGTCCCTATCCAGGCGCTCCGCCGAAGGTCT ATATCCATTTGTCAGCAGACACGC
>Rosalind_0808
CCACCCTCGTGGTATGGCTAGGCATTCAGGAACCGGAGAACGCTTCAGACCAGCCCGGAC
TGGGAACCTGCGGGCAGTAGGTGGAAT
```

파이프를 사용해 내 프로그램에 추가할 수 있다.

```
$ cat tests/inputs/1.fa | ./cgc.py
Rosalind_0808 60.919540
```

또한 < 연산자를 사용해 파일에서 입력값을 다시 보낼 수 있다.

```
$ ./cgc.py < tests/inputs/1.fa
Rosalind_0808 60.919540
```

시작하려면 이 프로그램을 제거하고 다시 시작하라.

```
$ new.py -fp 'Compute GC content' cgc.py
Done, see new script "cgc.py".
```

다음은 유효하고 읽을 수 있는 파일인 단일 위치 인수를 허용하도록 프로그램의 첫 부분을 수정하는 방법을 보여준다.

```
import argparse
import sys
from typing import NamedTuple, TextIO, List, Tuple
from Bio import SeqIO

class Args(NamedTuple):
  """ Command-line arguments """
  file: TextIO ❶

def get_args() -> Args:
  """ Get command-line arguments """

  parser = argparse.ArgumentParser(
    description='Compute GC content',
    formatter_class=argparse.ArgumentDefaultsHelpFormatter)

  parser.add_argument('file',
                      metavar='FILE',
                      type=argparse.FileType('rt'), ❷
                      nargs='?',
                      default=sys.stdin,
                      help='Input sequence file')
```

```
args = parser.parse_args()

return Args(args.file)
```

❶ Args 클래스의 유일한 특성은 파일핸들이다.

❷ 읽기 가능한 텍스트 파일만 가능한 위치 파일 인수를 만든다.

위치 인수를 선택 사항으로 만드는 경우는 드물지만, 이 경우에는 단일 파일 입력을 처리하거나 STDIN에서 읽기를 원한다. 이렇게 하려면 nargs='?'를 사용해 매개 변수가 0 또는 하나의 인수를 허용해야 함을 나타내고(107페이지 '출력 파일 열기'의 표 2-2 참고) default=sys.stdin을 설정한다. 2장에서 sys.stdout은 쓰기에 항상 열려 있는 파일핸들이라고 언급했었다. 마찬가지로, sys.stdin은 항상 STDIN을 읽을 수 있는 개방형 파일핸들이다. 이것은 프로그램을 파일이나 STDIN에서 읽는 데 필요한 모든 코드이며 꽤 깔끔하다고 생각한다.

파일 명칭을 출력하려면 main()을 수정하라.

```
def main() -> None:
    args = get_args()
    print(args.file.name)
```

작동하는지 확인한다.

```
$ ./cgc.py tests/inputs/1.fa
tests/inputs/1.fa
```

pytest를 실행해 잘 진행되고 있는지 확인하라. 처음 세 번의 테스트는 통과해야 하고, 네 번째 테스트는 실패할 것이다.

```
$ pytest -xv
============================= test session starts =============================
....

tests/cgc_test.py::test_exists PASSED                                   [ 20%]
```

```
tests/cgc_test.py::test_usage PASSED                                    [ 40%]
tests/cgc_test.py::test_bad_input PASSED                                 [ 60%]
tests/cgc_test.py::test_good_input1 FAILED                               [ 80%]

================================= FAILURES =================================
_____ test_good_input1 _____

    def test_good_input1():
        """ Works on good input """

        rv, out = getstatusoutput(f'{RUN} {SAMPLE1}') ❶
        assert rv == 0
>       assert out == 'Rosalind_0808 60.919540' ❷
E       AssertionError: assert './tests/inputs/1.fa' == 'Rosalind_0808 60.919540'
E         - Rosalind_0808 60.919540 ❸
E         + ./tests/inputs/1.fa ❹

tests/cgc_test.py:48: AssertionError
========================== short test summary info ==========================
FAILED tests/cgc_test.py::test_good_input1 - AssertionError: assert './tes...
!!!!!!!!!!!!!!!!!!!!!!!!!! stopping after 1 failures !!!!!!!!!!!!!!!!!!!!!!!!!!
======================== 1 failed, 3 passed in 0.34s ========================
```

❶ 테스트는 첫 번째 입력 파일을 사용해 프로그램을 실행한다.

❷ 출력값은 지정된 문자열이어야 한다.

❸ 이것은 예상한 문자열이다.

❹ 이것은 출력된 문자열이다.

지금까지 비교적 적은 작업으로 파일 입력을 검증하는, 구문적으로 정확하고 잘 구조화되고 문서화된 프로그램을 만들었다. 다음으로 GC 함량이 가장 높은 염기 서열을 찾는 방법을 알아내야 한다.

바이오파이썬을 사용해 FASTA 구문 분석하기

입력 파일 또는 STDIN의 데이터는 생물학적 염기 서열을 표현하는 일반적인 방법인 FASTA 형식의 염기 서열 데이터여야 한다. 형식을 이해하기 위해 첫 번째 파일을 살펴보자.

```
$ cat tests/inputs/1.fa
>Rosalind_6404 ❶
CCTGCGGAAGATCGGCACTAGAATAGCCAGAACCGTTTCTCTGAGGCTTCCGGCCTTCCC ❷
TCCCACTAATAATTCTGAGG
>Rosalind_5959
CCATCGGTAGCGCATCCTTAGTCCAATTAAGTCCCTATCCAGGCGCTCCGCCGAAGGTCT
ATATCCATTTGTCAGCAGACACGC
>Rosalind_0808
CCACCCTCGTGGTATGGCTAGGCATTCAGGAACCGGAGAACGCTTCAGACCAGCCCGGAC
TGGGAACCTGCGGGCAGTAGGTGGAAT
```

❶ FASTA 레코드는 줄의 시작 부분에서 >로 시작한다. 염기 서열 ID는 첫 번째 공백까지 이어지는 텍스트다.

❷ 염기 서열은 길이 제한이 없으며 여러 줄에 걸쳐 있거나 한 줄에 위치할 수 있다.

 FASTA 파일의 헤더는 매우 빠르게 못생겨질 수 있다. NBCI(National Center for Biotics Information)에서 실제 염기 서열을 다운로드하거나 17_synth/tests/inputs 폴더에 있는 파일을 참고해 더 많은 예를 살펴보라.

이 파일을 수동으로 구문 분석하는 방법을 가르쳐 주면 재미있겠지만 바이오파이썬의 Bio.SeqIO 모듈을 사용해보겠다.

```
>>> from Bio import SeqIO
>>> recs = SeqIO.parse('tests/inputs/1.fa', 'fasta') ❶
```

❶ 첫 번째 인수는 입력 파일의 이름이다. 이 함수는 많은 레코드 형식을 구문 분석할 수 있기 때문에 두 번째 인수는 데이터의 형식이다.

평소처럼 type()을 사용해 recs의 타입을 확인할 수 있다.

```
>>> type(recs)
<class 'Bio.SeqIO.FastaIO.FastaIterator'>
```

앞서 몇 번 반복자를 보여 준 적이 있는데, 심지어 4장에서 1개의 반복자를 만들기도
했다. 그 연습 문제에서는 피보나치 수열 생성기에서 다음 값을 검색하기 위해 next()
함수를 사용했다. 여기서 첫 번째 레코드를 검색하고 해당 타입을 검사하는 동일한 작
업을 수행한다.

```
>>> rec = next(recs)
>>> type(rec)
<class 'Bio.SeqRecord.SeqRecord'>
```

염기 서열 레코드를 자세히 알아보려면 **help(rec)**를 사용해볼 수 있는 REPL의 문서와,
SeqRecord 문서(https://biopython.org/wiki/SeqRecord)를 읽어 보는 것이 좋다. FASTA
레코드의 데이터는 구문 분석해야 하며, 여기서 구문 분석은 구문과 구조에서 데이터의
의미를 구분하는 것을 의미한다. REPL에서 **rec**를 보면 딕셔너리처럼 보인다. 이 출력값
은 repr(seq)의 출력값과 동일하며 '객체의 표준 문자열 표현을 반환'하는 데 사용된다.

```
SeqRecord(
  seq=Seq('CCTGCGGAAGATCGGCACTAGAATAGCCAGAACCGTTTCTCTGAGGCTTCCGGC...AGG'), ❶
  id='Rosalind_6404', ❷
  name='Rosalind_6404', ❸
  description='Rosalind_6404',
  dbxrefs=[])
```

❶ 염기 서열의 여러 줄은 **Seq** 객체로 표현되는 단일 염기 서열로 연결된다.

❷ FASTA 레코드의 ID는 > 이후 첫 번째 공백까지 이어지는 헤더 내의 모든 문자다.

❸ **SeqRecord** 객체는 이름, 설명, 데이터베이스 상호 참고(dbxrefs)와 같은 더 많은 필드
  가 있는 데이터를 처리한다. 이러한 필드는 FASTA 레코드에 없으므로 ID는 name과
  description에 중복되고, dbxrefs 값은 빈 리스트다.

염기 서열을 출력하면 이 정보가 문자열로 처리돼 읽기 쉽다. 이 출력값은 객체의 유용한 문자열 표현을 제공하는 str(rec)의 출력값과 동일하다.

```
>>> print(rec)
ID: Rosalind_6404
Name: Rosalind_6404
Description: Rosalind_6404
Number of features: 0
Seq('CCTGCGGAAGATCGGCACTAGAATAGCCAGAACCGTTTCTCTGAGGCTTCCGGC...AGG')
```

이 프로그램의 가장 두드러진 특징은 레코드의 서열이다. 이것이 str일 것이라고 예상할 수 있지만, 실제로는 다른 객체다.

```
>>> type(rec.seq)
<class 'Bio.Seq.Seq'>
```

help(rec.seq)를 사용해 Seq 객체가 제공하는 속성과 메서드를 확인한다. DNA 염기 서열 그 자체를 원하면 str() 함수를 사용해 염기 서열을 문자열로 강제로 바꿀 수 있다.

```
>>> str(rec.seq)
'CCTGCGGAAGATCGGCACTAGAATAGCCAGAACCGTTTCTCTGAGGCTTCCGGCCTT...AGG'
```

다음 클래스는 역상보체를 만들기 위해 3장의 마지막 솔루션에서 사용한 클래스다. 여기서 이렇게 사용할 수 있다.

```
>>> rec.seq.reverse_complement()
Seq('CCTCAGAATTATTAGTGGGAGGGAAGGCCGGAAGCCTCAGAGAAACGGTTCTGG...AGG')
```

Seq 객체에는 여러 가지 유용한 메서드가 있으며, 이 메서드를 사용하면 시간을 많이 절약할 수 있으므로 문서를 참고하는 것이 좋다.[1] 이 시점에서 여러분은 5장의 목표를 끝내기 위한 충분한 정보를 갖고 있다고 느낄 것이다. 아마 여러분은 모든 염기 서열을 반복하고, 염기의 몇 퍼센트가 G 또는 C인지 확인하고, 레코드의 ID와 GC 함량을 최댓값

---

1   이런 말도 있다. "몇 주 동안 코딩하면 계획하는 시간을 절약할 수 있다."

으로 반환해야 한다. 나는 여러분이 스스로 솔루션을 작성해 문제를 푸는 것을 원한다. 도움이 더 필요할 수 있으니 한 가지 접근 방식을 소개하고 몇 가지 다양한 솔루션을 살펴보겠다.

루프를 사용해 염기 서열 반복하기

지금까지 SeqIO.parse()가 파일 이름을 첫 번째 인수로 받아들이지만, args.file 인수는 열린 파일핸들이 될 것이라고 배웠다. 다행히도 이 함수는 다음과 같은 인수도 허용한다.

```
>>> from Bio import SeqIO
>>> recs = SeqIO.parse(open('./tests/inputs/1.fa'), 'fasta')
```

for 루프를 사용해 각 레코드를 반복해서 ID와 각 염기 서열의 처음 10개 염기를 출력할 수 있다.

```
>>> for rec in recs:
...   print(rec.id, rec.seq[:10])
...
Rosalind_6404 CCTGCGGAAG
Rosalind_5959 CCATCGGTAG
Rosalind_0808 CCACCCTCGT
```

해당 라인을 다시 실행하고 아무것도 출력되지 않는 것을 확인한다.

```
>>> for rec in recs:
...   print(rec.id, rec.seq[:10])
...
```

앞선 설명에서 recs가 Bio.SeqIO.FastaIO.FastaIterator이고, 모든 반복자와 마찬가지로 소진될 때까지 값을 생성한다는 것을 보여 줬다. 레코드를 다시 반복하려면 SeqIO.parse() 함수를 사용해 recs 객체를 다시 생성해야 한다.

잠시 순서가 다음과 같다고 가정한다.

```
>>> seq = 'CCACCCTCGTGGTATGGCT'
```

해당 문자열에 몇 개의 C와 G가 있는지 알고 싶다. 다른 루프를 사용해 염기 서열의 각 염기를 반복하고 염기가 G 또는 C일 때마다 계수기를 증가시킬 수 있다.

```
gc = 0 ❶
for base in seq: ❷
  if base in ('G', 'C'): ❸
    gc += 1 ❹
```

❶ G/C 염기의 개수 변수를 초기화한다.

❷ 염기 서열에서 각 염기(문자)를 반복한다.

❸ 염기가 G 또는 C를 포함하는 튜플에 있는지 확인한다.

❹ GC 계수기를 증가시킨다.

GC 함량의 백분율을 찾으려면 GC 개수를 염기 서열의 길이로 나눈다.

```
>>> gc
12
>>> len(seq)
19
>>> gc / len(seq)
0.631578947368421
```

프로그램의 출력값은 가장 높은 GC 계수, 단일 공백, 6개의 유효 숫자로 잘린 GC 함량이 있는 염기 서열의 ID여야 한다. 숫자 형식을 지정하는 가장 쉬운 방법은 str.format() 을 자세히 알아보는 것이다. help에는 문서가 많지 않으므로 고급 문자열 형식의 PEP 3101(https://oreil.ly/OIpEq)을 읽는 것이 좋다.

1장에서 str.format() 또는 f-string을 사용해 변수를 채우기 위한 자리 표시자로 중괄호 {}를 사용하는 방법을 보여 줬다. 중괄호 안의 콜론(:) 뒤에 형식 지정 명령을 추가할 수 있다. 이 구문은 C 유사 언어에서 printf() 함수와 함께 사용하는 것처럼 {:0.6f}는 6자리 부동소수점 숫자다.

```
>>> '{:0.6f}'.format(gc * 100 / len(seq))
'63.157895'
```

또는 f 문자열 내부에서 직접 코드를 실행하려면 다음과 같다.

```
>>> f'{gc * 100 / len(seq):0.06f}'
'63.157895'
```

최대 GC 개수를 갖는 염기 서열을 파악하기 위해 몇 가지 옵션이 있다. 두 가지 모두 솔루션에서 시연해보려 한다.

- 모든 ID와 해당 GC 함량 리스트를 작성한다(튜플 리스트가 더 좋다). GC 함량별로 리스트를 정렬하고 최댓값을 얻는다.

- ID와 GC 함량의 최댓값을 추적한다. 새 최댓값이 나오면 덮어쓴다.

이제 솔루션을 완성하기에 충분한 정보를 알려 준 것 같다. 이제 여러분은 할 수 있다. 두려움은 마음을 지배한다. 린터와 타입 검사를 포함한 모든 테스트를 통과할 때까지 계속하라. 테스트 출력은 다음과 같아야 한다.

```
$ make test
python3 -m pytest -xv --disable-pytest-warnings --flake8 –pylint
--pylint-rcfile=../pylintrc --mypy cgc.py tests/cgc_test.py
=========================== test session starts ===========================
...
collected 10 items
cgc.py::FLAKE8 SKIPPED                                            [  9%]
cgc.py::mypy PASSED                                               [ 18%]
tests/cgc_test.py::FLAKE8 SKIPPED                                 [ 27%]
tests/cgc_test.py::mypy PASSED                                    [ 36%]
tests/cgc_test.py::test_exists PASSED                             [ 45%]
tests/cgc_test.py::test_usage PASSED                             [ 54%]
tests/cgc_test.py::test_bad_input PASSED                          [ 63%]
```

```
tests/cgc_test.py::test_good_input1 PASSED                      [ 72%]
tests/cgc_test.py::test_good_input2 PASSED                      [ 81%]
tests/cgc_test.py::test_stdin PASSED                            [ 90%]
::mypy PASSED                                                   [100%]
================================= mypy =================================

Success: no issues found in 2 source files
===================== 9 passed, 2 skipped in 1.67s =====================
```

솔루션

이전과 마찬가지로 모든 솔루션은 동일한 get_args()를 공유하므로 차이점만 보여
준다.

솔루션 1: 리스트 사용하기

첫 번째 솔루션을 살펴보자. 나는 항상 가장 분명하고 간단한 방법으로 시작하려고 노
력한다. 그리고 여러분은 이것이 가끔은 가장 장황하다고 느낄 수 있다. 일단 논리를 이
해하고 나서 같은 생각을 더 강력하고 간결한 방식으로 표현해서 작성할 수 있기를 바
란다. 첫 번째 솔루션의 경우 typing 모듈에서 List와 Tuple도 가져온다.

```
def main() -> None:
  args = get_args()
  seqs: List[Tuple[float, str]] = []  ❶

  for rec in SeqIO.parse(args.file, 'fasta'):  ❷
    gc = 0  ❸
    for base in rec.seq.upper():  ❹
      if base in ('C', 'G'):  ❺
        gc += 1  ❻
    pct = (gc * 100) / len(rec.seq)  ❼
    seqs.append((pct, rec.id))  ❽

  high = max(seqs)  ❾
  print(f'{high[1]} {high[0]:0.6f}')  ❿
```

❶ GC 함량과 염기 서열 ID를 튜플로 보유하도록 빈 리스트를 초기화한다.

❷ 입력 파일의 각 레코드를 반복한다.

❸ GC 계수기를 초기화한다.

❹ 대소문자가 혼합된 입력을 방지하기 위해 대문자로 각 염기 서열을 반복한다.

❺ 염기가 C나 G인지 확인한다.

❻ GC 계수기를 증가시킨다.

❼ GC 함량을 계산한다.

❽ GC 함량과 염기 서열 ID의 새 튜플을 추가한다.

❾ 최댓값을 얻는다.

❿ 가장 높은 값의 염기 서열 ID와 GC 함량을 출력한다.

seqs 변수의 타입 주석 List[Tuple[float, str]]는 mypy와 같은 개발 툴을 사용해 코드를 프로그래밍 방식으로 확인하는 방법 이외에도 추가된 문서 계층을 제공한다. 이 코드를 읽는 사람은 타입을 사용해 명시적으로 설명돼 있기 때문에 리스트에 어떤 종류의 데이터가 추가될지 보기 위해 앞으로 이동할 필요가 없다.

이 솔루션에서는 튜플 리스트를 만드는 방법을 보여 주기 위해 모든 ID와 GC 백분율 리스트를 작성하려 한다. 그리고 파이썬 정렬의 몇 가지 마법 같은 속성을 강조해 설명하려 한다. 문자열에서 동작하는 sorted() 함수부터 시작해보자.

```
>>> sorted(['McClintock', 'Curie', 'Doudna', 'Charpentier'])
['Charpentier', 'Curie', 'Doudna', 'McClintock']
```

모든 값이 숫자일 때 숫자로 정렬되기 때문에 다음과 같이 실행할 수 있다.

```
>>> sorted([2, 10, 1])
[1, 2, 10]
```

문자열과 동일한 값은 사전순으로 정렬된다.

```
>>> sorted(['2', '10', '1'])
['1', '10', '2']
```

파이썬 리스트는 동일해야 한다

문자열과 정수같이 다른 타입을 비교하면 예외가 발생한다.

```
>>> sorted([2, '10', 1])
Traceback (most recent call last):
  File "<stdin>", line 1, in <module>
TypeError: '<' not supported between instances of 'str' and 'int'
```

파이썬에서는 리스트에 타입을 혼합하는 것이 허용되지만, 결국 슬픈 엔딩으로 끝날 가능성이 높다. 헤니 영맨(Henny Youngman)의 농담을 떠오르게 한다. 한 남자가 의사를 만나러 갔다. 그가 말했다. "의사 선생님, 이걸 하면 아파요." 그러자 의사가 말했다. "그럼 그걸 하지 마세요."

본질적으로, 내 조언은 의사의 조언과 비슷하다. 파이썬에서는 리스트에 타입을 혼합할 수 있지만, 정렬하려고 하면 런타임 예외가 발생하므로 그렇게 하면 안 된다. 이 문제를 방지하려면 항상 타입 선언을 사용해 데이터를 설명하라.

```
seqs: List[Tuple[float, str]] = []
```

다음 줄을 추가해보자.

```
seqs.append('foo')
```

그런 다음 mypy를 사용해서 프로그램을 확인해 오류 메시지가 데이터 설명을 위반하는 방법을 얼마나 명확하게 보여주는지 확인한다.

```
$ mypy solution1_list.py
solution1_list.py:38: error: Argument 1 to "append" of "list" has
incompatible type "str"; expected "Tuple[float, str]"
Found 1 error in 1 file (checked 1 source file)
```

또 다른 옵션은 numpy 모듈을 사용해 배열을 만드는 것인데, 이 배열은 파이썬 리스트와 유사하지만 모든 값이 공통 타입으로 요구(그리고 강제)된다. numpy의 배열은 파이썬 리스트보다 빠르고 안전하다(메모리 관리로 인해). 문자열과 숫자를 혼합하면 다음과 같은 문자열 리스트가 생성된다.

```
>>> import numpy as np
>>> nums = np.array([2, '10', 1])
>>> nums
array(['2', '10', '1'], dtype='<U21')
```

비록 이것이 정확하지는 않지만(정수였으면 좋겠지만) 적어도 안전하다. 리스트 컴프리헨션에서 int() 함수를 사용해 모든 값을 정수로 바꿀 수 있다.

```
>>> [int(n) for n in [2, '10', 1]]
[2, 10, 1]
```

또는 int()와 같은 함수를 첫 번째 인수로 받아 수열의 모든 요소에 적용해서 변환된 새로운 요소 리스트를 반환하는 고차 함수 map()을 사용해 같은 것을 표현한다.

```
>>> list(map(int, [2, '10', 1]))
[2, 10, 1]
```

이는 정렬하기 편하다.

```
>>> sorted(map(int, [2, '10', 1]))
[1, 2, 10]
```

첫 번째 원소는 float이고 두 번째 원소는 str인 튜플 리스트를 생각해보자. sorted() 함수가 어떻게 처리할까? 첫 번째 요소를 기준으로 모든 데이터를 숫자순으로 정렬한 다음, 두 번째 요소를 사전순으로 정렬하면 다음과 같다.

```
>>> sorted([(0.2, 'foo'), (.01, 'baz'), (.01, 'bar')])
[(0.01, 'bar'), (0.01, 'baz'), (0.2, 'foo')]
```

seqs를 List[Tuple[float, str]]로 구성하면 sorted()의 기본 제공 동작을 활용하므로 GC 함량별로 염기 서열을 빠르게 정렬하고 가장 높은 값을 선택할 수 있다.

```
>>> high = sorted(seqs)[-1]
```

이는 쉽게 max() 함수를 사용하는 것처럼 가장 큰 값을 찾는 것과 같다.

```
>>> high = max(seqs)
```

high는 첫 번째 위치가 염기 서열 ID이고, 0번째 위치가 형식 지정해야 하는 GC 함량인 튜플이다.

```
print(f'{high[1]} {high[0]:0.6f}')
```

솔루션 2: 타입 주석과 단위 테스트

for 루프 안에는 테스트 코드를 진행해 함수로 추출해야 하는 GC 함량을 계산하기 위한 코드 커널이 숨겨져 있다. 테스트 주도 개발TDD의 아이디어에 따라 find_gc() 함수를 정의해보자.

```
def find_gc(seq: str) -> float: ❶
  """ Calculate GC content """

  return 0. ❷
```

❶ 함수는 str을 받고, float를 반환하다.

❷ 일단은 0을 반환한다. 뒷자리 .은 파이썬에게 이것이 float임을 알려 준다. 이것은 0.0의 줄임말이다.

다음으로 단위 테스트의 역할을 할 함수를 정의한다. pytest를 사용하기 때문에 이 함수의 이름은 test_로 시작해야 한다. find_gc() 함수를 테스트하고 있기 때문에 함수 이름을 test_find_gc로 정했다. 이제 일련의 가정문을 사용해 함수에 입력이 주어지면 예상한 결과를 반환하는지 테스트할 것이다. 독자들은 입력과 출력을 볼 수 있기 때문에 이 테스트 함수가 공식 테스트와 추가 문서의 일부로서 어떻게 기능하는지 주목하라.

```
def test_find_gc():
  """ Test find_gc """

  assert find_gc('') == 0. ❶
  assert find_gc('C') == 100. ❷
```

```
assert find_gc('G') == 100. ❸
assert find_gc('CGCCG') == 100. ❹
assert find_gc('ATTAA') == 0.
assert find_gc('ACGT') == 50.
```

❶ 함수가 str을 받아들이면 나는 항상 빈 문자열로 테스트해서 유효한 값을 반환하는 지 확인한다.

❷ C 하나는 100% GC여야 한다.

❸ G 하나도 마찬가지다.

❹ 다양한 비율로 혼합된 염기들로 다양한 다른 테스트들을 진행한다.

함수에 입력 가능한 모든 입력값을 철저하게 검사하는 것은 불가능하기 때문에 종종 현장 검사를 한다. hypothesis 모듈(https://hypothesis.readthedocs.io/en/latest)은 테스트를 위한 무작위 값을 생성할 수 있다. 아마도 find_gc() 함수는 이 테스트로도 충분할 정도로 간단할 것이다. 함수를 작성하는 목표는 최대한 단순하게 만드는 것이지만 쉽게 되지 않는다. 토니 호어Tony Hoare는 이렇게 말했다. "코드 작성에는 두 가지 방법이 있다. 버그가 없을 정도로 간단한 코드를 작성하거나 버그가 없는 복잡한 코드를 작성하는 것이다."

find_gc()와 test_find_gc() 함수는 tests/cgc_test.py 모듈이 아닌 cgc.py 프로그램 내부에 있다. 단위 테스트를 실행하기 위해 테스트가 실패할 것으로 예상하는 소스 코드에서 pytest를 실행한다.

```
$ pytest -v cgc.py
============================ test session starts ============================
...

cgc.py::test_find_gc FAILED                                        [100%] ❶

=============================== FAILURES ===================================
_____ test_gc _____
```

```
    def test_find_gc():
      """ Test find_gc """

      assert find_gc('') == 0. ❷
>     assert find_gc('C') == 100. ❸
E     assert 0 == 100.0
E     +0
E     -100.0

cgc.py:74: AssertionError
=========================== short test summary info ===========================
FAILED cgc.py::test_gc - assert 0 == 100.0
============================== 1 failed in 0.32s ===============================
```

❶ 단위 테스트가 예상대로 실패한다.

❷ 첫 번째 테스트는 0을 기대했기 때문에 통과했다.

❸ 이 테스트는 100을 반환해야 하므로 실패했다.

이제 진행할 수 있는 기준선을 설정했다. 나는 이 코드가 테스트를 통해 공식적으로 정의하는 기대치를 충족하지 못한다는 것을 알고 있다. 이 문제를 해결하기 위해 모든 관련 코드를 main()에서 함수로 이동한다.

```
def find_gc(seq: str) -> float:
  """ Calculate GC content """

  if not seq: ❶
    return 0 ❷

  gc = 0 ❸
  for base in seq.upper():
    if base in ('C', 'G'):
      gc += 1

  return (gc * 100) / len(seq)
```

❶ 이것은 염기 서열이 빈 문자열일 때 0으로 나누려는 시도를 방지한다.

❷ 염기 서열이 없으면 GC 함량은 0이다.

❸ 이는 이전과 같은 코드다.

그런 다음 pytest를 다시 실행해서 함수가 작동하는지 확인한다.

```
$ pytest -v cgc.py
============================ test session starts ============================
...

cgc.py::test_gc PASSED                                                 [100%]

============================ 1 passed in 0.30s ============================
```

TDD는 다음과 같다.

- 테스트할 함수를 정의한다.

- 테스트를 작성한다.

- 함수가 테스트를 통과하지 못하는지 확인한다.

- 함수를 작동시킨다.

- 함수가 테스트를 통과하는지 확인한다(그리고 이전의 모든 테스트가 여전히 통과하는지도 확인한다).

나중에 작성한 코드에서 버그를 일으키는 염기 서열이 생긴다면 코드를 수정하고 테스트를 추가할 것이다. 타입 주석을 사용했기 때문에 find_gc() 함수가 None이나 정수 리스트를 받는 이상한 사례를 걱정할 필요가 없다. 테스트하는 것은 유용하다. 타입 주석도 유용하다. 테스트 코드와 타입을 결합하면 검증하기 쉽고 이해하기 쉬운 코드가 나온다.

이 솔루션에 GC 함량과 염기 서열 ID를 포함하는 튜플을 문서화하는 사용자 지정 타입을 더 추가하고 싶다. Bio.Seq 클래스와의 혼동을 피하기 위해 MySeq라 부를 것이다. Args 정의 아래에 다음을 추가한다.

```
class MySeq(NamedTuple):
    """ Sequence """
    gc: float ❶
    name: str ❷
```

❶ GC 함량은 백분율이다.

❷ 필드 이름 id를 사용하고 싶지만 이는 파이썬에 내장된 id() 식별 함수와 충돌한다.

코드에 합치는 방법은 다음과 같다.

```
def main() -> None:
    args = get_args()
    seqs: List[MySeq] = [] ❶

    for rec in SeqIO.parse(args.file, 'fasta'):
        seqs.append(MySeq(find_gc(rec.seq), rec.id)) ❷

    high = sorted(seqs)[-1] ❸
    print(f'{high.name} {high.gc:0.6f}') ❹
```

❶ MySeq를 타입 주석으로 사용한다.

❷ find_gc() 함수의 반환값과 레코드 ID를 사용해 MySeq를 만든다.

❸ MySeq가 튜플이기 때문에 여전히 작동한다.

❹ 튜플의 인덱스 위치 대신 필드 접근을 사용한다.

이 버전의 프로그램은 훨씬 더 읽기 쉽다. 코드를 잘 문서화하고 테스트하기 위해서는 원하는 수만큼 사용자 정의 타입을 만들 수 있어야 한다.

솔루션 3: 실행 중인 최대 변수 유지하기

이전 솔루션은 잘 작동하지만, 조금 장황하고 최댓값에만 신경 쓴다면 불필요하게 모든 염기 서열을 추적한다. 테스트 입력값이 얼마나 작은지 고려했을 때 생물정보학은 항상 규모가 커지는 것과 관련이 있다. 모든 염기 서열을 저장하려는 솔루션은 결국 질식할 것이다. 100만 개의 염기 서열 또는 10억 개 또는 1,000억 개의 염기 서열을 생각해보라. 결국에는 메모리가 부족해질 것이다.

다음은 가장 큰 값을 기억하기 위해 단일 튜플만 할당해서 임의의 수의 염기 서열로 확장할 수 있는 솔루션이다.

```
def main():
    args = get_args()
    high = MySeq(0., '') ❶

    for rec in SeqIO.parse(args.file, 'fasta'):
        pct = find_gc(rec.seq) ❷
        if pct > high.gc: ❸
            high = MySeq(pct, rec.id) ❹

    print(f'{high.name} {high.gc:0.6f}') ❺
```

❶ 변수를 초기화해서 가장 큰 값을 기억한다. mypy는 이 변수가 영원히 이 타입으로 유지될 것으로 예상하기 때문에 타입 주석은 불필요하다.

❷ GC 함량을 계산한다.

❸ GC 백분율이 가장 큰 값보다 큰지 확인한다.

❹ 이 경우 백분율 GC와 염기 서열 ID를 사용해 가장 큰 값을 덮어쓴다.

❺ 가장 큰 값을 출력한다.

이 솔루션의 경우 GC 함량을 계산하기 위해 약간 다른 접근 방식을 사용했다.

```
def find_gc(seq: str) -> float:
    """ Calculate GC content """

    return (seq.upper().count('C') + ❶
        seq.upper().count('G')) * 100 / len(seq) if seq else 0 ❷
```

❶ str.count() 메서드를 사용해 염기 서열에서 C와 G를 찾는다.

❷ 염기 서열의 상태에는 빈 문자열과 그렇지 않은 문자열, 이 두 가지 조건이 있기 때문에 if 문을 사용해 하나의 return을 쓰는 것을 선호한다.

마지막 솔루션을 벤치마킹해보자. 먼저 상당한 수의 염기 서열(예: 10K)이 있는 입력 파일을 생성해야 한다. 05_gc 폴더에는 02_gc 폴더에서 사용한 것과 유사한 genseq.py 파일이 있다. 이 파일은 하나의 FASTA 파일을 생성한다.

```
$ ./genseq.py -h
usage: genseq.py [-h] [-l int] [-n int] [-s sigma] [-o FILE]

Generate long sequence

optional arguments:
  -h, --help            show this help message and exit
  -l int, --len int     Average sequence length (default: 500)
  -n int, --num int   Number of sequences (default: 1000)
  -s sigma, --sigma sigma
                        Sigma/STD (default: 0.1)
  -o FILE, --outfile FILE
                        Output file (default: seqs.fa)
```

입력 파일을 생성하는 방법은 다음과 같다.

```
$ ./genseq.py -n 10000 -o 10K.fa
Wrote 10,000 sequences of avg length 500 to "10K.fa".
```

hyperfine을 사용해서 이 두 가지 구현을 비교할 수 있다.

```
$ hyperfine -L prg ./solution2_unit_test.py,./solution3_max_var.py '{prg} 10K.fa'
Benchmark #1: ./solution2_unit_test.py 10K.fa
  Time (mean ± σ):      1.546 s ±  0.035 s    [User: 2.117 s, System: 0.147 s]
  Range (min … max):    1.511 s … 1.625 s    10 runs

Benchmark #2: ./solution3_max_var.py 10K.fa
  Time (mean ± σ):     368.7 ms ±  3.0 ms    [User: 957.7 ms, System: 137.1 ms]
```

```
    Range (min … max):     364.9 ms … 374.7 ms    10 runs
```

Summary
 './solution3_max_var.py 10K.fa' ran
 4.19 ± 0.10 times faster than './solution2_unit_test.py 10K.fa'

10K의 염기 서열로 실행했을 때 세 번째 솔루션은 두 번째 솔루션보다 약 4배 더 빠르다. 자체 벤치마킹을 위해 더 많고 긴 염기 서열을 생성할 수 있다. 최소 100만 개의 염기 서열이 있는 파일을 만들고 첫 번째 솔루션을 이 버전과 비교하는 것이 좋다.

솔루션 4: 리스트 컴프리헨션인 Guard를 사용하기

그림 5-1은 염기 서열에서 모든 C와 G를 찾는 또 다른 방법이 guard라 부르는 리스트 컴프리헨션을 사용하고, 첫 번째 솔루션에서 if 비교를 사용하는 것임을 보여준다.

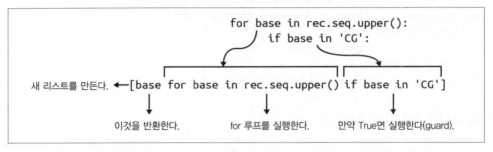

그림 5-1. guard를 사용한 리스트 컴프리헨션에서는 if 문에서 참인 값을 반환하는 항목만 선택한다.

리스트 컴프리헨션은 base가 문자열 'CG'에 있는지 확인하는 guard를 통과하는 항목만 산출한다.

```
>>> gc = [base for base in 'CCACCCTCGTGGTATGGCT' if base in 'CG']
>>> gc
['C', 'C', 'C', 'C', 'C', 'C', 'G', 'G', 'G', 'G', 'G', 'C']
```

결과가 새로운 리스트이기 때문에 len() 함수를 사용해서 C와 G의 수를 확인할 수 있다.

```
>>> len(gc)
12
```

이 아이디어를 find_gc() 함수에 합칠 수 있다.

```
def find_gc(seq: str) -> float:
  """ Calculate GC content """

  if not seq:
    return 0

  gc = len([base for base in seq.upper() if base in 'CG']) ❶
  return (gc * 100) / len(seq)
```

❶ C와 G를 계산하는 또 다른 방법은 guard인 리스트 컴프리헨션을 사용해서 선택하는
   것이다.

솔루션 5: filter() 함수 사용하기

guard를 사용한 리스트 컴프리헨션은 고차 함수 filter()로 표현할 수 있다. 5장의 앞
부분에서는 새로운 정수 리스트를 만들기 위해 int() 함수를 리스트의 모든 요소에 적
용하는 map() 함수를 사용했다. filter() 함수는 함수를 첫 번째 인수로 받아들이고, 반
복 가능한 함수를 두 번째 인수로 받아들이면서 비슷하게 동작한다. 하지만 함수가 적
용될 때 참인 값을 반환하는 항목만 반환된다는 점이 다르다. 이것은 게으른 함수이기
때문에 REPL에서 list()로 강제 변환해야 한다.

```
>>> list(filter(lambda base: base in 'CG', 'CCACCCTCGTGGTATGGCT'))
['C', 'C', 'C', 'C', 'C', 'C', 'G', 'G', 'G', 'G', 'G', 'C']
```

마지막 솔루션에서 동일한 아이디어를 표현하는 또 다른 방법은 다음과 같다.

```
def find_gc(seq: str) -> float:
  """ Calculate GC content """

  if not seq:
```

```
    return 0

gc = len(list(filter(lambda base: base in 'CG', seq.upper())))  ❶
return (gc * 100) / len(seq)
```

❶ filter()를 사용해서 C 또는 G와 일치하는 염기만 선택한다.

솔루션 6: map() 함수와 합산 부울 사용하기

map() 함수는 내가 가장 좋아하는 기능이기 때문에 다른 사용법을 소개하고 싶다. map()을 사용해서 C 또는 G이면 각 염기를 1로 바꾸고, 그렇지 않으면 0으로 바꿀 수 있다.

```
>>> seq = 'CCACCCTCGTGGTATGGCT'
>>> list(map(lambda base: 1 if base in 'CG' else 0, seq))
[1, 1, 0, 1, 1, 1, 0, 1, 1, 0, 1, 1, 0, 0, 0, 1, 1, 1, 0]
```

C와 G의 개수를 세는 것은 이 리스트를 합산하는 문제이며, sum() 함수를 사용해서 수행할 수 있다.

```
>>> sum(map(lambda base: 1 if base in 'CG' else 0, seq))
12
```

부울은 정수다

파이썬은 부울 대수를 사용해서 True/False와 같은 값을 조합할 수 있다.

```
>>> True and False
False
>>> True or False
True
```

and 대신에 +를 사용하면 어떻게 될까?

```
>>> True + True
2
```

```
>>> True + False
1
```

파이썬의 부울 값은 True가 1이고 False가 0인 정수로 비밀스러운 이중 생활을 하는 것으로 밝혀졌다.

비교 결과(bool이지만 int이기도 함)를 반환하기 위해 map()을 축약할 수 있고 대신 합산할 수 있다.

```
>>> sum(map(lambda base: base in 'CG', seq))
12
```

이 아이디어를 솔루션에 통합하는 방법은 다음과 같다.

```
def find_gc(seq: str) -> float:
    """ Calculate GC content """

    if not seq:
        return 0

    gc = sum(map(lambda base: base in 'CG', seq.upper())) ❶
    return (gc * 100) / len(seq)
```

❶ 염기 서열을 염기 C 또는 G와 비교해서 부울 값으로 변환한 다음 True 값을 합산해서 카운트를 구한다.

솔루션 7: 정규식을 사용해서 패턴 찾기

지금까지 문자열에서 염기 서열 문자를 수동으로 반복해서 일치하는 C 또는 G를 선택하는 여러 가지 방법을 보여 줬다. 이를 패턴 매칭^{pattern matching}이라 하는데, 정확하게는 정규식이 하는 일이다. 도메인별로 다른 언어^{DSL, Domain Specific Language}를 배우는 것은 비용이 소모되지만, 정규식이 파이썬 외부에서 널리 사용되기 때문에 충분히 노력할 가치가 있다. re 모듈을 가져오는 것부터 시작한다.

```
>>> import re
```

help(re)를 읽어 보면 이 모듈은 매우 유용하다. re.findall() 함수를 사용해서 문자열에서 나타나는 모든 패턴을 찾으려 한다. 대괄호를 사용해 포함시키고 싶은 문자를 묶어서 정규식 엔진의 문자 클래스 패턴을 만들 수 있다. 클래스 [GC]는 G 또는 C와 일치함을 의미한다.

```
>>> re.findall('[GC]', 'CCACCCTCGTGGTATGGCT')
['C', 'C', 'C', 'C', 'C', 'C', 'G', 'G', 'G', 'G', 'G', 'C']
```

기존처럼 len() 함수를 사용해서 C와 G가 몇 개인지 알 수 있다. 다음 코드는 위 함수를 내 함수에 통합하는 방법을 보여준다. 염기 서열이 빈 문자열이면 0을 반환하는 if 문을 사용해서 len(seq)이 0일 때 나눠지는 것을 피할 수 있다.

```
def find_gc(seq: str) -> float:
  """ Calculate GC content """

  return len(re.findall('[GC]', seq.upper()) * 100) / len(seq) if seq else 0
```

str()을 사용해서 rec.seq 값(Seq 객체)을 문자열로 강제 변환하려면 main()에서 이 함수 호출하는 방법을 변경하는 것이 중요하다.

```
def main() -> None:
  args = get_args()
  high = MySeq(0., '')

  for rec in SeqIO.parse(args.file, 'fasta'):
    pct = find_gc(str(rec.seq)) ❶
    if pct > high.gc:
      high = MySeq(pct, rec.id)

  print(f'{high.name} {high.gc:0.6f}')
```

❶ 염기 서열을 문자열 값으로 강제 변환하지 않으면 Seq 객체가 전달된다.

솔루션 8: 더 복잡한 find_gc() 함수

이 최종 솔루션에서는 main()의 거의 모든 코드를 find_gc() 함수로 이동시킨다. 함수에서 염기 서열의 문자열이 아닌 SeqRecord 객체를 받아들이고, MySeq 튜플을 반환하고 싶다.

첫째로 테스트 코드를 변경하겠다.

```python
def test_find_gc() -> None:
  """ Test find_gc """

  assert find_gc(SeqRecord(Seq(''), id='123')) == (0.0, '123')
  assert find_gc(SeqRecord(Seq('C'), id='ABC')) == (100.0, 'ABC')
  assert find_gc(SeqRecord(Seq('G'), id='XYZ')) == (100.0, 'XYZ')
  assert find_gc(SeqRecord(Seq('ACTG'), id='ABC')) == (50.0, 'ABC')
  assert find_gc(SeqRecord(Seq('GGCC'), id='XYZ')) == (100.0, 'XYZ')
```

기본적으로 이전과 동일한 테스트이지만, 이제 SeqRecord 객체를 통과한다. 이 작업이 REPL에서 작동하려면 2개의 클래스를 가져와야 한다.

```python
>>> from Bio.Seq import Seq
>>> from Bio.SeqRecord import SeqRecord
>>> seq = SeqRecord(Seq('ACTG'), id='ABC')
```

객체에서는 seq 필드만 봤을 때 입력 파일에서 읽은 데이터와 충분히 유사해 보인다.

```python
SeqRecord(seq=Seq('ACTG'),
  id='ABC',
  name='',
  description='<unknown description>',
  dbxrefs=[])
```

pytest를 실행하면 find_gc() 함수를 변경하지 않았기 때문에 test_find_gc() 함수가 실패한다. 다음과 같다.

```python
def find_gc(rec: SeqRecord) -> MySeq: ❶
```

```
""" Return the GC content, record ID for a sequence """

pct = 0. ❷
if seq := str(rec.seq): ❸
  gc = len(re.findall('[GC]', seq.upper())) ❹
  pct = (gc * 100) / len(seq)

return MySeq(pct, rec.id) ❺
```

❶ 함수는 SeqRecord를 받고 MySeq를 반환한다.

❷ 부동 소수점 0.으로 초기화한다.

❸ 이 구문은 파이썬 3.8의 새로운 문법으로, 바다코끼리 연산자(:=)를 사용해서 변수 할당(첫 번째)과 테스트(두 번째)를 한 줄에서 수행할 수 있다.

❹ 이전 코드와 같은 코드다.

❺ MySeq 객체를 반환한다.

 바다코끼리 연산자 :=는 PEP 572(https://www.python.org/dev/peps/pep-0572)에서 나왔는데, 이 연산자는 = 연산자를 사용하면 명령문 형식에서만 표현식의 결과를 명명할 수 있다. "리스트 컴프리헨션과 기타 표현 문맥에서 사용할 수 없게 만든다." 이 새 연산자는 표현식의 값을 변수에 할당한 다음 해당 변수를 평가하는 두 가지 작업을 결합한다. 앞선 코드에서 seq에는 문자열로 처리된 염기 서열의 값을 할당된다. 만약 seq 변수가 비어 있지 않은 문자열처럼 참인 결과가 나오면 다음 코드 블록이 실행된다.

이는 main() 함수를 급격하게 변화시킨다. for 루프는 map() 함수를 통합해서 각 Seq Record를 MySeq로 바꿀 수 있다.

```
def main() -> None:
  args = get_args()
  high = MySeq(0., '') ❶
  for seq in map(find_gc, SeqIO.parse(args.file, 'fasta')): ❷
    if seq.gc > high.gc: ❸
      high = seq ❹
```

```
print(f'{high.name} {high.gc:0.6f}')  ➎
```

➊ high 변수를 초기화한다.

➋ map()을 사용해 각 SeqRecord를 MySeq로 변환한다.

➌ 현재 염기 서열의 GC 함량을 실행 중인 high와 비교한다.

➍ 값을 덮어쓴다.

➎ 결과를 출력한다.

확장된 find_gc() 함수의 요점은 프로그램의 내부 코드를 더 많이 숨겨서 보다 표현적인 프로그램을 작성할 수 있도록 하는 것이다. 동의할지 모르겠지만 이 프로그램이 가장 읽기 쉬운 버전 같다.

벤치마킹하기

그럼 어떤 프로그램이 승자일까? seqs.fa 파일을 사용해 모든 solution*.py에 hyperfine 실행이 가능한 bench.sh 프로그램이 있다.

```
Summary
  './solution3_max_var.py seqs.fa' ran
  2.15 ± 0.03 times faster than './solution8_list_comp_map.py seqs.fa'
  3.88 ± 0.05 times faster than './solution7_re.py seqs.fa'
  5.38 ± 0.11 times faster than './solution2_unit_test.py seqs.fa'
  5.45 ± 0.18 times faster than './solution4_list_comp.py seqs.fa'
  5.46 ± 0.14 times faster than './solution1_list.py seqs.fa'
  6.22 ± 0.08 times faster than './solution6_map.py seqs.fa'
  6.29 ± 0.14 times faster than './solution5_filter.py seqs.fa'
```

더 나아가기

FASTA 구문 분석기를 작성해보라. faparser라는 새 폴더를 만든다.

```
$ mkdir faparser
```

해당 폴더로 변경하고 **new.py**를 -t|--write_test 옵션으로 실행한다.

```
$ cd faparser/
$ new.py -t faparser.py
Done, see new script "faparser.py".
```

이제 시작 테스트 파일과 함께 tests 폴더가 포함된 구조가 있어야 한다.

```
$ tree
.
├── Makefile
├── faparser.py
└── tests
    └── faparser_test.py

1 directory, 3 files
```

make test 또는 **pytest**를 실행해서 모든 프로그램이 최소한 실행되는지 확인할 수 있다. test/inputs 폴더를 05_gc에서 새 테스트 폴더로 복사해서 테스트 입력 파일을 얻는다. 이제 새 프로그램이 어떻게 작동해야 할지를 생각해보라. 입력값으로 넣을 수 있는 텍스트 파일이 하나 이상 필요하므로 그에 따라 인수를 정의할 수 있다. 그러면 프로그램은 그 데이터로 무엇을 할까? 예를 들어 ID와 각 염기 서열의 길이를 출력할까? 이제 테스트와 코드를 작성해서 입력 FASTA 파일을 수동으로 구분 분석하고 결과를 출력한다. 한번 스스로 해보라.

요점 정리

5장의 주요 요점은 다음과 같다.

- 열린 파일핸들 sys.stdin에서 STDIN을 읽을 수 있다.

- Bio.SeqIO.parse() 함수는 FASTA 형식의 염기 서열 파일을 레코드로 구문 분석해서 레코드의 ID와 염기 서열에 접근할 수 있게 한다.

- 루프, 리스트 컴프리헨션, 함수 filter()와 map()을 포함해 반복 가능한 모든 항목을 방문하기 위해 몇 가지 구조를 사용할 수 있다.

- 가드의 리스트 컴프리헨션은 참인 값을 반환하는 요소만 생성한다. 이는 filter() 함수를 사용해서 표시할 수도 있다.

- 컴퓨터의 사용 가능한 메모리를 초과할 수 있으므로 입력 파일의 모든 데이터를 저장하는 알고리듬을 작성하지 마라.

- sorted() 함수는 각각 사전학적으로, 숫자순으로 동일한 문자열과 숫자의 리스트를 정렬한다. 또한 튜플의 각 위치를 순서대로 사용해서 동일한 튜플 리스트를 정렬할 수 있다.

- 문자열 서식 템플릿에는 출력값이 표시되는 방법을 제어하는 printf() 같은 명령이 포함될 수 있다.

- sum() 함수는 숫자 리스트를 추가한다.

- 파이썬에서 부울은 사실 정수다.

- 정규식은 텍스트 패턴을 찾을 수 있다.

## 6장

해밍 거리 찾기: 점 돌연변이 계산하기

해밍 거리^{Hamming distance}는 '들어가며'에 언급된 리처드 해밍의 이름을 딴 것으로, 한 문자열을 다른 문자열로 바꾸는 데 필요한 편집 횟수다. 이는 수열의 유사성을 측정하는 하나의 지표다. 몇 가지 다른 해밍 거리 측정법을 작성했는데, 1장의 테트라뉴클레오타이드 빈도 측정에서 시작해서 5장의 GC 함량 측정으로 이어진다. 후자는 코딩 영역이 GC가 풍부하다는 것을 알 수 있기 때문에 실질적으로 유용할 수 있지만, 테트라뉴클레오타이드 빈도는 유용하지 않다. 예를 들어 AAACCCGGGTTT와 CGACGATATGTC 염기 서열은 매우 다르지만 동일한 염기 빈도를 갖고 있다.

```
$ ./dna.py AAACCCGGGTTT
3 3 3 3
$ ./dna.py CGACGATATGTC
3 3 3 3
```

단독으로 보면 테트라뉴클레오타이드 빈도는 이런 염기 서열을 동일하게 보이게 하지만, 이 염기 서열들은 명백하게 완전히 다른 단백질 서열을 생성하고 기능적으로 다를 것이다. 그림 6-1은 12개의 염기 중 3개만 공유된다는 것을 나타내는 2개의 염기 배열로, 25%만 유사하다.

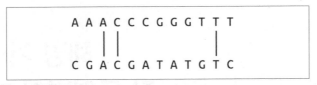

그림 6-1. 일치하는 염기를 보여 주는 세로 막대가 있는 두 염기 서열의 정렬

이를 표현하는 또 다른 방법은 염기 서열 중 하나를 다른 염기로 바꾸고자 12개 염기 중 9개 염기를 변경하는 것이다. 이것이 해밍 거리이고, 생물정보학에서 단일핵 다형성^{SNP, Single-Nucleotide Polymorphism}('스니프'로 발음한다) 또는 단일핵 변이^{SNV, Single-Nucleotide Variation}('스니브'로 발음한다)와 어느 정도 동일하다. 이 알고리듬은 한 염기에서 다른 값으로의 변경만을 설명하고, 추가와 삭제를 식별할 수 있는 염기 서열 정렬과는 거리가 멀다. 예를 들어 그림 6-2는 AAACCCGGGTTT와 AACCCGGGTTTA 염기 서열이 정렬될 때 (그림 왼쪽) 단일 염기만큼 다르기 때문에 92% 유사하다. 그러나 해밍 거리(그림 오른쪽)는 8개의 염기만이 같다고 보여 주는데, 이는 66%만 유사하다는 것을 의미한다.

그림 6-2. 이 염기 서열의 정렬은 거의 동일하다는 것을 보여 주지만, 해밍 거리는 단지 66%만 유사하다는 것을 보여준다.

이 프로그램은 항상 문자열의 시작부터 엄격하게 비교하기 때문에 실제 생물정보학에서의 적용이 제한된다. 그러나 이 순진한 알고리듬은 염기 서열 유사성 측정에 유용한 측정법이며, 파이썬에서 이 측정법을 작성하는 많은 흥미로운 솔루션을 제공한다.

6장에서 배울 내용은 다음과 같다.

- abs()와 min() 함수의 사용 방법

- 길이가 다를 수 있는 두 리스트의 원소를 결합하는 방법

- lambda 또는 기존 함수를 사용해서 map()을 작성하는 방법

- 연산자 모듈의 함수 사용 방법

- itertools.starmap() 함수를 사용하는 방법

시작하기

저장소의 06_hamm 폴더에서 작업해야 한다. 솔루션의 작동 방식을 파악하는 것부터 시작하는 것이 좋다. 이 중 하나를 hamm.py 프로그램에 복사하고 도움말을 요청해서 보라.

```
$ cp solution1_abs_iterate.py hamm.py
$ ./hamm.py -h
usage: hamm.py [-h] str str

Hamming distance
positional arguments:
  str      Sequence 1
  str      Sequence 2

optional arguments:
  -h, --help   show this help message and exit
```

프로그램에는 비교할 2개의 염기 서열의 2개의 위치 인수를 필요로 하며, 해밍 거리를 출력해야 한다. 예를 들어 다음 염기 서열 중 하나를 다른 염기 서열로 변경하려면 일곱 번의 편집이 필요하다.

```
$ ./hamm.py GAGCCTACTAACGGGAT CATCGTAATGACGGCCT
7
```

테스트(pytest 또는 make test)를 실행해서 통과하는 세트를 확인한다. 결과를 예측할 수 있다면 이 파일을 제거하고 처음부터 시작해보자.

```
$ new.py -fp 'Hamming distance' hamm.py
Done, see new script "hamm.py".
```

프로그램이 2개의 염기 서열의 2개의 위치 인수를 요구하도록 매개 변수를 정의한다.

```
import argparse
from typing import NamedTuple

class Args(NamedTuple): ❶
    """ Command-line arguments """
    seq1: str
    seq2: str


# --------------------------------------------------
def get_args():
    """ Get command-line arguments """

    parser = argparse.ArgumentParser(
        description='Hamming distance',
        formatter_class=argparse.ArgumentDefaultsHelpFormatter)

    parser.add_argument('seq1', metavar='str', help='Sequence 1') ❷

    parser.add_argument('seq2', metavar='str', help='Sequence 2')

    args = parser.parse_args()

    return Args(args.seq1, args.seq2) ❸
```

❶ 프로그램 인수는 2개의 염기 서열 각각에 2개의 문자열 값을 갖는다.

❷ 두 염기 서열은 필수 위치 문자열 값이다.

❸ 두 염기 서열을 사용해서 **Args** 객체를 인스턴스화한다.

 위치 매개 변수를 정의하는 순서는 커맨드 라인에 인수가 제공되는 순서와 일치해야 한다. 즉 첫 번째 위치 매개 변수는 첫 번째 위치 인수를 보유하고, 두 번째 위치 매개 변수는 두 번째 위치 인수와 일치한다. 선택적 매개 변수를 정의하는 순서는 중요하지 않으며, 선택적 매개 변수는 위치 매개 변수 앞이나 뒤에 정의될 수 있다.

main() 함수를 변경해서 2개의 염기 서열을 출력한다.

```
def main():
```

```
args = get_args()
print(args.seq1, args.seq2)
```

이때 사용법을 출력하고, 사용자가 2개의 염기 서열을 제공하는지 확인하고 염기 서열을 출력하는 프로그램이 있어야 한다.

```
$ ./hamm.py GAGCCTACTAACGGGAT CATCGTAATGACGGCCT
GAGCCTACTAACGGGAT CATCGTAATGACGGCCT
```

pytest -xvv(두 vs가 출력의 장황성을 증가시킴)를 실행하면 프로그램이 처음 세 가지 테스트를 통과한다는 것을 알 수 있다. test_input1에 실패하고 다음과 같은 메시지가 표시된다.

```
===================================== FAILURES =====================================
_____ test_input1 _____

  def test_input1() -> None:
    """ Test with input1 """

>   run(INPUT1)

tests/hamm_test.py:47:
_ _ _ _ _ _ _ _ _ _ _ _ _ _ _ _ _ _ _ _ _ _ _ _ _ _ _ _ _ _ _ _ _ _ _
file = './tests/inputs/1.txt' ❶

  def run(file: str) -> None:
    """ Run with input """

    assert os.path.isfile(file)
    seq1, seq2, expected = open(file).read().splitlines() ❷

    rv, out = getstatusoutput(f'{RUN} {seq1} {seq2}') ❸
    assert rv == 0
>   assert out.rstrip() == expected ❹
E   AssertionError: assert 'GAGCCTACTAACGGGAT CATCGTAATGACGGCCT' == '7' ❺
E   - 7
E   + GAGCCTACTAACGGGAT CATCGTAATGACGGCCT
```

```
tests/hamm_test.py:40: AssertionError
========================== short test summary info ==========================
FAILED tests/hamm_test.py::test_input1 - AssertionError: assert 'GAGCCTACTAAC...
!!!!!!!!!!!!!!!!!!!!!!!!!! stopping after 1 failures !!!!!!!!!!!!!!!!!!!!!!!!!!
======================== 1 failed, 3 passed in 0.27s ========================
```

❶ 테스트의 입력값은 ./tests/inputs/1.txt 파일에서 가져온다.

❷ 파일을 열고 두 염기 서열과 예상 결과를 읽는다.

❸ 프로그램은 2개의 염기 서열로 실행된다.

❹ 프로그램의 출력이 예상 답과 일치하지 않으면 assert가 실패한다.

❺ 특히 프로그램은 7을 출력해야 할 때 2개의 염기 서열을 출력했다.

두 문자열의 문자 반복

이제 두 염기 서열 사이의 해밍 거리를 구해보자. 시작하기 전에 다음 두 염기 서열을
보자.

```
>>> seq1, seq2 = 'AC', 'ACGT'
```

첫 번째 염기 서열에 GT를 추가하거나 두 번째 염기 서열에서 GT를 제거해서 동일하
게 만들 수 있으므로 거리는 2다. 기준 거리는 염기 서열의 길이 차이라고 부를 수 있다.
로잘린드 챌린지는 길이가 같은 두 문자열을 추정해서 연습하지만, 이번 연습으로 길이
가 다른 문자열을 고려해보고 싶다.

뺄셈을 수행하는 순서에 따라 음수가 될 수 있다.

```
>>> len(seq1) - len(seq2)
-2
```

절댓값을 얻으려면 abs() 함수를 사용한다.

```
>>> distance = abs(len(seq1) - len(seq2))
>>> distance
2
```

이제 어떻게 하면 이 염기 서열들이 공통적으로 갖고 있는 문자를 반복할 수 있을지 생각해보자. min() 함수를 사용해서 짧은 염기 서열의 길이를 구할 수 있다.

```
>>> min(len(seq1), len(seq2))
2
```

그리고 range() 함수와 함께 사용해서 공통 문자의 색인을 얻을 수 있다.

```
>>> for i in range(min(len(seq1), len(seq2))):
...    print(seq1[i], seq2[i])
...
A A
C C
```

이 두 문자가 같지 않을 때 어느 한 값을 다른 값과 일치하도록 변경해야 하므로 distance 변수를 증가시켜야 한다. 로잘린드 챌린지는 항상 시작부터 두 염기 서열을 비교한다는 것을 잊지 마라. 예를 들어 ATTG와 TTG는 염기 하나만큼 다르다. 전자에서 A를 제거하거나 후자에서 A를 추가해 일치하도록 할 수 있기 때문이다. 그러나 이 특정 문제의 규칙은 정답이 3이라고 말한다.

```
$ ./hamm.py ATTG TTG
3
```

테스트 집합을 통과하는 솔루션을 만드는 데 이 정도면 충분할 것 같다. 작동 중인 솔루션이 있으면 알고리듬을 작성할 수 있는 몇 가지 다른 방법을 생각해보고, 테스트 집합을 사용해 작성한 코드를 계속 확인하라. pytest를 통해 테스트를 실행하는 것 외에도 make test 옵션을 사용해서 작성한 코드가 다양한 린팅과 타입 검사 테스트도 통과하는지 확인하라.

솔루션

이 절에서는 코드 여러 줄을 사용하는 완전히 수동적인 계산에서 시작해 여러 기능을 한 줄에 결합하는 솔루션으로 끝나는, 해밍 거리를 찾는 여덟 가지 다른 방법에 대해 설명한다.

솔루션 1: 반복과 계산

첫 번째 해결책은 이전 절의 아이디어에서 나온 것이다.

```python
def main():
    args = get_args()
    seq1, seq2 = args.seq1, args.seq2 ❶

    l1, l2 = len(seq1), len(seq2) ❷
    distance = abs(l1 - l2) ❸

    for i in range(min(l1, l2)): ❹
        if seq1[i] != seq2[i]: ❺
            distance += 1 ❻
    print(distance) ❼
```

❶ 두 염기 서열을 변수에 복사한다.

❷ 길이는 한 번 이상 사용할 것이기 때문에 변수별로 저장한다.

❸ 염기 거리는 두 길이의 차이다.

❹ 공통 색인을 찾으려면 더 짧은 길이를 사용하면 된다.

❺ 각 위치의 문자를 확인한다.

❻ 거리를 1씩 늘린다.

❼ 거리를 출력한다.

이 솔루션은 두 문자열의 모든 문자를 비교하는 데 필요한 모든 단계를 명백히 보여준다.

다음 솔루션은 많은 단계를 압축해서 보여줄 것이므로 이 내용에 익숙해져야 한다.

솔루션 2: 단위 테스트 작성하기

해밍 거리를 계산하는 코드는 테스트가 필요하기 때문에 첫 번째 솔루션은 약간 불편하다고 느껴진다. 먼저, main() 함수 다음에 hamming() 함수를 만든다. 개인적으로, 프로그램을 열면 즉시 읽을 수 있도록 get_args()를 먼저 배치하는 것을 선호한다. main() 함수는 두 번째로, 그 이후의 모든 함수와 테스트 코드들은 그 뒤에 배치한다.

함수의 입력과 출력을 예상하면서 시작해보자.

```
def hamming(seq1: str, seq2: str) -> int: ❶
  """ Calculate Hamming distance """

  return 0 ❷
```

❶ 함수는 두 문자열을 위치 인수로 받아들이고 정수를 반환한다.

❷ 처음에는 함수가 항상 0을 반환한다.

 이 함수는 답을 '출력'하지 않고 결과를 '반환'한다는 것을 강조하고 싶다. 거리를 print()하기 위해 이 함수를 작성했다면 단위 테스트를 작성할 수 없다. 프로그램이 정답을 출력하는지 확인하는 통합 테스트에 의존해야 한다. 가능한 한 인수에만 작동하고, 부작용이 없는 순수한 함수를 쓰는 것을 권장한다. 출력은 부작용이며, 프로그램은 결국 답을 출력해야 하지만, 이 함수는 2개의 문자열이 주어졌을 때 정수를 반환한다.

이미 표현할 수 있는 몇 가지 테스트 사례를 보여 줬다. 자신이 고안한 다른 테스트도 얼마든지 추가해보자.

```
def test_hamming() -> None:
  """ Test hamming """

  assert hamming('', '') == 0 ❶
  assert hamming('AC', 'ACGT') == 2 ❷
  assert hamming('GAGCCTACTAACGGGAT', 'CATCGTAATGACGGCCT') == 7 ❸
```

❶ 문자열 입력할 때는 항상 빈 문자열을 입력하는 것이 좋다고 생각한다.

❷ 차이는 오직 길이 때문이다.

❸ 이는 문서에서 가져온 예시다.

이 함수는 전체 프로그램이기 때문에 다소 극단적으로 보일 수 있다. 통합 테스트를 중복해서 보고 있지만, 프로그램 작성 모범 사례를 보여 주기 위해 사용하고 있다. hamming() 함수는 좋은 단위 코드이며, 테스트가 있는 함수다. 훨씬 더 큰 프로그램에서는 수십, 수백 개의 다른 함수들 중 하나이며, 각각은 캡슐화해야 하고 문서화해야 하며 테스트를 해야 한다.

테스트 기반 원칙에 따라 프로그램에서 **pytest**를 실행해 테스트가 실패하는지 확인한다.

```
$ pytest -v hamm.py
========================== test session starts ==========================
...

hamm.py::test_hamming FAILED                                     [100%]

=============================== FAILURES ================================
_____ test_hamming _____

  def test_hamming() -> None:
    """ Test hamming """

    assert hamming('', '') == 0

>   assert hamming('AC', 'ACGT') == 2
E   assert 0 == 2
E   +0
E   -2

hamm.py:69: AssertionError
======================= short test summary info ========================
FAILED hamm.py::test_hamming - assert 0 == 2
```

```
========================= 1 failed in 0.13s =========================
```

이제 main()에서 코드를 복사해서 함수를 수정한다.

```python
def hamming(seq1: str, seq2: str) -> int:
    """ Calculate Hamming distance """

    l1, l2 = len(seq1), len(seq2)
    distance = abs(l1 - l2)

    for i in range(min(l1, l2)):
        if seq1[i] != seq2[i]:
            distance += 1

    return distance
```

함수가 올바른지 확인한다.

```
$ pytest -v hamm.py
========================= test session starts =========================
...
hamm.py::test_hamming PASSED
[100%]
========================= 1 passed in 0.02s =========================
```

다음과 같이 main() 함수에 합칠 수 있다.

```python
def main():
    args = get_args()
    print(hamming(args.seq1, args.seq2)) ❶
```

❶ 두 염기 서열이 주어졌을 때 함수의 반환값을 출력한다.

이렇게 프로그램 속에 명명하고 문서화하고 단위 테스트해서 프로그램의 복잡성을 숨겨 본문이 짧아지고 가독성이 향상된다.

솔루션 3: zip() 함수 사용하기

다음 솔루션은 zip() 함수를 사용해서 두 염기 서열의 요소를 결합한다. 결합의 결과는 각 위치의 문자를 포함하는 튜플 리스트로 나온다(그림 6-3 참고). zip() 함수는 또 다른 지연 함수이므로 list()를 사용해서 REPL에 값을 강제로 적용한다.

```
>>> list(zip('ABC', '123'))
[('A', '1'), ('B', '2'), ('C', '3')]
```

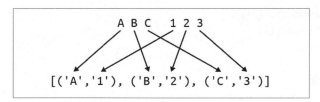

그림 6-3. 튜플은 같은 위치에 있는 문자로 구성된다.

AC와 ACGT 염기 서열을 사용하면 그림 6-4와 같이 zip()이 더 짧은 염기 서열만큼 진행하고 멈춘다.

```
>>> list(zip('AC', 'ACGT'))
[('A', 'A'), ('C', 'C')]
```

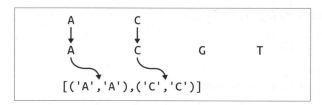

그림 6-4. zip() 함수는 가장 짧은 염기 서열에서 멈춘다.

각 염기 서열 쌍을 반복하기 위해 for 루프를 사용할 수 있다. 지금까지 for 루프를 사용할 때 다음과 같은 리스트의 각 요소를 나타내는 단일 변수를 사용했다.

```
>>> for tup in zip('AC', 'ACGT'):
```

```
...   print(tup)
...
('A', 'A')
('C', 'C')
```

1장에서 튜플의 값을 별도의 변수로 꺼내는 방법을 설명했었다. 파이썬의 for 루프를 사용하면 각 튜플을 다음과 같이 두 문자로 풀어낼 수 있다.

```
>>> for char1, char2 in zip('AC', 'ACGT'):
...   print(char1, char2)
...
A A
C C
```

zip() 함수를 사용하면 첫 번째 구현했던 솔루션에서 몇 줄을 생략할 수 있다.

```
def hamming(seq1: str, seq2: str) -> int:
  """ Calculate Hamming distance """

  distance = abs(len(seq1) - len(seq2)) ❶

  for char1, char2 in zip(seq1, seq2): ❷
    if char1 != char2: ❸
      distance += 1 ❹

  return distance
```

❶ 길이 절댓값끼리 차이를 구한다.

❷ zip()을 사용해 두 문자열의 문자를 쌍으로 구성한다.

❸ 두 문자가 다른지 확인한다.

❹ 거리를 증가시킨다.

솔루션 4: zip_longest() 함수 사용하기

다음 솔루션은 itertools 모듈에서 zip_longest() 함수를 가져온다. 이름에서 알 수 있듯이 가장 긴 리스트의 길이로 리스트를 압축한다. 그림 6-5는 짧은 염기 서열이 다 사용됐을 때 함수가 None 값을 삽입하는 것을 보여준다.

```
>>> from itertools import zip_longest
>>> list(zip_longest('AC', 'ACGT'))
[('A', 'A'), ('C', 'C'), (None, 'G'), (None, 'T')]
```

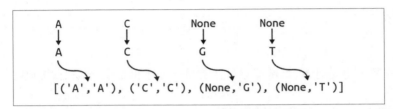

그림 6-5. zip_longest() 함수는 가장 긴 염기 서열에서 멈춘다.

이제 더 이상 염기 서열의 길이를 빼는 것부터 시작할 필요가 없다. 대신 distance 변수를 0으로 초기화한 다음 zip_longest()를 사용해 비교할 염기 튜플을 만든다.

```
def hamming(seq1: str, seq2: str) -> int:
  """ Calculate Hamming distance """

  distance = 0 ❶
  for char1, char2 in zip_longest(seq1, seq2): ❷
    if char1 != char2: ❸
      distance += 1 ❹

  return distance
```

❶ 거리를 0으로 초기화한다.

❷ 가장 긴 염기 서열로 압축한다.

❸ 문자를 비교한다.

❹ 계수를 증가시킨다.

솔루션 5: 리스트 컴프리헨션 사용하기

지금까지의 모든 솔루션에는 for 루프가 사용됐다. 이제 이것을 어떻게 리스트 컴프리헨션으로 변환시킬지 예상하기 바란다. 새 리스트를 만들거나 리스트의 값을 정답으로 제출할 경우 리스트 컴프리헨션을 사용하는 것이 더 짧고 선호되기도 한다.

첫 번째 버전은 if 문을 사용해 두 문자가 같으면 1을 반환하고, 그렇지 않으면 0을 반환한다.

```
>>> seq1, seq2, = 'GAGCCTACTAACGGGAT', 'CATCGTAATGACGGCCT'
>>> [1 if c1 != c2 else 0 for c1, c2 in zip_longest(seq1, seq2)]
[1, 0, 1, 0, 1, 0, 0, 1, 0, 1, 0, 0, 0, 0, 1, 1, 0]
```

해밍 거리는 다음 값들의 합이다.

```
>>> sum([1 if c1 != c2 else 0 for c1, c2 in zip_longest(seq1, seq2)])
7
```

이 아이디어를 표현하는 또 다른 방법은 특정 요소의 허용 여부를 결정하는, 리스트 컴프리헨션의 끝에 있는 조건문인 가드 절을 사용해 1만 생성하는 것이다.

```
>>> ones = [1 for c1, c2 in zip_longest(seq1, seq2) if c1 != c2] ❶
>>> ones
[1, 1, 1, 1, 1, 1, 1]
>>> sum(ones)
7
```

❶ if 문은 두 문자가 같지 않을 경우 값 1을 생성하는 가드다.

또한 5장에서 보여 준 부울 방식/정수를 강제 사용할 수 있다. 여기서 각 True 값은 1로 처리되고 False는 0으로 처리된다.

```
>>> bools = [c1 != c2 for c1, c2 in zip_longest(seq1, seq2)]
>>> bools
[True, False, True, False, True, False, False, True, False, True, False,
False, False, False, True, True, False]
>>> sum(bools)
7
```

이 아이디어는 테스트를 통과하는 한 줄의 코드로 함수를 줄일 수 있다.

```
def hamming(seq1: str, seq2: str) -> int:
  """ Calculate Hamming distance """

  return sum([c1 != c2 for c1, c2 in zip_longest(seq1, seq2)])
```

솔루션 6: filter() 함수 사용하기

4장과 5장에서는 filter() 함수를 사용해서 가드를 사용한 리스트 컴프리헨션을 표현하는 법을 보여 줬다. 파이썬은 zip_longest()에서 별도의 변수로 튜플을 압축 해제하는 것을 허용하지 않기 때문에 코드가 조금 못생겨진다. 즉 char1과 char2를 다른 변수로 압축 해제하는 lamda를 쓰고 싶지만 이는 불가능하다.

```
>>> list(filter(lambda char1, char2: char1 != char2, zip_longest(seq1, seq2)))
Traceback (most recent call last):
  File "<stdin>", line 1, in <module>
TypeError: <lambda>() missing 1 required positional argument: 'char2'
```

대신 보통 쓰는 lambda 변수 tup 또는 t를 사용해서 이것이 tuple이라는 것을 기억하게 한다. 위치 튜플 표기법을 사용해서 0번째 위치에 있는 요소를 첫 번째 위치에 있는 요소와 비교한다. filter()는 요소가 다른 경우에만 다음 튜플을 생성한다.

```
>>> seq1, seq2 = 'AC', 'ACGT'
>>> list(filter(lambda t: t[0] != t[1], zip_longest(seq1, seq2)))
[(None, 'G'), (None, 'T')]
```

결국 헤밍 거리는 이 리스트의 길이다. len() 함수는 filter()에서 값을 생성하도록 요
구하지는 않는다.

```
>>> len(filter(lambda t: t[0] != t[1], zip_longest(seq1, seq2)))
Traceback (most recent call last):
  File "<stdin>", line 1, in <module>
TypeError: object of type 'filter' has no len()
```

이런 오류 때문에 list()를 사용해서 지연 filter() 함수를 강제로 사용해 결과를 생성
해야 한다.

```
def hamming(seq1: str, seq2: str) -> int:
  """ Calculate Hamming distance """

  distance = filter(lambda t: t[0] != t[1], zip_longest(seq1, seq2)) ❶
  return len(list((distance))) ❷
```

❶ filter()를 사용해서 다른 문자의 튜플 쌍을 찾는다.

❷ 결과 리스트의 길이를 반환한다.

솔루션 7: zip_longest()와 map() 함수 사용하기

이 솔루션에서는 filter() 대신 map()을 사용해서 튜플의 압축을 풀 수 없는 경우에도
동일한 기능이 적용된다는 것을 보여준다. map()을 사용해서 문자 쌍이 일치하는지 여
부를 나타내는 부울 값 리스트를 생성한다.

```
>>> seq1, seq2 = 'AC', 'ACGT'
>>> list(map(lambda t: t[0] != t[1], zip_longest(seq1, seq2)))
[False, False, True, True]
```

lambda는 어떤 요소가 통과할 수 있는지 결정하기 위해 사용하는 filter()와 동일하게
사용된다. 여기서 코드는 그림 6-6과 같이 요소를 인수에 lambda 함수를 적용한 결과로
변환한다. map()은 항상 동일한 수의 요소를 반환하지만, filter()는 더 적은 수의 요소

를 반환하거나 전혀 반환하지 않을 수 있다.

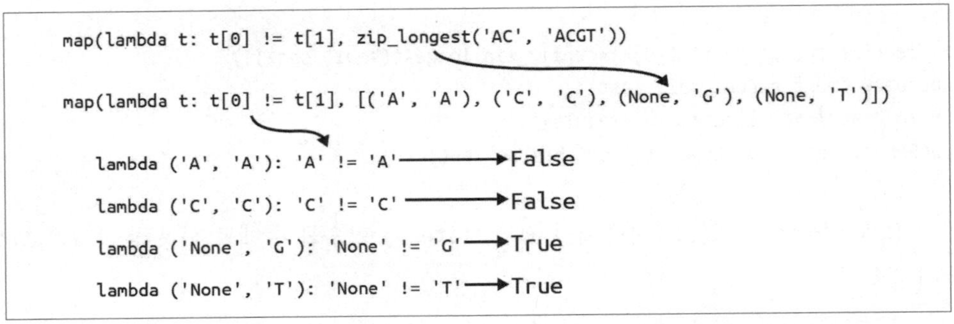

```
map(lambda t: t[0] != t[1], zip_longest('AC', 'ACGT'))

map(lambda t: t[0] != t[1], [('A', 'A'), ('C', 'C'), (None, 'G'), (None, 'T')])

    lambda ('A', 'A'): 'A' != 'A' ──────→False
    lambda ('C', 'C'): 'C' != 'C' ──────→False
    lambda ('None', 'G'): 'None' != 'G'──→True
    lambda ('None', 'T'): 'None' != 'T'──→True
```

그림 6-6. map() 함수는 각 튜플에서 두 요소가 같은지 아닌지를 나타내는 부울 값으로 변환한다.

이 부울을 합해 일치하지 않는 쌍의 수를 얻을 수 있다.

```
>>> seq1, seq2, = 'GAGCCTACTAACGGGAT', 'CATCGTAATGACGGCCT'
>>> sum(map(lambda t: t[0] != t[1], zip_longest(seq1, seq2)))
7
```

이 아이디어를 적용한 함수는 다음과 같다.

```
def hamming(seq1: str, seq2: str) -> int:
    """ Calculate Hamming distance """

    return sum(map(lambda t: t[0] != t[1], zip_longest(seq1, seq2)))
```

함수가 10줄 이상의 코드에서 1줄로 바뀌었지만, 여전히 무슨 일을 하는지 설명할 수 있는 이름과 테스트를 할 수 있는 함수다. 최종적으로는 프로젝트 전체에서 공유할 수 있는 재사용 가능한 코드의 모듈을 만들 것이다.

솔루션 8: starmap() 함수와 operator.ne() 함수 사용하기

이 마지막 솔루션을 보여 주기 위해 지금까지의 솔루션들을 소개했다. 먼저, 변수에 lambda를 할당하는 방법을 소개한다.

```
>>> not_same = lambda t: t[0] != t[1]
```

이 구문은 권장하지 않으며 pylint는 이 구문의 코드를 반드시 실패하고 대신 def를 권장한다.

```
def not_same(t):
  return t[0] != t[1]
```

튜플을 수락하고 두 요소가 동일한지 여부를 반환하는 not_same()이라는 함수를 생성한다.

```
>>> not_same(('A', 'A'))
False
>>> not_same(('A', 'T'))
True
```

하지만 2개의 위치 인수를 받아들이는 함수를 작성하면 이전에 본 것과 같은 오류가 나타난다.

```
>>> not_same = lambda a, b: a != b
>>> list(map(not_same, zip_longest(seq1, seq2)))
Traceback (most recent call last):
  File "<stdin>", line 1, in <module>
TypeError: <lambda>() missing 1 required positional argument: 'b'
```

튜플(1장에서 처음 설명한 바와 같이)에 *(별, 별표 또는 표시)를 추가해서 요소로 확장돼 들어오는 튜플을 표시할 수 있는 map() 버전이 필요하다. 그리고 정확히 itertools.starmap() 함수가 이러한 기능을 한다(그림 6-7과 같이).

```
>>> from itertools import zip_longest, starmap
>>> seq1, seq2 = 'AC', 'ACGT'
>>> list(starmap(not_same, zip_longest(seq1, seq2)))
[False, False, True, True]
```

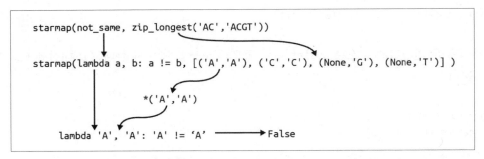

그림 6-7. starmap() 함수는 들어오는 튜플을 요소로 확장시켜서 lambda가 예상하는 두 값으로 바꾼다.

하지만 이것이 끝이 아니다! 이미 operator.ne()(같지 않음(not equal))을 갖고 있기 때문에 != 연산자를 사용해 작성하는 not_same() 함수를 작성할 필요가 없다.

```
>>> import operator
>>> operator.ne('A', 'A')
False
>>> operator.ne('A', 'T')
True
```

연산자는 특수 이진 함수(인자 2개를 수용함)이며, 함수 이름은 보통 인자 사이에 있는 +와 같은 기호다. 파이썬은 +가 operator.add()를 의미하는지 결정해야 한다.

```
>>> 1 + 2
3
>>> operator.add(1, 2)
3
```

또는 operator.concat()

```
>>> 'AC' + 'GT'
'ACGT'
>>> operator.concat('AC', 'GT')
'ACGT'
```

요점은 이미 2개의 인수를 예상하고 동일한지 여부를 반환하는 기존 함수가 있으며, starmap()을 사용해서 튜플을 필요한 인자로 적절하게 확장할 수 있다는 것이다.

232

```
>>> seq1, seq2 = 'AC', 'ACGT'
>>> list(starmap(operator.ne, zip_longest(seq1, seq2)))
[False, False, True, True]
```

이전과 마찬가지로 해밍 거리는 일치하지 않는 쌍의 합이다.

```
>>> seq1, seq2, = 'GAGCCTACTAACGGGAT', 'CATCGTAATGACGGCCT'
>>> sum(starmap(operator.ne, zip_longest(seq1, seq2)))
7
```

동작을 확인하는 방법은 다음과 같다.

```
def hamming(seq1: str, seq2: str) -> int:
  """ Calculate Hamming distance """

  return sum(starmap(operator.ne, zip_longest(seq1, seq2))) ❶
```

❶ 염기 서열을 압축하고 튜플을 부울 비교로 변환한 다음 더한다.

이 최종 솔루션은 직접 작성하지 않은 네 가지 함수를 사용하는 데 집중돼 있다. 가장 좋은 코드는 작성하지 않는 코드(또는 테스트나 문서)라고 생각한다. 나는 이 솔루션을 선호하지만 이 코드가 지나치게 수준이 높다고 생각할 수도 있다. 여러분이 1년 후에도 이해할 수 있는 버전을 사용하기 바란다.

더 나아가기

- 소스 코드를 보지 않고 zip_longest() 버전을 작성한다. 반드시 테스트로 시작해서 테스트가 성공하는 함수를 작성해야 한다.

- 프로그램을 확장해서 3개 이상의 입력된 염기 서열을 처리한다. 프로그램에서 모든 염기 서열 쌍 사이의 해밍 거리를 출력한다. 즉 프로그램 n!/k!(n − k)!이 k개 숫자를 선택해 n을 출력한다는 것을 의미한다. 3개의 염기 서열에서 프로그램은 3!/(2!(3 − 2)!) = 6/2 = 3개의 거리 쌍을 출력한다.

- 한 예시로, AAACCCGGGTTT와 AACCCGGGTTTA 염기 서열 사이에 단 하나의 차이점이 있다고 보여 주는 염기 서열 정렬 알고리듬을 작성해보라.

요점 정리

6장은 해밍 거리를 찾기 위해 다소 깊게 들어갔지만, 파이썬 함수의 다양하고 흥미로운 부분들을 많이 봤다.

- 내장된 zip() 함수는 2개 이상의 리스트를 튜플 리스트로 결합해서 공통 위치에 있는 요소를 그룹화한다. 최단 염기 서열에서 정지하므로 가장 긴 염기 서열로 이동하려면 itertools.zip_longest() 함수를 사용한다.

- 반복 가능한 값에 map()과 filter() 함수를 적용한다. map()은 함수로 변환된 새로운 서열을 반환하고, filter()는 함수가 적용됐을 때 참인 값을 반환하는 요소만 반환한다.

- map()과 filter()에 전달되는 함수는 lambda로 생성된 익명 함수거나 기존 함수일 수 있다.

- 연산자 모듈에는 ne()(not equal) 함수처럼 map()과 filter()와 함께 사용할 수 있는 함수가 많이 포함돼 있다.

- functools.starmap() 함수는 map()과 동일하게 작동하지만, 들어오는 값을 표시해서 리스트 값으로 확장한다.

mRNA를 단백질로 변환하기: 더 많은 함수형 프로그래밍

분자생물학의 센트럴 도그마^{Central Dogma1}에 따르면 DNA는 mRNA를 만들고 mRNA는 단백질을 만든다. 2장에서는 DNA를 mRNA로 전사하는 방법을 설명했기 때문에 이번에는 mRNA를 단백질 서열로 변환하는 법을 설명할 것이다. 로잘린드 PROT 페이지 (https://oreil.ly/OgBcW)에서 설명한 것처럼 mRNA 서열을 받아서 아미노산 서열을 생성하는 프로그램을 작성해야 한다. 리스트, for 루프, 리스트 컴프리헨션, 딕셔너리, 고차 함수를 사용한 여러 솔루션을 보여줄 것이지만, 결국은 바이오파이썬 함수로 끝날 것이다. 그래도 재미있을 것이다.

주로 솔루션을 만들기 위한 작은 함수를 작성하고 테스트하고 구성하는 방법에 중점을 둘 것이다.

7장에서 배울 내용은 다음과 같다.

- 문자열 슬라이스를 사용해 염기 서열에서 codons/k-mer를 추출하는 방법

- 딕셔너리를 조회 테이블로 사용하는 방법

- for 루프를 리스트 컴프리헨션 및 map() 표현식으로 변환하는 방법

- takewhile() 함수 및 partial() 함수 사용 방법

- Bio.Seq 모듈을 사용해서 mRAN를 단백질로 번역하는 방법

---

1   분자생물학의 중심 원리, 즉 유전 정보의 흐름을 말한다. - 옮긴이

시작하기

이번 연습에서는 07_prot 폴더에서 작업한다. 먼저, 첫 번째 솔루션을 prot.py에 복사하고 사용 방법을 출력해본다.

```
$ cp solution1_for.py prot.py
$ ./prot.py -h
usage: prot.py [-h] RNA

Translate RNA to proteins

positional arguments:
  RNA   RNA sequence

optional arguments:
  -h, --help  show this help message and exit
```

프로그램은 단일 위치 인수로 RNA 염기 서열이 필요하다. 여기서부터 RNA라는 용어를 쓰지만, 이는 mRNA를 의미한다. 다음은 로잘린드 페이지의 예제 문자열을 사용한 결과다.

```
$ ./prot.py AUGGCCAUGGCGCCCAGAACUGAGAUCAAUAGUACCCGUAUUAACGGGUGA
MAMAPRTEINSTRING
```

make test를 실행해서 프로그램이 올바르게 동작하는지 확인한다. 프로그램을 어떻게 동작시켜야 하는지 명확한 생각이 있다면 처음부터 다시 시작해도 좋다.

```
$ new.py -fp 'Translate RNA to proteins' prot.py
Done, see new script "prot.py".
```

매개 변수를 정의하는 방법은 다음과 같다.

```
class Args(NamedTuple):
    """ Command-line arguments """
    rna: str ❶
```

```python
def get_args() -> Args:
    """Get command-line arguments"""

    parser = argparse.ArgumentParser(
        description='Translate RNA to proteins',
        formatter_class=argparse.ArgumentDefaultsHelpFormatter)

    parser.add_argument('rna', type=str, metavar='RNA', help='RNA sequence') ❷

    args = parser.parse_args()

    return Args(args.rna)
```

❶ 유일한 매개 변수는 mRNA 문자열이다.

❷ rna를 위치 문자열로 정의한다.

프로그램이 올바른 사용법을 생성할 때까지 인수를 수정한 다음, 들어오는 RNA 문자열을 출력하도록 main()을 수정한다.

```python
def main() -> None:
    args = get_args()
    print(args.rna)
```

함수가 동작하는지 확인한다.

```
$ ./prot.py AUGGCCAUGGCGCCCAGAACUGAGAUCAAUAGUACCCGUAUUAACGGGUGA
AUGGCCAUGGCGCCCAGAACUGAGAUCAAUAGUACCCGUAUUAACGGGUGA
```

pytest를 실행하거나 **make test**를 실행해서 확인한다. 프로그램의 출력은 단백질 번역이어야 하고, 첫 번째 두 가지 테스트를 통과하고 세 번째 테스트에 실패해야 한다. 방법을 알 것 같으면 솔루션을 직접 만들어 보라. 혼자 머리를 쥐어짜며 고민하는 것도 좋다. 서두를 것 없으니 필요하면 며칠 쉬어도 좋다. 집중적인 코딩 시간 외에도 낮잠과 산책 (생각의 확산 시간)을 가져라. 그리고 도움이 필요하다면 계속 읽으면 된다.

K-mer와 코돈

지금까지 DNA의 염기와 같은 문자열의 문자를 반복하는 방법의 예시들을 많이 봤다. 이제 아미노산에 해당하는 3개의 뉴클레오타이드 염기 서열인 코돈^{codon}을 읽기 위해 RNA의 염기를 3개로 그룹화해야 한다. 표 7-1과 같이 64개의 코돈이 있다.

표 7-1. RNA 코돈 표는 RNA의 3-mer/코돈이 22개의 아미노산을 어떻게 인코딩하는지 설명한다.

AAA K	AAC N	AAG K	AAU N	ACA T
ACC T	ACG T	ACU T	AGA R	AGC S
AGG R	AGU S	AUA I	AUC I	AUG M
AUU I	CAA Q	CAC H	CAG Q	CAU H
CCA P	CCC P	CCG P	CCU P	CGA R
CGC R	CGG R	CGU R	CUA L	CUC L
CUG L	CUU L	GAA E	GAC D	GAG E
GAU D	GCA A	GCC A	GCG A	GCU A
GGA G	GGC G	GGG G	GGU G	GUA V
GUC V	GUG V	GUU V	UAC Y	UAU Y
UCA S	UCC S	UCG S	UCU S	UGC C
UGG W	UGU C	UUA L	UUC F	UUG L
UUU F	UAA Stop	UAG Stop	UGA Stop	

RNA의 일부 문자열이 주어진 경우

```
>>> rna = 'AUGGCCAUGGCGCCCAGAACUGAGAUCAAUAGUACCCGUAUUAACGGGUGA'
```

첫 번째 세 가지 염기 AUG를 읽고 싶다. 그림 7-1과 같이 문자열 슬라이스를 사용해서 인덱스 0에서 3까지의 문자를 직접 가져올 수 있다(마지막 인덱스 이상은 포함되지 않는다는 것을 기억하라).

```
>>> rna[0:3]
'AUG'
```

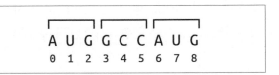

그림 7-1. 문자열 슬라이스를 사용해서 RNA에서 코돈을 추출한다.

다음 코돈은 인덱스 시작과 중지 위치에 3을 더하면 찾을 수 있다.

```
>>> rna[3:6]
'GCC'
```

패턴이 나타나고 있는 것을 알 수 있는가? 첫 번째 숫자는 0부터 시작해서 3을 더해야
한다. 두 번째 숫자의 경우 첫 번째 숫자에 3을 추가해야 한다(그림 7-2 참고).

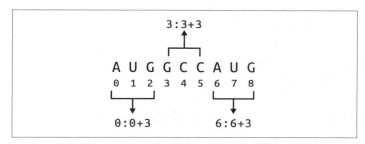

그림 7-2. 각 슬라이스는 range() 함수를 이용해 찾을 수 있는 코돈의 시작 위치의 함수다.

1개나 2개 혹은 3개의 인수를 사용할 수 있는 range() 함수를 사용해 첫 번째 부분을
처리할 수 있다. 인수를 1개만 지정하면 0에서 지정된 값까지, 지정된 값을 포함하지 않
는 모든 숫자가 생성된다. 다음은 list()로 강제시킨 지연 함수다.

```
>>> list(range(10))
[0, 1, 2, 3, 4, 5, 6, 7, 8, 9]
```

2개의 인수로는, range() 함수가 첫 번째 인수에서 시작해서 두 번째 인수까지라고 인
지한다.

```
>>> list(range(5, 10))
[5, 6, 7, 8, 9]
```

세 번째 인수는 각 단계의 크기를 의미한다. 3장에서는, 시작 또는 중지 위치가 없고 단
계 크기가 -1인 range()를 사용해 문자열을 반전시켰다. 이 경우 0부터 RNA 길이까지
3씩 단계적으로 세고 싶다. 코돈의 시작 위치는 다음과 같다.

```
>>> list(range(0, len(rna), 3))
[0, 3, 6, 9, 12, 15, 18, 21, 24, 27, 30, 33, 36, 39, 42, 45, 48]
```

리스트 컴프리헨션을 사용해서 시작과 중지 값을 튜플로 생성할 수 있다. 중지 위치가 시작 위치보다 3개 많다. 처음 5개만 보자.

```
>>> [(n, n + 3) for n in range(0, len(rna), 3)][:5]
[(0, 3), (3, 6), (6, 9), (9, 12), (12, 15)]
```

이 값을 사용해서 RNA 조각을 가져올 수 있다.

```
>>> [rna[n:n + 3] for n in range(0, len(rna), 3)][:5]
['AUG', 'GCC', 'AUG', 'GCG', 'CCC']
```

코돈은 RNA의 하위 서열이며 k-mer와 유사하다. k는 크기(여기서는 3)이고, mer는 단어 폴리머^{polymer}에서처럼 몫이다. 일반적으로 k-mer는 크기로 나타내므로 여기서는 3-mer라고 한다. k-mer는 1글자씩 겹치기 때문에 오른쪽으로 한 염기씩 이동한다. 그림 7-3은 입력 RNA의 처음 9개 염기에서 발견된 처음 7개의 3-mer를 보여준다.

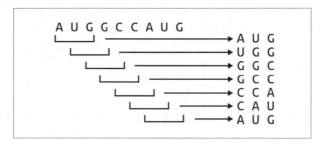

그림 7-3. RNA 염기 서열의 처음 9개 염기에 있는 모든 3-mer

임의의 시퀀스 s에서의 k-mer의 수 n은 다음과 같다.

n = len(s) - k + 1

이 RNA 배열의 길이는 51이므로 3-mer 49개를 포함한다.

240

```
>>> len(rna) - k + 1
49
```

14장에서 설명할 다중 프레임 번역을 고려할 때를 제외하고 코돈은 겹치지 않으므로 3개의 위치를 이동해서(그림 7-4 참고) 17개의 코돈을 남긴다.

```
>>> len([rna[n:n + 3] for n in range(0, len(rna), 3)])
17
```

그림 7-4. 코돈은 겹치지 않는 3-mer이다.

코돈 번역

이제 RNA에서 코돈을 추출하는 방법을 알았으니 코돈을 단백질로 변환하는 방법을 생각해보자. 로잘린드 페이지는 다음 번역 테이블을 제공한다.

UUU	F	CUU	L	AUU	I	GUU	V
UUC	F	CUC	L	AUC	I	GUC	V
UUA	L	CUA	L	AUA	I	GUA	V
UUG	L	CUG	L	AUG	M	GUG	V
UCU	S	CCU	P	ACU	T	GCU	A
UCC	S	CCC	P	ACC	T	GCC	A
UCA	S	CCA	P	ACA	T	GCA	A
UCG	S	CCG	P	ACG	T	GCG	A
UAU	Y	CAU	H	AAU	N	GAU	D
UAC	Y	CAC	H	AAC	N	GAC	D
UAA	Stop	CAA	Q	AAA	K	GAA	E
UAG	Stop	CAG	Q	AAG	K	GAG	E
UGU	C	CGU	R	AGU	S	GGU	G
UGC	C	CGC	R	AGC	S	GGC	G
UGA	Stop	CGA	R	AGA	R	GGA	G
UGG	W	CGG	R	AGG	R	GGG	G

딕셔너리는 단백질 염기 서열의 시작을 나타내는 코돈인 단백질 M으로 번역되는 것을 발견하기 위해 AUG와 같은 문자열을 찾기 적절한 데이터 구조다. 이 데이터를 프로그램에 포함시키는 것은 독자에게 맡기겠다. 단백질 배열의 끝을 나타내는 중지 코돈을 나타내기 위해 딕셔너리에서 Stop을 *로 변경했다. 딕셔너리를 codon_to_aa로 호출했는데 다음과 같이 사용할 수 있다.

```
>>> rna = 'AUGGCCAUGGCGCCCAGAACUGAGAUCAAUAGUACCCGUAUUAACGGGUGA'
>>> aa = []
>>> for codon in [rna[n:n + 3] for n in range(0, len(rna), 3)]:
...    aa.append(codon_to_aa[codon])
...
>>> aa
['M', 'A', 'M', 'A', 'P', 'R', 'T', 'E', 'I', 'N', 'S', 'T', 'R', 'I', 'N', 'G', '*']
```

* 코돈은 번역이 끝나는 위치를 나타내며 가끔 표시되므로 정지된 부분이 발견돼 단백질이 완전하다는 것을 알 수 있다. 로잘린드 테스트를 통과하기 위해서는 중지가 출력에 포함돼서는 안 된다. 중지 코돈은 RNA 문자열이 끝나기 전에 발생할 수 있다. 이 중지 코돈은 테스트를 통과하는 솔루션을 작성하기 위한 힌트가 된다. 반드시 **pytest**나 **make test**를 실행해 프로그램이 논리적이고 올바르게 작성했는지 확인하라.

솔루션

이번 절에서는 완전하게 수동으로 RNA 코돈 테이블을 딕셔너리로 인코딩하는 솔루션에서 바이오파이썬 함수를 사용해 코드 한 줄로 RNA를 단백질로 번역하는 방법에 대한 다섯 가지 변형을 소개한다. 모든 솔루션은 앞서 설명한 것과 동일한 get_args()를 사용한다.

솔루션 1: for 루프 사용하기

다음은 for 루프를 사용해 코돈을 반복하고 딕셔너리를 이용해 번역하는 첫 번째 솔루션이다.

242

```
def main() -> None:
  args = get_args()
  rna = args.rna.upper() ❶
  codon_to_aa = { ❷
    'AAA': 'K', 'AAC': 'N', 'AAG': 'K', 'AAU': 'N', 'ACA': 'T',
    'ACC': 'T', 'ACG': 'T', 'ACU': 'T', 'AGA': 'R', 'AGC': 'S',
    'AGG': 'R', 'AGU': 'S', 'AUA': 'I', 'AUC': 'I', 'AUG': 'M',
    'AUU': 'I', 'CAA': 'Q', 'CAC': 'H', 'CAG': 'Q', 'CAU': 'H',
    'CCA': 'P', 'CCC': 'P', 'CCG': 'P', 'CCU': 'P', 'CGA': 'R',
    'CGC': 'R', 'CGG': 'R', 'CGU': 'R', 'CUA': 'L', 'CUC': 'L',
    'CUG': 'L', 'CUU': 'L', 'GAA': 'E', 'GAC': 'D', 'GAG': 'E',
    'GAU': 'D', 'GCA': 'A', 'GCC': 'A', 'GCG': 'A', 'GCU': 'A',
    'GGA': 'G', 'GGC': 'G', 'GGG': 'G', 'GGU': 'G', 'GUA': 'V',
    'GUC': 'V', 'GUG': 'V', 'GUU': 'V', 'UAC': 'Y', 'UAU': 'Y',
    'UCA': 'S', 'UCC': 'S', 'UCG': 'S', 'UCU': 'S', 'UGC': 'C',
    'UGG': 'W', 'UGU': 'C', 'UUA': 'L', 'UUC': 'F', 'UUG': 'L',
    'UUU': 'F', 'UAA': '*', 'UAG': '*', 'UGA': '*',
  }

  k = 3 ❸
  protein = '' ❹
  for codon in [rna[i:i + k] for i in range(0, len(rna), k)]: ❺
    aa = codon_to_aa.get(codon, '-') ❻
    if aa == '*': ❼
      break ❽
    protein += aa ❾

  print(protein) ❿
```

❶ 입력 RNA를 복사해서 대문자로 만든다.

❷ 딕셔너리를 사용해 코돈/AA 조회 테이블을 만든다.

❸ k-mer를 찾기 위한 k의 크기를 설정한다.

❹ 단백질 서열을 빈 문자열로 초기화한다.

❺ RNA의 코돈을 반복한다.

❻ dict.get()을 사용해 이 코돈의 아미노산을 검색하고, 찾을 수 없는 경우 대시를 반환한다.

❼ 이것이 정지 코돈인지 확인한다.

❽ for 루프에서 벗어난다.

❾ 단백질 서열에 아미노산을 추가한다.

❿ 단백질 서열을 출력한다.

솔루션 2: 단위 테스트 추가하기

첫 번째 솔루션은 잘 동작하며 짧은 프로그램은 적절한 구조를 갖추고 있다. 문제는 이런 짧은 프로그램이 긴 프로그램이 될 때다. 함수는 보통 점점 더 길어지기 때문에 테스트를 통해 몇 가지 작은 함수로 main() 코드를 분할하는 방법을 소개하려 한다. 일반적으로 50줄 이하의 함수를 원한다. 나는 함수를 짧게 만드는 것에 굉장히 찬성한다.

첫 번째 생각은 코돈을 찾는 코드를 추출해서 단위 테스트를 통해 함수로 만드는 것이다. 먼저 함수의 자리 표시자를 타입 특징으로 정의하면 함수가 인수로 받아들인다고 생각할 수 있으며, 그 결과 함수가 반환된다.

```
def codons(seq: str) -> List[str]: ❶
    """ Extract codons from a sequence """

    return [] ❷
```

❶ 함수는 문자열을 받고 문자열 리스트를 반환한다.

❷ 지금은 빈 리스트를 반환한다.

다음으로, test_codons() 함수를 정의해서 어떻게 동작하는지 상상해보자. 함수 매개변수에 문자열이 있을 때마다 빈 문자열을 전달하려고 한다(함수 매개 변수로 정수를 사용할 때마다 0을 전달하려고 한다). 그런 다음 다른 가능한 값을 시도하고 함수가 수행해야 하는 동작을 상상한다. 보다시피 3개의 염기보다 짧은 문자열을 반환해서 판단을 내리고 있다. 이 함수가 문자열을 최소한 3개의 염기로 이뤄진 부분 문자열로 나누기를 원한다. 이를 완벽하게 만들고자 한다.

```python
def test_codons() -> None:
    """ Test codons """

    assert codons('') == []
    assert codons('A') == ['A']
    assert codons('ABC') == ['ABC']
    assert codons('ABCDE') == ['ABC', 'DE']
    assert codons('ABCDEF') == ['ABC', 'DEF']
```

이제 이 테스트들을 만족시킬 함수를 작성해보자. 관련 코드를 main()에서 codons() 함수로 이동하면 다음과 같이 표시된다.

```python
def codons(seq: str) -> List[str]:
    """ Extract codons from a sequence """

    k = 3
    ret = []
    for codon in [seq[i:i + k] for i in range(0, len(seq), k)]:
        ret.append(codon)

    return ret
```

이 프로그램에서 pytest를 실행하려고 하면 통과한다. for 루프는 반환된 리스트를 작성하는 데 사용되므로 리스트 컴프리헨션을 사용하는 것이 더 좋다.

```python
def codons(seq: str) -> List[str]:
    """ Extract codons from a sequence """

    k = 3
    return [seq[i:i + k] for i in range(0, len(seq), k)]
```

이 함수는 문서화돼 있고 테스트가 완료됐으며, 나머지 코드를 더 읽기 쉽게 만드는 멋진 함수다.

```
def main() -> None:
  args = get_args()
  rna = args.rna.upper()
  codon_to_aa = {
    'AAA': 'K', 'AAC': 'N', 'AAG': 'K', 'AAU': 'N', 'ACA': 'T',
    'ACC': 'T', 'ACG': 'T', 'ACU': 'T', 'AGA': 'R', 'AGC': 'S',
    'AGG': 'R', 'AGU': 'S', 'AUA': 'I', 'AUC': 'I', 'AUG': 'M',
    'AUU': 'I', 'CAA': 'Q', 'CAC': 'H', 'CAG': 'Q', 'CAU': 'H',
    'CCA': 'P', 'CCC': 'P', 'CCG': 'P', 'CCU': 'P', 'CGA': 'R',
    'CGC': 'R', 'CGG': 'R', 'CGU': 'R', 'CUA': 'L', 'CUC': 'L',
    'CUG': 'L', 'CUU': 'L', 'GAA': 'E', 'GAC': 'D', 'GAG': 'E',
    'GAU': 'D', 'GCA': 'A', 'GCC': 'A', 'GCG': 'A', 'GCU': 'A',
    'GGA': 'G', 'GGC': 'G', 'GGG': 'G', 'GGU': 'G', 'GUA': 'V',
    'GUC': 'V', 'GUG': 'V', 'GUU': 'V', 'UAC': 'Y', 'UAU': 'Y',
    'UCA': 'S', 'UCC': 'S', 'UCG': 'S', 'UCU': 'S', 'UGC': 'C',
    'UGG': 'W', 'UGU': 'C', 'UUA': 'L', 'UUC': 'F', 'UUG': 'L',
    'UUU': 'F', 'UAA': '*', 'UAG': '*', 'UGA': '*',
  }

  protein = ''
  for codon in codons(rna): ❶
    aa = codon_to_aa.get(codon, '-')
    if aa == '*':
      break
    protein += aa

  print(protein)
```

❶ 코돈을 찾는 복잡한 과정은 함수 안에 숨겨져 있다.

결국 이 함수(그리고 테스트)를 다른 프로그램에 쉽게 통합할 수 있게 됐다. 가장 간단한 경우는 이 코드들을 복사해서 붙여 넣는 것이지만, 더 나은 해결책은 함수를 공유하는 것이다. REPL을 사용하는 방법을 설명하겠다. prot.py 프로그램에 codons() 함수가 있는 경우 함수를 불러온다.

```
>>> from prot import codons
```

이제 codons() 함수를 실행할 수 있다.

```
>>> codons('AAACCCGGGTTT')
['AAA', 'CCC', 'GGG', 'TTT']
```

또는 전체 prot 모듈을 불러오고 다음과 같이 함수를 호출할 수 있다.

```
>>> import prot
>>> prot.codons('AAACCCGGGTTT')
['AAA', 'CCC', 'GGG', 'TTT']
```

파이썬 프로그램은 재사용 가능한 코드의 모듈이기도 하다. 소스 코드 파일을 실행하면 프로그램이 되기도 하지만, 파이썬에서 프로그램과 모듈은 큰 차이가 없다. 모든 프로그램의 끝에 있는 2행의 의미는 다음과 같다.

```
if __name__ == '__main__': ❶
  main() ❷
```

❶ 파이썬 프로그램을 프로그램으로 실행할 때 __name__의 값은 __main__이다.

❷ main() 함수를 호출해서 프로그램을 시작한다.

다른 코드에서 파이썬 모듈을 불러올 때 __name__은 모듈의 이름이다(예: prot.py의 경우 prot). __name__을 확인하지 않고 프로그램 끝에서 단순히 main()을 호출하면 모듈을 불러올 때마다 실행되며 이는 별로 좋지 않다.

파이썬을 점점 더 많이 쓸수록 같은 문제를 반복적으로 해결하고 있다는 것을 깨닫게 될 것이다. 코드의 일부를 복사해서 붙여 넣는 것보다 프로젝트 간에 함수를 작성해서 공통 솔루션을 공유하는 것이 훨씬 더 좋다. 파이썬은 재사용 가능한 함수를 모듈에 넣고, 다른 프로그램에서 불러오기를 매우 쉽게 할 수 있다.

솔루션 3: 또 다른 함수와 리스트 컴프리헨션

codons() 함수는 깔끔하고 편리하며 main() 함수를 이해하기 쉽게 한다. 그러나 main()에 남아 있는 모든 코드는 단백질 번역과 관련돼 있다. 이 코드를 translate() 함수로 숨기려 한다. 테스트해서 사용하려는 함수는 다음과 같다.

```python
def test_translate() -> None:
    """ Test translate """

    assert translate('') == ''  ❶
    assert translate('AUG') == 'M'  ❷
    assert translate('AUGCCGUAAUCU') == 'MP'  ❸
    assert translate('AUGGCCAUGGCGCCCAGAACUGAGAU'  ❹
                    'CAAUAGUACCCGUAUUAACGGGUGA') == 'MAMAPRTEINSTRING'  ❺
```

❶ 보통 빈 문자열로 문자열 매개 변수를 테스트한다.

❷ 단일 아미노산을 검사한다.

❸ 서열이 끝나기 전에 정지 코돈을 사용해서 테스트한다.

❹ 인접한 문자열 리터럴이 1개의 문자열로 결합돼 있는 것에 주의하라. 이는 소스 코드
의 긴 줄을 끊는 데 유용한 방법이다.

❺ 로잘린드의 예시를 사용해 테스트한다.

모든 코드를 main()에서 이 translate() 함수로 옮기고, for 루프를 리스트 컴프리헨션
으로 변경하고 리스트 슬라이스를 사용해 중지 코돈 위치에서 단백질을 잘라 낸다.

```python
def translate(rna: str) -> str:
    """ Translate codon sequence """

    codon_to_aa = {
        'AAA': 'K', 'AAC': 'N', 'AAG': 'K', 'AAU': 'N', 'ACA': 'T',
        'ACC': 'T', 'ACG': 'T', 'ACU': 'T', 'AGA': 'R', 'AGC': 'S',
        'AGG': 'R', 'AGU': 'S', 'AUA': 'I', 'AUC': 'I', 'AUG': 'M',
        'AUU': 'I', 'CAA': 'Q', 'CAC': 'H', 'CAG': 'Q', 'CAU': 'H',
        'CCA': 'P', 'CCC': 'P', 'CCG': 'P', 'CCU': 'P', 'CGA': 'R',
        'CGC': 'R', 'CGG': 'R', 'CGU': 'R', 'CUA': 'L', 'CUC': 'L',
        'CUG': 'L', 'CUU': 'L', 'GAA': 'E', 'GAC': 'D', 'GAG': 'E',
        'GAU': 'D', 'GCA': 'A', 'GCC': 'A', 'GCG': 'A', 'GCU': 'A',
        'GGA': 'G', 'GGC': 'G', 'GGG': 'G', 'GGU': 'G', 'GUA': 'V',
        'GUC': 'V', 'GUG': 'V', 'GUU': 'V', 'UAC': 'Y', 'UAU': 'Y',
```

```
    'UCA': 'S', 'UCC': 'S', 'UCG': 'S', 'UCU': 'S', 'UGC': 'C',
    'UGG': 'W', 'UGU': 'C', 'UUA': 'L', 'UUC': 'F', 'UUG': 'L',
    'UUU': 'F', 'UAA': '*', 'UAG': '*', 'UGA': '*',
}

aa = [codon_to_aa.get(codon, '-') for codon in codons(rna)] ❶
if '*' in aa: ❷
  aa = aa[:aa.index('*')] ❸

return ''.join(aa) ❹
```

❶ 코돈 리스트를 아미노산 리스트로 변환하려고 리스트 컴프리헨션을 사용했다.

❷ 아미노산 리스트에 중지(*) 코돈이 있는지 확인한다.

❸ 중지 코돈 색인까지 리스트 슬라이스를 사용해서 아미노산을 덮어쓴다.

❹ 빈 문자열에 아미노산을 넣고 새로운 단백질 서열을 반환한다.

이를 이해하려면 RNA 염기 서열을 보면서 생각해보자.

```
>>> rna = 'AUGCCGUAAUCU'
```

codons() 함수를 사용해서 코돈을 가져올 수 있다.

```
>>> from solution3_list_comp_slice import codons, translate
>>> codons(rna)
['AUG', 'CCG', 'UAA', 'UCU']
```

리스트 컴프리헨션을 사용해서 아미노산으로 바꾼다.

```
>>> codon_to_aa = {
...     'AAA': 'K', 'AAC': 'N', 'AAG': 'K', 'AAU': 'N', 'ACA': 'T',
...     'ACC': 'T', 'ACG': 'T', 'ACU': 'T', 'AGA': 'R', 'AGC': 'S',
...     'AGG': 'R', 'AGU': 'S', 'AUA': 'I', 'AUC': 'I', 'AUG': 'M',
...     'AUU': 'I', 'CAA': 'Q', 'CAC': 'H', 'CAG': 'Q', 'CAU': 'H',
...     'CCA': 'P', 'CCC': 'P', 'CCG': 'P', 'CCU': 'P', 'CGA': 'R',
...     'CGC': 'R', 'CGG': 'R', 'CGU': 'R', 'CUA': 'L', 'CUC': 'L',
...     'CUG': 'L', 'CUU': 'L', 'GAA': 'E', 'GAC': 'D', 'GAG': 'E',
```

```
...    'GAU': 'D', 'GCA': 'A', 'GCC': 'A', 'GCG': 'A', 'GCU': 'A',
...    'GGA': 'G', 'GGC': 'G', 'GGG': 'G', 'GGU': 'G', 'GUA': 'V',
...    'GUC': 'V', 'GUG': 'V', 'GUU': 'V', 'UAC': 'Y', 'UAU': 'Y',
...    'UCA': 'S', 'UCC': 'S', 'UCG': 'S', 'UCU': 'S', 'UGC': 'C',
...    'UGG': 'W', 'UGU': 'C', 'UUA': 'L', 'UUC': 'F', 'UUG': 'L',
...    'UUU': 'F', 'UAA': '*', 'UAG': '*', 'UGA': '*',
... }
>>> aa = [codon_to_aa.get(c, '-') for c in codons(rna)]
>>> aa
['M', 'P', '*', 'S']
```

중지 코돈이 존재하는 것을 확인할 수 있다.

```
>>> '*' in aa
True
```

따라서 두 번째 색인에서 서열을 잘라내야 한다.

```
>>> aa.index('*')
2
```

리스트 슬라이스를 사용해서 중지 코돈 위치까지 선택할 수 있다. 시작 위치가 지정되지 않으면 파이썬은 0번째 색인을 가정한다.

```
>>> aa = aa[:aa.index('*')]
>>> aa
['M', 'P']
```

마지막으로, 이 리스트는 빈 문자열에 결합돼야 한다.

```
>>> ''.join(aa)
'MP'
```

main() 함수는 새로운 함수를 포함하고 매우 읽기 쉬운 프로그램으로 만든다.

```
def main() -> None:
    args = get_args()
```

```
print(translate(args.rna.upper()))
```

이는 단위 테스트가 RNA를 단백질로 번역하는 프로그램인지 확인하는 통합 테스트를 따라한 또 다른 예다. 후자(통합 테스트)는 프로그램이 작동하고, 문서를 생성하고, 인수를 처리하는 등의 작업을 수행하도록 하기 때문에 중요하다. 이 솔루션이 지나치게 복잡해 보일 수 있지만, 프로그램을 보다 작은 함수로 분할해서 이해, 테스트, 구성과 공유할 수 있는 방법에 집중해서 보면 좋을 것 같다.

솔루션 4: map(), partial(), takewhile() 함수를 사용한 함수형 프로그래밍

이다음 솔루션에서는 map(), partial(), takewhile() 3개의 HOF를 사용해서 로직의 일부를 다시 작성하는 방법을 소개할 것이다. 그림 7-5는 리스트 컴프리헨션을 map()으로 다시 작성하는 방법이다.

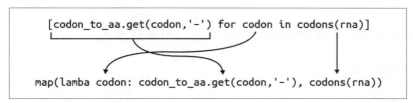

그림 7-5. 리스트 컴프리헨션은 map()으로 다시 쓸 수 있다.

map()을 사용해서 아미노산 서열을 얻을 수 있다. map() 함수 사용이 리스트 컴프리헨션보다 읽기 쉽다고 느낄 수도 있고, 그렇지 않을 수도 있다. 중요한 것은 두 리스트가 기능적으로는 같다고 이해하는 것이다. 둘 다 하나의 리스트를 새 리스트로 변환한다.

```
>>> aa = list(map(lambda codon: codon_to_aa.get(codon, '-'), codons(rna)))
>>> aa
['M', 'P', '*', 'S']
```

정지 코돈을 찾고, 리스트를 슬라이스하는 코드는 itertools.takewhile() 함수를 사용해서 다시 작성할 수 있다.

```
>>> from itertools import takewhile
```

이름에서 알 수 있듯이 이 함수는 파라미터 안의 변수가 충족되는 동안 서열에서 요소를 가져온다. 변수가 실패하면 함수는 값 생성을 중지한다. 이 코드에서 변수는 residue가 *(정지 코돈)이 아니라는 조건이다.

```
>>> list(takewhile(lambda residue: residue != '*', aa))
['M', 'P']
```

이런 종류의 HOF를 사용하는 것을 선호한다면 4장에서 보여 준 functions tools. partial() 함수를 사용하면 더 깊이 이해할 수 있을 것이다. 이 코드에 operator.ne() (not equal) 함수를 부분적으로 적용하려고 한다.

```
>>> from functools import partial
>>> import operator
>>> not_stop = partial(operator.ne, '*')
```

not_stop() 함수가 값을 반환하려면 문자열 값이 하나 더 필요하다.

```
>>> not_stop('F')
True
>>> not_stop('*')
False
```

이 함수를 만들면 거의 영어 문장처럼 읽을 수 있다.

```
>>> list(takewhile(not_stop, aa))
['M', 'P']
```

순수한 함수형 아이디어로 translate() 함수를 작성하는 방법은 다음과 같다.

```
def translate(rna: str) -> str:
    """ Translate codon sequence """

    codon_to_aa = {
        'AAA': 'K', 'AAC': 'N', 'AAG': 'K', 'AAU': 'N', 'ACA': 'T',
```

```
    'ACC': 'T', 'ACG': 'T', 'ACU': 'T', 'AGA': 'R', 'AGC': 'S',
    'AGG': 'R', 'AGU': 'S', 'AUA': 'I', 'AUC': 'I', 'AUG': 'M',
    'AUU': 'I', 'CAA': 'Q', 'CAC': 'H', 'CAG': 'Q', 'CAU': 'H',
    'CCA': 'P', 'CCC': 'P', 'CCG': 'P', 'CCU': 'P', 'CGA': 'R',
    'CGC': 'R', 'CGG': 'R', 'CGU': 'R', 'CUA': 'L', 'CUC': 'L',
    'CUG': 'L', 'CUU': 'L', 'GAA': 'E', 'GAC': 'D', 'GAG': 'E',
    'GAU': 'D', 'GCA': 'A', 'GCC': 'A', 'GCG': 'A', 'GCU': 'A',
    'GGA': 'G', 'GGC': 'G', 'GGG': 'G', 'GGU': 'G', 'GUA': 'V',
    'GUC': 'V', 'GUG': 'V', 'GUU': 'V', 'UAC': 'Y', 'UAU': 'Y',
    'UCA': 'S', 'UCC': 'S', 'UCG': 'S', 'UCU': 'S', 'UGC': 'C',
    'UGG': 'W', 'UGU': 'C', 'UUA': 'L', 'UUC': 'F', 'UUG': 'L',
    'UUU': 'F', 'UAA': '*', 'UAG': '*', 'UGA': '*',
}

aa = map(lambda codon: codon_to_aa.get(codon, '-'), codons(rna))
return ''.join(takewhile(partial(operator.ne, '*'), aa))
```

솔루션 5: Bio.Seq.translate() 사용하기

앞에서 말했던 대로 마지막 솔루션은 바이오파이썬을 사용한다. 3장에서는 `Bio.Seq.reverse_complement()` 함수를 사용했고, 여기서는 `Bio.Seq.translate()`를 사용할 것이다. 먼저, `Bio.Seq` 클래스를 불러온다.

```
>>> from Bio import Seq
```

그다음 translate() 함수를 호출한다. 정지 코돈은 *로 표시된다.

```
>>> rna = 'AUGGCCAUGGCGCCCAGAACUGAGAUCAAUAGUACCCGUAUUAACGGGUGA'
>>> Seq.translate(rna)
'MAMAPRTEINSTRING*'
```

기본적으로 이 함수는 중지 코돈에서 번역을 중지하지 않는다.

```
>>> Seq.translate('AUGCCGUAAUCU')
'MP*S'
```

REPL에서 help(Seq.translate)를 읽어 보면 알 수 있듯이 to_stop 옵션을 사용해 로 잘린드 챌린지에서 볼 수 있는 버전으로 변경할 수 있다.

```
>>> Seq.translate('AUGCCGUAAUCU', to_stop=True)
'MP'
```

이제 위의 코드들을 정리해보자.

```
def main() -> None:
  args = get_args()
  print(Seq.translate(args.rna, to_stop=True))
```

이 솔루션은 널리 사용되는 바이오파이썬 모듈을 사용하기 때문에 추천하는 방식이다. 솔루션을 수동으로 코딩하는 방법을 찾는 것은 재미있고 유익하지만, 전담 개발자 팀이 이미 작성하고 테스트한 코드를 사용하는 것이 훨씬 더 좋다.

벤치마킹하기

가장 빠른 솔루션은 무엇일까? 4장에서 소개한 hyperfine 벤치마킹 프로그램을 이용해서 프로그램 실행 시간을 비교할 수 있다. 이 코드는 매우 짧기 때문에 폴더의 bench.sh 프로그램에 문서화된 대로 각 프로그램을 최소한 1,000번 실행할 것이다.

두 번째 솔루션은 바이오파이썬 버전보다 1.5배 빠른 속도로 실행되지만, 커뮤니티에서 널리 사용되는 철저한 문서화와 테스트를 거친 모듈이기 때문에 바이오파이썬 버전의 솔루션을 사용하는 것을 추천한다.

더 나아가기

기본값은 0이고 값 0-2(포함)를 허용하는 –frame-shift 인자를 추가한다. 프레임시프트 frameshift를 사용해서 다른 위치에서 RNA를 읽기 시작한다.

요점 정리

7장의 초점은 실제로 마주칠 수 있는 문제를 해결하기 위해 어떻게 코드를 작성하고, 테스트하고, 함수를 구성하느냐에 있었다. 염기 서열에서 코돈을 찾고, RNA를 변환하는 함수를 작성했다. 그런 다음 고차 함수를 사용해서 다른 함수를 구성하는 방법을 소개했고, 마지막으로 바이오파이썬의 내장 함수를 사용했다.

- k-mer는 수열의 모든 k 길이의 부분 수열이다.

- 코돈은 특정 프레임에서 겹치지 않는 3-mer다.

- 딕셔너리는 코돈을 아미노산으로 번역하는 조회 테이블로 유용하다.

- `for` 루프, 리스트 컴프리헨션, `map()`은 모두 하나의 염기 서열을 다른 서열로 변환하는 방법이다.

- `takewhile()` 함수는 값 조건 또는 테스트를 기반으로 수열에서 값을 받는다는 점에서 `filter()` 함수와 유사하다.

- `partial()` 함수는 인수를 함수에 부분적으로 적용할 수 있게 한다.

- `Bio.Seq.translate()` 함수는 RNA 염기 서열을 단백질 염기 서열로 변환한다.

## 8장

DNA에서 모티프 찾기: 염기 서열 유사성 탐색하기

로잘린드 SUBS 챌린지(https://oreil.ly/hoUhB)에서 한 염기 서열이 다른 염기 서열에서 나타나는 경우를 검색할 것이다. 공통된 부분 염기 서열subsequence은 마커, DNA, 또는 조절 서열과 같은 보존된 요소를 나타내기도 한다. 두 유기체 사이의 보존된 서열은 유전되거나 수렴되는 특성을 나타내기도 한다. 파이썬에서 str(문자열) 클래스를 사용해서 솔루션을 작성하는 방법을 알아보고 문자열을 리스트와 비교할 것이다. 그런 다음 고차 함수를 사용해서 이러한 아이디어를 표현하는 방법을 살펴보고, 7장에서 소개하기 시작한 k-mer를 더 살펴볼 것이다. 마지막으로, 정규 표현식으로 패턴을 찾는 방법과 찾은 항목이 중복되는 문제를 살펴볼 것이다.

8장에서 배울 내용은 다음과 같다.

- `str.find()`, `str.index()`, 문자열 슬라이스를 사용하는 방법

- set(집합) 자료형을 사용해 고유한 항목들의 집합을 만드는 방법

- 고차 함수 결합 방법

- k-mer를 사용해 부분 염기 서열을 찾는 방법

- 정규식을 사용해서 겹칠 수 있는 염기 서열을 찾는 방법

시작하기

8장의 코드와 테스트 코드는 08_subs에 있다. 첫 번째 솔루션을 subs.py 프로그램에 복사하고 도움말을 불러오는 것부터 시작하자.

```
$ cd 08_subs/
$ cp solution1_str_find.py subs.py
$ ./subs.py -h
usage: subs.py [-h] seq subseq

Find subsequences

positional arguments:
  seq         Sequence
  subseq      subsequence

optional arguments:
  -h, --help  show this help message and exit
```

프로그램은 염기 서열에서 부분 염기 서열을 찾을 수 있는 시작 위치를 알려 줘야 한다. 그림 8-1에서와 같이 부분 염기 서열 ATAT는 GATATATGCATATACTT 염기 서열의 위치 2, 4, 10에서 확인할 수 있다.

```
$ ./subs.py GATATATGCATATACTT ATAT
2 4 10
```

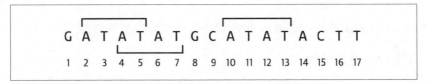

그림 8-1. 부분 염기 서열 ATAT는 위치 2, 4, 10에서 찾을 수 있다.

테스트 코드를 실행해서 예상되는 결과를 이해했는지 확인한 다음, 프로그램을 처음부터 시작하라.

```
$ new.py -fp 'Find subsequences' subs.py
Done, see new script "subs.py".
```

프로그램의 매개 변수를 정의하는 방법은 다음과 같다.

```
class Args(NamedTuple): ❶
    """ Command-line arguments """
    seq: str
    subseq: str

def get_args() -> Args: ❷
    """ Get command-line arguments """

    parser = argparse.ArgumentParser(
        description='Find subsequences',
        formatter_class=argparse.ArgumentDefaultsHelpFormatter)

    parser.add_argument('seq', metavar='seq', help='Sequence')

    parser.add_argument('subseq', metavar='subseq', help='subsequence')

    args = parser.parse_args()

    return Args(args.seq, args.subseq) ❸
```

❶ Args 클래스에는 seq와 subseq라는 2개의 문자열 필드가 있다.

❷ 이 함수는 Args 객체를 반환한다.

❸ Args를 사용해 인수를 묶고 반환한다.

main()에서 염기 서열과 부분 염기 서열을 출력하도록 한다.

```
def main() -> None:
    args = get_args()
    print(f'sequence = {args.seq}')
    print(f'subsequence = {args.subseq}')
```

임의의 입력값으로 프로그램을 실행하고 인수가 올바르게 출력되는지 확인한다.

```
$ ./subs.py GATATATGCATATACTT ATAT
sequence = GATATATGCATATACTT
subsequence = ATAT
```

이제 처음 두 가지 테스트를 통과할 수 있는 프로그램을 만들었다. 혼자서 이 작업을 진행할 수 있다면 직접 해보라. 아니라면 다른 문자열 안에서 한 문자열의 위치를 찾는 방법을 설명하겠다.

부분 염기 서열 찾기

부분 염기 서열을 찾는 방법을 설명하기 위해 REPL에서 염기 서열과 부분 염기 서열을 정의하는 것으로 시작한다.

```
>>> seq = 'GATATATGCATATACTT'
>>> subseq = 'ATAT'
```

in을 사용해서 한 염기 서열이 다른 서열의 하위 집합인지 확인할 수 있다. 이 방법은 리스트, 집합, 또는 리스트의 키에서도 동작한다.

```
>>> subseq in seq
True
```

이는 좋은 정보이지만, 문자열이 어디서 발견되는지는 알려 주지 않는다. 다행히도 str.find() 함수는 subseq가 1번 색인(두 번째 문자)에서 시작해서 찾을 수 있다고 말해준다.

```
>>> seq.find(subseq)
1
```

로잘린드의 설명을 보면 답이 2, 4, 10이어야 한다는 것을 알 수 있다. 방금 2를 찾았고, 다음 색인은 어떻게 찾을 수 있을까? 같은 함수를 사용하는 것은 같은 답을 얻을 것이기 때문에 다시 호출할 수는 없다. 함수를 자세히 살펴보고 help(str.find)를 사용해보자.

```
>>> help(str.find)
find(...)
    S.find(sub[, start[, end]]) -> int

    Return the lowest index in S where substring sub is found,
    such that sub is contained within S[start:end].  Optional
    arguments start and end are interpreted as in slice notation.

    Return -1 on failure.
```

이를 봐서 시작 위치를 지정할 수 있는 것 같다. 첫 번째 부분 염기 서열이 발견된 위치, 즉 1보다 큰 2에서 시작해보자.

```
>>> seq.find(subseq, 2)
3
```

좋다. 이것이 답이다. 원래는 4가 답이지만, 인덱스는 0부터 시작하니 3이 맞다. 이번에는 4부터 시작해보자.

```
>>> seq.find(subseq, 4)
9
```

기대했던 마지막 값이다. 10에서 시작하려고 하면 어떤 일이 일어날까? 문서에서 알 수 있듯이 -1이 반환돼 다음 부분 염기 서열을 찾을 수 없게 된다.

```
>>> seq.find(subseq, 10)
-1
```

다음 부분 염기 서열을 찾을 수 없을 때까지, 부분 염기 서열이 발견된 마지막 위치를 기억하면서 염기 서열을 반복하는 방법을 생각해보라.

또 다른 선택은 str.index()를 사용하는 것이지만, 부분 염기 서열이 존재할 때만 사용할 수 있다.

```
>>> if subseq in seq:
```

```
...     seq.index(subseq)
...
1
```

다음 부분 염기 서열을 찾기 위해 마지막으로 발견된 위치를 사용해서 염기 서열을 자를 수 있다. 이 위치를 시작 위치에 추가해야 하지만, 이는 부분 염기 서열의 존재 여부와 다음 위치를 찾기 위해 염기 서열을 더 이동하는 것과 같은 작업을 수행한다.

```
>>> if subseq in seq[2:]:
...     seq.index(subseq[2:])
...
1
```

help(str.index)를 읽으면 str.find()처럼 함수가 색인의 두 번째 선택적 시작 위치를 선택해서 다음 검색을 시작한다는 것을 알 수 있다.

```
>>> if subseq in seq[2:]:
...     seq.index(subseq, 2)
...
3
```

세 번째 접근법은 k-mer를 사용하는 것이다. 만약 부분 염기 서열이 존재한다면 정의상 이 부분 염기 서열은 k-mer이며 k는 부분 염기 서열의 길이를 나타낸다. 7장의 코드를 사용해서 염기 서열의 모든 k-mer와 그 위치를 추출하고, 부분 염기 서열과 일치하는 k-mer의 위치를 메모한다.

마지막으로, 텍스트 패턴을 찾고 있기 때문에 정규 표현식을 사용해도 된다. 5장에서는 DNA의 모든 G와 C를 찾기 위해 **re.findall()** 함수를 사용했었다. 마찬가지로 이 방법을 사용해서 염기 서열의 모든 부분 염기 서열을 찾을 수 있다.

```
>>> import re
>>> re.findall(subseq, seq)
['ATAT', 'ATAT']
```

직접 사용해보니 몇 가지 문제가 있는 것 같다. 하나는 부분 염기 서열 세 가지 중 두 가지만 반환한다는 점이다. 다른 문제점은 이 일치 항목이 발견된 위치의 정보를 제공하지 않는다는 것이다. 걱정하지 않아도 된다. re.finditer() 함수는 다음 두 번째 문제를 해결한다.

```
>>> list(re.finditer(subseq, seq))
[<re.Match object; span=(1, 5), match='ATAT'>,
 <re.Match object; span=(9, 13), match='ATAT'>]
```

이제 이 함수는 처음과 마지막 부분 염기 서열을 찾는다는 것을 알 수 있다. 왜 두 번째 경우를 찾지 않을까? 정규 표현식은 중복 패턴을 잘 처리하지 못하지만, 검색 패턴에 일부 추가 기능을 사용하면 이 문제를 해결할 수 있다. 이 문제는 여러분이 인터넷 검색을 하며 스스로 해결책을 찾을 수 있도록 남겨 두겠다.

지금까지 부분 염기 서열을 찾는 문제를 해결하는 방법을 소개했고, 네 가지 다른 옵션을 제시했다. 각 접근 방식을 사용해서 솔루션을 작성할 수 있는지 확인해보라. 핵심은 파이썬의 구석구석을 탐색해서 향후 작성하는 프로그램에서 결정적으로 사용할 수 있는 꿀단지와 비법을 저장하는 것이다. 이 문제를 해결하기 위해 몇 시간 또는 며칠을 보내도 괜찮다. pytest와 make test를 모두 통과하는 솔루션이 나올 때까지 계속하라.

솔루션

모든 솔루션은 이전에 설명한 것과 동일한 get_args()를 공유한다.

솔루션 1: str.find() 메서드 사용하기

다음은 str.find() 메서드를 사용하는 첫 번째 솔루션이다.

```
def main() -> None:
    args = get_args()
    last = 0 ❶
```

```
found = [] ❷
while True: ❸
  pos = args.seq.find(args.subseq, last) ❹
  if pos == -1: ❺
    break
  found.append(pos + 1) ❻
  last = pos + 1 ❼

print(*found) ❽
```

❶ last 위치를 염기 서열의 시작인 0으로 초기화한다.

❷ 부분 염기 서열이 발견되는 모든 위치를 저장할 수 있도록 리스트를 초기화한다.

❸ while을 사용해서 무한 루프를 만든다.

❹ str.find()로 마지막에 찾은 위치를 사용해서 부분 염기 서열을 찾는다.

❺ 반환값이 -1이면 부분 염기 서열을 찾을 수 없으므로 루프를 종료한다.

❻ 찾은 위치 리스트에 인덱스보다 큰 값을 추가한다.

❼ 마지막에 찾은 인덱스보다 큰 값으로 위치를 수정한다.

❽ 리스트를 요소로 확장하기 위해 *를 사용해서 찾은 위치를 출력한다. 함수는 공백을 사용해서 여러 값을 구분한다.

이 솔루션은 부분 염기 서열이 발견된 마지막 위치를 추적한다. 이 변수를 0으로 초기화한다.

```
>>> last = 0
```

str.find()를 사용해서 마지막으로 알려진 위치에서 시작하는 부분 염기 서열을 찾는다.

```
>>> seq = 'GATATATGCATATACTT'
>>> subseq = 'ATAT'
```

```
>>> pos = seq.find(subseq, last)
>>> pos
1
```

seq.find()가 -1 이외의 값을 반환한다면 검색을 위해 시작할 다음 문자에서는 마지막 위치보다 하나 더 큰 값으로 수정한다.

```
>>> last = pos + 1
>>> pos = seq.find(subseq, last)
>>> pos
3
```

한 번 더 함수를 호출하면 마지막 인스턴스를 찾는다.

```
>>> last = pos + 1
>>> pos = seq.find(subseq, last)
>>> pos
9
```

마지막으로, seq.find()는 패턴을 더 이상 찾을 수 없기 때문에 -1을 반환한다.

```
>>> last = pos + 1
>>> pos = seq.find(subseq, last)
>>> pos
-1
```

이 솔루션은 C 프로그래밍 언어 배경 지식을 가진 사람이라면 즉시 이해할 수 있을 것이다. 이 방식은 알고리듬 상태를 업데이트하기 위한 로직이 많이 포함된 매우 필수적인 접근 방식이다. 여기서 상태state는 프로그램의 데이터가 시간이 지나면서 어떻게 변경되는지를 나타낸다. 예를 들어 마지막으로 알게 된 위치를 올바르게 업데이트하고 사용하는 것이 이 접근 방식을 사용하는 데 중요하다. 이후의 접근 방식은 훨씬 덜 분명한 코드를 사용한다.

솔루션 2: str.index() 메서드 사용하기

다음 솔루션은 마지막으로 알게 된 위치를 사용해서 염기 서열을 자르는 변형 방식이다.

```
def main() -> None:
  args = get_args()
  seq, subseq = args.seq, args.subseq ❶
  found = []
  last = 0
  while subseq in seq[last:]: ❷
    last = seq.index(subseq, last) + 1 ❸
    found.append(last) ❹

  print(' '.join(map(str, found))) ❺
```

❶ 염기 서열과 부분 염기 서열을 푼다.

❷ 부분 염기 서열이 마지막으로 찾은 위치에서 시작하는 염기 서열의 조각에 나타나는지 찾는다. 이 조건이 참이면 while 루프가 실행된다.

❸ str.index()를 사용해서 부분 염기 서열의 시작 위치를 가져온다. last 변수는 다음시작 위치를 업데이트하기 위해 부분 염기 서열 인덱스에 1을 추가한다.

❹ 이 위치를 찾은 위치 리스트에 추가한다.

❺ map()을 사용해서 발견된 모든 정수 위치를 강제로 문자열로 만든 다음, 공백으로 연결해서 출력한다.

마지막으로, 부분 염기 서열이 발견된 장소를 추적한다. 위치 0 또는 문자열의 시작에서시작한다.

```
>>> last = 0
>>> if subseq in seq[last:]:
...     last = seq.index(subseq, last) + 1
...
>>> last
2
```

첫 번째 솔루션의 while True 루프는 무한 루프를 시작하는 일반적인 방법이다. 여기서 while 루프는 염기 서열의 조각에서 부분 염기 서열이 발견되는 경우에만 실행된다. 즉 루프에서 벗어날 시기를 수동으로 결정할 필요가 없다.

```
>>> last = 0
>>> found = []
>>> while subseq in seq[last:]:
...     last = seq.index(subseq, last) + 1
...     found.append(last)
...
>>> found
[2, 4, 10]
```

이 코드에서 발견된 위치는 정숫값 리스트다. 첫 번째 솔루션에서는 *found를 사용해서 리스트를 분할하고 print()를 사용해서 값을 문자열로 강제로 바꾸고 빈 공백으로 메꿨다. 만약 str.join()을 사용해서 found에서 새 문자열을 생성하려고 하면 문제가 발생한다. str.join() 함수는 여러 문자열을 단일 문자열로 결합하므로 문자열이 아닌 값을 지정할 때 예외를 발생시킨다.

```
>>> ' '.join(found)
Traceback (most recent call last):
  File "<stdin>", line 1, in <module>
TypeError: sequence item 0: expected str instance, int found
```

str() 함수를 사용해서 각 숫자 n을 문자열로 변환하는 리스트 컴프리헨션을 사용할 수 있다.

```
>>> ' '.join([str(n) for n in found])
'2 4 10'
```

이 코드는 map()을 사용해서도 작성할 수 있다.

```
>>> ' '.join(map(lambda n: str(n), found))
'2 4 10'
```

str() 함수는 단일 인수를 받으므로 lambda를 완전히 생략할 수 있고, map() 함수는 found 값을 str()에 인수로 자연스럽게 제공한다. 그래서 다음과 같은 코드로 정수 리스트를 문자열 리스트로 변환할 수 있다.

```
>>> ' '.join(map(str, found))
'2 4 10'
```

솔루션 3: 순수한 기능적 접근 방식

다음 솔루션은 순수하게 함수적인 접근 방식만을 사용해 이전의 아이디어들을 결합한다. 처음에, 음이 아닌 값을 found 리스트에 추가하는 데 사용된 처음 두 솔루션의 while 루프를 생각해보자. 리스트 컴프리헨션으로 할 수 있을 것 같은가? 반복할 값의 범위는 0부터 염기 서열 끝까지의 길이에서 부분 염기 서열의 길이를 뺀 모든 위치 n 값이 포함된다.

```
>>> r = range(len(seq) - len(subseq))
>>> [n for n in r]
[0, 1, 2, 3, 4, 5, 6, 7, 8, 9, 10, 11, 12]
```

리스트 컴프리헨션은 str.find()와 함께 이 값을 사용해 각 위치 n에서 시작하는 염기 서열의 부분 염기 서열을 검색할 수 있다. 위치 0과 1에서 시작해서 부분 염기 서열은 인덱스 1에서 찾을 수 있다. 위치 2와 3에서 시작하면 부분 염기 서열은 인덱스 3에서 찾을 수 있다. 이는 위치 n의 부분 염기 서열이 존재하지 않음을 나타내는 -1이 나타날 때까지 계속된다.

```
>>> [seq.find(subseq, n) for n in r]
[1, 1, 3, 3, 9, 9, 9, 9, 9, 9, -1, -1, -1]
```

음수가 아닌 값만 원하므로 filter()를 사용해 음수를 제거한다.

```
>>> list(filter(lambda n: n >= 0, [seq.find(subseq, n) for n in r]))
[1, 1, 3, 3, 9, 9, 9, 9, 9, 9]
```

lambda에서 비교를 반대로 해 작성할 수도 있다.

```
>>> list(filter(lambda n: n >= 0, [seq.find(subseq, n) for n in r]))
[1, 1, 3, 3, 9, 9, 9, 9, 9, 9]
```

lambda 표현식을 선호하지 않기 때문에 operator.le()(보다 작거나 같음(less than or equal)) 함수와 함께 partial()을 사용하는 방식을 사용했다.

```
>>> from functools import partial
>>> import operator
>>> ok = partial(operator.le, 0)
>>> list(filter(ok, [seq.find(subseq, n) for n in r]))
[1, 1, 3, 3, 9, 9, 9, 9, 9, 9]
```

리스트 컴프리헨션을 map()으로 변경하고 싶다.

```
>>> list(filter(ok, map(lambda n: seq.find(subseq, n), r)))
[1, 1, 3, 3, 9, 9, 9, 9, 9, 9]
```

그러나 다시 partial()을 사용해 lambda를 제거하려 한다.

```
>>> find = partial(seq.find, subseq)
>>> list(filter(ok, map(find, r)))
[1, 1, 3, 3, 9, 9, 9, 9, 9, 9]
```

set()을 사용해 중복되지 않는 리스트를 얻을 수 있다.

```
>>> set(filter(ok, map(find, r)))
{1, 3, 9}
```

이 값은 거의 정확하지만 0을 기준으로 하는 인덱스다. 값이 하나 더 필요하므로 1을 더하는 함수를 만들고 map()을 사용해서 적용한다.

```
>>> add1 = partial(operator.add, 1)
>>> list(map(add1, set(filter(ok, map(find, r)))))
[2, 4, 10]
```

이렇게 제한된 예시에서 결과는 적절하게 정렬된다. 그러나 집합의 값 순서에 의존할 수 없다. 숫자로 올바르게 정렬됐는지 확인하려면 sorted() 함수를 사용하면 된다.

```
>>> sorted(map(add1, set(filter(ok, map(find, r)))))
[2, 4, 10]
```

마지막으로, 다음 값을 출력해야 하는데 이 값은 여전히 정수 리스트로 존재한다.

```
>>> print(sorted(map(add1, set(filter(ok, map(find, r))))))
[2, 4, 10]
```

거의 맞았다. 첫 번째 솔루션과 마찬가지로 개별 항목을 보려면 print()로 결과를 분할해서 확인해야 한다.

```
>>> print(*sorted(map(add1, set(filter(ok, map(find, r))))))
2 4 10
```

괄호 끝부분이 너무 많다. 이 코드가 리스프Lisp(오래된 프로그래밍 언어)처럼 보이기 시작했다. 이 모든 아이디어를 결합하면 명령형 솔루션과 동일한 답을 얻을 수 있다.

```
def main() -> None:
    args = get_args()
    seq, subseq = args.seq, args.subseq ❶
    r = list(range(len(seq) - len(subseq))) ❷
    ok = partial(operator.le, 0) ❸
    find = partial(seq.find, subseq) ❹
    add1 = partial(operator.add, 1) ❺
    print(*sorted(map(add1, set(filter(ok, map(find, r)))))) ❻
```

❶ 염기 서열과 부분 염기 서열을 푼다.

❷ 염기 서열의 길이에서 부분 염기 서열의 길이를 뺀 값까지의 숫자 범위를 생성한다.

❸ 지정된 숫자가 0보다 크거나 같으면 True를 반환하는 partial ok() 함수를 만든다.

❹ 시작 매개 변수가 제공될 때 염기 서열에서 부분 염기 서열을 찾는 partial find() 함

수를 만든다.

❺ 인수보다 큰 함수를 반환할 partial add1() 함수를 만든다.

❻ 범위의 모든 숫자를 find() 함수에 적용하고, 음수 값을 걸러내고, set() 함수를 사용해서 결과를 고유하게 만들고, 값에 1을 추가하고, 출력 전에 숫자를 정렬한다.

이 솔루션은 순수한 함수만을 사용하며, 하스켈 프로그래밍 언어 배경 지식을 가진 사람에게 매우 이해하기 쉬울 것이다. 이 부분이 혼란스럽다면 모든 함수가 어떻게 완벽하게 결합되는지 이해할 때까지 각 부분을 REPL에서 작업하는 데 시간을 할애하는 것이 좋다.

솔루션 4: k-mer 사용하기

7장에서 소개한 k-mer를 사용해서 답을 찾을 수 있다고 언급한 적이 있다. 만약 염기 서열 안에 부분 염기 서열이 존재한다면 k-mer여야 하고, 여기서 k는 부분 염기 서열의 길이와 같다.

```
>>> seq = 'GATATATGCATATACTT'
>>> subseq = 'ATAT'
>>> k = len(subseq)
>>> k
4
```

다음은 염기 서열의 모든 4-mer다.

```
>>> kmer = [seq[i:i + k] for i in range(len(seq) - k + 1)]
>>> kmer
['GATA', 'ATAT', 'TATA', 'ATAT', 'TATG', 'ATGC', 'TGCA', 'GCAT', 'CATA',
 'ATAT', 'TATA', 'ATAC', 'TACT', 'ACTT']
```

다음은 찾고 싶은 부분 염기 서열과 동일한 4-mer다.

```
>>> list(filter(lambda s: s == subseq, kmer))
['ATAT', 'ATAT', 'ATAT']
```

k-mer뿐만 아니라 위치도 알아야 한다. enumerate() 함수는 염기 서열에 있는 모든 요소의 인덱스와 값을 모두 반환한다. 첫 4개의 샘플이다.

```
>>> kmer = list(enumerate([seq[i:i + k] for i in range(len(seq) - k + 1)]))
>>> kmer[:4]
[(0, 'GATA'), (1, 'ATAT'), (2, 'TATA'), (3, 'ATAT')]
```

이 코드를 filter()와 사용할 수 있지만, lambda가 인덱스와 값의 튜플을 받으므로 두 번째 필드(인덱스 1)를 살펴봐야 한다.

```
>>> list(filter(lambda t: t[1] == subseq, kmer))
[(1, 'ATAT'), (3, 'ATAT'), (9, 'ATAT')]
```

일치하는 k-mer의 인덱스를 얻는 것을 원한다. 일치할 때 인덱스 위치를 반환하고 그렇지 않은 경우 None을 반환하는 if 표현식과 map()을 사용해 다시 작성할 수 있다.

```
>>> list(map(lambda t: t[0] if t[1] == subseq else None, kmer))
[None, 1, None, 3, None, None, None, None, None, 9, None, None, None, None]
```

표준 map() 함수가 lambda에 단일값만 전달할 수 있다는 사실에 실망했다. 내가 필요한 것은 *t와 같이 튜플을 2개의 값으로 바꾸는 방법이다. 운 좋게도 itertools 모듈 문서를 연구했고, starmap() 함수를 찾았다. 이 함수는 lambda 인수에 별표를 추가해서 표시하기 때문에 이름을 starmap이라 지었다. 이 함수를 통해 (0, 'GATA')와 같은 튜플값을 인덱스 값이 0인 변수 i와 값이 'GATA'인 kmer로 꺼낼 수 있다. 그래서 kmer를 부분 염기 서열과 비교하고 인덱스 (i)에 1을 더할 수 있다.

```
>>> from itertools import starmap
>>> list(starmap(lambda i, kmer: i + 1 if kmer == subseq else None, kmer))
[None, 2, None, 4, None, None, None, None, None, 10, None, None, None, None]
```

lambda에 None을 전달하면 filter()가 각 값의 진실성을 보고 None 값이 제외된다는 것을 보여줄 때까지 이 코드를 사용하는 것은 이상한 선택처럼 보인다. 이 코드 줄이 점점 길어지기 때문에 map()의 f() 함수를 별도의 줄에 작성한다.

```
>>> f = lambda i, kmer: i + 1 if kmer == subseq else None
>>> list(filter(None, starmap(f, kmer)))
[2, 4, 10]
```

명령형 방식을 사용해 k-mer 솔루션을 표현할 수 있다.

```
def main() -> None:
  args = get_args()
  seq, subseq = args.seq, args.subseq
  k = len(subseq) ❶
  kmer = [seq[i:i + k] for i in range(len(seq) - k + 1)] ❷
  found = [i + 1 for i, kmer in enumerate(kmer) if kmer == subseq] ❸
  print(*found) ❹
```

❶ k-mer를 찾을 때 k는 부분 염기 서열의 길이다.

❷ 리스트 컴프리헨션을 사용해서 염기 서열의 모든 k-mer를 생성한다.

❸ 모든 k-mer의 인덱스와 값을 반복한다. 여기서 k-mer는 부분 염기 서열과 같다. 그
리고 인덱스 위치보다 하나 큰 값을 반환한다.

❹ found 위치를 반환한다.

이 아이디어를 순전히 함수형 기술을 사용해 표현할 수 있다. mypy는 발견된 변수의 타
입 주석을 필요로 한다.

```
def main() -> None:
  args = get_args()
  seq, subseq = args.seq, args.subseq
  k = len(subseq)
  kmer = enumerate(seq[i:i + k] for i in range(len(seq) - k + 1)) ❶
  found: Iterator[int] = filter( ❷
    None, starmap(lambda i, kmer: i + 1 if kmer == subseq else None, kmer))
  print(*found) ❸
```

❶ k-mer의 나열된 리스트를 생성한다.

❷ 부분 염기 서열과 동일한 k-mer의 위치를 선택한다.

❸ 결과를 출력한다.

명령형 함수 버전은 읽기가 더 쉽지만, 가장 직관적이라고 생각되는 버전을 사용하는 것이 좋다. 어떤 솔루션을 선호하든 흥미로운 점은 k-mer가 부분 염기 서열 비교와 같은 많은 상황에서 매우 유용하다는 것을 증명했다.

솔루션 5: 정규식을 사용해 겹치는 패턴 찾기

지금까지 문자열 안에서 문자의 패턴을 찾기 위해 복잡한 솔루션을 작성했다. 이것은 정확히는 정규 표현식의 영역이고, 그렇기 때문에 수동적인 해결책을 쓰는 것은 약간 바보같다. 8장의 앞부분에서 re.finditer() 함수는 중복된 일치 항목을 찾지 못해서, 중복된 항목이 세 가지가 있다는 것을 알 때 2개의 일치된 항목만 반환한다는 것을 소개했었다.

```
>>> import re
>>> list(re.finditer(subseq, seq))
[<re.Match object; span=(1, 5), match='ATAT'>,
 <re.Match object; span=(9, 13), match='ATAT'>]
```

 솔루션이 꽤 간단하다고 소개하지만, 나도 인터넷을 검색하기 전까지 이런 해결 방법을 몰랐다. 정답을 찾는 열쇠는 정규식 중복 패턴과 같은 검색어를 사용하는 것이다. 이 말을 하는 요점은 아무도 모든 답을 알지 못한다는 것이고, 여러분은 존재조차 알지 못했던 문제에 대한 해결책을 끊임없이 찾게 될 것이다. 아는 것이 중요한 것이 아니라 배울 수 있는 것이 중요하다.

문제는 정규식 엔진이 일치할 때 문자열을 반환한다는 것이다. 즉 엔진이 첫 번째 ATAT 와 일치하면 일치 항목이 끝날 때 다시 검색을 시작한다. 해결 방법은 엔진이 일치하는 문자열을 사용하지 않도록 구문 ?=(<pattern>)을 사용해 전방 탐색look-ahead assertion에서 검색 패턴을 감싸는 것이다. 이는 긍정형 전방 탐색positive look-ahead이라는 것에 유의하라. 부정형 전방 탐색negative look-ahead assertion뿐만 아니라 긍정형 부정형 후방 탐색positive and negative look-behind assertion도 존재한다.

따라서 부분 염기 서열이 ATAT이면 패턴이 ?=(ATAT)가 되길 원한다. 이제 다른 문제는 정규식 엔진이 일치 항목을 저장하지 못한다는 것이다. 단지 이 패턴을 찾아보라고 명령했을 뿐 발견된 텍스트에 아무것도 하라고 말하지 않았다. 일치된 항목들 그룹을 생성하려면 assertion을 괄호로 추가적으로 감싸야 한다.

```
>>> list(re.finditer('(?=(ATAT))', 'GATATATGCATATACTT'))
[<re.Match object; span=(1, 1), match=''>,
 <re.Match object; span=(3, 3), match=''>,
 <re.Match object; span=(9, 9), match=''>]
```

이 반복들을 리스트 컴프리헨션을 사용해 각 re.Match 객체의 match.start() 함수를 호출하고, 위치를 수정하기 위해 1을 추가한다.

```
>>> [match.start() + 1 for match in re.finditer(f'(?=({subseq}))', seq)]
[2, 4, 10]
```

이 문제를 해결하는 가장 좋은 방법으로 소개하고자 하는 최종 솔루션은 다음과 같다.

```
def main() -> None:
    args = get_args()
    seq, subseq = args.seq, args.subseq
    print(*[m.start() + 1 for m in re.finditer(f'(?=({subseq}))', seq)])
```

벤치마킹하기

어떤 솔루션이 가장 빨리 실행되는지 보는 것은 항상 흥미롭다. hyperfine을 사용해 각 버전을 1,000회 실행한다.

```
$ hyperfine -m 1000 -L prg ./solution1_str_find.py,./solution2_str_index.py,\
./solution3_functional.py,./solution4_kmer_functional.py,\
./solution4_kmer_imperative.py,./solution5_re.py \
'{prg} GATATATGCATATACTT ATAT' --prepare 'rm -rf __pycache__'
...
Summary
```

```
'./solution2_str_index.py GATATATGCATATACTT ATAT' ran
  1.01 ± 0.11 times faster than
    './solution4_kmer_imperative.py GATATATGCATATACTT ATAT'
  1.02 ± 0.14 times faster than
    './solution5_re.py GATATATGCATATACTT ATAT'
  1.02 ± 0.14 times faster than
    './solution3_functional.py GATATATGCATATACTT ATAT'
  1.03 ± 0.13 times faster than
    './solution4_kmer_functional.py GATATATGCATATACTT ATAT'
  1.09 ± 0.18 times faster than
    './solution1_str_find.py GATATATGCATATACTT ATAT'
```

내가 생각하기에 성능만을 기준으로 두고 봤을 때 각 솔루션의 차이가 크지 않다고 생각한다. 내가 선호하는 솔루션은 텍스트 패턴을 찾기 위해 특별히 설계된 정규 표현식을 사용하는 것이다.

더 나아가기

부분 염기 서열의 패턴을 찾는 프로그램으로 확장해보자. 예를 들어 GA(26)과 같은 단순 서열 반복SSR, Simple Sequence Repeat(미소부수체라고도 함)을 검색하는 프로그램을 만들 수 있으며, 이는 'GA가 26회 반복한다'를 의미한다. 또는 (GA)15GT(GA)2와 같은 반복, 즉 'GA는 15회 반복, GT는 15회 반복, GA는 2회 반복'을 의미한다. 또한 1장에서 언급한 IUPAC 코드를 사용해 표현할 수 있는 부분 염기 서열을 찾는 방법을 생각해보라. 예를 들어 R은 A 또는 G를 나타내므로 ARC는 염기 서열 AAC, AGC와 일치할 수 있다.

요점 정리

8장의 주요 요점은 다음과 같다.

- str.find()와 str.index() 메서드는 부분 염기 서열이 주어진 문자열에 있는지 확인할 수 있다.

- 집합을 사용해 고유한 요소 모음을 만들 수 있다.

- 정의에 따르면 k-mer는 부분 염기 서열이며, 추출과 비교가 빠르다.

- 정규식은 캡처 그룹과 결합된 전방 탐색을 사용해 겹치는 염기 서열을 찾을 수 있다.

## 9장

중첩 그래프: 공유 K-mer를 사용한 염기 서열 조립

그래프는 객체 간의 쌍 관계를 나타내는 데 사용되는 구조다. 로잘린드 GRPH 챌린지 (https://oreil.ly/kDu52)에서 설명한 바와 같이 이 연습의 목표는 한 염기 서열의 끝에서 다른 염기 서열의 시작까지의 겹치는 부분을 사용해 결합할 수 있는 염기 서열 쌍을 찾는 것이다. 실상에 적용하면 짧은 DNA 판독 값을 더 긴 연속 배열(contigs) 또는 전체 게놈genome에 결합시키는 것이다. 우선, 2개의 염기 서열을 결합하는 것에 신경 쓸 테지만, 두 번째 버전의 프로그램에서는 모든 염기 서열을 결합할 수 있는 그래프 구조를 사용해 전체 조립체의 근사치를 계산한다. 이 구현에서 염기 서열을 결합하는 데 사용되는 중첩 영역은 정확히 일치해야 한다. 실제 조립자는 겹치는 염기 서열의 크기와 구성의 변화를 허용한다.

9장에서 배울 내용은 다음과 같다.

- k-mer를 사용해 중첩 그래프를 만드는 방법

- 런타임 메시지를 파일에 기록하는 방법

- collections.defaultdict()를 사용하는 방법

- 집합 교차를 사용해 컬렉션 간의 공통 요소를 찾는 방법

- itertools.product()를 사용해 리스트의 곱집합을 만드는 방법

- iteration_utilities.starfilter() 함수 사용 방법

- Graphviz를 사용해 그래프 구조를 모델링하고 시각화하는 방법

시작하기

9장의 코드와 테스트는 09_grph 폴더에 있다. 솔루션 중 하나를 grph.py 프로그램에 복사하고 사용법을 보는 것부터 시작한다.

```
$ cd 09_grph/
$ cp solution1.py grph.py
$ ./grph.py -h
usage: grph.py [-h] [-k size] [-d] FILE

Overlap Graphs

positional arguments:
  FILE                    FASTA file ❶

optional arguments:
  -h, --help              show this help message and exit
  -k size, --overlap size
                          Size of overlap (default: 3) ❷
  -d, --debug             Debug (default: False) ❸
```

❶ 위치 매개 변수는 필수 FASTA 형식의 염기 서열 파일이다.

❷ -k 옵션은 겹치는 문자열의 길이를 제어하며 기본값은 3이다.

❸ 이것은 플래그 또는 부울 매개 변수다. 이 값은 인수가 있을 경우 True이고, 그렇지 않을 경우 False다.

로잘린드 페이지에 표시된 샘플 입력값은 첫 번째 샘플 입력 파일의 내용이기도 하다.

```
$ cat tests/inputs/1.fa
>Rosalind_0498
```

```
AAATAAA
>Rosalind_2391
AAATTTT
>Rosalind_2323
TTTTCCC
>Rosalind_0442
AAATCCC
>Rosalind_5013
GGGTGGG
```

로잘린드 챌린지는 항상 3개의 염기가 겹치는 윈도우를 가정한다. 이 매개 변수를 하드
코딩할 수는 없으므로 겹치는 윈도우의 크기를 나타내는 k 매개 변수를 추가한다. 예를
들어 k가 3의 기본값일 때 세 쌍의 염기 서열을 결합할 수 있다.

```
$ ./grph.py tests/inputs/1.fa
Rosalind_2391 Rosalind_2323
Rosalind_0498 Rosalind_2391
Rosalind_0498 Rosalind_0442
```

그림 9-1은 염기 서열이 세 가지 공통 염기가 어떻게 겹치는지를 보여준다.

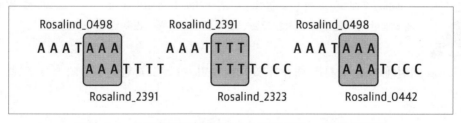

그림 9-1. 3-mer에서 결합할 때 세 쌍의 염기 서열이 겹치는 그래프를 형성한다.

그림 9-2와 같이 오버랩된 윈도우가 4개의 염기로 증가할 때 이 쌍 중 하나만 결합할
수 있다.

```
$ ./grph.py -k 4 tests/inputs/1.fa
Rosalind_2391 Rosalind_2323
```

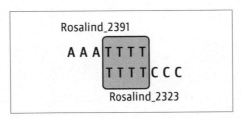

그림 9-2. 4-mer에서 결합할 때 한 쌍의 염기 서열만 중첩 그래프를 형성한다.

마지막으로, --debug 옵션은 부울 매개 변수인 플래그다. 부울 매개 변수는 인수가 있을 경우 True이고, 그렇지 않을 경우 False다. 이 옵션은 런타임 로그 메시지를 현재 작업 폴더의 .log라는 파일에 출력하도록 프로그램에 지시한다. 이것은 로잘린드 챌린지의 요구 사항은 아니지만, 메시지를 기록하는 방법을 아는 것이 중요하다고 생각한다. 실행 중인 프로그램을 보려면 다음 옵션을 사용해서 프로그램을 실행하라.

```
$ ./grph.py tests/inputs/1.fa --debug
Rosalind_2391 Rosalind_2323
Rosalind_0498 Rosalind_2391
Rosalind_0498 Rosalind_0442
```

--debug 플래그는 위치 인수 앞이나 뒤에 배치할 수 있으며, argparse가 그 의미를 올바르게 해석한다. 다른 인수 파서는 모든 옵션과 플래그가 위치 인수 앞에 와야 한다.

이제 .log 파일에 다음과 같은 내용이 있어야 하며, 이 로그파일은 나중에 쓸모 있을 것이다.

```
$ cat .log
  DEBUG:root:STARTS
  defaultdict(<class 'list'>,
              {'AAA': ['Rosalind_0498', 'Rosalind_2391', 'Rosalind_0442'],
               'GGG': ['Rosalind_5013'],
               'TTT': ['Rosalind_2323']})
  DEBUG:root:ENDS
  defaultdict(<class 'list'>,
              {'AAA': ['Rosalind_0498'],
```

```
                    'CCC': ['Rosalind_2323', 'Rosalind_0442'],
                    'GGG': ['Rosalind_5013'],
                    'TTT': ['Rosalind_2391']})
```

프로그램의 작동 방식을 이해했다면 새 `grph.py` 프로그램으로 다시 시작해보자.

```
$ new.py -fp 'Overlap Graphs' grph.py
Done, see new script "grph.py".
```

인수를 정의하고 검증하는 방법은 다음과 같다.

```
from typing import List, NamedTuple, TextIO

class Args(NamedTuple): ❶
  """ Command-line arguments """
  file: TextIO
  k: int
  debug: bool


# --------------------------------------------------
def get_args() -> Args:
""" Get command-line arguments """

parser = argparse.ArgumentParser(
  description='Overlap Graphs',
  formatter_class=argparse.ArgumentDefaultsHelpFormatter)

parser.add_argument('file', ❷
                    metavar='FILE',
                    type=argparse.FileType('rt'),
                    help='FASTA file')

parser.add_argument('-k', ❸
                    '--overlap',
                    help='Size of overlap',
                    metavar='size',
                    type=int,
                    default=3)
```

```
parser.add_argument('-d', '--debug', help='Debug', action='store_true') ❹

args = parser.parse_args()

if args.overlap < 1: ❺
    parser.error(f'-k "{args.overlap}" must be > 0') ❻

return Args(args.file, args.overlap, args.debug) ❼
```

❶ Args 클래스에는 파일핸들인 파일, 양의 정수인 k, 부울 값인 디버그, 이 세 가지 필드가 있다.

❷ argparse.FileType을 사용해 이것이 읽을 수 있는 텍스트 파일인지 확인한다.

❸ 기본값이 3인 정수 인수를 정의한다.

❹ 존재하는 경우 True 값을 저장할 부울 플래그를 정의한다.

❺ k(중첩) 값이 음수인지 확인한다.

❻ parser.error()를 사용해 프로그램을 종료하고 오류 메시지를 생성한다.

❼ 검증된 인수를 반환한다.

프로그램의 인수가 올바른지 확인하기 위해 얼마나 많은 일이 일어나고 있는지 알려 주고 싶다. 프로그램이 시작된 후 가능한 한 빨리 인숫값의 유효성을 검사해야 한다. 예를 들어 파일 인수의 유효성을 검사하지 않고 프로그램의 깊숙한 곳에서 존재하지 않는 파일을 열려고 시도하는, 누구도 디버깅할 수 없는 수수께끼 같은 예외를 던지는 프로그램을 많이 봤다. 재현 가능한 프로그램을 원할 경우, 첫 번째로 할 일은 모든 인수를 문서화하고 검증하는 것이다.

main() 함수를 다음과 같이 수정한다.

```
def main() -> None:
    args = get_args()
    print(args.file.name)
```

첫 번째 테스트 입력 파일로 프로그램을 실행하고 확인한다.

```
$ ./grph.py tests/inputs/1.fa
tests/inputs/1.fa
```

k와 파일 입력값이 잘못된 값으로 프로그램을 실행한 다음, **pytest**를 실행해서 프로그램이 처음 네 가지 테스트를 통과하는지 확인한다. 결합할 수 있는 세 쌍의 염기 서열 ID 값을 기대했지만, 실패한 테스트는 입력 파일의 이름을 출력했다. 오버랩 그래프를 만드는 방법을 소개하기 전에, 로깅이 프로그램을 디버깅할 때 유용하므로 로깅을 먼저 소개하려 한다.

STDOUT, STDERR, 로깅을 사용한 런타임 메시지 관리하기

콘솔에 문자열과 데이터 구조를 출력하는 법을 소개했었다. 프로그램이 작동하는지 확인하기 위해서 입력 파일 이름을 출력하기만 하면 된다. 프로그램을 작성하고 디버깅하는 동안 메시지를 출력하는 것은 장난스럽게 말하자면 로그 기반 개발이라고 불릴 수 있다. 이것은 수십 년 전의 프로그램[1]을 디버깅하는 간단하고 효과적인 방법이다.

기본적으로, print()는 sys.stdout을 사용해 파이썬이 나타내는 표준 출력[STDOUT, STandard OUT]으로 메시지를 내보낸다. print() 함수의 파일 옵션을 사용해 sys.stderr을 표시해 메시지를 표준 오류[STDERR, STandard ERRo]로 변경할 수 있다. 다음 파이썬 프로그램을 생각해보자.

```
$ cat log.py
#!/usr/bin/env python3

import sys

print('This is STDOUT.') ❶
```

---

1   콘솔 없이 프로그램을 디버깅하는 것을 상상해보라. 1950년대 클로드 섀넌(Claude Shannon)은 영국에 있는 앨런 튜링(Alan Turing)의 연구실을 방문했다. 그들이 대화하는 동안 일정한 간격으로 경적이 울렸다. 튜링은 이것이 그의 코드가 루프에 갇혔다는 소리라고 말했다. 이것이 튜링이 콘솔 없이 프로그램의 진행 상황을 감시한 방법이었다.

```
print('This is also STDOUT.', file=sys.stdout) ❷
print('This is STDERR.', file=sys.stderr) ❸
```

❶ 기본 파일 값은 STDOUT이다.

❷ file 옵션을 사용해 표준 출력을 지정할 수 있다.

❸ 표준 오류로 메시지가 출력된다.

이 작업을 실행하면 모든 출력이 표준 출력으로 출력된다.

```
$ ./log.py
This is STDOUT.
This is also STDOUT.
This is STDERR.
```

그러나 bash 셸에서는 파일 리디렉션^{redirection}과 >을 사용해 두 스트림을 분리하고 캡처할 수 있다. 표준 출력은 파일핸들 1을 사용해 캡처하고 표준 오류는 2를 사용해 캡처할수 있다. 다음 명령을 실행하면 콘솔에 출력이 표시되지 않는다.

```
$ ./log.py 1>out 2>err
```

이제 2개의 새 파일이 있는데, 하나는 표준 출력으로 출력된 두 줄이 호출된다.

```
$ cat out
This is STDOUT.
This is also STDOUT.
```

다른 하나는 표준 오류로 err라고 출력된 한 행이 호출된다.

```
$ cat err
This is STDERR.
```

이 2개의 파일핸들을 출력하고 캡처하는 방법을 아는 것만으로도 디버깅 작업에 충분하다. 그러나 2개 이상의 출력을 원할 때 셸 리디렉션을 사용하는 대신 코드에서 디버깅

```
```

메시지가 작성되는 위치를 제어할 수 있다. 런타임 메시지의 인쇄 여부, 시간, 방법, 위치를 제어하는 방법인 로깅을 입력해야 한다. 파이썬 logging 모듈이 이 모든 것을 처리하므로 이 모듈을 가져오는 것부터 시작한다.

```
import logging
```

이 프로그램의 경우 --debug 플래그가 있으면 디버깅 메시지를 현재 작업 폴더에 있는 .log라는 파일로 출력한다. main() 함수를 다음과 같이 수정한다.

```
def main() -> None:
  args = get_args()

  logging.basicConfig( ❶
    filename='.log', ❷
    filemode='w', ❸
    level=logging.DEBUG if args.debug else logging.CRITICAL) ❹

  logging.debug('input file = "%s"', args.file.name) ❺
```

❶ 이는 logging 모듈 함수의 모든 호출에 전체적으로 영향을 미친다.

❷ 모든 출력은 현재 작업 폴더의 .log 파일에 기록된다. 일반적으로 보이지 않도록 점으로 시작하는 파일 이름을 선택했다.

❸ 출력 파일은 w^write 옵션으로 열린다. 즉 실행될 때마다 덮어써진다. a 모드를 사용해 추가할 수 있지만, 실행 시마다 파일이 증가하며 사용자가 아니면 파일이 제거되지 않는다.

❹ 그러면 최소 로깅 레벨이 설정된다(표 9-1 참고). 설정된 레벨보다 낮은 레벨의 메시지는 무시된다.

❺ 로깅 수준이 DEBUG 이상으로 설정된 경우 logging.debug() 함수를 사용해 메시지를 로그 파일로 출력한다.

이전 예제에서는 logging.debug()를 사용할 때, 오래된 printf() 스타일의 형식을 사용했다. 플레이스 홀더(placeholder)는 문자열에 대해서 %s와 같은 기호로 표시되며, 대체할 값은 인수로 전달된다. 로그 메시지에 str.format()과 f-string을 사용할 수 있지만, pylint에서 printf() 스타일을 사용하는 것이 좋다.

닷파일

이름이 점으로 시작하는 파일과 폴더는 일반적으로 ls를 사용할 때 숨겨진다. 모든 파일을 보려면 ls에 -a 옵션을 사용해야 한다. 로그 파일의 이름을 .log로 지정하면 보통 볼 수 없다. 또한 이 폴더에는 .gitignore 파일이 있다. 이 파일에는 Git 폴더에 추가되지 않았으면 하는 파일 이름과 파일 패턴과 폴더가 포함돼 있다. .log 파일도 포함돼 있다. 구성 파일, 암호, 큰 염기 서열 파일 등과 같은 데이터가 **git add**에 포함되지 않도록 하려면 이 파일에 해당 이름(또는 해당 파일과 일치하는 파일 글로브)을 이 파일에 입력하라.

로깅의 핵심 개념은 로깅 레벨의 개념이다. 표 9-1과 같이 critical 레벨이 가장 높고 debug 레벨이 가장 낮다(설정되지 않은 레벨은 특정 특수성을 가진다). 자세한 내용은 REPL 또는 모듈의 온라인 설명서(https://oreil.ly/bWgOp)에서 **help(logging)**을 읽는 것이 좋다. 이 프로그램의 경우 가장 낮은(debug) 설정만 사용한다. --debug 플래그가 있으면 로깅 레벨이 logging.DEBUG로 설정되고 logging.debug()의 모든 메시지가 로그 파일에 출력된다. 플래그가 없으면 로깅 레벨이 logging.CRITICAL로 설정되고 logging.critical()로 로깅된 메시지만 통과된다. logging.NOTSET 값을 사용해야 한다고 생각할 수 있지만, 이 값은 logging.DEBUG보다 레벨이 낮으므로 모든 디버그 메시지가 통과한다.

표 9-1. 파이썬의 로깅 모듈에서 사용 가능한 로깅 레벨

레벨	숫자로 표시된 값
CRITICAL	50
ERROR	40
WARNING	30

레벨	숫자로 표시된 값
INFO	20
DEBUG	10
NOTSET	0

실제로 작동하는지 보려면 다음과 같이 프로그램을 실행하라.

```
$ ./grph.py --debug tests/inputs/1.fa
```

프로그램이 아무것도 하지 않은 것처럼 보이지만, 이제 다음 내용을 포함하는 .log 파일이 생성된다.

```
$ cat .log
DEBUG:root:input file = "tests/inputs/1.fa"
```

--debug 플래그 없이 프로그램을 다시 실행한다. .log 파일을 열었을 때 덮어써지지만 내용이 기록되지 않았기 때문에 .log 파일이 비어 있다는 것에 유의한다. 일반적인 출력 기반 디버깅 기술을 사용하려면 프로그램에서 모든 print() 문을 찾아 제거(또는 주석처리)해서 디버깅을 해제해야 한다. 대신, logging.debug()를 사용하면 디버그 수준에서 로깅하는 동안 프로그램을 디버그한 다음 중요한 메시지만 기록하도록 프로그램을 배포할 수 있다. 또한 환경에 따라 다양한 위치에 로그 메시지를 작성할 수 있으며, 이 모든 로그가 셸 리다이렉션 말고 코드 내에서 프로그래밍 방식으로 로그 메시지를 올바른 위치에 저장할 수 있다.

프로그램이 로그 파일을 생성하는지 확인하는 테스트는 없다. 그저 로깅 사용 방법을 보여 준 것이다. logging.critical(), logging.debug()와 같은 함수의 호출은 로깅 모듈의 전역 스코프global scope로 제어된다. 일반적으로 전역 설정으로 프로그램이 제어되는 것을 좋아하지 않지만, 이것은 어쩔 수 없는 예외적인 상황이다. 대부분 선택의 여지가 없기 때문이다. 생성할 수 있는 출력의 종류를 확인하기 위해 코드 전체에 logging. debug() 호출을 자유롭게 뿌리는 것이 좋다. 자동 실행을 위해 원격 컴퓨팅 클러스터에 배포하는 대신, 컴퓨터에 프로그램을 작성하는 동안 로깅을 사용할 수 있는 방법을 고려하라.

중첩 찾기

다음 업무는 입력 FASTA 파일을 읽는 것이다. 이는 5장에서 처음 소개했었다. 다시 Bio.SeqIO 모듈을 사용해 다음처럼 불러올 것이다.

```
from Bio import SeqIO
```

main()을 다음과 같이 수정할 수 있다(로깅 호출을 생략한다).

```
def main() -> None:
  args = get_args()

  for rec in SeqIO.parse(args.file, 'fasta'):
    print(rec.id, rec.seq)
```

그런 다음 첫 번째 입력 파일에서 이 프로그램을 실행해서 제대로 작동하는지 확인한다.

```
$ ./grph.py tests/inputs/1.fa
Rosalind_0498 AAATAAA
Rosalind_2391 AAATTTT
Rosalind_2323 TTTTCCC
Rosalind_0442 AAATCCC
Rosalind_5013 GGGTGGG
```

 각 연습 문제에서, 나는 프로그램을 논리적으로 작성하는 방법을 단계별로 보여 주려고 노력했다. 여러분이 최종 목표를 염두에 두고 프로그램에 아주 작은 변화를 주는 것을 배우고, 그 결과를 보기 위해 프로그램을 실행하는 것을 배우길 바란다. 테스트를 자주 실행해서 수정해야 할 항목을 확인하고, 적합하다고 생각되는 자체 테스트를 추가해야 한다. 또한 프로그램이 잘 작동될 때 자주 커밋해야 한다. 프로그램이 고장나면 되돌릴 수 있다. 작은 단계를 수행하고 프로그램을 실행하는 것은 코딩 학습의 핵심 요소다.

이제 각 염기 서열에서 처음과 마지막 k 염기를 얻는 방법을 생각해보자. 7장에서 처음 보여 준 k-mer 코드를 사용해보자. 예를 들어 프로그램에서 다음을 출력해보자.

```
$ ./grph.py tests/inputs/1.fa
Rosalind_0498 AAATAAA first AAA last AAA
Rosalind_2391 AAATTTT first AAA last TTT
Rosalind_2323 TTTTCCC first TTT last CCC
Rosalind_0442 AAATCCC first AAA last CCC
Rosalind_5013 GGGTGGG first GGG last GGG
```

어떤 첫 번째 문자열이 어떤 끝 문자열과 일치하는지 생각해보라. 예를 들어 염기 서열 0498은 AAA로 끝나고, 염기 서열 0442는 AAA로 시작한다. 이는 중첩 그래프에 추가될 수 있는 염기 서열이다.

k 값을 4로 변경해보자.

```
$ ./grph.py tests/inputs/1.fa -k 4
Rosalind_0498 AAATAAA first AAAT last TAAA
Rosalind_2391 AAATTTT first AAAT last TTTT
Rosalind_2323 TTTTCCC first TTTT last TCCC
Rosalind_0442 AAATCCC first AAAT last TCCC
Rosalind_5013 GGGTGGG first GGGT last TGGG
```

이제 2391과 2323이라는 2개의 염기 서열만 중첩 시퀀스 TTTT로 결합될 수 있다. k를 1에서 10까지 변경하고 첫 번째 영역과 마지막 영역을 조사한다. 솔루션을 작성하기에 충분한 정보가 있는가? 그렇지 않다면 계속 생각해보라.

중첩된 염기 서열 그룹화하기

for 루프는 염기 서열을 개별적으로 읽는다. 중첩 영역이 시작되는 곳과 중첩되는 영역을 찾기 위해 하나의 염기 서열을 읽는 동안 반드시 어떤 다른 염기 서열이 결합될 수 있는지 알 수 있는 충분한 정보를 갖고 있지 않다. 모든 염기 서열이 겹치는 영역을 유지할 수 있는 데이터 구조를 만들어야 한다. 그래야만 어떤 염기 서열이 추가될 수 있는지 알아낼 수 있다. 이것이 염기 서열 어셈블러의 핵심 요소다. 대부분의 경우 모든 입력 염기 서열에서 필요한 모든 정보를 수집하기 위해 엄청난 양의 메모리가 필요하다.

2개의 딕셔너리를 사용해야 하는데 하나는 첫 부분에, 하나는 끝 부분에 사용하기로 했다. 딕셔너리의 키는 k가 3일 때 AAA와 같이 k 길이 염기 서열이 되고, 값은 이 영역을 공유하는 염기 서열 ID의 리스트로 지정했다. 값이 k인 문자열 조각을 사용해 선행, 후행 염기 서열을 추출할 수 있다.

```
>>> k = 3
>>> seq = 'AAATTTT'
>>> seq[:k] ❶
'AAA'
>>> seq[-k:] ❷
'TTT'
```

❶ 첫 번째 k 염기 조각이다.

❷ 음의 인덱싱을 사용해 염기 서열의 끝에서 시작하는 마지막 k 염기 조각이다.

이 k-mer들은 8장에서 사용했었다. 이 k-mer들은 계속 나타나므로 염기 서열에서 k-mer를 추출하기 위해 find_kmer() 함수를 작성하는 것이 합리적이다. 함수의 시그니처를 정의하는 것부터 시작한다.

```
def find_kmer(seq: str, k: int) -> List[str]: ❶
    """ Find k-mer in string """

    return [] ❷
```

❶ 함수는 문자열(염기 서열)과 정숫값 k를 받아서 문자열 리스트를 반환한다.

❷ 빈 리스트를 반환한다.

이제 이 함수를 어떻게 사용할지 예측하기 위해 테스트를 작성한다.

```
def test_find_kmer() -> None:
    """Test find_kmer"""
```

```
assert find_kmer('', 1) == [] ❶
assert find_kmer('ACTG', 1) == ['A', 'C', 'T', 'G'] ❷
assert find_kmer('ACTG', 2) == ['AC', 'CT', 'TG']
assert find_kmer('ACTG', 3) == ['ACT', 'CTG']
assert find_kmer('ACTG', 4) == ['ACTG']
assert find_kmer('ACTG', 5) == []❸
```

❶ 함수가 빈 리스트를 반환하도록 빈 문자열을 염기 서열로서 전달한다.

❷ 짧은 염기 서열을 사용해 k의 모든 값을 확인한다.

❸ 길이가 4인 문자열에는 5-mer가 없다.

다음을 읽기 전에 미리 여러분만의 버전을 작성해보라. 내가 작성한 함수는 다음과 같다.

```
def find_kmer(seq: str, k: int) -> List[str]:
    """Find k-mer in string"""

    n = len(seq) - k + 1 ❶
    return [] if n < 1 else [seq[i:i + k] for i in range(n)] ❷
```

❶ 문자열 seq에서 k-길이 부분 문자열의 수 n을 찾는다.

❷ n이 음수면 빈 리스트를 반환한다. 그렇지 않으면 리스트 컴프리헨션을 사용해 k-mer를 반환한다.

이제 염기 서열에서 선행, 후행 k-mer를 쉽게 얻을 수 있다.

```
>>> from grph import find_kmer
>>> kmer = find_kmer('AAATTTT', 3)
>>> kmer
['AAA', 'AAT', 'ATT', 'TTT', 'TTT']
>>> kmer[0] ❶
'AAA'
>>> kmer[-1] ❷
'TTT'
```

❶ 첫 번째 요소는 선행 k-mer이다.

❷ 마지막 요소는 후행 k-mer이다.

첫 번째와 마지막 k-mer는 딕셔너리의 키에 필요한 중첩 염기 서열을 준다. 딕셔너리의 값이 이런 k-mer를 공유하는 염기 서열 ID의 리스트가 됐으면 한다. 1장에서 소개한 collections.defaultdict() 함수는 빈 리스트로 각 딕셔너리 항목을 쉽게 인스턴스화할 수 있기 때문에 사용하기 적합하다. 로깅을 위해 ppring.pformat() 함수를 가져와야 하므로 다음을 추가한다.

```
from collections import defaultdict
from pprint import pformat
```

이러한 아이디어를 사용하는 방법은 다음과 같다.

```
def main() -> None:
  args = get_args()

  logging.basicConfig(
    filename='.log',
    filemode='w',
    level=logging.DEBUG if args.debug else logging.CRITICAL)

  start, end = defaultdict(list), defaultdict(list) ❶
  for rec in SeqIO.parse(args.file, 'fasta'): ❷
    if kmer := find_kmer(str(rec.seq), args.k): ❸
      start[kmer[0]].append(rec.id) ❹
      end[kmer[-1]].append(rec.id) ❺

  logging.debug(f'STARTS\n{pformat(start)}') ❻
  logging.debug(f'ENDS\n{pformat(end)}')
```

❶ 리스트를 기본값으로 사용할 시작과 종료 영역의 딕셔너리를 만든다.

❷ FASTA 레코드를 반복한다.

❸ Seq 객체를 문자열로 강제로 변환하고 k-mer를 찾는다. := 구문은 반환값을 kmer에

할당하고, if 문은 kmer가 참인지 평가한다. 함수가 no kmer를 반환하면 다음 구간이 실행되지 않는다.

❹ 첫 번째 k-mer를 start 딕셔너리의 키로 사용하고 이 염기 서열 ID를 리스트에 추가한다.

❺ 마지막 k-mer를 사용해서 end 딕셔너리에도 동일하게 수행한다.

❻ pprint.pformat() 함수를 사용해서 로그를 위한 딕셔너리를 포맷한다.

이전의 장들에서 pprint.print() 함수를 사용해서 복잡한 데이터 구조를 기본 print() 함수보다 아름다운 형식으로 출력했다. print()는 STDOUT(또는 STDERR)로 출력되므로 여기서 사용할 수 없다. 대신 logging.debug() 함수의 데이터 구조를 기록하도록 포맷해야 한다.

이제 첫 번째 입력값과 --debug 플래그를 사용해서 프로그램을 다시 실행한 다음 로그 파일을 검사한다.

```
$ ./grph.py tests/inputs/1.fa -d
$ cat .log
DEBUG:root:STARTS ❶
defaultdict(<class 'list'>,
            {'AAA': ['Rosalind_0498', 'Rosalind_2391', 'Rosalind_0442'], ❷
             'GGG': ['Rosalind_5013'],
             'TTT': ['Rosalind_2323']})
DEBUG:root:ENDS ❸
defaultdict(<class 'list'>,
            {'AAA': ['Rosalind_0498'], ❹
             'CCC': ['Rosalind_2323', 'Rosalind_0442'],
             'GGG': ['Rosalind_5013'],
             'TTT': ['Rosalind_2391']})
```

❶ 다양한 시작 염기 서열과 ID 딕셔너리다.

❷ AAA는 0498, 2391, 0442로 시작한다.

❸ 다양한 종료 염기 서열과 ID의 딕셔너리다.

❹ AAA로 끝나는 염기 서열이 딱 하나 0498이 있다.

이 입력 파일과 겹치는 3-mer의 올바른 쌍은 다음과 같다.

- Rosalind_0498, Rosalind_2391: AAA

- Rosalind_0498, Rosalind_0442: AAA

- Rosalind_2391, Rosalind_2323: TTT

예를 들어 AAA(0498)로 끝나는 염기 서열을 이 염기 서열(0498, 2391, 0442)로 시작하는 염기 서열과 결합하면 다음 쌍이 생성된다.

- Rosalind_0498, Rosalind_0498

- Rosalind_0498, Rosalind_2391

- Rosalind_0498, Rosalind_0442

염기 서열 자체를 연결할 수 없기 때문에 첫 번째 쌍은 탈락이다. 공통적으로, 다음 종료와 시작 염기 서열을 찾은 다음 모든 염기 서열 쌍을 반복한다. 공통된 모든 시작과 종료 키를 찾은 다음 모든 염기 서열 ID를 연결해 결합할 수 있는 쌍을 출력해야 한다. 이 염기 서열 쌍들은 순서에 관계없이 테스트를 통과할 수 있을 것이다. 행운을 빈다.

솔루션

두 가지 변형된 솔루션이 존재한다. 첫 번째는 로잘린드 솔루션을 해결해 두 염기 서열을 결합하는 방법을 보여준다. 두 번째는 그래프를 확장해 모든 염기 서열의 전체 조립체를 만든다.

솔루션 1: 교차로 설정을 사용해 중복 찾기

다음 솔루션에서는 집합 교차를 사용해서 시작 딕셔너리와 종료 딕셔너리 간에 공유되는 k-mer를 찾는 방법을 소개하려 한다.

```python
def main() -> None:
  args = get_args()

  logging.basicConfig(
    filename='.log',
    filemode='w',
    level=logging.DEBUG if args.debug else logging.CRITICAL)

  start, end = defaultdict(list), defaultdict(list)
  for rec in SeqIO.parse(args.file, 'fasta'):
    if kmer := find_kmer(str(rec.seq), args.k):
      start[kmer[0]].append(rec.id)
      end[kmer[-1]].append(rec.id)

  logging.debug('STARTS\n{}'.format(pformat(start)))
  logging.debug('ENDS\n{}'.format(pformat(end)))

  for kmer in set(start).intersection(set(end)):   ❶
    for pair in starfilter(op.ne, product(end[kmer], start[kmer])):   ❷
      print(*pair)   ❸
```

❶ start 딕셔너리와 end 딕셔너리 사이의 공통 키를 찾는다.

❷ 서로 같지 않은 종료 염기 서열과 시작 염기 서열 쌍을 반복한다.

❸ 염기 서열 쌍을 출력한다.

마지막 세 줄을 작성하기 위해 몇 번의 시도를 했는데, 어떻게 진행했는지 설명하려한다. 다음 딕셔너리를 지정했다.

```python
>>> from pprint import pprint
>>> from Bio import SeqIO
>>> from collections import defaultdict
```

```
>>> from grph import find_kmer
>>> k = 3
>>> start, end = defaultdict(list), defaultdict(list)
>>> for rec in SeqIO.parse('tests/inputs/1.fa', 'fasta'):
...     if kmer := find_kmer(str(rec.seq), k):
...         start[kmer[0]].append(rec.id)
...         end[kmer[-1]].append(rec.id)
...
>>> pprint(start)
{'AAA': ['Rosalind_0498', 'Rosalind_2391', 'Rosalind_0442'],
 'GGG': ['Rosalind_5013'],
 'TTT': ['Rosalind_2323']}
>>> pprint(end)
{'AAA': ['Rosalind_0498'],
 'CCC': ['Rosalind_2323', 'Rosalind_0442'],
 'GGG': ['Rosalind_5013'],
```

다음 아이디어로 시작했다.

```
>>> for kmer in end: ❶
...     if kmer in start: ❷
...         for seq_id in end[kmer]: ❸
...             for other in start[kmer]: ❹
...                 if seq_id != other: ❺
...                     print(seq_id, other) ❻
...
Rosalind_0498 Rosalind_2391
Rosalind_0498 Rosalind_0442
Rosalind_2391 Rosalind_2323
```

❶ 종료 딕셔너리의 k-mer(키)를 반복한다.

❷ 이 k-mer가 시작 딕셔너리에 있는지 확인한다.

❸ 이 k-mer의 각 종료 염기 서열 ID를 반복한다.

❹ 이 k-mer의 각 시작 염기 서열 ID를 반복한다.

❺ 염기 서열이 동일하지 않은지 확인한다.

❻ 염기 서열 ID를 출력한다.

이 함수가 잘 작동하는 동안 잠시 이 함수로 무엇을 하려고 했는지 생각해봤다. 처음 두 줄은 두 딕셔너리 사이에 공통되는 키를 찾는 것이다. 집합 교차는 공통되는 키를 찾기 위한 더 쉬운 방법이다. 딕셔너리에서 set() 함수를 사용하면, 이 함수가 딕셔너리의 키를 사용해서 집합을 만든다.

```
>>> set(start)
{'TTT', 'GGG', 'AAA'}
>>> set(end)
{'TTT', 'CCC', 'AAA', 'GGG'}
```

그리고 set.intersection() 함수를 호출해서 공통 키를 찾을 수 있다.

```
>> set(start).intersection(set(end))
{'TTT', 'GGG', 'AAA'}
```

이전 코드에서 다음 라인은 종료 염기 서열 ID와 시작 염기 서열 ID의 모든 조합을 찾는다. 이 작업은 itertools.product() 함수를 사용해서 보다 쉽게 수행할 수 있으며, 이 함수는 모든 리스트의 데카르트 곱을 생성한다. 예를 들어 k-mer AAA에서 겹치는 염기 서열을 찾는다.

```
>>> from itertools import product
>>> kmer = 'AAA'
>>> pairs = list(product(end[kmer], start[kmer]))
>>> pprint(pairs)
[('Rosalind_0498', 'Rosalind_0498'),
 ('Rosalind_0498', 'Rosalind_2391'),
 ('Rosalind_0498', 'Rosalind_0442')]
```

두 값이 같은 쌍은 모두 제외하고 싶다. 그럴 때는 filter()를 쓰면 된다.

```
>>> list(filter(lambda p: p[0] != p[1], pairs)) ❶
[('Rosalind_0498', 'Rosalind_2391'), ('Rosalind_0498', 'Rosalind_0442')]
```

❶ lambda는 p 쌍을 받고, 0번째 원소와 첫 번째 요소가 같지 않은지 확인한다.

이 함수는 충분히 잘 작동하지만, 나는 코드가 마음에 들지 않는다. filter()의 lambda에서 튜플값을 풀어낼 수 없다는 것이 싫다. 그래서 6장과 8장에서 사용했던 itertools.starmap() 함수를 사용할 수 있을지 생각했고, Python starfilter를 검색해서 iteration _utilities.starfilter()(https://oreil.ly/c6KKV)를 찾았다. 이 모듈을 설치하고 함수를 불러온다.

```
>>> from iteration_utilities import starfilter
>>> list(starfilter(lambda a, b: a != b, pairs))
[('Rosalind_0498', 'Rosalind_2391'), ('Rosalind_0498', 'Rosalind_0442')]
```

이는 개선 사항이지만 operator.ne()(not equal) 함수를 사용하면 lambda를 제거할 수 있다.

```
>>> import operator as op
>>> list(starfilter(op.ne, pairs))
[('Rosalind_0498', 'Rosalind_2391'), ('Rosalind_0498', 'Rosalind_0442')]
```

마지막으로, 각 쌍을 분할해서 print()가 리스트 컨테이너가 아닌 개별 문자열을 볼 수 있도록 한다.

```
>>> for pair in starfilter(op.ne, pairs):
...     print(*pair)
...
Rosalind_0498 Rosalind_2391
Rosalind_0498 Rosalind_0442
```

이 길이를 더 줄일 수도 있었지만, 너무 조밀해지지 않을까 걱정된다.

```
>>> print('\n'.join(map(' '.join, starfilter(op.ne, pairs))))
Rosalind_0498 Rosalind_2391
Rosalind_0498 Rosalind_0442
```

결국, main() 함수에는 상당한 양의 코드가 있는데, 더 큰 프로그램에서는 아마 단위 테스트가 있는 함수로 이동할 것이다. 이 경우 통합 테스트는 모든 함수를 포함하므로 과도할 수 있다.

솔루션 2: 그래프를 사용해서 모든 경로 찾기

이다음 솔루션은 모든 중첩 염기 서열을 연결하는 그래프를 사용해서 염기 서열의 전체 어셈블리를 근사화한다. 원래 도전 과제는 아니지만 이 솔루션을 생각하는 것은 흥미롭고, 구현하고 시각화하는 것이 굉장히 간단하다. GRPH는 이번 도전 과제 이름이므로 파이썬 코드에서 그래프를 나타내는 방법을 조사하는 것이 좋다.

그림 9-3과 같이 모든 염기 서열을 수동으로 정렬할 수 있다. 이렇게 정렬하면 Rosalind_0498 염기 서열이 Rosalind_2391 또는 Rosalind_0442에 결합할 수 있는 그래프 구조를 나타내며, Rosalind_0498에서 Rosalind_2391, Rosalind_2323으로 체인이 이어진다.

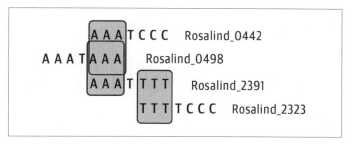

그림 9-3. 첫 번째 입력 파일의 모든 염기 서열은 3-mer를 사용해서 결합할 수 있다.

이를 인코딩하기 위해 Graphviz 개발 툴(https://graphviz.org)을 사용해서 그래프 구조를 표현하고 시각화한다. 이 개발 툴을 사용하려면 시스템에 Graphviz를 설치해야 한다. 예를 들어 macOS에서는 Homebrew 패키지 관리자(brew install graphviz)를 사용해서 설치할 수 있지만, 우분투 리눅스^{Ubuntu Linux}에서는 apt install graphviz를 사용해 설치할 수 있다.

Graphviz에서 출력되는 텍스트 파일은 Dot 언어 형식(https://graphviz.org/doc/info/lang.html)으로 Graphviz **dot** 개발 툴을 사용해서 그림 그래프로 변환할 수 있다. 폴더의 두 번째 솔루션에는 출력 파일 명칭과 이미지 열기 여부를 제어하는 옵션이 있다.

```
$ ./solution2_graph.py -h
usage: solution2_graph.py [-h] [-k size] [-o FILE] [-v] [-d] FILE

Overlap Graphs

positional arguments:
  FILE                 FASTA file

optional arguments:
  -h, --help           show this help message and exit
  -k size, --overlap size
                       Size of overlap (default: 3)
  -o FILE, --outfile FILE
                       Output filename (default: graph.txt) ❶
  -v, --view           View outfile (default: False) ❷
  -d, --debug          Debug (default: False)
```

❶ 기본 출력 파일 이름은 graph.txt다. 그래프의 시각적 표현인 .pdf 파일도 자동으로 생성된다.

❷ 이 옵션은 프로그램이 완료될 때 PDF를 자동으로 열어야 하는지 제어한다.

첫 번째 테스트 입력값으로 이 프로그램을 실행하면 테스트 집합을 통과하는 출력값을 볼 수 있다.

```
$ ./solution2_graph.py tests/inputs/1.fa -o 1.txt
Rosalind_2391 Rosalind_2323
Rosalind_0498 Rosalind_2391
Rosalind_0498 Rosalind_0442
```

또한 Dot 언어로 인코딩된 그래프 구조를 포함하는 1.txt라는 새로운 출력 파일이 있어야 한다.

```
$ cat 1.txt
digraph {
        Rosalind_0498
        Rosalind_2391
        Rosalind_0498 -> Rosalind_2391
        Rosalind_0498
        Rosalind_0442
        Rosalind_0498 -> Rosalind_0442
        Rosalind_2391
        Rosalind_2323
        Rosalind_2391 -> Rosalind_2323
}
```

dot 프로그램을 사용해서 이를 시각화할 수 있다. 다음은 그래프를 PNG 파일에 저장하는 명령이다.

```
$ dot -O -Tpng 1.txt
```

그림 9-4는 그림 9-3의 수동 정렬을 요약해서, 첫 번째 FASTA 파일의 모든 염기 서열을 결합하는 그래프의 결과 시각화를 보여준다.

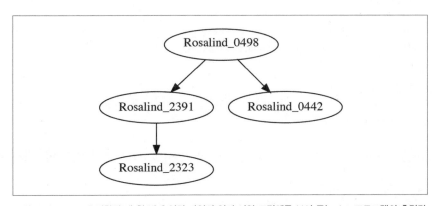

그림 9-4. 3-mer에 결합될 때 첫 번째 입력 파일의 염기 서열 조립체를 보여 주는 dot 프로그램의 출력값

-v | --view 플래그를 사용해서 프로그램을 실행하면 이 이미지가 자동으로 표시된다. 그래프 용어에서, 각 염기 서열은 노드^{node}이며, 두 염기 서열 사이의 관계는 에지^{edge}다.

그래프에는 방향성이 있을 수도 있고 없을 수도 있다. 그림 9-4에는 한 노드에서 다른 노드로 흐르는 관계가 있음을 나타내는 화살표가 있다. 따라서 이것은 방향 그래프다. 다음 코드는 이 그래프를 만들고 시각화하는 방법을 보여준다. 방향 그래프를 생성하기 위해 graphiz.Digraph를 불러왔고, 이 코드는 실제 솔루션의 일부인 로깅 코드를 생략한다.

```python
def main() -> None:
  args = get_args()
  start, end = defaultdict(list), defaultdict(list)
  for rec in SeqIO.parse(args.file, 'fasta'):
    if kmer := find_kmer(str(rec.seq), args.k):
      start[kmer[0]].append(rec.id)
      end[kmer[-1]].append(rec.id)

  dot = Digraph() ❶
  for kmer in set(start).intersection(set(end)): ❷
    for s1, s2 in starfilter(op.ne, product(end[kmer], start[kmer])): ❸
      print(s1, s2) ❹
      dot.node(s1) ❺
      dot.node(s2)
      dot.edge(s1, s2) ❻

  args.outfile.close() ❼
  dot.render(args.outfile.name, view=args.view) ❽
```

❶ 방향 그래프를 만든다.

❷ k-mer를 반복한다.

❸ k-mer를 공유하는 염기 서열 쌍을 찾고 두 염기 서열 ID를 s1과 s2로 압축을 푼다.

❹ 테스트 출력값을 출력한다.

❺ 각 염기 서열에 노드를 추가한다.

❻ 노드를 연결하는 에지를 추가한다.

❼ 그래프가 파일에 써질 수 있도록 출력 파일핸들을 닫는다.

❽ 그래프 구조를 출력 파일 이름에 쓴다. `args.view` 옵션에 따라 보기 옵션을 사용해서 이미지를 연다.

이 몇 줄의 코드는 프로그램의 출력에 큰 영향을 미친다. 예를 들어 그림 9-5는 이 프로그램이 기본적으로 두 번째 입력 파일에 있는 염기 서열 100개의 전체 조립체를 만들 수 있음을 보여준다.

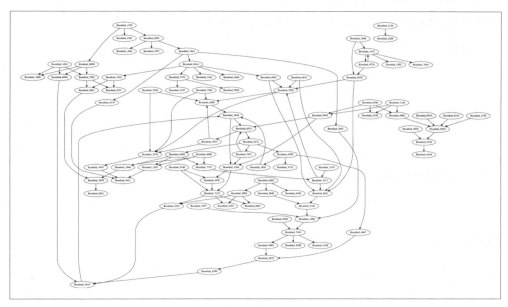

그림 9-5. 두 번째 테스트 입력 파일의 그래프

이 이미지(페이지에 맞게 축소된)는 데이터의 복잡성과 완전성에 대해 많은 것을 보여준다. 예를 들어 오른쪽 상단 모서리의 염기 서열 쌍(Rosalind_1144와 Rosalind_2208)은 다른 염기 서열에 결합할 수 없다. k를 4로 늘리고 결과 그래프를 검사해서 다른 결과를 확인해보라.

그래프는 정말 강력한 데이터 구조다. 9장의 앞부분에서 언급한 바와 같이 그래프는 한 쌍의 관계를 인코딩한다. 그림 9-5의 100개 염기 서열의 조립체가 몇 줄의 코드로 나타나는 것은 놀라운 것이다. 파이썬 리스트와 딕셔너리를 사용해 그래프를 나타낼 수 있지만, Graphviz 툴은 이를 훨씬 더 단순화할 수 있다.

9장에서 방향 그래프를 사용했지만 꼭 필요한 것은 아니었다. 이 그래프가 방향이 없는 그래프여도 상관없지만, 화살표가 마음에 들어서 사용했다. 순환이 없는 방향 그래프를 나타내기 위해 방향성 비순환 그래프[DAG, Directed Acyclic Graph]라는 용어로 나타낼 수 있는데 이는 노드가 다시 자신에게 결합하는 그래프다. 순환은 선형 게놈의 경우 잘못된 조립체를 가리킬 수 있지만, 박테리아에서와 같이 원형 게놈에 필요할 수 있다. 이런 아이디어가 흥미롭다면 중복 k-mer를 만들 때 자주 사용하는 드 브루인[De Bruijn] 그래프를 살펴보면 좋다.

더 나아가기

중복 염기 서열이 지정된 편집 거리를 가질 수 있도록 허용하는 해밍 거리 옵션을 추가한다. 즉 거리가 1이면 염기 차이가 1개인 염기 서열이 중복된다.

요점 정리

9장의 주요 요점은 다음과 같다.

- 중복 영역을 찾기 위해 k-mer를 사용해 각 염기 서열의 첫 번째와 마지막 k 염기를 찾았다.

- logging 모듈을 사용하면 파일의 런타임 메시지 로깅을 쉽게 켜고 끌 수 있다.

- defaultdict(list)를 사용해 빈 리스트의 기본값으로 존재하지 않는 키를 자동으로 확인하는 딕셔너리를 만들었다.

- 집합 교차는 두 딕셔너리 간에 공유되는 키와 같은 컬렉션 간의 공통 요소를 찾을 수 있다.

- itertools.product() 함수는 가능한 모든 수열 쌍을 찾는다.

- `itertools.starmap()` 함수가 `map()` 함수에 수행하는 것처럼 `iteration_utilities.starfilter()` 함수는 `filter()` 함수에 `lambda` 인수를 표시한다.

- Graphviz 개발 툴은 복잡한 그래프 구조를 효율적으로 표현하고 시각화할 수 있다.

- 그래프는 Dot 언어를 사용해 텍스트로 나타낼 수 있으며, dot 프로그램은 다양한 형식의 그래프를 시각화할 수 있다.

- 중첩 그래프를 사용해 2개 이상의 염기 서열로 구성된 전체 조립체를 만들 수 있다.

가장 긴 공유 부분 염기 서열 찾기: k-mer 찾기, 함수 작성, 이진 탐색 사용

로잘린드 LCSM 챌린지(https://oreil.ly/SONgC)에 설명한 대로 이 연습의 목표는 지정된 FASTA 파일의 모든 염기 서열에서 공유하는 가장 긴 부분 문자열을 찾는 것이다. 8장에서는 주어진 모티프를 몇 개의 염기 서열에서 찾았다. 이 챌린지에서는 공유 모티프가 존재하는지 먼저 알지 못하기 때문에 이 챌린지의 크기나 구성은 적지만, 모든 염기 서열에 존재하는 임의의 길이의 염기 서열을 찾을 것이다. 이 챌린지는 이전의 장들에서 보여준 많은 아이디어를 한곳에 모은 도전적인 연습의 장이다. 솔루션을 사용해 알고리듬 설계, 함수, 테스트와 코드 구성을 살펴볼 것이다.

10장에서 배울 내용은 다음과 같다.

- k-mer를 사용해 공유 부분서열을 찾는 방법

- 리스트의 연결 리스트로 `itertools.chain()`을 사용하는 방법

- 이진 탐색 사용 방법과 사용 이유

- 함수를 극대화하는 방법

- `min()`과 `max()` 키 옵션을 사용하는 방법

시작하기

이 문제의 모든 코드와 테스트는 10_lcsm 폴더에 있다. 첫 번째 솔루션은 lcms.py 프로그램에 복사하고 도움말을 여는 것부터 시작한다.

```
$ cp solution1_kmer_imperative.py lcsm.py
$ ./lcsm.py -h
usage: lcsm.py [-h] FILE

Longest Common Substring

positional arguments:
  FILE          Input FASTA

optional arguments:
  -h, --help  show this help message and exit
```

유일하게 필요한 인수는 FASTA 형식의 DNA 염기 서열의 단일 위치 파일이다. 파일을 인수로 받는 다른 프로그램과 마찬가지로 이 프로그램은 유효하지 않거나 읽을 수 없는 입력값을 거부한다. 다음은 우리가 사용할 첫 번째 입력값이다. 이 염기 서열에서 가장 긴 공통 부분 염기 서열은 CA, TA, AC이며 마지막 값은 굵게 표시돼 출력된다.

```
$ cat tests/inputs/1.fa
>Rosalind_1
GATTACA
>Rosalind_2
TAGACCA
>Rosalind_3
ATACA
```

이러한 답은 모두 허용 가능하다. 첫 번째 테스트 입력으로 프로그램을 실행하고 허용되는 2-mer 중 하나를 무작위로 선택하는지 확인한다.

```
$ ./lcsm.py tests/inputs/1.fa
CA
```

두 번째 테스트 입력은 훨씬 더 크며, 프로그램이 답을 찾는 데 훨씬 더 오래 걸린다. 내 노트북에서는 거의 40초가 걸린다. 솔루션에서 이진 탐색을 이용해 런타임을 크게 줄일 수 있는 방법을 설명할 것이다.

```
$ time ./lcsm.py tests/inputs/2.fa
GCCTTTTGATTTTAACGTTTATCGGGTGTAGTAAGATTGCGCGCTAATTCCAATAAACGTATGGAGGACATTCCCCGT

real    0m39.244s
user    0m33.708s
sys     0m6.202s
```

비록 챌린지의 요구 사항은 아니지만, 적절한 응답을 생성해야 하는 공유 부분 염기 서열을 포함하지 않는 입력 파일을 하나 추가했다.

```
$ ./lcsm.py tests/inputs/none.fa
No common subsequence.
```

lcsm.py 프로그램을 처음부터 시작한다.

```
$ new.py -fp 'Longest Common Substring' lcsm.py
Done, see new script "lcsm.py".
```

다음과 같이 인수를 정의한다.

```
class Args(NamedTuple): ❶
    """ Command-line arguments """
    file: TextIO

def get_args() -> Args:
    """ Get command-line arguments """

    parser = argparse.ArgumentParser(
        description='Longest Common Substring',
        formatter_class=argparse.ArgumentDefaultsHelpFormatter)

    parser.add_argument('file', ❷
                        help='Input FASTA',
```

```
                    metavar='FILE',
                    type=argparse.FileType('rt'))

    args = parser.parse_args()

    return Args(args.file) ❸
```

❶ 이 프로그램의 입력값은 FASTA 형식의 파일뿐이다.

❷ 단일 **file** 인수를 정의한다.

❸ 열린 파일핸들^{filehandle}이 들어 있는 **Args** 객체를 반환한다.

그런 다음 main() 함수를 수정해서 받은 파일의 이름을 출력한다.

```
def main() -> None:
    args = get_args()
    print(args.file.name)
```

올바른 사용법이 표시되고 프로그램이 올바른 파일 이름을 출력하는지 확인한다.

```
$ ./lcsm.py tests/inputs/1.fa
tests/inputs/1.fa
```

이 시점에서 프로그램은 처음 세 가지 테스트를 통과해야 한다. 프로그램을 완성하는 방법을 알고 있다면 직접 해보라. 올바른 방향으로 가고 싶다면 계속 읽으면 좋다.

FASTA 파일에서 가장 짧은 염기 서열 찾기

FASTA 파일을 읽는 것은 익숙해졌을 것이다. 이전에 사용했던 Bio.SeqIO.parse()를 사용할 것이다. 이 문제의 첫 번째 아이디어는 k를 최대화하면서 공유 k-mer를 찾는 것이다. 가장 긴 염기 서열은 파일의 가장 짧은 염기 서열보다 길 수 없기 때문에 가장 짧은 시퀀스와 같은 k부터 시작할 것이다. 가장 짧은 염기 서열을 찾으려면 먼저 모든 레코드를 스캔해야 한다. 스캔을 어떻게 하는지 검토하기 위해 Bio.SeqIO.parse() 함수는 각 FASTA 레코드에 접근할 수 있는 반복자를 반환한다.

312

```
>>> from Bio import SeqIO
>>> fh = open('./tests/inputs/1.fa')
>>> recs = SeqIO.parse(fh, 'fasta')
>>> type(recs)
<class 'Bio.SeqIO.FastaIO.FastaIterator'>
```

4장에서 처음 소개한 next() 함수를 사용해서 반복자가 다음 값을 생성하도록 할 수 있다. 값의 타입은 SeqRecord다.

```
>>> rec = next(recs)
>>> type(rec)
<class 'Bio.SeqRecord.SeqRecord'>
```

FASTA 레코드에는 염기 서열 자체 이외에 염기 서열 ID, 이름 등의 메타데이터가 포함된다.

```
>>> rec
SeqRecord(seq=Seq('GATTACA'),
          id='Rosalind_1',
          name='Rosalind_1',
          description='Rosalind_1',
          dbxrefs=[])
```

읽기 정보는 Seq 객체로 요약되고, 이 객체에는 **help(rec.seq)**를 사용해 REPL에서 탐색할 수 있는 흥미롭고 유용한 방법이 많이 있다. 원시 염기 서열이 중요하기 때문에 str() 함수를 사용해 문자열로 강제 변환할 수 있다.

```
>>> str(rec.seq)
'GATTACA'
```

가장 짧은 염기 서열의 길이를 찾을 수 있도록 리스트의 모든 염기 서열이 필요하다. 리스트 컴프리헨션을 사용해 전체 파일을 리스트로 읽을 수 있다. 이 경우 다음과 같은 작업을 여러 번 사용할 것이기 때문이다.

```
>>> fh = open('./tests/inputs/1.fa') ❶
```

```
>>> seqs = [str(rec.seq) for rec in SeqIO.parse(fh, 'fasta')] ❷
>>> seqs
['GATTACA', 'TAGACCA', 'ATACA']
```

❶ 파일핸들들을 다시 열지 않으면 두 번째 읽기부터 기존 파일핸들이 계속된다.

❷ 각 레코드의 염기 서열을 문자열로 강제 변환하는 리스트를 만든다.

 염기 서열 파일에는 수백만 개의 읽기가 저장될 수 있으며, 리스트에 저장하면 사용 가능한 메모리를 쉽게 초과해 시스템이 중단될 수 있다. 문제는 다음 단계에서 모든 염기 서열의 공통적인 부분 염기 서열을 찾기 위해 모든 염기 서열이 필요하다는 것이다. 그래서 나는 10_lcsm 폴더에 있는 genseq.py 프로그램을 사용해 테스트할 수 있는 공통 모티프로 대용량 FASTA 입력값을 생성하는 여러 Makefile 대상들을 갖고 있다. 이 프로그램은 로잘린드가 제공한 데이터 집합에 적합하게 작동한다.

map() 함수를 사용해서 같은 아이디어를 표현할 수 있다.

```
>>> fh = open('./tests/inputs/1.fa')
>>> seqs = list(map(lambda rec: str(rec.seq), SeqIO.parse(fh, 'fasta')))
>>> seqs
['GATTACA', 'TAGACCA', 'ATACA']
```

최단 염기 서열의 길이를 찾으려면 리스트 컴프리헨션을 사용해 모든 염기 서열의 길이를 찾아야 한다.

```
>>> [len(seq) for seq in seqs]
[7, 7, 5]
```

map()을 사용해 이 코드를 더 짧게 쓰는 방법을 좋아한다.

```
>>> list(map(len, seqs))
[7, 7, 5]
```

파이썬에는 리스트에서 최솟값 또는 최댓값을 반환하는 min() 혹은 max() 함수가 내장돼 있다.

```
>>> min(map(len, seqs))
5
>>> max(map(len, seqs))
7
```

따라서 가장 짧은 염기 서열은 길이의 최솟값과 같다.

```
>>> shortest = min(map(len, seqs))
>>> shortest
5
```

염기 서열에서 k-mer 추출하기

가장 긴 부분 염기 서열은 가장 짧은 염기 서열을 초과할 수 없으며 모든 읽기에서 공유돼야 한다. 따라서 다음 단계는 가장 짧은 염기 서열의 길이(5)와 같은 k부터 시작하는 모든 수열의 모든 k-mer를 찾는 것이다. 9장에서 find_kmer() 함수와 테스트 코드를 작성했으므로 이 프로그램에 코드를 복사한다. typing.List를 불러온다.

```
def find_kmer(seq: str, k: int) -> List[str]:
  """ Find k-mer in string """

  n = len(seq) - k + 1
  return [] if n < 1 else [seq[i:i + k] for i in range(n)]

def test_find_kmer() -> None:
  """ Test find_kmer """

  assert find_kmer('', 1) == []
  assert find_kmer('ACTG', 1) == ['A', 'C', 'T', 'G']
  assert find_kmer('ACTG', 2) == ['AC', 'CT', 'TG']
  assert find_kmer('ACTG', 3) == ['ACT', 'CTG']
  assert find_kmer('ACTG', 4) == ['ACTG']
  assert find_kmer('ACTG', 5) == []
```

한 가지 논리적인 접근법은 가능한 최대 k 값으로 시작해서 카운트다운하고 모든 염기 서열에서 공유하는 k-mer를 찾을 때 중지하는 것이다. 지금까지는 range() 함수만 사용해서 계산했다. 시작값과 중지값을 반대로 해서 카운트다운할 수 있을까? 아니다. 시작값이 중지값보다 크면 range()는 빈 리스트를 생성한다.

```
>>> list(range(shortest, 0))
[]
```

7장에서 코돈을 읽을 때 range() 함수가 최대 3개의 인수를 받아들인다고 언급했었는데, 그중 마지막 인수는 한 번에 3개의 염기를 넘기는 데 사용했었다. 여기서는 -1을 사용해 카운트다운을 한다. 중지값은 포함되지 않는다.

```
>>> list(range(shortest, 0, -1))
[5, 4, 3, 2, 1]
```

거꾸로 세는 또 다른 방법은 결과를 센 다음, 거꾸로 만드는 것이다.

```
>>> list(reversed(range(1, shortest + 1)))
[5, 4, 3, 2, 1]
```

어느 쪽이든 모든 염기 서열이 공유하는 k-mer를 찾을 때까지 k값을 감소시키는 것을 반복하고 싶다. 염기 서열에 동일한 k-mer의 여러 복사본이 포함될 수 있으므로 set() 함수를 사용해서 결과를 고유하게 만드는 것이 중요하다.

```
>>> from lcsm import find_kmer
>>> from pprint import pprint
>>> for k in range(shortest, 0, -1):
...     print(f'==> {k} <==')
...     pprint([set(find_kmer(s, k)) for s in seqs])
...
==> 5 <==
[{'TTACA', 'GATTA', 'ATTAC'}, {'TAGAC', 'AGACC', 'GACCA'}, {'ATACA'}]
==> 4 <==
[{'ATTA', 'TTAC', 'TACA', 'GATT'},
 {'GACC', 'AGAC', 'TAGA', 'ACCA'},
 {'TACA', 'ATAC'}]
==> 3 <==
[{'ACA', 'TAC', 'GAT', 'ATT', 'TTA'},
```

```
 {'AGA', 'TAG', 'CCA', 'ACC', 'GAC'},
 {'ACA', 'ATA', 'TAC'}]
==> 2 <==
[{'AC', 'AT', 'CA', 'TA', 'TT', 'GA'},
 {'AC', 'CA', 'CC', 'TA', 'AG', 'GA'},
 {'AC', 'AT', 'CA', 'TA'}]
==> 1 <==
[{'G', 'C', 'T', 'A'}, {'G', 'C', 'T', 'A'}, {'C', 'T', 'A'}]
```

이 아이디어를 사용해 k의 각 값에 대한 모든 k-mer를 셀 수 있는 방법을 생각할 수 있는가? 염기 서열의 숫자와 일치하는 빈도를 갖는 k-mer를 찾는다. 2개 이상을 찾으면 하나를 출력하라.

솔루션

이 프로그램의 두 가지 변형된 방법은 가장 긴 공유 염기 서열을 찾기 위해 동일한 기본 로직을 사용한다. 첫 번째 버전은 가능한 모든 k 길이의 염기 서열을 반복하는 단계적 선형 접근 방식을 사용하기 때문에 입력 크기가 증가하면 확장성이 떨어지는 것으로 입증됐다. 두 번째 버전은 이진 탐색으로 k에 대한 좋은 시작값을 찾은 다음, k의 최댓값을 찾기 위해 언덕 오르기 검색을 시작한다.

솔루션 1: k-mer의 빈도수 세기

이전 절에서, 가장 짧은 염기 서열에서 시작해서 1까지 내려가면서 k 값에 대한 염기 서열의 모든 k-mer를 찾아냈다. 여기서 k는 첫 번째 FASTA 파일에서 가장 짧은 염기 서열의 길이인 5와 같다.

```
>>> fh = open('./tests/inputs/1.fa')
>>> seqs = [str(rec.seq) for rec in SeqIO.parse(fh, 'fasta')]
>>> shortest = min(map(len, seqs))
>>> kmer = [set(find_kmer(seq, shortest)) for seq in seqs]
>>> kmer
[{'TTACA', 'GATTA', 'ATTAC'}, {'TAGAC', 'AGACC', 'GACCA'}, {'ATACA'}]
```

각 k-mer가 모든 염기 서열에 걸쳐 나타나는 횟수를 계산하는 방법이 필요하다. 한 가지 접근 방식은 1장에서 처음으로 보여 준 collections.Counter()를 사용하는 것이다.

```
>>> from collections import Counter
>>> counts = Counter()
```

염기 서열에서 각 k-mer 집합을 반복하고, Counter.update() 메서드를 사용해서 염기 서열을 추가할 수 있다.

```
>>> for group in kmer:
...     counts.update(group)
...
>>> pprint(counts)
Counter({'TTACA': 1,
         'GATTA': 1,
         'ATTAC': 1,
         'TAGAC': 1,
         'AGACC': 1,
         'GACCA': 1,
         'ATACA': 1})
```

또는 itertools.chain()을 사용해서 여러 k-mer 리스트를 하나의 리스트로 연결할 수 있다.

```
>>> from itertools import chain
>>> list(chain.from_iterable(kmer))
['TTACA', 'GATTA', 'ATTAC', 'TAGAC', 'AGACC', 'GACCA', 'ATACA']
```

이것을 Counter()의 입력값으로 사용하면 동일한 컬렉션이 생성돼 각 5-mer가 고유하고 각각 한 번씩 발생한다.

```
>>> counts = Counter(chain.from_iterable(kmer))
>>> pprint(counts)
Counter({'TTACA': 1,
         'GATTA': 1,
         'ATTAC': 1,
```

```
              'TAGAC': 1,
              'AGACC': 1,
              'GACCA': 1,
              'ATACA': 1})
```

Counter()는 제일 기본이 되는 일반 딕셔너리다. 즉 모든 딕셔너리 메서드에 접근할 수 있다. dict.items() 메서드를 사용해 키와 값을 쌍으로 반복해서 k-mer의 카운트가 염기 서열의 수와 동일한 위치를 찾는다.

```
>>> n = len(seqs)
>>> candidates = []
>>> for kmer, count in counts.items():
...     if count == n:
...         candidates.append(kmer)
...
>>> candidates
[]
```

k가 5이면 염기 서열이 없으므로 더 작은 값으로 시도해야 한다. 답이 2인 것을 알고 있으므로 k=2로 이 코드를 다시 실행해서 이 딕셔너리를 만든다.

```
>>> k = 2
>>> kmer = [set(find_kmer(seq, k)) for seq in seqs]
>>> counts = Counter(chain.from_iterable(kmer))
>>> pprint(counts)
Counter({'CA': 3,
         'AC': 3,
         'TA': 3,
         'GA': 2,
         'AT': 2,
         'TT': 1,
         'AG': 1,
         'CC': 1})
```

이 코드로부터, 3개의 후보 2-mer가 염기 서열 수와 동일한 3의 빈도를 갖는다는 것을 알았다.

```
>>> candidates = []
>>> for kmer, count in counts.items():
...     if count == n:
...         candidates.append(kmer)
...
>>> candidates
['CA', 'AC', 'TA']
```

어떤 후보 염기 서열을 선택하든 중요하지 않으므로 선택 리스트에서 하나의 값을 반환하는 random.choice() 함수를 사용할 것이다.

```
>>> import random
>>> random.choice(candidates)
'AC'
```

이 코드를 테스트할 수 있도록 함수에 넣을 것이다.

```
def common_kmer(seqs: List[str], k: int) -> List[str]:
  """ Find k-mer common to all sequences """

  kmer = [set(find_kmer(seq, k)) for seq in seqs]
  counts = Counter(chain.from_iterable(kmer))
  n = len(seqs) ❶
  return [kmer for kmer, freq in counts.items() if freq == n] ❷
```

❶ 염기 서열의 개수를 찾는다.

❷ 염기 서열의 수와 동일한 빈도를 갖는 k-mer를 반환한다.

이 코드는 읽기 쉬운 main()을 만든다.

```
import random
import sys

def main() -> None:
  args = get_args()
  seqs = [str(rec.seq) for rec in SeqIO.parse(args.file, 'fasta')] ❶
  shortest = min(map(len, seqs)) ❷
```

```
for k in range(shortest, 0, -1): ❸
    if kmer := common_kmer(seqs, k): ❹
        print(random.choice(kmer)) ❺
            sys.exit(0) ❻

print('No common subsequence.') ❼
```

❶ 모든 염기 서열을 리스트로 읽는다.

❷ 가장 짧은 염기 서열의 길이를 찾는다.

❸ 가장 짧은 순서부터 숫자를 센다.

❹ 이 k값을 사용해 모든 공통 k-mer를 찾는다.

❺ k-mer를 찾으면 랜덤으로 선택해서 출력한다.

❻ 종료값 0(에러 아님)을 사용해서 프로그램을 종료한다.

❼ 이 지점까지 도달하면 사용자에게 공유 염기 서열이 없다고 알린다.

앞의 코드 중 5장에서 소개한 바다코끼리 연산자(:=)를 다시 사용해서 common_kmer()를 호출한 결과를 변수 kmer에 먼저 할당한 다음, kmer의 참 거짓 여부를 평가한다. 파이썬은 kmer가 참일 경우에만 다음 블록에 진입할 것이고, 이는 k 값에 공통적인 k-mer가 발견됐다는 것을 의미한다. 이 언어 기능을 추가하기 전에 다음과 같이 과제와 평가를 두 줄로 작성해야 한다.

```
kmer = common_kmer(seqs, k)
if kmer:
    print(random.choice(kmer))
```

솔루션 2: 이진 탐색으로 속도 향상시키기

10장의 시작 부분에서 언급했듯이 이 솔루션은 입력값의 크기가 증가하면 훨씬 느려진다. 프로그램의 진행 상황을 추적하는 한 가지 방법은 for 루프의 시작 부분에

print(k) 문을 넣는 것이다. 이 파일을 두 번째 입력 파일로 실행하면 1,000부터 숫자를 세고, 78이 될 때까지 올바른 k 값에 도달하지 못한다.

1부터 거꾸로 세는 것은 너무 오래 걸린다. 만약 여러분의 친구가 여러분에게 1에서 1,000 사이의 숫자를 맞히라고 한다면 여러분은 1,000으로 시작하지 않고 친구가 '너무 크다'고 말할 때까지 계속 1을 적게 추측할 것이다. 500을 맞히는 것이 훨씬 더 빠르다 (친구에게 더 좋기도 하다). 친구가 453을 선택했다면 '너무 크다'고 말할 것이므로 250을 선택하는 것이 현명할 것이다. 친구는 '너무 작다'고 대답할 것이고, 올바른 답을 찾을 때까지 마지막 높은 추측 숫자와 낮은 추측 숫자의 사이에서 계속 추측할 것이다. 이것이 이진 탐색이며, 정렬된 값 리스트에서 원하는 값의 위치를 빠르게 찾는 좋은 방법이다.

이진 탐색을 더 잘 이해하기 위해 10_lcsm 폴더에 binsearch.py라는 프로그램을 포함시켰다.

```
$ ./binsearch.py -h
  usage: binsearch.py [-h] -n int -m int

  Binary Search

  optional arguments:
    -h, --help           show this help message and exit
    -n int, --num int  The number to guess (default: None)
    -m int, --max int  The maximum range (default: None)
```

다음은 프로그램에 관련된 부분이다. 원하는 경우 인수 정의에 대한 소스 코드를 읽을 수 있다. binary_search() 함수는 4장의 피보나치 수열 문제에 대한 하나의 솔루션처럼 재귀적이다. range() 함수가 제공하는 이진 탐색이 작동하려면 검색값을 정렬해야 한다.

```
def main() -> None:
  args = get_args()
  nums = list(range(args.maximum + 1))
  pos = binary_search(args.num, nums, 0, args.maximum)
  print(f'Found {args.num}!' if pos > 0 else f'{args.num} not present.')
```

```
def binary_search(x: int, xs: List[int], low: int, high: int) -> int:
  print(f'{low:4} {high:4}', file=sys.stderr)

  if high >= low: ❶
    mid = (high + low) // 2 ❷

    if xs[mid] == x: ❸
      return mid

    if xs[mid] > x: ❹
      return binary_search(x, xs, low, mid - 1) ❺

    return binary_search(x, xs, mid + 1, high) ❻
  return -1 ❼
```

❶ 재귀를 종료하는 기본 케이스는 거짓일 때다.

❷ 중간점은 바닥 분할을 사용해 높은 점과 낮은 점의 중간이다.

❸ 항목이 중간에 있으면 중간점을 반환한다.

❹ 중간점의 값이 원하는 값보다 큰지 확인한다.

❺ 더 낮은 값을 검색한다.

❻ 더 높은 값을 검색한다.

❼ 값이 없을 때 반환한다.

 binary_search() 함수의 이름 x는 단수, xs는 복수를 의미한다. 나는 이를 ex와 exe로 발음한다. 이러한 종류의 표기법은 x가 어떤 종류의 값인지 설명하려는 것이 아니기 때문에 순수 함수형 프로그래밍에서 흔히 사용된다. 문자열일 수도 있고 숫자일 수도 있다. 중요한 점은 xs가 모두 동일한 유형의 비교 가능한 값 모음이라는 것이다.

print() 문을 포함해 이전 숫자와 함께 실행하면 목표 숫자에 얼마나 낮고 높음에 수렴하는지 10단계로 확인할 수 있다.

```
$ ./binsearch.py -n 453 -m 1000
    0 1000
    0  499
  250  499
  375  499
  438  499
  438  467
  453  467
  453  459
  453  455
  453  453
Found 453!
```

숫자가 존재하지 않는지 확인하는 데 단 8회 반복이면 된다.

```
$ ./binsearch.py -n 453 -m 100
    0  100
   51  100
   76  100
   89  100
   95  100
   98  100
  100  100
  101  100
453 not present.
```

이진 탐색은 값 리스트에 값이 있는지 알려 줄 수 있지만, 이것이 문제가 아니다. 대부분의 데이터 집합에 적어도 2-mer 혹은 1-mer가 공통적으로 있을 것으로 확신하지만, 2-mer 혹은 1-mer가 없는 파일 하나를 포함했다.

```
$ cat tests/inputs/none.fa
>Rosalind_1
GGGGGGG
>Rosalind_2
AAAAAAAA
>Rosalind_3
CCCC
>Rosalind_4
TTTTTTTT
```

만약 k에 대해 허용 가능한 값이 있으면 최댓값을 찾아야 한다. 최댓값을 찾기 위해 언덕 오르기 검색의 시작점을 찾는 이진 탐색을 사용하기로 결정했다. 먼저 main()을 보여주고 다른 함수들을 분해해보겠다.

```python
def main() -> None:
    args = get_args()
    seqs = [str(rec.seq) for rec in SeqIO.parse(args.file, 'fasta')] ❶
    shortest = min(map(len, seqs)) ❷
    common = partial(common_kmer, seqs) ❸
    start = binary_search(common, 1, shortest) ❹

    if start >= 0: ❺
        candidates = [] ❻
        for k in range(start, shortest + 1): ❼
            if kmer := common(k): ❽
                candidates.append(random.choice(kmer)) ❾
            else:
                break ❿

        print(max(candidates, key=len)) ⓫
    else:
        print('No common subsequence.') ⓬
```

❶ 염기 서열 리스트를 문자열로 받는다.

❷ 가장 짧은 염기 서열 길이를 구한다.

❸ seqs 입력값을 사용해 common_kmer() 함수를 부분적으로 적용한다.

❹ k의 최솟값으로 1을 사용하고 최댓값으로 최단 염기 서열 길이를 사용해 지정된 함수의 시작점을 찾으려면 이진 검색을 사용한다.

❺ 이진 탐색에서 유용한 정보를 찾았는지 확인한다.

❻ 후보 값 리스트를 초기화한다.

❼ 이진 탐색 결과로 언덕 오르기 검색을 시작한다.

❽ 공통적인 k-mer가 있는지 확인한다.

❾ 있으면 후보 값 리스트에 무작위로 하나를 추가한다.

❿ 공통 k-mer가 없으면 루프를 이탈한다.

⓫ 길이가 가장 긴 후보 염기 서열을 선택한다.

⓬ 사용자에게 결괏값이 없음을 알린다.

이 코드에서 설명해야 할 사항이 많지만 max()의 호출을 강조하고 싶다. 앞에서 이 함수가 리스트에서 최댓값을 반환한다는 것을 보여 줬다. 일반적으로 숫자 리스트에 이 값을 사용할 수 있다.

```
>>> max([4, 2, 8, 1])
8
```

이전 코드에서 리스트에서 가장 긴 문자열을 찾는다. 길이를 찾기 위해 map()과 len() 함수를 사용할 수 있다.

```
>>> seqs = ['A', 'CC', 'GGGG', 'TTT']
>>> list(map(len, seqs))
[1, 2, 4, 3]
```

이것은 세 번째 염기 서열인 GGGG가 가장 길다는 것을 보여준다. max() 함수는 비교하기 전에 각 요소에 적용할 함수인 선택적 key 인수를 허용한다. len() 함수를 사용하면 max()가 가장 긴 염기 서열을 올바르게 식별한다.

```
>>> max(seqs, key=len)
'GGGG'
```

내 필요에 맞게 binary_search() 함수를 수정한 방법을 살펴보자.

```
def binary_search(f: Callable, low: int, high: int) -> int: ❶
    """ Binary search """
```

```
hi, lo = f(high), f(low) ❷
mid = (high + low) // 2 ❸

if hi and lo: ❹
  return high

if lo and not hi: ❺
  return binary_search(f, low, mid)

if hi and not lo: ❻
  return binary_search(f, mid, high)

return -1 ❼
```

❶ 이 함수는 낮은 값, 높은 값과 같이 다른 함수 f()를 인수로 받는다. 이 경우 함수 f() 는 공통 k-mer를 반환하지만, 함수는 원하는 계산을 수행할 수 있다.

❷ k에 대해 가장 높은 값과 가장 낮은 값을 갖는 함수 f()를 호출한다.

❸ k의 중간 값을 구한다.

❹ 함수 f()가 높은 k값과 낮은 k값에 대해 공통 k-mer를 찾으면 가장 높은 k를 반환 한다.

❺ 높은 k가 k-mer를 찾지 못했지만 낮은 값이 발견된 경우, k의 낮은 값에서 검색하는 함수를 재귀적으로 호출한다.

❻ 낮은 k가 k-mer를 찾지 못했지만 높은 값이 발견된 경우, k의 높은 값에서 검색하는 함수를 재귀적으로 호출한다.

❼ f()에서 높은 인수와 낮은 인수를 사용해 k-mer가 없다는 것을 나타내기 위해 -1을 반환한다.

작성한 이 코드의 테스트 코드는 다음과 같다.

```
def test_binary_search() -> None:
  """ Test binary_search """
```

```
seqs1 = ['GATTACA', 'TAGACCA', 'ATACA'] ❶
f1 = partial(common_kmer, seqs1) ❷
assert binary_search(f1, 1, 5) == 2 ❸

seqs2 = ['GATTACTA', 'TAGACTCA', 'ATACTA'] ❹
f2 = partial(common_kmer, seqs2)
assert binary_search(f2, 1, 6) == 3 ❺
```

❶ 이것들은 3개의 공유된 2-mer가 있는 염기 서열이다.

❷ 첫 번째 염기 서열 집합에서 k-mer를 찾는 함수를 정의한다.

❸ 이진 탐색에서 정답 k인 2를 찾는다.

❹ 앞과 동일하지만 이번에는 공유된 3-mer를 사용한다.

❺ 이진 탐색에서 k는 3이다.

이전 이진 탐색과 달리 이 버전은 정확한 답을 반환하지 않고 적절한 시작점만 반환한다. 만약 어떤 크기 k의 공유 염기 서열이 없다면 사용자에게 다음과 같이 알린다.

```
$ ./solution2_binary_search.py tests/inputs/none.fa
No common subsequence.
```

공유된 염기 서열이 있는 경우 이 버전은 훨씬 더 빨리 실행되며 최대 28배 더 빠를 수 있다.

```
$ hyperfine -L prg ./solution1_kmer_functional.py,./solution2_binary_search.py\
 '{prg} tests/inputs/2.fa'
Benchmark #1: ./solution1_kmer_functional.py tests/inputs/2.fa
  Time (mean ± σ):     40.686 s ±  0.443 s    [User: 35.208 s, System: 6.042 s]
  Range (min ... max):   40.165 s ... 41.349 s    10 runs

Benchmark #2: ./solution2_binary_search.py tests/inputs/2.fa
  Time (mean ± σ):      1.441 s ±  0.037 s    [User: 1.903 s, System: 0.255 s]
  Range (min ... max):    1.378 s ...  1.492 s    10 runs

Summary
```

```
'./solution2_binary_search.py tests/inputs/2.fa' ran
28.24 ± 0.79 times faster than './solution1_kmer_functional.py
tests/inputs/2.fa'
```

최대 k 값에서 검색해서 아래로 반복하며 내려올 때 가능한 모든 값을 선형 검색으로 수행하고 있다. 이는 검색 시간이 값 n개에 비례해서 (선형적으로) 증가한다는 것을 의미한다. 반면 이진 탐색은 로그 n의 속도로 증가한다. 빅 O 표기법을 사용해 알고리듬의 실행 시간을 표기하는 것이 일반적이기 때문에 이진 탐색은 O(log n)로 설명되는 반면에 선형 검색은 훨씬 더 느린 O(n)으로 설명되는 것을 볼 수 있다.

더 나아가기

9장에서와 같이 공유 k-mer를 결정할 때 표시된 수의 차이를 허용하는 해밍 거리 옵션을 추가한다.

요점 정리

10장의 주요 요점은 다음과 같다.

- k-mer는 염기 서열의 보존된 영역을 찾는 데 사용될 수 있다.

- itertools.chain()을 사용해 리스트의 리스트를 단일 리스트로 결합할 수 있다.

- 리스트를 선형으로 검색하는 것보다 정렬된 값에 이진 탐색을 사용해 값을 더 빠르게 찾을 수 있다.

- 언덕 오르기 검색은 함수의 입력을 최대화하는 한 가지 방법이다.

- min()과 max()의 주요 옵션은 값을 비교하기 전에 값에 적용하는 함수다.

단백질 모티프 찾기: 데이터 가져오기 및 정규식 사용하기

지금까지 염기 서열 모티프를 찾는 데 꽤 많은 시간을 썼다. 로잘린드 MPRT 챌린지 (https://oreil.ly/EAp3i)에 설명된 대로 단백질의 공유 혹은 보존된 염기 서열은 공유된 함수를 의미한다. 이 연습에서는 N-글리코실화 모티프를 포함하는 단백질 서열을 확인할 것이다. 프로그램의 입력값은 UniProt 웹 사이트(https://www.uniprot.org)에서 염기 서열을 다운로드하는 데 사용할 단백질 ID 리스트다. 데이터를 수동 방식과 프로그래밍 방식으로 다운로드하는 방법을 설명한 뒤 정규식을 사용해서 모티프를 찾는 방법과 수동 솔루션을 작성하는 방법을 소개하겠다.

11장에서 배울 내용은 다음과 같다.

- 인터넷에서 데이터를 프로그래밍 방식으로 가져오는 방법
- N-글리코실화^{N-glycosylation} 모티프를 찾기 위한 정규 표현식 작성 방법
- N-글리코실화 모티프를 수동으로 찾는 방법

시작하기

이 프로그램의 모든 코드와 테스트 코드는 11_mprt 폴더에 있다. 시작하려면 첫 번째 솔루션을 mprt.py 프로그램에 복사한다.

```
$ cd 11_mprt
$ cp solution1_regex.py mprt.py
```

사용법을 검사한다.

```
$ ./mprt.py -h
usage: mprt.py [-h] [-d DIR] FILE

Find locations of N-glycosylation motif

positional arguments:
  FILE                  Input text file of UniProt IDs ❶

optional arguments:
  -h, --help            show this help message and exit
  -d DIR, --download_dir DIR ❷
                        Directory for downloads (default: fasta)
```

❶ 필수 위치 인수는 단백질 ID의 파일이다.

❷ 선택적 다운로드 폴더 이름은 기본적으로 fasta다.

입력 파일은 한 줄에 하나씩 단백질 ID를 나열한다. 로잘린드 예제에 제공된 단백질 ID
는 첫 번째 테스트 입력 파일로 구성된다.

```
$ cat tests/inputs/1.txt
A2Z669
B5ZC00
P07204_TRBM_HUMAN
P20840_SAG1_YEAST
```

이 코드를 인수로 사용해서 프로그램을 실행한다. 프로그램의 출력값에는 N-글리코실
화 모티프를 포함하는 각 단백질 ID와 찾을 수 있는 위치를 나열한다.

```
$ ./mprt.py tests/inputs/1.txt
B5ZC00
85 118 142 306 395
P07204_TRBM_HUMAN
```

```
47 115 116 382 409
P20840_SAG1_YEAST
79 109 135 248 306 348 364 402 485 501 614
```

앞의 명령을 실행한 후 기본 fasta 폴더가 생성된 것을 볼 수 있다. 내부에는 4개의 FASTA 파일이 있다. 이러한 단백질 ID를 사용하는 모든 후속 실행은 **make clean**과 같은 프로그램을 실행해서 다운로드 폴더를 제거하지 않는 한 캐시된 데이터가 사용되므로 더 빠르다.

head -2 명령을 사용해서 각 파일의 처음 두 줄을 살펴본다. 일부 FASTA 레코드의 헤더는 상당히 길다. 여기서 잘라서 포장하지는 않지만 실제 헤더는 한 줄에 있어야 한다.

```
$ head -2 fasta/*
==> fasta/A2Z669.fasta <==
>sp|A2Z669|CSPLT_ORYSI CASP-like protein 5A2 OS=Oryza sativa subsp.
  indica OX=39946 GN=OsI_33147 PE=3 SV=1
MRASRPVVHPVEAPPPAALAVAAAAVAVEAGVGAGGGAAAHGGENAQPRGVRMKDPPGAP

==> fasta/B5ZC00.fasta <==
>sp|B5ZC00|SYG_UREU1 Glycine--tRNA ligase OS=Ureaplasma urealyticum
  serovar 10 (strain ATCC 33699 / Western) OX=565575 GN=glyQS PE=3 SV=1
MKNKFKTQEELVNHLKTVGFVFANSEIYNGLANAWDYGPLGVLLKNNLKNLWWKEFVTKQ

==> fasta/P07204_TRBM_HUMAN.fasta <==
>sp|P07204|TRBM_HUMAN Thrombomodulin OS=Homo sapiens OX=9606 GN=THBD PE=1 SV=2
MLGVLVLGALALAGLGFPAPAEPQPGGSQCVEHDCFALYPGPATFLNASQICDGLRGHLM

==> fasta/P20840_SAG1_YEAST.fasta <==
>sp|P20840|SAG1_YEAST Alpha-agglutinin OS=Saccharomyces cerevisiae
  (strain ATCC 204508 / S288c) OX=559292 GN=SAG1 PE=1 SV=2
MFTFLKIILWLFSLALASAININDITFSNLEITPLTANKQPDQGWTATFDFSIADASSIR
```

make test를 실행해서 프로그램이 통과해야 하는 테스트의 종류를 확인한다. 준비가 됐으면 프로그램을 처음부터 시작해보자.

```
$ new.py -fp 'Find locations of N-glycosylation motif' mprt.py
Done, see new script "mprt.py".
```

프로그램에 대한 인수로 위치 파일 인수와 선택적 다운로드 폴더를 정의해야 한다.

```python
class Args(NamedTuple):
    """ Command-line arguments """
    file: TextIO ❶
    download_dir: str ❷


def get_args() -> Args:
    """Get command-line arguments"""

    parser = argparse.ArgumentParser(
        description='Find location of N-glycosylation motif',
        formatter_class=argparse.ArgumentDefaultsHelpFormatter)

    parser.add_argument('file',
                        help='Input text file of UniProt IDs',
                        metavar='FILE',
                        type=argparse.FileType('rt')) ❸

    parser.add_argument('-d',
                        '--download_dir',
                        help='Directory for downloads',
                        metavar='DIR',
                        type=str,
                        default='fasta') ❹

    args = parser.parse_args()

    return Args(args.file, args.download_dir)
```

❶ file은 파일핸들이 된다.

❷ download_dir은 문자열이다.

❸ file 인수가 읽을 수 있는 텍스트 파일인지 확인한다.

❹ download_dir은 합리적인 기본값을 가진 선택적 문자열이다.

프로그램이 사용법을 생성할 수 있는지 확인한 다음, 파일에서 단백질 ID를 출력하며 시작한다. 각 ID는 줄 바꿈으로 끝나므로 str.rstrip()(오른쪽 스트립) 메서드를 사용해서 오른쪽 공백을 제거한다.

```
def main() -> None:
  args = get_args()
  for prot_id in map(str.rstrip, args.file):
    print(prot_id)
```

프로그램을 실행하고 단백질 ID를 확인한다.

```
$ ./mprt.py tests/inputs/1.txt
A2Z669
B5ZC00
P07204_TRBM_HUMAN
P20840_SAG1_YEAST
```

pytest를 실행하면 처음 세 가지 테스트는 통과하고 네 번째 테스트는 실패할 것이다.

커맨드 라인에서 염기 서열 파일 다운로드

다음 단계는 단백질 서열을 가져오는 것이다. 각 단백질의 UniProt 정보는 단백질 ID를 URL(http://www.uniprot.org/uniprot/{uniprot_id})에 대입해서 찾을 수 있다. 대신 이 문자열을 출력하도록 프로그램을 변경할 것이다.

```
def main() -> None:
  args = get_args()
  for prot_id in map(str.rstrip, args.file):
    print(f'http://www.uniprot.org/uniprot/{prot_id}')
```

이제 다음 출력이 표시된다.

```
$ ./mprt.py tests/inputs/1.txt
http://www.uniprot.org/uniprot/A2Z669
http://www.uniprot.org/uniprot/B5ZC00
http://www.uniprot.org/uniprot/P07204_TRBM_HUMAN
http://www.uniprot.org/uniprot/P20840_SAG1_YEAST
```

첫 번째 URL을 웹 브라우저에 붙여 넣고 페이지를 검사한다. 이것은 사람이 읽을 수 있는 형식으로 된 풍부한 데이터다. 아래로 스크롤하면 203개의 아미노산이 보인다. 염기 서열을 추출하기 위해 이 페이지를 구문 분석하는 것은 끔찍한 일이다. 다행히 URL에 .fasta를 추가해서 염기 서열의 FASTA 파일을 가져올 수 있다.

파이썬을 사용해 염기 서열을 다운로드하는 방법을 소개하기 전에, 커맨드 라인을 사용해서 이 작업을 수행하는 방법을 알아야 한다. 커맨드 라인에서 curl(설치해야 할 수도 있음)을 사용해서 염기 서열을 다운로드할 수 있다. 기본적으로 파일의 내용이 STDOUT으로 출력된다.

```
$ curl https://www.uniprot.org/uniprot/A2Z669.fasta
>sp|A2Z669|CSPLT_ORYSI CASP-like protein 5A2 OS=Oryza sativa subsp.
  indica OX=39946 GN=OsI_33147 PE=3 SV=1
MRASRPVVHPVEAPPPAALAVAAAAVAVEAGVGAGGGAAAHGGENAQPRGVRMKDPPGAP
GTPGGLGLRLVQAFFAAAALAVMASTDDFPSVSAFCYLVAAAILQCLWSLSLAVVDIYAL
LVKRSLRNPQAVCIFTIGDGITGTLTLGAACASAGITVLIGNDLNICANNHCASFETATA
MAFISWFALAPSCVLNFWSMASR
```

이것을 파일로 다시 전송할 수 있다.

```
$ curl https://www.uniprot.org/uniprot/A2Z669.fasta > A2Z669.fasta
```

또는 -o | --output 옵션을 사용해서 출력 파일의 이름을 지정한다.

```
$ curl -o A2Z669.fasta https://www.uniprot.org/uniprot/A2Z669.fasta
```

wget^{web get}(설치가 필요할 수도 있음)을 사용해서 다음과 같이 염기 서열 파일을 다운로드할 수 있다.

```
$ wget https://www.uniprot.org/uniprot/A2Z669.fasta
```

어떤 개발 툴을 사용하든 염기 서열 데이터가 포함된 A2Z669.fasta라는 파일이 있어야 한다.

```
$ cat A2Z669.fasta
>sp|A2Z669|CSPLT_ORYSI CASP-like protein 5A2 OS=Oryza sativa subsp.
  indica OX=39946 GN=OsI_33147 PE=3 SV=1
MRASRPVVHPVEAPPPAALAVAAAAVAVEAGVGAGGGAAAHGGENAQPRGVRMKDPPGAP
GTPGGLGLRLVQAFFAAAALAVMASTDDFPSVSAFCYLVAAAILQCLWSLSLAVVDIYAL
LVKRSLRNPQAVCIFTIGDGITGTLTLGAACASAGITVLIGNDLNICANNHCASFETATA
MAFISWFALAPSCVLNFWSMASR
```

bash 프로그램이 파이썬 책에 있지만, 기본적인 bash 프로그램을 작성하는 방법을 배울 가치가 있다. 어떤 이야기는 하이쿠haiku로, 어떤 이야기는 방대한 소설처럼, 어떤 작업은 몇 가지 셸 명령으로 쉽게 표현되고, 어떤 작업은 더 복잡한 언어로 수천 줄의 코드가 필요하다. 때로는 필요한 작업을 수행하기 위해 10줄의 bash를 작성할 수 있다. 약 30줄의 bash에 도달하면 일반적으로 파이썬 또는 러스트Rust로 이동한다.

다음은 bash 스크립트로 단백질 다운로드를 자동화하는 방법이다.

```
#!/usr/bin/env bash ❶

if [[ $# -ne 1 ]]; then ❷
  printf "usage: %s FILE\n" $(basename "$0") ❸
  exit 1 ❹
fi
OUT_DIR="fasta" ❺
[[ ! -d "$OUT_DIR" ]] && mkdir -p "$OUT_DIR" ❻

while read -r PROT_ID; do ❼
  echo "$PROT_ID" ❽
  URL="https://www.uniprot.org/uniprot/${PROT_ID}" ❾
  OUT_FILE="$OUT_DIR/${PROT_ID}.fasta" ❿
  wget -q -o "$OUT_FILE" "$URL" ⓫
done < $1 ⓬

echo "Done, see output in \"$OUT_DIR\"." ⓭
```

❶ 셔뱅shebang(#!)은 bash를 찾기 위해 envenvironment를 사용해야 한다.

❷ 인수의 개수($#)가 1인지 확인한다.

❸ 프로그램 기본 이름($0)을 사용해 사용 설명서를 출력한다.

❹ 0이 아닌 값으로 종료한다.

❺ 출력 폴더를 fasta로 정의한다. bash에서는 변수 적용을 위해 = 주위에 공백을 둘 수 없다.

❻ 존재하지 않는 경우 출력 폴더를 작성한다.

❼ 파일에서 PROT_ID 변수로 각 줄을 읽어 들인다.

❽ 사용자가 무슨 일이 일어나고 있는지 알 수 있도록 현재 단백질 ID를 출력한다.

❾ 큰 따옴표 안에 변수 보간을 사용해 URL을 구성한다.

❿ 출력 폴더와 단백질 ID를 결합해서 출력 파일 이름을 구성한다.

⓫ 출력 파일로 URL을 가져오려면 -q^{quiet} 플래그가 있는 wget을 호출한다.

⓬ 입력 파일 이름인 첫 번째 위치 인수 ($1)에서 각 행을 읽는다.

⓭ 사용자에게 프로그램의 완료와 출력 위치를 사용자에게 알린다.

이렇게 실행할 수 있다.

```
$ ./fetch_fasta.sh tests/inputs/1.txt
A2Z669
B5ZC00
P07204_TRBM_HUMAN
P20840_SAG1_YEAST
Done, see output in "fasta".
```

이제 4개의 FASTA 파일이 포함된 fasta 폴더가 있어야 한다. mprt.py 프로그램을 작성하는 한 가지 방법은 이와 같은 방법을 사용해서 모든 입력 파일을 먼저 가져온 다음, FASTA 파일을 인수로 제공하는 것이다. 이것은 생물정보학에서 매우 흔한 패턴이며, 이렇게 셸 스크립트를 작성하는 것은 분석을 위해 데이터를 어떻게 검색했는지 정확하게 문서화하는 좋은 방법이다. 항상 이런 프로그램을 원본 저장소에 커밋하고, 콜론과

단일 탭 문자로 들여쓰기해 flush-left한 fasta와 같은 이름의 Makefile 대상을 추가한
후, 다음 행의 명령을 추가하라.

```
fasta:
        ./fetch_fasta.sh tests/inputs/1.txt
```

이제 **make fasta**를 실행해서 데이터 가져오기 프로세스를 자동화할 수 있다. 입력 파
일을 하드 코딩하지 않고 인수로 받는 프로그램을 작성해서, 이 프로그램과 여러 개의
Makefile 대상을 사용해서 많은 다른 데이터 집합을 다운로드하는 프로세스를 자동화
할 수 있다.

파이썬으로 염기 서열 파일 다운로드하기

이제 bash 유틸리티를 파이썬으로 번역해보자. 앞의 프로그램에서 볼 수 있듯이 각 염
기 서열 파일을 가져오는 데에는 여러 단계가 필요하다. 이는 프로그램을 복잡하게 만
들기 때문에 이 코드가 main()에 포함되는 것을 원하지 않으므로 함수를 따로 만들 것
이다.

```
def fetch_fasta(fh: TextIO, fasta_dir: str) -> List[str]: ❶
    """ Fetch the FASTA files into the download directory """

    return [] ❷
```

❶ 이 함수는 단백질 ID와 다운로드 폴더 이름의 파일핸들을 수락하고, 다운로드됐거
  나 이미 존재하는 파일 리스트를 반환한다. 가져오기 문에 **typing.List**를 추가해야
  한다.

❷ 지금은 빈 리스트를 반환한다.

다음과 같이 호출한다.

```
def main() -> None:
    args = get_args()
```

```
files = fetch_fasta(args.file, args.download_dir)
print('\n'.join(files))
```

프로그램을 실행하고 컴파일하고 아무것도 출력하지 않는지 확인한다. 이제 다음 파이썬 코드를 추가해서 염기 서열을 가져온다. 웹 리퀘스트^{web request}를 만들기 위한 라이브러리인 os, sys, requests(https://oreil.ly/nYSUM)를 가져와야 한다.

```
def fetch_fasta(fh: TextIO, fasta_dir: str) -> List[str]:
  """ Fetch the FASTA files into the download directory """

  if not os.path.isdir(fasta_dir): ❶
    os.makedirs(fasta_dir) ❷

  files = [] ❸
  for prot_id in map(str.rstrip, fh): ❹
    fasta = os.path.join(fasta_dir, prot_id + '.fasta') ❺
    if not os.path.isfile(fasta): ❻
      url = f'http://www.uniprot.org/uniprot/{prot_id}.fasta' ❼
      response = requests.get(url) ❽
      if response.status_code == 200: ❾
        print(response.text, file=open(fasta, 'wt')) ❿
      else:
        print(f'Error fetching "{url}": "{response.status_code}"',
          file=sys.stderr) ⓫
        continue ⓬

    files.append(fasta) ⓭

  return files ⓮
```

❶ 존재하지 않는 경우 출력 폴더를 작성한다.

❷ 폴더와 필요한 상위 폴더를 작성한다.

❸ 파일 이름의 반환 리스트를 초기화한다.

❹ 파일에서 각 단백질 ID를 읽는다.

❺ 출력 폴더와 단백질 ID를 결합해 출력 파일 이름을 구성한다.

❻ 파일이 이미 있는지 확인한다.

❼ FASTA 파일의 URL을 구성한다.

❽ 파일에 GET 요청을 한다.

❾ 응답 코드가 200이면 성공이다.

❿ 출력 파일의 응답 문자를 작성한다.

⓫ 파일을 가져올 수 없다는 경고를 STDERR에 출력한다.

⓬ 다음 반복으로 건너뛴다.

⓭ 파일을 반환 리스트에 추가한다.

⓮ 현재 로컬에 있는 파일을 반환한다.

 os.makedirs는 실패하면 예외를 발생시키는 함수 중 하나다. 이 문제는 사용자가 폴더를 만들 수 있는 권한이 부족하거나 디스크 오류로 발생할 수 있다. 내가 지금 이런 실수를 잡아내고 처리하는 데 무슨 소용이 있을까? 프로그램이 문제를 해결할 수 없는 경우, 큰 소리로 충돌해서 오류 코드와 잘못된 항목의 스택 추적을 생성하는 것이 더 낫다고 생각한다. 인간은 프로그램이 작동하기 전에 근본적인 문제들을 고쳐야 할 것이다. 예외를 포착하고 잘못 처리하는 것은 프로그램이 충돌하도록 두는 것보다 훨씬 나쁘다.

그 논리는 거의 정확히 bash 프로그램의 논리를 반영한다. 프로그램을 다시 실행하면 4개의 파일이 있는 fasta 폴더가 있어야 하며, 프로그램은 다운로드한 파일의 이름을 출력해야 한다.

```
$ ./mprt.py tests/inputs/1.txt
fasta/A2Z669.fasta
fasta/B5ZC00.fasta
fasta/P07204_TRBM_HUMAN.fasta
fasta/P20840_SAG1_YEAST.fasta
```

모티프를 찾기 위한 정규 표현식 작성하기

로잘린드 페이지는 다음과 같이 설명한다.

> 다양한 형태로 존재하는 것을 허용하기 위해 단백질 모티프는 다음과 같은 약어로 표현된다. [XY]는 X 또는 Y 중 하나를 의미하며 {X}는 X를 제외한 모든 아미노산을 의미한다. 예를 들어 N-글리코실화 모티프는 N{P}[ST]{P}로 작성된다.

Prosite 웹 사이트(https://oreil.ly/aFwWe)는 단백질 도메인, 단백질 계열, 단백질 기능 부위의 데이터베이스다. N-글리코실화 모티프(https://oreil.ly/VrQLl)의 세부 정보는 N-{P}-[ST]-{P}의 합의 패턴과 유사한 규칙을 보여준다. 두 패턴 모두 그림 11-1에 표시된 정규 표현식과 매우 가깝다.

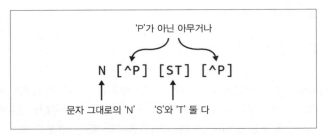

그림 11-1. N-글리코실화 단백질 모티프의 정규 표현식

이 정규식에서 N은 문자 N을 의미한다. [ST]는 문자 S 또는 T를 표현하는 문자 객체다. 정규식 [GC]는 5장에서 작성한 것과 같이 G 또는 C를 찾기 위한 정규식이다. [^P]는 부정 문자 클래스이므로 P가 아닌 모든 문자와 일치한다.

그림 11-2와 같이 유한 상태 기계FSM, Finite State Machine 표기법을 사용해 정규식을 표현하는 사람도 있다. 왼쪽에 입력되는 패턴을 상상해보라. 다음 단계로 진행하려면 먼저 문자 N을 찾아야 한다. 다음은 문자 P가 아닌 모든 문자일 수 있다. 그 후 그래프에는 문자 S 또는 T를 통과하는 2개의 대체 경로가 있으며, P가 아닌 문자가 다시 와야 한다. 패턴이 이중 원에 도달하면 일치가 성공한 것이다.

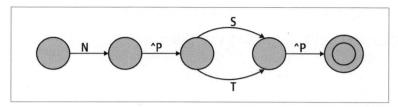

그림 11-2. N-글리코실화 모티프를 식별하기 위한 FSM의 그림 설명

8장에서 정규 표현식을 사용해서 중복되는 문자를 찾을 때의 문제를 지적했다. 첫 번째 테스트 파일에는 이러한 예시가 없지만, 문제를 해결하기 위해 사용한 다른 데이터 모음에는 2개의 겹치는 모티프가 있었다. REPL로 설명하면 이렇다.

```
>>> import re
>>> regex = re.compile('N[^P][ST][^P]')
```

여기서 re.compile() 함수를 사용해 regex 엔진이 패턴을 구문 분석하고 일치시키는 데 필요한 내부 코드를 생성하도록 한다. 이것은 C와 같은 컴파일된 언어가 사람이 편집하고 읽을 수 있는 소스 코드를 컴퓨터가 직접 실행할 수 있는 기계 코드로 사용하는 방식과 유사하다. 이 변환은 re.compile()을 사용할 때 한 번 발생하는데, re.search()와 같은 함수는 호출할 때마다 정규식을 다시 컴파일해야 한다.

다음은 첫 번째 위치와 두 번째 위치에서 시작하는 패턴을 가진 P07204_TRBM_HUMAN에 대한 단백질 서열의 관련 부분이다(그림 11-3 참고). re.findall() 함수는 첫 번째 위치에서 시작하는 패턴만 찾을 수 있다.

```
>>> seq = 'NNTSYS'
>>> regex.findall(seq)
['NNTS']
```

그림 11-3. 이 염기 서열은 겹치는 모티프 복사본 2개를 포함한다.

8장처럼 이 방법의 솔루션은 ?=(<pattern>)을 사용해서 미리보기 가정 설정문으로 정규식을 묶는 것인데, 이 방법은 괄호와 같이 묶어야 한다.

```
>>> regex = re.compile('(?=(N[^P][ST][^P]))')
>>> regex.findall(seq)
['NNTS', 'NTSY']
```

우리는 `re.finditer()`에서 얻을 수 있는, 서로 일치하는 위치를 알아야 한다. 이 함수는 `re.Match` 객체의 리스트를 반환한다. 각 객체에는 일치 시작 위치의 zero-offset 색인을 반환하는 `match.start()` 함수가 있다. 1을 추가해서 1-염기를 계산해 위치를 보고한다.

```
>>> [match.start() + 1 for match in regex.finditer(seq)]
[1, 2]
```

이 정도면 나머지 문제를 해결할 수 있다. 모든 테스트에 합격할 때까지 계속 시도해보라. 로잘린드 사이트에서 데이터 모음을 다운로드하고 솔루션이 테스트를 통과하는지 확인하라. 정규식을 사용하지 않는 버전도 작성할 수 있는지 확인하라. FSM 모델을 연구해보고, 파이썬 코드로 이러한 아이디어를 구현할 수 있는 방법을 생각해보라.

솔루션

이 문제를 해결하기 위해 두 가지 변형 방법을 소개하려 한다. 둘 다 이전에 사용했던 것과 동일한 `get_args()`와 `fetch_fasta()` 함수를 사용한다. 첫째는 정규 표현식을 사용해 모티프를 찾고, 둘째는 정규 표현식이 존재하지 않는 끔찍하고 황량한 지적 황무지에서 문제를 해결하는 방법을 상상하는 것이다.

솔루션 1: 정규식 사용

다음은 정규식을 사용하는 최종 솔루션이다. 이를 위해 re와 `Bio.SeqIO`를 불러온다.

```python
def main():
  args = get_args()
  files = fetch_fasta(args.file, args.download_dir) ❶
  regex = re.compile('(?=(N[^P][ST][^P]))') ❷

  for file in files: ❸
    prot_id, _ = os.path.splitext(os.path.basename(file)) ❹
    recs = SeqIO.parse(file, 'fasta') ❺
    if rec := next(recs): ❻
      if matches := list(regex.finditer(str(rec.seq))): ❼
        print(prot_id) ❽
        print(*[match.start() + 1 for match in matches]) ❾
```

❶ 받은 파일에서 단백질 ID의 염기 서열 파일을 불러온다. 파일을 표시된 다운로드 폴더에 넣는다.

❷ N-글리코실화 모티프의 정규식을 컴파일한다.

❸ 파일을 반복한다.

❹ 파일의 기본 이름에서 파일 확장자를 뺀 단백질 ID를 불러온다.

❺ 파일에서 FASTA 염기 서열을 불러오는 지연 반복자를 만든다.

❻ 반복자에서 첫 번째 염기 서열 레코드 검색을 시도한다.

❼ 염기 서열을 str로 강제 변환한 다음 모티프와 일치하는 모든 항목을 찾는다.

❽ 단백질 ID를 출력한다.

❾ 모든 일치하는 항목을 출력해서 1-염기 계산으로 수정한다.

이 솔루션에서는 os.path.basename()과 os.path.splitext() 함수를 사용했다. 이 함수들을 자주 사용하기 때문에 여러분은 이 함수들이 무엇을 하는지 정확히 이해해야 한다. 2장에서 os.path.basename()을 처음 소개했었다. 이 함수는 폴더 경로에서 파일 이름을 반환한다.

```
>>> import os
>>> basename = os.path.basename('fasta/B5ZC00.fasta')
>>> basename
'B5ZC00.fasta'
```

os.path.splitext() 함수는 파일 이름을 파일 확장자와 확장자 앞부분으로 나눈다.

```
>>> os.path.splitext(basename)
('B5ZC00', '.fasta')
```

 파일 확장자는 파일에 대한 유용한 메타데이터(metadata)를 제공할 수 있다. 예를 들어 운영 체제는 마이크로소프트 엑셀(Microsoft Excel)을 사용해서 .xls 또는 .xlsx로 끝나는 파일을 열 수 있다. FASTA 확장자는 .fasta, .fa, .fna(뉴클레오타이드를 위한 확장자), .faa(아미노산을 위한 확장자)를 포함해서 많은 규칙이 있다. FASTA 파일에 원하는 확장자를 넣을 수 있지만, FASTA 파일은 항상 일반 텍스트이며, 이를 보기 위해 특별한 응용 프로그램이 필요하지 않는다. 또한 파일에 FASTA와 같은 확장자가 있다고 해서 반드시 FASTA 파일이라는 의미는 아니다.

이전 코드에서는 확장자가 필요하지 않으므로 값을 사용하지 않을 것을 나타내는 규칙인 _(밑줄) 변수에 할당한다. 또한 리스트 슬라이스를 사용해 함수의 첫 번째 요소를 가져올 수 있다.

```
>>> os.path.splitext(basename)[0]
'B5ZC00'
```

솔루션 2: 수동 솔루션 작성하기

만약 프로그램을 제작용으로 쓰고 있다면 나는 모티프를 찾기 위해 정규 표현식을 사용할 것이다. 이런 맥락에서 나는 수동적인 해결책을 찾기 위해 도전하고 싶었다. 늘 그렇듯이 이 아이디어를 캡슐화하는 함수를 작성하고 싶기 때문에 다음과 같이 제거한다.

```
def find_motif(text: str) -> List[int]: ❶
    """ Find a pattern in some text """
```

```
    return [] ❷
```

❶ 이 함수는 일부 텍스트를 가져와서 텍스트에서 모티프를 찾을 수 있는 정수 리스트를 반환한다.

❷ 지금은 빈 리스트를 반환한다.

함수가 있어야 하는 가장 큰 이유는 일치하고 실패할 것으로 예상되는 예제를 인코딩하는 테스트를 작성하기 위해서다.

```
def test_find_motif() -> None:
  """ Test find_pattern """

  assert find_motif('') == []  ❶
  assert find_motif('NPTX') == []  ❷
  assert find_motif('NXTP') == []  ❸
  assert find_motif('NXSX') == [0]  ❹
  assert find_motif('ANXTX') == [1]  ❺
  assert find_motif('NNTSYS') == [0, 1]  ❻
  assert find_motif('XNNTSYS') == [1, 2]  ❼
  assert find_motif('XNNTSYSXNNTSYS') == [1, 2, 8, 9]  ❽
```

❶ 빈 문자열이 있을 때 함수가 예외를 반환하는 것과 같은 이상한 행동을 하지 않는지 확인한다.

❷ 두 번째 위치에 P가 있으므로 실패할 수 있다.

❸ 네 번째 위치에 P가 있으므로 실패할 것이다.

❹ 문자열의 시작 부분에서 모티프를 찾아야 한다.

❺ 이는 모티프가 문자열의 처음 부분이 아니다.

❻ 문자열의 시작 부분에서 겹치는 모티프를 찾아야 한다.

❼ 문자열의 시작 부분이 아닌 겹치는 모티프를 찾을 수 있다.

❽ 4개의 모티프가 포함된 약간 더 복잡한 패턴이다.

이런 함수를 mprt.py 프로그램에 추가하고, 해당 소스 코드에서 pytest를 실행해서 테스트가 예상대로 실패하도록 할 수 있다. 이제 이 테스트를 통과할 find_motif() 코드를 작성해야 한다. 다시 k-mer를 사용하기로 결정했기 때문에 9장과 10장에서 find_kmer() 함수를 불러온다(물론 테스트하겠지만 여기서는 생략한다).

```python
def find_kmer(seq: str, k: int) -> List[str]:
    """ Find k-mer in string """

    n = len(seq) - k + 1
    return [] if n < 1 else [seq[i:i + k] for i in range(n)]
```

모티프가 4자이므로 이를 사용해서 4-mer를 순서대로 모두 찾을 수 있다.

```python
>>> from solution2_manual import find_kmer
>>> seq = 'NNTSYS'
>>> find_kmer(seq, 4)
['NNTS', 'NTSY', 'TSYS']
```

4-mer의 위치도 필요할 것이다. 8장에서 소개한 enumerate() 함수는 항목의 인덱스와 값을 모두 순서대로 제공한다.

```python
>>> list(enumerate(find_kmer(seq, 4)))
[(0, 'NNTS'), (1, 'NTSY'), (2, 'TSYS')]
```

이렇게 반복하면서 각 포지션과 k-mer를 풀어낼 수 있다.

```python
>>> for i, kmer in enumerate(find_kmer(seq, 4)):
...     print(i, kmer)
...
0 NNTS
1 NTSY
2 TSYS
```

첫 번째 k-mer인 NNTS를 보자. 이 패턴을 테스트하는 한 가지 방법은 각 인덱스를 수동으로 확인하는 것이다.

```
>>> kmer = 'NNTS'
>>> kmer[0] == 'N' and kmer[1] != 'P' and kmer[2] in 'ST' and kmer[3] != 'P'
True
```

처음 2개의 k-mer가 일치해야 한다는 것을 알고 있으며, 다음과 같이 입증할 수 있다.

```
>>> for i, kmer in enumerate(find_kmer(seq, 4)):
...     kmer[0] == 'N' and kmer[1] != 'P' and kmer[2] in 'ST' and kmer[3] != 'P'
...
True
True
False
```

이 코드는 효과적이지만 좀 지루하다. 이 코드를 함수 안에 숨기고 싶다.

```
def is_match(seq: str) -> bool:
    """ Find the N-glycosylation """

    return len(seq) == 4 and (seq[0] == 'N' and seq[1] != 'P'
                              and seq[2] in 'ST' and seq[3] != 'P')
```

다음은 작성한 함수의 테스트 코드다.

```
def test_is_match() -> None:
    """ Test is_match """

    assert not is_match('') ❶
    assert is_match('NASA') ❷
    assert is_match('NATA')
    assert not is_match('NATAN') ❸
    assert not is_match('NPTA') ❹
    assert not is_match('NASP') ❺
```

❶ 함수가 문자열 매개 변수를 받으면 항상 빈 문자열로 먼저 테스트한다.

❷ 다음 두 염기 서열이 일치해야 한다.

❸ 이 염기 서열은 너무 길어서 거부돼야 한다.

❹ 이 염기 서열은 두 번째 위치에 P가 있으므로 거부돼야 한다.

❺ 이 염기 서열은 네 번째 위치에 P가 있으므로 거부돼야 한다.

다음 코드는 훨씬 더 읽기 쉽게 만든다.

```
>>> for i, kmer in enumerate(find_kmer(seq, 4)):
...     print(i, kmer, is_match(kmer))
...
0 NNTS True
1 NTSY True
2 TSYS False
```

우리는 오직 일치하는 k-mer만 원한다. 5장과 6장에서 소개한, 가드가 있는 if 식을 사용해 이것을 작성할 수 있다.

```
>>> kmer = list(enumerate(find_kmer(seq, 4)))
>>> [i for i, kmer in kmer if is_match(kmer)]
[0, 1]
```

또는 9장에서 소개한 starfilter() 함수를 사용할 수 있다.

```
>> from iteration_utilities import starfilter
>>> list(starfilter(lambda i, s: is_match(s), kmer))
[(0, 'NNTS'), (1, 'NTSY')]
```

각 튜플의 첫 번째 요소만 필요하므로 map()을 사용해서 선택할 수 있다.

```
>>> matches = starfilter(lambda i, s: is_match(s), kmer)
>>> list(map(lambda t: t[0], matches))
[0, 1]
```

하스켈은 튜플을 폭넓게 사용하며 두 가지 편리한 함수를 포함한다. fst()는 2-튜플에서 첫 번째 요소를 얻고, snd()는 두 번째 요소를 얻는다. 이 코드에서 typing.Tuple을 불러와야 한다.

```
def fst(t: Tuple[Any, Any]) -> Any:
    return t[0]

def snd(t: Tuple[Any, Any]) -> Any:
    return t[1]
```

이 함수를 사용하면 다음과 같이 starfilter()를 제거할 수 있다.

```
>>> list(map(fst, filter(lambda t: is_match(snd(t)), kmer)))
[0, 1]
```

그러나 몇 번 사용한 filter()/starmap() 기술을 사용하려고 하면 매우 미묘한 버그가 발생한다.

```
>>> from itertools import starmap
>>> list(filter(None, starmap(lambda i, s: i if is_match(s) else None, kmer)))
[1]
```

이 코드는 두 번째 일치 항목만 반환한다. 왜 그럴까? filter()의 술어로 None을 사용하기 때문이다. help(filter)에 따르면 '[the] 함수가 None이면 true인 항목을 반환한다.' 1장에서 참과 거짓의 개념을 소개했다. 부울 값 True와 False는 각각 정숫값 1과 0으로 표시된다. 따라서 실제 숫자 0(int 또는 float)은 엄밀히 말하면 False이며, 이 뜻은 0이 아닌 숫자는 False가 아니거나 True인 것이다. 파이썬은 부울 문맥에서 많은 데이터 타입을 평가해서 참인지 거짓인지 결정한다.

이 경우 none을 filter()의 술어로 사용하면 숫자 0이 제거된다.

```
>>> list(filter(None, [1, 0, 2]))
[1, 2]
```

 펄과 자바스크립트를 하다가 파이썬으로 왔는데, 둘 다 서로 다른 문맥에서 자동으로 값을 강제로 실행하므로 이 동작에 놀라지 않았다. 만약 자바, C, 또는 하스켈과 같은 더 엄격한 타입을 가진 언어를 사용하다 왔다면 이것은 아마도 꽤 문제가 될 것이다. 나는 당신이 항상 무엇을 하고 있는지 정확히 알고 있다면 파이썬이 매우 강력한 언어라고 생각한다. 이렇게 강력한 언어가 되는 것은 높은 허들이므로 타입과 테스트를 자유롭게 사용하도록 파이썬을 작성할 때 매우 중요하다.

결국, 나는 리스트 컴프리헨션이 가장 읽기 쉽다고 느꼈다. 단백질 모티프를 수동으로 식별하는 함수를 작성한 방법은 다음과 같다.

```python
def find_motif(text: str) -> List[int]:
  """ Find a pattern in some text """

  kmer = list(enumerate(find_kmer(text, 4)))  ❶
  return [i for i, kmer in kmer if is_match(kmer)]  ❷
```

❶ text에서 4-mer의 위치와 값을 가져온다.

❷ 모티프와 일치하는 k-mer의 위치를 선택한다.

이 함수를 사용하는 것은 함수 뒤에 복잡성을 숨기는 포인트인 정규식을 사용한 방법과 거의 동일하다.

```python
def main() -> None:
  args = get_args()
  files = fetch_fasta(args.file, args.download_dir)

  for file in files:
    prot_id, _ = os.path.splitext(os.path.basename(file))
    recs = SeqIO.parse(file, 'fasta')
    if rec := next(recs):
      if matches := find_motif(str(rec.seq)):  ❶
        pos = map(lambda p: p + 1, matches)  ❷
        print('\n'.join([prot_id, ' '.join(map(str, pos))]))  ❸
```

❶ 모티프와 일치하는 것을 찾는다.

❷ 일치 항목은 0부터 시작하는 인덱스 리스트이므로 각각에 1을 추가한다.

❸ 정숫값을 문자열로 변환하고 공백에 결합해 출력한다.

이 방법은 효과 있고 작성하는 것이 재미있지만(사용자에 따라 다를 수 있음) 이 코드를 사용하거나 유지 관리하고 싶지는 않다. 정규 표현식이 우리를 위해 얼마나 많은 일을 하는지 짐작할 수 있기를 바란다. 정규식은 내가 원하는 것을 얻는 것이 아니라 묘사할 수 있게 해준다.

더 나아가기

진핵생물 선형 모티프[Eukaryotic Linear Motifs] 데이터베이스 예제(http://elm.eu.org/elms)는 단백질의 기능적 부위를 정의하는 모티프를 찾기 위한 정규식을 제공한다. 주어진 FASTA 파일 집합에서 발생하는 패턴을 검색하는 프로그램을 작성한다.

요점 정리

11장의 주요 요점은 다음과 같다.

- curl와 wget 같은 커맨드 라인 유틸리티를 사용해서 인터넷에서 데이터를 가져올 수 있다. 때로는 셸 스크립트를 작성하는 것이 타당하고, 때로는 파이썬과 같은 언어를 사용해 인코딩하는 것이 더 낫다.

- 정규식은 N-글리코실화 모티프를 찾을 수 있지만, 겹치는 일치점을 찾기 위해서는 미리보기 어설션으로 래핑하고 괄호를 캡처해야 한다.

- N-글리코실화 모티프를 수동으로 찾는 것은 가능하지만 쉽지 않다.

- os.path.splitext() 함수는 파일 이름을 확장자에서 분리해야 할 때 유용하다.

- 파일 확장자는 규칙이고 신뢰할 수 없다.

단백질에서 mRNA 유추하기: 리스트의 곱셈과 리스트 줄이기

로잘린드 mRNA 챌린지(https://oreil.ly/ZYelo)에서 설명한 바와 같이 이 프로그램의 목표는 주어진 단백질 서열을 생성할 수 있는 mRNA 문자열의 수를 찾는 것이다. 이 숫자가 너무 커질 수 있으므로 최종 답은 주어진 값으로 나눈 나머지가 된다. 특정 패턴과 일치할 수 있는 모든 문자열을 생성해서 정규식을 뒤집을 수 있다는 것을 보여주고 싶다. 또한 숫자와 리스트의 곱을 만드는 방법과 값 리스트를 단일값으로 줄이는 방법을 소개하고, 그 과정에서 문제를 일으킬 수 있는 몇 가지 메모리 문제에 대해 설명할 것이다.

12장에서 배울 내용은 다음과 같다.

- `functools.reduce()` 함수를 사용해서 숫자를 곱하기 위한 수학적 `product()` 함수를 만드는 방법
- 파이썬의 나머지 연산(%) 연산자를 사용하는 방법
- 버퍼 오버플로^{buffer overflow} 문제 정보
- 모노이드^{monoid}란 무엇인가?
- 키와 값을 뒤집어서 딕셔너리를 뒤집는 방법

시작하기

저장소의 12_mran 폴더에서 작업해야 한다. 첫 번째 솔루션을 mrna.py 프로그램에 복사하는 것부터 시작한다.

```
$ cd 12_mrna/
$ cp solution1_dict.py mrna.py
```

평소처럼 먼저 사용법을 점검한다.

```
$ ./mrna.py -h
usage: mrna.py [-h] [-m int] protein

Inferring mRNA from Protein

positional arguments:
  protein                 Input protein or file ❶

optional arguments:
  -h, --help              show this help message and exit
  -m int, --modulo int    Modulo value (default: 1000000) ❷
```

❶ 필요한 위치 인수는 단백질 서열 또는 단백질 서열을 포함하는 파일이다.

❷ --modulo 옵션은 기본적으로 1,000,000으로 설정된다.

MA의 로잘린드 예제로 프로그램을 실행하고, 이 단백질 서열을 인코딩할 수 있는 mRNA 염기 서열 모듈 수인 **12**를 출력하는지 확인한다.

```
$ ./mrna.py MA
12
```

프로그램은 염기 서열 입력 파일도 읽는다. 첫 번째 입력 파일에는 길이가 998개인 염기 서열이 있으며, 결과는 **448832**여야 한다.

```
$ ./mrna.py tests/inputs/1.txt
448832
```

다음 입력값으로 프로그램을 실행하고 **make test**를 사용해서 테스트도 실행한다. 프로그램의 작동 방식을 이해한 후 다시 시작하라.

```
$ new.py -fp 'Infer mRNA from Protein' mrna.py
Done, see new script "mrna.py".
```

사용법에 설명된 대로 매개 변수를 정의한다. 단백질은 문자열일 수도 있고 파일 이름일 수도 있지만, 나는 매개 변수를 문자열로 모델링하기로 선택했다. 사용자가 파일을 전달하면 3장에서 처음 시연한 대로 내용을 읽고 이를 프로그램에 전달한다.

```
class Args(NamedTuple):
    """ Command-line arguments """
    protein: str
    modulo: int


def get_args() -> Args:
    """ Get command-line arguments """

    parser = argparse.ArgumentParser(
        description='Infer mRNA from Protein',
        formatter_class=argparse.ArgumentDefaultsHelpFormatter)

    parser.add_argument('protein', ❶
                        metavar='protein',
                        type=str,
                        help='Input protein or file')

    parser.add_argument('-m', ❷
                        '--modulo',
                        metavar='int',
                        type=int,
                        default=1000000,
                        help='Modulo value')

    args = parser.parse_args()

    if os.path.isfile(args.protein): ❸
        args.protein = open(args.protein).read().rstrip()
```

```
    return Args(args.protein, args.modulo)
```

❶ 필수 단백질 인수는 파일 이름이 될 수 있는 문자열이어야 한다.

❷ modulo 옵션은 기본값이 1000000인 정수다.

❸ protein 인수가 기존 파일의 이름이라면 파일에서 단백질 서열을 읽는다.

main()을 변경해서 단백질 서열을 출력한다.

```
def main() -> None:
    args = get_args()
    print(args.protein)
```

프로그램이 커맨드 라인과 파일에서 모두 단백질을 출력하는지 확인한다.

```
$ ./mrna.py MA
MA
$ ./mrna.py tests/inputs/1.txt | wc -c ❶
  998
```

❶ wc에 -c 옵션은 입력값의 문자 수만을 가져온다.

이 프로그램은 첫 2개의 테스트를 통과하고 세 번째 테스트를 실패할 것이다.

리스트의 곱 만들기

입력값이 MA일 때 프로그램은 응답값으로 그림 12-1과 같이 이 단백질 서열을 생성할 수 있는 mRAN 문자열의 수인 12를 출력해야 한다. 7장의 RNA 인코딩 표를 사용하면 아미노산 메티오닌(M)은 mRNA 코돈 서열 AUG[1]로 인코딩되며, 1 알라닌(A)은 4개의 코돈(GCA, GCC, GCG, GCU)을 가지며, 정지코돈은 3개의 코돈(UAA, UAG, UGA)을 갖는다. 이 세 그룹의 곱은 $1 \times 4 \times 3 = 12$다.

---

1   이 외의 다른 시작 코돈도 존재하지만, 로잘린드 챌린지에서는 이것이 유일한 고려 대상이다.

M	AUG	AUG, GCA, UAA AUG, GCA, UAG AUG, GCA, UGA AUG, GCC, UAA AUG, GCC, UAG AUG, GCC, UGA AUG, GCG, UAA AUG, GCG, UAG AUG, GCG, UGA AUG, GCU, UAA AUG, GCU, UAG AUG, GCU, UGA
A	GCA GCC GCG GCU	
Stop	UAA UAG UGA	

그림 12-1. 단백질 서열 MA를 인코딩하는 모든 코돈의 데카르트 곱은 12개의 mRNA 서열을 생성한다.

값 리스트에서 데카르트 곱을 생성하는 `itertools.product()` 함수를 9장에서 소개했다. 다음과 같이 REPL에서 12개 코돈의 가능한 모든 조합을 생성할 수 있다.

```
>>> from itertools import product
>>> from pprint import pprint
>>> combos = product(*codons)
```

내용을 보기 위해 `combos`를 출력하면 값 리스트가 아니라 곱 객체가 표시된다. 즉 이것은 필요할 때까지 값을 생성하기 위해 대기하는 또 다른 lazy 객체다.

```
>>> pprint(combos)
<itertools.product object at 0x7fbdd822dac0>
```

`list()` 함수를 사용해서 값을 강제로 변환할 수 있다.

```
>>> pprint(list(combos))
[('AUG', 'GCA', 'UAA'),
 ('AUG', 'GCA', 'UAG'),
 ('AUG', 'GCA', 'UGA'),
 ('AUG', 'GCC', 'UAA'),
 ('AUG', 'GCC', 'UAG'),
 ('AUG', 'GCC', 'UGA'),
 ('AUG', 'GCG', 'UAA'),
```

```
('AUG', 'GCG', 'UAG'),
('AUG', 'GCG', 'UGA'),
('AUG', 'GCU', 'UAA'),
('AUG', 'GCU', 'UAG'),
('AUG', 'GCU', 'UGA')]
```

여기서 작고 교활한 버그를 보여주고 싶다. combos를 다시 출력해본다.

```
>>> pprint(list(combos))
[]
```

이 곱 객체는 생성기와 마찬가지로 값을 한 번만 산출한 다음 모두 소진된다. 이후의 모든 호출은 빈 리스트를 생성한다. 결과를 저장하려면 강제로 리스트를 변수에 저장해야한다.

```
>>> combos = list(product(*codons))
```

이 생성물의 길이는 12이며, 이는 아미노산을 결합해서 MA 서열을 생성하는 12가지 방법이 있다는 것을 의미한다.

```
>>> len(combos)
12
```

나머지 연산 곱셈으로 오버플로 방지하기

입력 단백질 서열의 길이가 증가하면 가능한 조합의 수는 매우 커질 것이다. 예를 들어 두 번째 테스트에서 998개의 잔기^{residue}가 있는 단백질을 사용해서 약 8.98×10^{29}개로 추정한 mRNA 염기 서열을 생성한다. 다음은 로잘린드 챌린지의 메모다.

> 언어에 내장된 대부분의 데이터 포맷은 메모리 때문에 정수의 크기에 제한이 있다.
> 일부 파이썬 버전에서는 int 변수가 $2^{31} - 1$ 또는 2,147,483,647보다 크지 않아야
> 한다. 결국 로잘린드에서 매우 큰 숫자를 처리하려면 실제로 큰 숫자를 저장할 필요
> 없이 큰 숫자들을 조작할 수 있는 시스템을 고안해야 한다.

매우 큰 숫자는 오래된 32비트 시스템과 같은 곳에서 정수 크기의 메모리 제한을 초과할 위험이 있다. 이를 피하기 위해 최종 답은 modulo 조합의 수 1,000,000이어야 한다. 나머지 연산은 한 숫자를 다른 숫자로 나눈 나머지를 반환한다. 예를 들어 5를 2로 나누면 2이고 나머지는 1이기 때문에 5 modulo 2 = 1이다. 파이썬에는 이 나머지 연산을 계산하는 % 연산자가 있다.

```
>>> 5 % 2
1
```

998-잔기 단백질의 답은 448,832이며, 이는 8.98×10^{29}를 1,000,000으로 나눈 후의 나머지다.

```
$ ./mrna.py tests/inputs/1.txt
448832
```

5장에서는 수학적 연산을 위한 NumPy를 소개했었다. 예상대로 숫자 리스트의 곱을 계산하는 numpy.prod() 함수가 있다. 이 함수는 아쉽게도 1,000의 계승만큼 큰 값을 계산하려고 하면 조용히 실패하고 0을 반환할 수 있다.

```
>>> import numpy as np
>>> np.prod(range(1, 1001))
0
```

여기서 문제는 NumPy가 C에서 구현되는데, 이 언어는 파이썬보다 빠르며 C 코드가 정수에 사용할 수 있는 메모리에 들어갈 수 있는 것보다 더 큰 숫자를 저장할 수 있다. 최악의 결과는 0이다. 이러한 유형의 오류를 버퍼 오버플로라고 부르는 것이 일반적이다. 여기서 버퍼는 정수 변수이지만 문자열, 부동 소수점 숫자, 리스트 또는 기타 컨테이너가 될 수 있다. 일반적으로 파이썬 프로그래머는 다른 언어에서 프로그래머들이 하는 것처럼 메모리 할당에 걱정할 필요가 없지만, 기본 라이브러리의 한계를 알아야 한다. int의 최대 크기는 시스템에 따라 다를 수 있으므로 numpy.prod()는 신뢰할 수 없는 솔루션일 수 있으며 피해야 한다.

파이썬 3.8 이후로는 1,000의 계승과 같은 엄청나게 큰 곱셈을 계산할 수 있는 `math.prod()` 함수가 존재한다. 이 함수는 모든 연산이 파이썬 내부에서 발생하며, 파이썬의 정수는 사실상 무제한이기 때문에 컴퓨터의 사용 가능한 메모리에 의해서만 제한된다. 컴퓨터에서 이 프로그램을 실행해보라.

```
>>> import math
>>> math.prod(range(1, 1001))
```

그러나 나머지 연산을 적용하면 결과는 0이다.

```
>>> math.prod(range(1, 1001)) % 1000000
0
```

다시 한번, 조용히 실패하는 오버플로를 만났는데 이는 나누기 연산에서 **float**라는 유계bounded 타입을 사용했기 때문이다. 제공된 테스트의 경우 `math.prod()`를 사용하고 결과를 나머지 연산하면 문제가 발생하지 않는다. 솔루션에서 정수 오버플로가 발생하지 않도록 나머지 연산을 사용해서 임의의 큰 숫자 집합의 곱을 계산하는 방법을 소개한다. 이 방법은 문제를 해결하기에 충분할 것이다. 프로그램이 모든 테스트를 통과할 때까지 계속 작업하라.

솔루션

RNA 번역 정보를 표현할 때 사용되는 딕셔너리 구조와 숫자 리스트의 수학적 곱을 계산하는 방법을 세 가지 다른 솔루션으로 제시한다.

솔루션 1: RNA 코돈 테이블 딕셔너리 사용하기

첫 번째 솔루션으로 7장의 RNA 코돈 표를 사용해서 각 잔기의 코돈 수를 찾았다.

```
>>> c2aa = {
...     'AAA': 'K', 'AAC': 'N', 'AAG': 'K', 'AAU': 'N', 'ACA': 'T',
```

```
...         'ACC': 'T', 'ACG': 'T', 'ACU': 'T', 'AGA': 'R', 'AGC': 'S',
...         'AGG': 'R', 'AGU': 'S', 'AUA': 'I', 'AUC': 'I', 'AUG': 'M',
...         'AUU': 'I', 'CAA': 'Q', 'CAC': 'H', 'CAG': 'Q', 'CAU': 'H',
...         'CCA': 'P', 'CCC': 'P', 'CCG': 'P', 'CCU': 'P', 'CGA': 'R',
...         'CGC': 'R', 'CGG': 'R', 'CGU': 'R', 'CUA': 'L', 'CUC': 'L',
...         'CUG': 'L', 'CUU': 'L', 'GAA': 'E', 'GAC': 'D', 'GAG': 'E',
...         'GAU': 'D', 'GCA': 'A', 'GCC': 'A', 'GCG': 'A', 'GCU': 'A',
...         'GGA': 'G', 'GGC': 'G', 'GGG': 'G', 'GGU': 'G', 'GUA': 'V',
...         'GUC': 'V', 'GUG': 'V', 'GUU': 'V', 'UAC': 'Y', 'UAU': 'Y',
...         'UCA': 'S', 'UCC': 'S', 'UCG': 'S', 'UCU': 'S', 'UGC': 'C',
...         'UGG': 'W', 'UGU': 'C', 'UUA': 'L', 'UUC': 'F', 'UUG': 'L',
...         'UUU': 'F', 'UAA': '*', 'UAG': '*', 'UGA': '*',
... }
```

모든 인코딩 코돈을 찾기 위해 단백질 서열 MA의 각 아미노산과 정지 코돈을 반복하고 싶다. 로잘린드의 염기 서열은 중지 코돈으로 끝나지 않으므로 *를 추가해야 한다. 다음 코드를 표현하기 위해 가드^{guard}와 함께 리스트 컴프리헨션을 사용할 수 있다.

```
>>> protein = 'MA'
>>> for aa in protein + '*':
...     print(aa, [c for c, res in c2aa.items() if res == aa])
...
M ['AUG']
A ['GCA', 'GCC', 'GCG', 'GCU']
* ['UAA', 'UAG', 'UGA']
```

주어진 잔기를 인코딩하는 코돈의 실제 리스트는 필요하지 않으며, len() 함수를 사용해서 찾을 수 있는 숫자만 있으면 된다.

```
>>> possible = [
...     len([c for c, res in c2aa.items() if res == aa])
...     for aa in protein + '*'
... ]
>>>
>>> possible
[1, 4, 3]
```

해답은 이 값들을 곱하는 것이다. 이전 절에서 math.prod() 함수를 사용할 수 있다고 제안했다.

```
>>> import math
>>> math.prod(possible)
12
```

이 코드는 완벽하게 작동하겠지만, 이번 기회에 염기 서열의 값을 하나의 값으로 줄이는 것을 설명하고자 한다. 5장에서 숫자 1, 4, 3을 더해서 결과 8을 만드는 sum() 함수를 소개했다.

```
>>> sum(possible)
8
```

먼저, 1 + 4를 더해서 5를 얻고, 5 + 3을 더해서 8을 얻는다. + 연산자를 *로 변경하면 그림 12-2와 같이 곱셈이 생성되고 결과가 12가 된다.

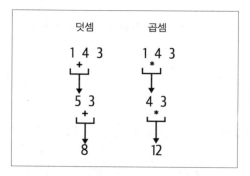

그림 12-2. 덧셈과 곱셈을 사용해 숫자 리스트를 줄이기

이것이 값 리스트를 줄이는 아이디어이며, 정확히 functools.reduce() 함수가 도와준다. 이 함수는 filter(), map(), 책 전체에서 사용한 다른 함수와 같은 또 다른 고차 함수이지만, 중요한 차이점이 있다. lambda 함수는 1개가 아닌 2개의 인수를 받는다. 문서는 sum()을 작성하는 방법을 보여준다.

```
reduce(...)
  reduce(function, sequence[, initial]) -> value

  Apply a function of two arguments cumulatively to the items of a sequence,
  from left to right, so as to reduce the sequence to a single value.
  For example, reduce(lambda x, y: x+y, [1, 2, 3, 4, 5]) calculates
  ((((1+2)+3)+4)+5). If initial is present, it is placed before the items of the
  sequence in the calculation, and serves as a default when the sequence is empty.
```

다음은 이 방법을 사용해서 자신만의 sum() 버전을 작성하는 방법이다.

```
>>> from functools import reduce
>>> reduce(lambda x, y: x + y, possible)
8
```

곱셈을 만들기 위해 덧셈을 변경할 수 있다.

```
>>> reduce(lambda x, y: x * y, possible)
12
```

모노이드

그 가치를 위해, 숫자 또는 문자열의 동종 리스트는 단일 연관 이진 연산과 식별 항목이 있는 대수적 구조인 모노이드(monoid)를 생각할 수 있다. 덧셈 중인 숫자 리스트의 경우 이진 연산은 +이고 식별 항목은 0이다. 식별 항목 또는 중립 항목은 항목을 변경하지 않은 상태로 유지하는 이진 연산에서 다른 항목과 결합할 수 있는 특별한 값이다. 0 + n = n이므로 0은 덧셈을 위한 식별 항목이며, reduce()의 초기 인수에 적절한 값이다.

```
>>> reduce(lambda x, y: x + y, [1, 2, 3, 4], 0)
10
```

빈 숫자 리스트를 추가할 때 적절한 반환값이기도 한다.

```
>>> reduce(lambda x, y: x + y, [], 0)
0
```

곱셈에서 연산자는 *이고, 항등 항목은 1이므로 1 * n = n이다.

```
>>> reduce(lambda x, y: x * y, [1, 2, 3, 4], 1)
24
```

빈 리스트의 곱은 1이므로 reduce()의 올바른 초깃값이다.

```
>>> reduce(lambda x, y: x * y, [], 1)
1
```

연속된 문자열 리스트에도 +를 사용할 수 있으며, 그 결과 새 문자열이 생성된다.

```
>>> reduce(lambda x, y: x + y, ['M', 'A'], '')
'MA'
```

문자열의 식별 항목은 빈 문자열이다.

```
>>> reduce(lambda x, y: x + y, [], '')
''
```

이 값은 빈 리스트를 str.join()에 전달할 때 반환되는 값과 동일한 값이다.

```
>>> ''.join([])
''
```

심지어 리스트 자체가 모노이드다. + 연산자 또는 operator.concat()를 사용해서 결합할 수 있으며, 식별값은 빈 리스트다.

```
>>> reduce(operator.concat, [['A'], ['list', 'of'], ['values']], [])
['A', 'list', 'of', 'values']
```

이러한 식별값은 collections.defaultdict()의 기본값이다. 즉 defaultdict(int)는 0으로 초기화되고, defaultdict(str)는 빈 문자열을 사용하며, defaultdict(list)는 빈 리스트를 사용한다.

이와 같은 모노이드는 연관 이진 연산을 점진적으로 적용해서 단일값으로 줄일 수 있으므로 reduce() 함수의 이름이 된다. 만약 이런 종류의 이론이 흥미롭다고 생각한다면 하스켈 프로그래밍 언어와 범주 이론에 대해 더 많은 것을 배울 수 있을 것이다.

파이썬은 '객체는 식별 요소를 반환한다'는 id() 함수를 갖고 있는데, 이는 메모리 주소와 유사하게 파이썬에서 값의 고유한 수치 표현이며, 모노이드 식별 요소와 전혀 같지 않다.

functools.reduce()를 사용해 나만의 product() 함수를 작성할 수 있다.

```python
def product(xs: List[int]) -> int: ❶
""" Return the product """

    return reduce(lambda x, y: x * y, xs, 1) ❷
```

❶ 정수 리스트의 곱을 반환한다.

❷ functools.reduce() 함수를 사용해 값을 점진적으로 곱한다. 빈 리스트가 1을 반환하도록 초기 결과에 1을 사용한다.

파이썬의 무한한 정수에 의존하지 않고 작동하는 함수를 작성하기 위해 이 함수를 어떻게 사용할 수 있을지 소개하고 싶었다. 감소하는 모든 단계에서 오버플로가 발생하지 않도록 나머지 연산을 최종 결과에 적용하는 대신 함수 자체에 통합해야 한다. 수학 마술사가 아니기 때문에 어떻게 함수를 작성해야 하는지 몰랐다. 인터넷을 검색해서 다음과 같이 수정한 코드를 찾았다.

```python
def mulmod(a: int, b: int, mod: int) -> int: ❶
  """ Multiplication with modulo """

  def maybemod(x): ❷
    ret = (x % mod) if mod > 1 and x > mod else x
    return ret or x ❸

  res = 0 ❹
  a = maybemod(a) ❺
  while b > 0: ❻
    if b % 2 == 1: ❼
      res = maybemod(res + a) ❽
    a = maybemod(a * 2) ❾
    b //= 2 ❿

  return res
```

❶ mulmod() 함수는 정수 a와 b를 받아서 정수 나머지 값 mod와 곱한다.

❷ 이것은 나머지 연산 mod 값을 반환할 가능성이 있는 mod 값 주위의 클로저다.

❸ 결과가 0이면 원래 값을 반환하고, 그렇지 않으면 계산된 값을 반환한다.

❹ 결과를 초기화한다.

❺ a의 크기를 줄일 수 있다.

❻ b가 0보다 클 때 반복한다.

❼ b가 홀수인지 확인한다.

❽ 결과에 a를 추가하고 결과를 나머지 연산할 수 있다.

❾ a를 두 배로 하고 결과를 나머지 연산할 수 있다.

❿ 바닥 분할을 사용해서 b를 반으로 나누면 결국 0이 되고 루프가 종료된다.

다음은 작성한 테스트 코드다.

```
def test_mulmod() -> None:
    """ Text mulmod """

    assert mulmod(2, 4, 3) == 2
    assert mulmod(9223372036854775807, 9223372036854775807, 1000000) == 501249
```

sys.maxsize로 컴퓨터의 가장 큰 숫자를 선택했다.

```
>>> import sys
>>> sys.maxsize
9223372036854775807
```

이 값은 math.prod()에서 얻을 수 있는 것과 같은 답이지만, 이 버전은 파이썬의 동적인 정수 크기에 의존하지 않으며, 사용 가능한 메모리와 (그만큼) 연결되지 않는다.

```
>>> import math
>>> math.prod([9223372036854775807, 9223372036854775807]) % 1000000
501249
```

이를 통합하기 위해 modprod() 함수를 작성하고 다음과 같은 테스트를 추가했다.

```python
def modprod(xs: List[int], modulo: int) -> int:
    """ Return the product modulo a value """

    return reduce(lambda x, y: mulmod(x, y, modulo), xs, 1)

def test_modprod() -> None:
    """ Test modprod """

    assert modprod([], 3) == 1
    assert modprod([1, 4, 3], 1000000) == 12
    n = 9223372036854775807
    assert modprod([n, n], 1000000) == 501249
```

이제 1,000의 계승의 이전 예제를 처리할 수 있다. 이 답은 여전히 너무 커서 출력할 수 없지만 요점은 답이 0이 아니라는 것이다.

```python
>>> modprod(range(1, 1001), 1000000)
```

최종 답은 주어진 인수를 모듈화한 이 숫자의 곱이다. 다음은 모든 방법을 합친 것이다.

```python
def main() -> None:
    args = get_args()
    codon_to_aa = { ❶
        'AAA': 'K', 'AAC': 'N', 'AAG': 'K', 'AAU': 'N', 'ACA': 'T',
        'ACC': 'T', 'ACG': 'T', 'ACU': 'T', 'AGA': 'R', 'AGC': 'S',
        'AGG': 'R', 'AGU': 'S', 'AUA': 'I', 'AUC': 'I', 'AUG': 'M',
        'AUU': 'I', 'CAA': 'Q', 'CAC': 'H', 'CAG': 'Q', 'CAU': 'H',
        'CCA': 'P', 'CCC': 'P', 'CCG': 'P', 'CCU': 'P', 'CGA': 'R',
        'CGC': 'R', 'CGG': 'R', 'CGU': 'R', 'CUA': 'L', 'CUC': 'L',
        'CUG': 'L', 'CUU': 'L', 'GAA': 'E', 'GAC': 'D', 'GAG': 'E',
        'GAU': 'D', 'GCA': 'A', 'GCC': 'A', 'GCG': 'A', 'GCU': 'A',
        'GGA': 'G', 'GGC': 'G', 'GGG': 'G', 'GGU': 'G', 'GUA': 'V',
        'GUC': 'V', 'GUG': 'V', 'GUU': 'V', 'UAC': 'Y', 'UAU': 'Y',
        'UCA': 'S', 'UCC': 'S', 'UCG': 'S', 'UCU': 'S', 'UGC': 'C',
        'UGG': 'W', 'UGU': 'C', 'UUA': 'L', 'UUC': 'F', 'UUG': 'L',
        'UUU': 'F', 'UAA': '*', 'UAG': '*', 'UGA': '*',
```

```
  }

  possible = [ ❷
    len([c for c, res in codon_to_aa.items() if res == aa])
    for aa in args.protein + '*'
  ]
  print(modprod(possible, args.modulo)) ❸
```

❶ RNA 코돈을 아미노산으로 인코딩하는 딕셔너리다.

❷ 단백질의 잔기와 정지 코돈을 반복한 다음, 주어진 아미노산과 일치하는 코돈의 수를
  찾는다.

❸ 주어진 값으로 가능한 나머지 연산 곱을 출력한다.

솔루션 2: 비트 전환

이 다음 해결책을 위해 RNA 코돈 딕셔너리의 키와 값을 뒤집어서 독특한 아미노산이 키
를 형성하고 그 값이 코돈의 리스트가 되도록 했다. 이렇게 딕셔너리를 뒤집는 방법을
아는 것은 좋지만, 값이 고유할 때만 작동한다. 예를 들어 A와 T 같은 DNA 염기에서 그
이름으로 전환하는 조회 테이블을 만들 수 있다.

```
>>> base_to_name = dict(A='adenine', G='guanine', C='cytosine', T='thymine')
>>> base_to_name['A']
'adenine'
```

이름에서 염기로 전환하려면 dict.items()를 사용해 키/값 쌍을 가져올 수 있다.

```
>>> list(base_to_name.items())
[('A', 'adenine'), ('G', 'guanine'), ('C', 'cytosine'), ('T', 'thymine')]
```

그런 다음 reversed()로 뒤집어 map()을 사용한 뒤, 결과를 dict() 함수에 전달해 딕셔
너리를 만든다.

```
>>> dict(map(reversed, base_to_name.items()))
```

```
{'adenine': 'A', 'guanine': 'G', 'cytosine': 'C', 'thymine': 'T'}
```

하지만 첫 번째 해결책의 RNA 코돈 테이블에서 이 코드를 실행하면 다음을 얻을 수 있다.

```
>>> pprint(dict(map(reversed, c2aa.items())))
{'*': 'UGA',
 'A': 'GCU',
 'C': 'UGU',
 'D': 'GAU',
 'E': 'GAG',
 'F': 'UUU',
 'G': 'GGU',
 'H': 'CAU',
 'I': 'AUU',
 'K': 'AAG',
 'L': 'UUG',
 'M': 'AUG',
 'N': 'AAU',
 'P': 'CCU',
 'Q': 'CAG',
 'R': 'CGU',
 'S': 'UCU',
 'T': 'ACU',
 'V': 'GUU',
 'W': 'UGG',
 'Y': 'UAU'}
```

대부분의 코돈이 누락된 것을 볼 수 있다. M과 W에만 코돈이 하나 있다. 나머지는 어떻게 됐을까? 딕셔너리를 만들 때 파이썬은 최신 값을 가진 키에 기존 값을 덮어쓴다. 예를 들어 원래의 테이블에서 UUG는 L에 대해 표시된 마지막 값이므로 그대로 남아 있는 값이다. 딕셔너리 키/값을 반전시키기 위한 이 트릭을 기억하고 값이 고유한지 확인하라. 이 작업을 수행해야 하는 경우 collections.defaultdict() 함수를 사용한다.

```
>>> from collections import defaultdict
>>> aa2codon = defaultdict(list)
>>> for k, v in c2aa.items():
```

```
...        aa2codon[v].append(k)
...
>>> pprint(aa2codon)
defaultdict(<class 'list'>,
            {'*': ['UAA', 'UAG', 'UGA'],
             'A': ['GCA', 'GCC', 'GCG', 'GCU'],
             'C': ['UGC', 'UGU'],
             'D': ['GAC', 'GAU'],
             'E': ['GAA', 'GAG'],
             'F': ['UUC', 'UUU'],
             'G': ['GGA', 'GGC', 'GGG', 'GGU'],
             'H': ['CAC', 'CAU'],
             'I': ['AUA', 'AUC', 'AUU'],
             'K': ['AAA', 'AAG'],
             'L': ['CUA', 'CUC', 'CUG', 'CUU', 'UUA', 'UUG'],
             'M': ['AUG'],
             'N': ['AAC', 'AAU'],
             'P': ['CCA', 'CCC', 'CCG', 'CCU'],
             'Q': ['CAA', 'CAG'],
             'R': ['AGA', 'AGG', 'CGA', 'CGC', 'CGG', 'CGU'],
             'S': ['AGC', 'AGU', 'UCA', 'UCC', 'UCG', 'UCU'],
             'T': ['ACA', 'ACC', 'ACG', 'ACU'],
             'V': ['GUA', 'GUC', 'GUG', 'GUU'],
             'W': ['UGG'],
             'Y': ['UAC', 'UAU']})
```

이것은 다음 솔루션에서 사용한 데이터 구조다. 또한 직접 돌리는 대신 math.prod() 함수를 사용하는 방법도 보여준다.

```
def main():
  args = get_args()
  aa_to_codon = { ❶
    'A': ['GCA', 'GCC', 'GCG', 'GCU'],
    'C': ['UGC', 'UGU'],
    'D': ['GAC', 'GAU'],
    'E': ['GAA', 'GAG'],
    'F': ['UUC', 'UUU']
    'G': ['GGA', 'GGC', 'GGG', 'GGU'],
    'H': ['CAC', 'CAU'],
```

```
    'I': ['AUA', 'AUC', 'AUU'],
    'K': ['AAA', 'AAG'],
    'L': ['CUA', 'CUC', 'CUG', 'CUU', 'UUA', 'UUG'],
    'M': ['AUG'],
    'N': ['AAC', 'AAU'],
    'P': ['CCA', 'CCC', 'CCG', 'CCU'],
    'Q': ['CAA', 'CAG'],
    'R': ['AGA', 'AGG', 'CGA', 'CGC', 'CGG', 'CGU'],
    'S': ['AGC', 'AGU', 'UCA', 'UCC', 'UCG', 'UCU'],
    'T': ['ACA', 'ACC', 'ACG', 'ACU'],
    'V': ['GUA', 'GUC', 'GUG', 'GUU'],
    'W': ['UGG'],
    'Y': ['UAC', 'UAU'],
    '*': ['UAA', 'UAG', 'UGA'],
}

possible = [len(aa_to_codon[aa]) for aa in args.protein + '*']  ❷
print(math.prod(possible) % args.modulo)  ❸
```

❶ 잔기를 키로 사용하고 값에 대한 코돈을 사용해서 딕셔너리를 나타낸다.

❷ 단백질 서열의 각 아미노산을 암호화하는 코돈과 정지 코돈의 수를 구한다.

❸ math.prod()를 사용해서 곱을 계산한 다음 나머지 연산자를 적용한다.

이 버전은 훨씬 더 짧고 컴퓨터가 나머지를 계산하기에 충분한 메모리가 있다고 가정한다(파이썬은 천문학적으로 큰 숫자를 나타내기 위한 메모리 요구 사항을 처리한다). 로잘린드가 제공한 데이터 집합으로, 언젠가는 mulmod() 함수와 같은 것을 사용해야 할 것이다.

솔루션 3: 최소 정보 인코딩하기

이전 솔루션은 솔루션을 찾는 데 필요한 것보다 더 많은 정보를 인코딩했다. 실제 리스트가 아닌 주어진 아미노산을 인코딩하는 코돈의 수만 필요하기 때문에 대신 이 조회 테이블을 만들 수 있다.

```
>>> codons = {
...     'A': 4, 'C': 2, 'D': 2, 'E': 2, 'F': 2, 'G': 4, 'H': 2, 'I': 3,
...     'K': 2, 'L': 6, 'M': 1, 'N': 2, 'P': 4, 'Q': 2, 'R': 6, 'S': 6,
...     'T': 4, 'V': 4, 'W': 1, 'Y': 2, '*': 3,
... }
```

리스트 컴프리헨션은 나머지에 필요한 숫자를 반환한다. 딕셔너리에 없는 잔기가 발견 될 경우를 대비해 dict.get()에 대한 기본 인수로 1을 사용한다.

```
>>> [codons.get(aa, 1) for aa in 'MA*']
[1, 4, 3]
```

다음 코드로 이어진다.

```
def main():
    args = get_args()
    codons = {  ❶
        'A': 4, 'C': 2, 'D': 2, 'E': 2, 'F': 2, 'G': 4, 'H': 2, 'I': 3,
        'K': 2, 'L': 6, 'M': 1, 'N': 2, 'P': 4, 'Q': 2, 'R': 6, 'S': 6,
        'T': 4, 'V': 4, 'W': 1, 'Y': 2, '*': 3,
    }
    nums = [codons.get(aa, 1) for aa in args.protein + '*']  ❷
    print(math.prod(nums) % args.modulo)  ❸
```

❶ 각 아미노산의 코돈 수를 인코딩한다.

❷ 각 아미노산에 대한 코돈 수와 중단점을 찾는다.

❸ 나머지 조합의 곱을 주어진 값으로 출력한다.

더 나아가기

어떤 의미에서 매치할 수 있는 모든 문자열을 만들어 냄으로써 정규식 일치의 개념을 뒤집었다. 즉 단백질 MA를 생성할 수 있는 12가지 패턴은 다음과 같다.

```
$ ./show_patterns.py MA
        1: AUGGCAUAA
        2: AUGGCAUAG
        3: AUGGCAUGA
        4: AUGGCCUAA
        5: AUGGCCUAG
        6: AUGGCCUGA
        7: AUGGCGUAA
        8: AUGGCGUAG
        9: AUGGCGUGA
       10: AUGGCUUAA
       11: AUGGCUUAG
       12: AUGGCUUGA
```

기본적으로 이 정보를 사용해서 단일 통합 정규식을 만들 수 있다. 이 방법은 쉽지 않거나 가능하지 않을 수도 있지만, 단백질의 게놈 소스를 찾는 것을 도울 수 있는 아이디어다. 예를 들어 처음 두 염기 서열은 마지막 염기에 따라 다르다. A와 G 사이의 변화는 문자 클래스 [AG]로 표현할 수 있다.

```
  AUGGCAUAA
+ AUGGCAUAG
  ---------

  AUGGCAUA[AG]
```

많은 정규식 패턴을 단일 정규식 패턴으로 결합하는 툴을 작성할 수 있는가?

요점 정리

12장의 주요 요점은 다음과 같다.

- `itertools.product()` 함수는 반복 가능한 리스트의 데카르트 곱을 만든다.

- `functools.reduce()`는 반복 가능한 항목의 점진적인 쌍을 결합하는 방법을 제공하는 고차 함수다.

- 파이썬의 %(나머지) 연산자는 나눗셈 후 나머지를 반환한다.

- 숫자와 문자열의 동종 리스트는 단일값에 대한 덧셈, 곱셈, 연결과 같은 단일 연산에서 줄일 수 있다.

- 고유한 값을 가진 딕셔너리는 키와 값을 뒤집어서 되돌릴 수 있다.

- 파이썬에서 정숫값의 크기는 사용 가능한 메모리에 의해서만 제한된다.

## 13장

위치 제한 부위:
코드 사용, 코드 테스트, 코드 공유

DNA의 회문 서열palindromic sequence은 5'에서 3'까지의 염기쌍bp, base pair 서열이 양쪽 모두 동일한 서열이다. 예를 들어 그림 13-1은 DNA 서열 GCATGC의 역상보체가 염기 서열 자체임을 보여준다.

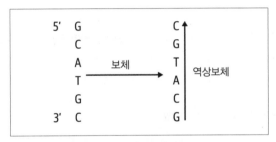

그림 13-1. 역회문 서열은 역상보체와 같다.

코드에서 이를 확인할 수 있다.

```
>>> from Bio import Seq
>>> seq = 'GCATGC'
>>> Seq.reverse_complement(seq) == seq
True
```

로잘린드 REVP 챌린지(https://oreil.ly/w3Tdm)에 설명된 바와 같이 제한 효소는 제한 부위로 알려진 DNA의 특정 회문 서열 내에서 인식하고 자른다. 일반적으로는 4~12개의 뉴클레오타이드를 갖고 있다. 이 연습의 목표는 모든 추정 제한 효소의 DNA 서열에서 위치를 찾는 것이다. 이 문제를 해결하기 위한 코드는 매우 복잡할 수 있지만, 일부 함수형 프로그래밍 기술을 명확하게 이해하면 짧고 우아한 솔루션을 만드는 데 도움이 된다. map(), zip()과 enumerate()뿐만 아니라 테스트를 거친 많은 작은 함수를 살펴볼 것이다.

13장에서 배울 내용은 다음과 같다.

- 역회문 서열을 찾는 방법

- 공통 함수를 공유하는 모듈을 만드는 방법

- PYTHONPATH 환경 변수에 대해

시작하기

이 연습의 코드와 테스트는 13_revp 폴더에 있다. revp.py 프로그램에 솔루션을 복사하는 것부터 시작한다.

```
$ cd 13_revp
$ cp solution1_zip_enumerate.py revp.py
```

사용법을 출력한다.

```
$ ./revp.py -h
usage: revp.py [-h] FILE

Locating Restriction Sites

positional arguments:
  FILE          Input FASTA file ❶

optional arguments:
  -h, --help  show this help message and exit
```

❶ 필요한 유일한 인수는 FASTA 형식의 DNA 염기 서열의 단일 위치 파일이다.

첫 번째 테스트 입력 파일을 본다. 내용은 로잘린드 페이지의 예제와 동일하다.

```
$ cat tests/inputs/1.fa
>Rosalind_24
TCAATGCATGCGGGTCTATATGCAT
```

이 입력으로 프로그램을 실행하고, 그림 13-2와 같이 길이가 4와 12 사이인 문자열에서 모든 역회문 서열의 위치(1부터 염기 계산)와 길이가 보이는지 확인한다. 결과의 순서는 중요하지 않다.

```
$ ./revp.py tests/inputs/1.fa 54
7 4
17 4
18 4
21 4
46 66
20 6
```

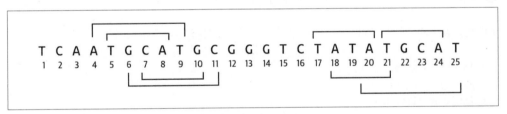

그림 13-2. TCAATGCATGCGGGTCTATATGCAT 서열에서 발견된 8개의 역회문 서열의 위치

테스트를 실행해서 프로그램이 통과하는지 확인한 후 다시 시작한다.

```
$ new.py -fp 'Locating Restriction Sites' revp.py
Done, see new script "revp.py".
```

프로그램의 매개 변수를 정의하는 방법은 다음과 같다.

```
class Args(NamedTuple):
```

```
    """ Command-line arguments """
    file: TextIO ❶

def get_args() -> Args:
  """ Get command-line arguments """

    parser = argparse.ArgumentParser(
      description='Locating Restriction Sites',
      formatter_class=argparse.ArgumentDefaultsHelpFormatter)

    parser.add_argument('file', ❷
                        help='Input FASTA file',
                        metavar='FILE',
                        type=argparse.FileType('rt'))

    args = parser.parse_args()

    return Args(args.file)
```

❶ 유일한 매개 변수는 파일이다.

❷ 읽을 수 있는 텍스트 파일 매개 변수를 정의한다.

main() 함수가 현재 입력 파일 이름을 출력하도록 한다.

```
def main() -> None:
  args = get_args()
  print(args.file.name)
```

프로그램이 올바른 사용법을 생성하고, 위조된 파일을 거부하며, 유효한 입력 파일의 이름을 출력하는지 수동으로 확인한다.

```
$ ./revp.py tests/inputs/1.fa
tests/inputs/1.fa
```

make test를 실행하면 몇 가지 테스트를 통과할 수 있다. 이제 프로그램의 뼈대를 작성할 준비가 됐다.

k-mer를 사용한 모든 부분 염기 서열 찾기

첫 번째 단계는 FASTA 입력 파일에서 염기 서열을 읽는 것이다. SeqIO.parse()를 사용해 지연 반복자를 만들고 next()를 사용해서 첫 번째 염기 서열을 얻을 수 있다.

```
>>> from Bio import SeqIO
>>> recs = SeqIO.parse(open('tests/inputs/1.fa'), 'fasta')
>>> rec = next(recs)
>>> seq = str(rec.seq)
>>> seq
'TCAATGCATGCGGGTCTATATGCAT'
```

 이전 코드는 test/inputs/empty.fa와 같이 이전 파일이 비어 있을 때 사용하기에 안전하지 않다. 같은 방법으로 이 파일을 열고 next()를 호출하면 파이썬이 StopIteration 예외를 발생시킨다. 코드에서 반복자의 끝을 알아채고 정상적으로 종료하는 for 루프를 사용하는 것이 좋다.

```
>>> empty = SeqIO.parse(open('tests/inputs/empty.fa'), 'fasta')
>>> next(empty)
Traceback (most recent call last):
  File "<stdin>", line 1, in <module>
  File "/Library/Frameworks/Python.framework/Versions/3.9/lib/python3.9/
  site-packages/Bio/SeqIO/Interfaces.py", line 73, in __next__
    return next(self.records)
StopIteration
```

4개에서 12개의 염기 사이의 모든 염기 서열을 찾아야 한다. 이 일은 k-mer의 또 다른 작업과 같으므로 9장에서 find_kmer() 함수를 가져온다.

```
>>> def find_kmer(seq, k):
...     n = len(seq) - k + 1
...     return [] if n < 1 else [seq[i:i + k] for i in range(n)]
...
```

range() 함수를 사용해서 4에서 12 사이의 모든 숫자를 생성할 수 있다. 끝 위치는 포함되지 않으니 13까지 생성해야 한다는 것을 기억하면서 생성한다. 각 k에 대해 많은

k-mer가 있으므로 k의 값과 발견된 k-mer 수를 출력한다.

```
>>> for k in range(4, 13):
...     print(k, len(find_kmer(seq, k)))
...
4 22
5 21
6 20
7 19
8 18
9 17
10 16
11 15
12 14
```

모든 역상보체 찾기

3장에서 역보상체를 찾은 많은 방법을 소개하며 Bio.Seq.reverse_complement()가 가장 쉬운 방법이라는 결론이 났었다. 모든 12-mer를 찾는 것부터 시작한다.

```
>>> kmer = find_kmer(seq, 12)
>>> kmer
['TCAATGCATGCG', 'CAATGCATGCGG', 'AATGCATGCGGG', 'ATGCATGCGGGT',
 'TGCATGCGGGTC', 'GCATGCGGGTCT', 'CATGCGGGTCTA', 'ATGCGGGTCTAT',
 'TGCGGGTCTATA', 'GCGGGTCTATAT', 'CGGGTCTATATG', 'GGGTCTATATGC',
 'GGTCTATATGCA', 'GTCTATATGCAT']
```

역상보체 리스트를 생성하려면 리스트 컴프리헨션을 사용하면 된다.

```
>>> from Bio import Seq
>>> revc = [Seq.reverse_complement(kmer) for kmer in kmer]
```

또는 map()을 사용하면 된다.

```
>>> revc = list(map(Seq.reverse_complement, kmer))
```

어떤 함수를 사용하든 12개의 역상보체가 있어야 한다.

```
>>> revc
['CGCATGCATTGA', 'CCGCATGCATTG', 'CCCGCATGCATT', 'ACCCGCATGCAT',
 'GACCCGCATGCA', 'AGACCCGCATGC', 'TAGACCCGCATG', 'ATAGACCCGCAT',
 'TATAGACCCGCA', 'ATATAGACCCGC', 'CATATAGACCCG', 'GCATATAGACCC',
 'TGCATATAGACC', 'ATGCATATAGAC']
```

모든 것을 합치기

이 과제를 완료하기 위해 필요한 모든 것을 갖췄다. 먼저, 모든 k-mer를 역상보체랑 짝지어 같은 것을 찾고 그 위치를 출력한다. for 루프를 사용해서 반복하거나 6장에서 처음 살펴본 zip() 함수를 사용해서 쌍을 만들 수 있다. 이는 흥미로운 도전이며, 소개하려는 버전을 읽기 전에 실행 가능한 해결책을 찾을 수 있을 것이라 확신한다.

솔루션

프로그램의 복잡성을 숨기기 위한 함수를 점점 더 사용하는 제한 부위를 찾기 위해 세 가지 변형 솔루션을 소개한다.

솔루션 1: zip()과 enumerate() 함수 사용하기

첫 번째 솔루션에서 먼저 zip()을 사용해서 k-mer와 역상보체를 짝짓는다. k=4로 가정해보자.

```
>>> seq = 'TCAATGCATGCGGGTCTATATGCAT'
>>> kmer = find_kmer(seq, 4)
>>> revc = list(map(Seq.reverse_complement, kmer))
>>> pairs = list(zip(kmer, revc))
```

또한 enumerate()에서 얻을 수 있는 쌍의 위치를 알아야 한다. 쌍들을 검사하면 일부(4, 6, 16, 17, 20)가 동일하다.

```
>>> pprint(list(enumerate(pairs)))
```

```
[(0, ("TCAA", "TTGA")),
 (1, ("CAAT", "ATTG")),
 (2, ("AATG", "CATT")),
 (3, ("ATGC", "GCAT")),
 (4, ("TGCA", "TGCA")),
 (5, ("GCAT", "ATGC")),
 (6, ("CATG", "CATG")),
 (7, ("ATGC", "GCAT")),
 (8, ("TGCG", "CGCA")),
 (9, ("GCGG", "CCGC")),
 (10, ("CGGG", "CCCG")),
 (11, ("GGGT", "ACCC")),
 (12, ("GGTC", "GACC")),
 (13, ("GTCT", "AGAC")),
 (14, ("TCTA", "TAGA")),
 (15, ("CTAT", "ATAG")),
 (16, ("TATA", "TATA")),
 (17, ("ATAT", "ATAT")),
 (18, ("TATG", "CATA")),
 (19, ("ATGC", "GCAT")),
 (20, ("TGCA", "TGCA")),
 (21, ("GCAT", "ATGC"))]
```

가드와 함께 리스트 컴프리헨션을 사용해서 쌍이 같은 모든 위치를 찾을 수 있다. 인덱스 값에 1을 추가해서 1-염기 위치를 얻었다.

```
>>> [pos + 1 for pos, pair in enumerate(pairs) if pair[0] == pair[1]]
[5, 7, 17, 18, 21]
```

2-튜플에서 첫 번째 또는 두 번째 요소를 가져오는 fst()와 snd() 함수를 11장에서 소개했다. 튜플에서 인덱싱을 사용할 필요가 없도록 여기서 두 함수를 사용하고 싶다. 또한 이전 장들의 find_kmer() 함수를 계속 사용할 것이다. 이 함수들을 별도의 모듈에 넣어 필요에 따라 복사하지 않고 불러올 수 있도록 할 것이다.

common.py 모듈을 검사하면 이 함수들과 그 함수들의 테스트 코드를 볼 수 있다. pytest를 실행해서 모두 통과하는지 확인할 수 있다.

```
$ pytest -v common.py
============================ test session starts ============================
...

common.py::test_fst PASSED                                         [ 33%]
common.py::test_snd PASSED                                         [ 66%]
common.py::test_find_kmer PASSED                                   [100%]

============================ 3 passed in 0.01s =============================
```

common.py가 현재 폴더에 있기 때문에 원하는 함수를 가져올 수 있다.

```
>>> from common import fst, snd
>>> [pos + 1 for pos, pair in enumerate(pairs) if fst(pair) == snd(pair)]
[5, 7, 17, 18, 21]
```

PYTHONPATH

재사용 가능한 코드 모듈을 모든 프로젝트에서 공유되는 폴더에 배치할 수도 있다. PYTHONPATH 환경 변수를 사용해서 파이썬이 모듈을 찾기 위한 추가 폴더의 위치를 나타낼 수 있다. PYPATH 문서 (https://oreil.ly/0MpPP)에 따르면 다음과 같다.

> 모듈 파일의 기본 검색 경로를 확장한다. 포맷은 셸의 PATH(os.pathsep로 구분된 하나 이상의 폴더 경로 이름)와 동일하다(예: 유닉스의 콜론 또는 윈도우의 세미콜론). 존재하지 않는 폴더는 자동으로 무시된다.

부록 B에서는 $HOME/.local/bin과 같은 위치에 바이너리와 스크립트를 설치하고, $HOME/.bashrc 같은 것을 사용해서 이 폴더를 포함하도록 PATH를 설정하는 것이 좋다(일반 폴더 목록에서 숨겨지도록 .local을 선호한다). 마찬가지로 일반적인 파이썬 함수와 모듈을 공유할 위치를 정의하고, 이 위치를 포함하도록 PYTHONPATH를 설정하는 것이 좋다. 아마 $HOME/.local/lib와 같은 것이다.

다음은 이 아이디어를 첫 번째 솔루션에 합친 방법이다.

```
def main() -> None:
  args = get_args()
  for rec in SeqIO.parse(args.file, 'fasta'):  ❶
    for k in range(4, 13):  ❷
```

```
        kmer = find_kmer(str(rec.seq), k) ❸
        revc = list(map(Seq.reverse_complement, kmer)) ❹

        for pos, pair in enumerate(zip(kmer, revc)): ❺
          if fst(pair) == snd(pair): ❻
            print(pos + 1, k) ❼
```

❶ FASTA 파일의 레코드를 반복한다.

❷ k의 모든 값을 반복한다.

❸ 이 k에 대한 k-mer를 찾는다.

❹ k-mer의 역상보체를 찾는다.

❺ k-mer/역상보체의 위치와 쌍을 반복한다.

❻ 쌍의 첫 번째 요소가 두 번째 요소와 동일한지 확인한다.

❼ 위치에 1을 더한 값(0-염기 인덱싱을 수정하기 위해)과 염기 서열 k의 크기를 출력한다.

솔루션 2: operator.eq() 함수를 사용하기

fst()와 snd() 함수를 선호하고 모듈과 함수를 공유해 사용하는 방법을 강조하고 싶지만, operator.eq() 함수를 복사한다. 6장에서 operator.ne()(not equal) 함수를 사용하기 위해 이 모듈을 처음 소개했고, 다른 곳에서도 operator.le()(적거나 같음(less than or equal))과 operator.add() 함수를 사용했다.

다음과 같이 이전 솔루션의 일부를 다시 작성할 수 있다.

```
for pos, pair in enumerate(zip(kmer, revc)):
  if operator.eq(*pair): ❶
    print(pos + 1, k)
```

❶ == 연산자의 함수 버전을 사용해서 쌍의 요소를 비교한다. 튜플을 2개의 값으로 확장하려면 쌍을 나눠야 한다.

이 코드를 압축하기 위해 가드가 있는 리스트 컴프리헨션을 선호한다.

```
def main() -> None:
    args = get_args()
    for rec in SeqIO.parse(args.file, 'fasta'):
        for k in range(4, 13):
            kmer = find_kmer(str(rec.seq), k)
            revc = map(Seq.reverse_complement, kmer)
            pairs = enumerate(zip(kmer, revc))

            for pos in [pos + 1 for pos, pair in pairs if operator.eq(*pair)]: ❶
                print(pos, k)
```

❶ 동등한 비교를 위해 가드를 사용하고, 리스트 컴프리헨션 내의 위치를 수정한다.

솔루션 3: revp() 함수 작성하기

이 최종 솔루션에서는 revp() 함수를 작성하고 테스트 코드를 생성해야 한다. 이렇게 하면 프로그램을 더 쉽게 읽을 수 있고, 다른 프로젝트에서 공유하기 위해 이 함수를 common.py 모듈과 같은 모듈로 쉽게 이동할 수 있다.

```
def revp(seq: str, k: int) -> List[int]: ❶
    """ Return positions of reverse palindromes """
    return [] ❷
```

❶ 주어진 크기의 역회문이 발견되는 위치 리스트를 다시 얻기 위해 염기 서열과 k 값을 전달하려 한다.

❷ 지금은 빈 리스트를 반환한다.

여기 작성한 테스트 코드가 있다. 이 함수는 인덱스를 1-염기 계산으로 수정해야 한다고 결정했다.

```
def test_revp() -> None:
    """ Test revp """
```

```
assert revp('CGCATGCATTGA', 4) == [3, 5]
assert revp('CGCATGCATTGA', 5) == []
assert revp('CGCATGCATTGA', 6) == [2, 4]
assert revp('CGCATGCATTGA', 7) == []
assert revp('CCCGCATGCATT', 4) == [5, 7]
assert revp('CCCGCATGCATT', 5) == []
assert revp('CCCGCATGCATT', 6) == [4, 6]
```

만약 이 코드를 revp.py 프로그램에 추가하고 pytest revp.py를 실행하면 테스트가 정상적으로 실패하는 것을 볼 수 있다. 이제 코드를 채울 수 있다.

```
def revp(seq: str, k: int) -> List[int]:
  """ Return positions of reverse palindromes """

  kmer = find_kmer(seq, k)
  revc = map(Seq.reverse_complement, kmer)
  pairs = enumerate(zip(kmer, revc))
  return [pos + 1 for pos, pair in pairs if operator.eq(*pair)]
```

pytest를 다시 실행하면 테스트를 통과해야 한다. 이제 main() 함수가 더 읽기 쉬워졌다.

```
def main() -> None:
  args = get_args()
  for rec in SeqIO.parse(args.file, 'fasta'):
    for k in range(4, 13): ❶
      for pos in revp(str(rec.seq), k): ❷
        print(pos, k) ❸
```

❶ k의 각 값을 반복한다.

❷ 염기 서열에서 발견된 크기 k의 각 역회문 서열을 반복한다.

❸ 역회문 서열의 위치와 크기를 출력한다.

리스트 컴프리헨션 내에서 둘 이상의 반복자를 사용할 수 있다. 다음과 같이 2개의 for 루프를 하나의 루프로 축소할 수 있다.

```
for k, pos in [(k, pos) for k in range(4, 13) for pos in revp(seq, k)]: ❶
  print(pos, k)
```

❶ 먼저, k 값을 반복한 뒤 revp() 값을 반복하고 둘 다 튜플로 반환한다.

우리는 이 구조를 사용하지 않을 것이다. 이 구조는 "글을 쓰는 것이 어려웠다면 읽는 것도 어려울 거야!"라고 농담했던 옛 동료인 조[Joe]를 떠올리게 한다.

프로그램 테스트하기

tests/revp_test.py의 통합 테스트를 잠시 살펴보자. 처음 두 테스트는 항상 동일하며, 예상되는 프로그램의 존재 여부와 프로그램이 사용법 설명을 생성하는지 확인한다. 파일을 입력으로 받아들이는 프로그램을 위해 프로그램이 유효하지 않은 파일을 거부하는 테스트를 포함한다. 테스트는 일반적으로 인수가 거부되도록 하기 위해 정수를 받을 것을 예상할 때 문자열을 전달하는 것과 같은 다른 입력값을 주는 것에 도전한다.

프로그램의 모든 인수가 검증됐는지 확인한 후, 프로그램이 예상대로 작동하는지 확인하기 위해 맞는 입력값을 전달한다. 이를 위해 알려진 유효한 입력값을 사용하고, 프로그램이 올바른 예상 출력값을 생성하는지 확인해야 한다. 이 경우, tests/inputs 폴더에 있는 파일을 사용해서 입력값과 출력값을 인코딩한다. 예를 들어 입력 파일 1.fa의 예상 출력은 1.fa.out에 있다.

```
$ ls tests/inputs/
1.fa          2.fa          empty.fa
1.fa.out      2.fa.out      empty.fa.out
```

다음은 첫 번째 입력이다.

```
$ cat tests/inputs/1.fa
>Rosalind_24
TCAATGCATGCGGGTCTATATGCAT
```

예상 출력은 다음과 같다.

```
$ cat tests/inputs/1.fa.out
5 4
7 4
17 4
18 4
21 4
4 6
6 6
20 6
```

두 번째 입력 파일은 첫 번째 입력 파일보다 훨씬 크다. 이것은 로잘린드 챌린지에서 공통적으로 발생하므로 입력 및 출력값을 테스트 프로그램에 리터럴 문자열로 포함시키는 것은 보기 좋지 않을 것이다. 두 번째 파일의 예상 출력은 70줄이다. 마지막 테스트는 빈 파일에 대한 테스트이며, 예상 출력은 빈 문자열이다. 이 테스트는 당연해 보일 수 있지만, 요점은 프로그램이 빈 입력 파일에 예외를 두지 않는지 확인하는 것이다.

tests/revp_test.py에서 입력 파일의 이름을 갖고 예상되는 출력 파일 이름을 읽고, 입력으로 프로그램을 실행해서 출력을 확인하는 run() 헬퍼 함수를 작성했다.

```python
def run(file: str) -> None:  ❶
    """ Run the test """

    expected_file = file + '.out'  ❷
    assert os.path.isfile(expected_file)  ❸

    rv, out = getstatusoutput(f'{PRG} {file}')  ❹
    assert rv == 0  ❺

    expected = set(open(expected_file).read().splitlines())  ❻
    assert set(out.splitlines()) == expected  ❼
```

❶ 이 함수는 입력 파일의 이름을 사용한다.

❷ 출력 파일은 입력 파일의 이름에 .out을 더한 것이다.

❸ 출력 파일이 있는지 확인한다.

❹ 입력 파일로 프로그램을 실행하고 반환값과 출력값을 캡처한다.

❺ 프로그램이 성공적인 실행을 보고했는지 확인한다.

❻ 예상되는 출력 파일을 읽고 내용을 줄바꿈하고 결과 문자열 집합을 만든다.

❼ 이 라인에서 프로그램의 출력을 끊고, 예상 결과와 비교할 집합을 만든다. set를 사용하면 라인의 순서를 무시할 수 있다.

이 함수는 테스트를 단순화한다. INPUT*과 EMPTY 변수는 모듈의 맨 위에 선언된다.

```python
def test_ok1() -> None:
  run(INPUT1)

def test_ok2() -> None:
  run(INPUT2)

def test_mepty() -> None:
  run(EMPTY)
```

모든 프로그램의 *_test.py 파일을 읽는 데 시간을 쓰라고 권장하고 싶다. 개발 워크플로workflow에 테스트를 통합해서 내 테스트에서 충분한 코드를 복사할 수 있기를 희망한다. 그 코드들은 시간을 절약해 줄 것이다.

더 나아가기

부위 길이의 최솟값(4)과 최댓값(12)은 프로그램에서 하드 코딩된다. 기본값을 사용해서 정수 옵션으로 전달하려면 커맨드 라인 매개 변수를 추가하라. 주어진 값을 사용하도록 코드를 변경하고 이러한 값의 다양한 범위에 대해 올바른 부위를 찾을 수 있도록 테스트를 추가한다.

'A man, plan, canal-Panama!'와 같은 영문 회문을 식별할 수 있는 프로그램을 작성하라. 새 폴더를 만드는 것부터 시작한다. 테스트에 사용할 몇 가지 흥미로운 회문 서열을 찾아보라. 회문이 아닌 문구를 제공하고 알고리듬이 문구를 거부하는지 확인하라. 코드를 인터넷에 공개하고 오픈 소스 소프트웨어 작성의 명성, 영광, 이익을 얻으라.

요점 정리

13장의 주요 요점은 다음과 같다.

- 함수를 모듈에 배치하고 필요에 따라 가져와서 재사용할 수 있다.
- PYTHONPATH 환경 변수는 파이썬이 코드 모듈을 찾을 때 검색해야 하는 폴더를 보여준다.

열린 번역 프레임 찾기

ORF 챌린지(https://oreil.ly/DPWXc)는 이 책에서 다룰 마지막 로잘린드 챌린지다. 목표는 DNA 염기 서열에서 가능한 모든 열린 번역 프레임ORF, Open Reading Frame을 찾는 것이다. ORF는 시작 코돈과 정지 코돈 사이의 뉴클레오타이드 영역이다. 이 솔루션은 프레임 이동뿐만 아니라 순방향과 역방향 상보체 모두 고려한다. 코딩 영역을 찾는 TransDecoder와 같은 기존 개발 툴이 있지만 맞춤형 솔루션을 만들면 FASTA 파일 읽기, 염기 서열의 역상보체 작성, 문자열 슬라이스 사용, k-mer 찾기, 루프/반복의 다중 사용, DNA 번역, 정규식 사용하기 등 이전 장들의 많은 기술을 결합한다.

14장에서 배울 내용은 다음과 같다.

- 코돈 크기로 균등하게 나눌 수 있는 길이로 염기 서열을 잘라내는 방법
- str.find()와 str.partition() 함수를 사용하는 방법
- 코드 포매팅formatting, 주석, 파이썬의 암시적 문자열 연결을 사용해서 정규식을 문서화하는 방법

시작하기

이 문제의 코드, 테스트와 솔루션은 14_orf 폴더에 있다. 첫 번째 솔루션을 orf.py 프로그램에 복사하면서 시작한다.

```
$ cd 14_orf/
$ cp solution1_iterate_set.py orf.py
```

사용법을 요청하면 프로그램이 FASTA 형식의 염기 서열 파일의 단일 위치 인수를 사용하는 것을 확인할 수 있다.

```
$ ./orf.py -h
usage: orf.py [-h] FILE

Open Reading Frames

positional arguments:
  FILE        Input FASTA file

optional arguments:
  -h, --help  show this help message and exit
```

첫 번째 테스트 입력 파일은 로잘린드 페이지의 예제와 동일한 내용을 갖고 있다. 여기서 염기 서열 파일을 삭제했지만, 입력 파일의 한 줄이다.

```
$ cat tests/inputs/1.fa
>Rosalind_99
AGCCATGTAGCTAACTCAGGTTACATGGGGATGACCCCGCGACTTGGATTAGAGTCTCTTTTGGAATAAG\
CCTGAATGATCCGAGTAGCATCTCAG
```

이 입력 파일로 프로그램을 실행하고 출력을 기록하라. ORF의 순서는 중요하지 않다.

```
$ ./orf.py tests/inputs/1.fa
M
MGMTPRLGLESLLE
MLLGSFRLIPKETLIQVAGSSPCNLS
MTPRLGLESLLE
```

테스트 모음을 실행해서 프로그램이 테스트를 통과하는지 확인한다. 프로그램이 작동하는 방식에 만족하면 다시 시작한다.

```
$ new.py -fp 'Open Reading Frames' orf.py
```

```
Done, see new script "orf.py".
```

이때 단일 위치 파일 인수를 정의하는 데 도움이 필요하지 않을 수 있지만, 사용할 수 있는 코드는 다음과 같다.

```
class Args(NamedTuple):
""" Command-line arguments """
file: TextIO

def get_args() -> Args:
  """ Get command-line arguments """

  parser = argparse.ArgumentParser(
    description='Open Reading Frames',
    formatter_class=argparse.ArgumentDefaultsHelpFormatter)

  parser.add_argument('file', ❶
                      help='Input FASTA file',
                      metavar='FILE',
                      type=argparse.FileType('rt'))

  args = parser.parse_args()

  return Args(args.file)
```

❶ 읽을 수 있는 텍스트 파일이어야 하는 위치 인수를 정의한다.

main() 함수를 수정해서 수신 파일 이름을 출력한다.

```
def main() -> None:
  args = get_args()
  print(args.file.name)
```

프로그램이 사용법을 출력하고 잘못된 파일을 거부하며, 유효한 인수에 대한 파일 이름을 출력하는지 확인한다.

```
$ ./orf.py tests/inputs/1.fa
tests/inputs/1.fa
```

이 시점에서 프로그램은 처음 세 가지 테스트를 통과해야 한다. 다음으로 프로그램이 ORF를 찾도록 하는 방법에 대해 소개하겠다.

각 프레임 내부의 단백질 번역

어떤 일이 일어나야 하는지 대략적으로 설명하는 데 필요한 유사 코드를 작성하는 것은 도움이 될 수 있다.

```
def main() -> None:
    args = get_args()

    # 파일의 각 DNA 염기 서열을 반복한다.
        # DNA에서 mRNA로 염기 서열을 전사한다.
        # mRNA의 정방향과 역상보체를 사용해서 반복한다.
            # 다음 염기 서열 프레임에 대해 0,1,2를 반복한다.
                # mRNA 프레임을 단백질 서열로 번역한다.
                # 이 단백질 서열에서 ORF를 추가해보라.
```

for 루프를 사용해 Bio.SeqIO를 사용한 입력 염기 서열을 반복할 수 있다.

```
def main() -> None:
    args = get_args()

    for rec in SeqIO.parse(args.file, 'fasta'):
        print(str(rec.seq))
```

프로그램을 실행해서 이 코드가 작동하는지 확인한다.

```
$ ./orf.py tests/inputs/1.fa
AGCCATGTAGCTAACTCAGGTTACATGGGGATGACCCCGCGACTTGGATTAGAGTCTCTTTTGGA\
ATAAGCCTGAATGATCCGAGTAGCATCTCAG
```

모든 T를 Us로 변경할 수 있는 mRNA로 이것을 전사해야 한다. 이제 프로그램에서 이 내용을 출력할 수 있는 한 2장의 솔루션을 사용할 수 있도록 한다.

```
$ ./orf.py tests/inputs/1.fa
```

```
AGCCAUGUAGCUAACUCAGGUUACAUGGGGAUGACCCCGCGACUUGGAUUAGAGUCUCUUUUGGA\
AUAAGCCUGAAUGAUCCGAGUAGCAUCUCAG
```

그런 다음 3장을 참고해서 프로그램에서 이 염기 서열의 정방향과 역방향 상보체를 모두 출력하도록 한다.

```
$ ./orf.py tests/inputs/1.fa
AGCCAUGUAGCUAACUCAGGUUACAUGGGGAUGACCCCGCGACUUGGAUUAGAGUCUCUUUUGGA\
AUAAGCCUGAAUGAUCCGAGUAGCAUCUCAG
CUGAGAUGCUACUCGGAUCAUUCAGGCUUAUUCCAAAAGAGACUCUAAUCCAAGUCGCGGGGUCA\
UCCCCAUGUAACCUGAGUUAGCUACAUGGCU
```

정방향과 역방향 상보체를 단백질로 변환하려면 7장을 참고하라.

```
$ ./orf.py tests/inputs/1.fa
SHVANSGYMGMTPRLGLESLLE*A*MIRVASQ
LRCYSDHSGLFQKRL*SKSRGHPHVT*VSYMA
```

이제 처음부터 각 mRNA 염기 서열을 읽는 대신 문자열 슬라이스를 사용해 수행할 수 있는 0번째, 첫 번째, 두 번째 문자부터 읽어 프레임 이동을 구현한다. 바이오파이썬을 사용해서 mRNA 슬라이스를 번역하면 다음과 같은 경고가 표시될 수 있다.

> 부분 코돈, len(서열)은 3의 배수가 아니다. 번역하기 전에 염기 서열을 자르거나 후행 N을 추가하라. 이것은 추후에 오류가 될 수 있다.

이 문제를 해결하기 위해 염기 서열을 값만큼 가장 가까운 짝수 나눗셈으로 잘라내는 함수를 만들었다.

```python
def truncate(seq: str, k: int) -> str:
    """ Truncate a sequence to even division by k """

    return ''
```

그림 14-1은 문자열 0123456789를 이동시키고, 결과를 3으로 균등하게 나눌 수 있는 길이로 자른 결과를 보여 준다

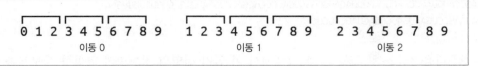

그림 14-1. 다양한 프레임 이동을 코돈 크기 3으로 균등하게 나눌 수 있는 길이로 잘라내기

사용할 수 있는 테스트는 다음과 같다.

```python
def test_truncate() -> None:
    """ Test truncate """

    seq = '0123456789'
    assert truncate(seq, 3) == '012345678'
    assert truncate(seq[1:], 3) == '123456789'
    assert truncate(seq[2:], 3) == '234567'
```

프로그램을 변경해서 mRNA의 정방향과 역방향 상보체 모두의 3개 움직임 대한 단백질 번역을 출력한다. 모든 중지(*) 코돈을 포함한 전체 번역을 다음과 같이 출력한다.

```
$ ./orf.py tests/inputs/1.fa
SHVANSGYMGMTPRLGLESLLE*A*MIRVASQ
AM*LTQVTWG*PRDLD*SLFWNKPE*SE*HL
PCS*LRLHGDDPATWIRVSFGISLNDPSSIS
LRCYSDHSGLFQKRL*SKSRGHPHVT*VSYMA
*DATRIIQAYSKRDSNPSRGVIPM*PELATW
EMLLGSFRLIPKETLIQVAGSSPCNLS*LHG
```

단백질 서열에서 ORF 찾기

프로그램이 mRNA의 각 프레임 이동에서 모든 단백질 서열을 찾을 수 있으므로 단백질에서 열린 번역 프레임을 찾을 차례다. 코드는 각 시작 코돈에서 첫 후속 정지 코돈까지의 모든 간격을 고려해야 한다. 코돈 AUG는 가장 일반적인 시작 코돈이며, 아미노산 메티오닌(M)을 암호화한다. 별표(*)로 표시된 세 가지 가능한 정지 코돈이 있다. 예를 들어 그림 14-2는 아미노산 서열 MAMAPR*이 2개의 시작 코돈과 1개의 정지 코돈을 포함하고, 따라서 MAMAPR과 MAPR의 두 가지 가능한 단백질을 포함하고 있음을 보여준다. 개발 툴이 긴 염기 서열만 보고하는 것이 일반적이지만, 로잘린드 챌린지는 가능한 모든 염기 서열을 예상한다.

그림 14-2. 단백질 서열 MAMAPR*은 2개의 겹쳐진 열린 번역 프레임을 갖고 있다.

아미노산 문자열을 받고, ORF 리스트를 반환하는 `find_orfs()`라는 함수를 작성할 것이다.

```python
def find_orfs(aa: str) -> List[str]: ❶
    """ Find ORFs in AA sequence """

    return [] ❷
```

❶ 함수는 아미노산 문자열을 허용하고, 가능한 단백질 문자열 리스트를 반환한다.

❷ 일단, 빈 리스트를 반환한다.

다음은 이 함수에 대한 테스트다. 이 테스트를 통과하는 `find_orfs()`를 구현할 수 있다면 통합 테스트를 통과할 수 있을 것이다.

```python
def test_find_orfs() -> None:
    """ Test find_orfs """

    assert find_orfs('') == [] ❶
    assert find_orfs('M') == [] ❷
    assert find_orfs('*') == [] ❸
    assert find_orfs('M*') == ['M'] ❹
    assert find_orfs('MAMAPR*') == ['MAMAPR', 'MAPR'] ❺
    assert find_orfs('MAMAPR*M') == ['MAMAPR', 'MAPR'] ❻
    assert find_orfs('MAMAPR*MP*') == ['MAMAPR', 'MAPR', 'MP'] ❼
```

❶ 빈 문자열은 ORF를 생성하지 않아야 한다.

❷ 정지 코돈이 없는 단일 시작 코돈은 ORF를 생성하지 않아야 한다.

❸ 선행 시작 코돈이 없는 단일 정지 코돈은 ORF를 생성하지 않아야 한다.

❹ 함수는 정지 코돈 앞에 중간 염기가 없어도 시작 코돈을 반환해야 한다.

❺ 이 염기 서열에는 2개의 ORF가 포함된다.

❻ 이 염기 서열 또한 2개의 ORF만 포함된다.

❼ 이 염기 서열은 2개의 개별 구역에서 3개의 추정 ORF를 포함한다.

각 mRNA 서열에서 모든 ORF를 찾을 수 있으면 이들을 별도의 리스트로 수집해야 한다. 이 경우 set()를 사용하는 것이 좋다. 여기서 소개하는 솔루션은 ORF를 정렬된 순서로 출력하지만, 테스트를 위한 요구 사항은 아니다. 이 솔루션은 앞서 이미 학습한 많은 기술을 통합한다. 더 길고 긴 프로그램을 작성하는 기술은 여러분이 이해하고 테스트할 수 있는 더 작은 조각을 작성하는 데 달려 있다. 모든 테스트를 통과할 때까지 프로그램을 계속해서 연결하라.

솔루션

2개의 문자열 함수와 정규식을 사용해서 ORF를 찾는 세 가지 솔루션을 제시할 것이다.

솔루션 1: str.index() 함수 사용하기

먼저, 다양한 프레임 이동 mRNA 염기 서열을 번역하려 할 때 Bio.Seq.translate() 함수를 완화시키는 truncate() 함수를 작성하는 방법은 다음과 같다.

```
def truncate(seq: str, k: int) -> str:
  """ Truncate a sequence to even division by k """
  length = len(seq) ❶
```

```
    end = length - (length % k) ❷
    return seq[:end] ❸
```

❶ 염기 서열의 길이를 찾는다.

❷ 원하는 부분 염기 서열의 끝 길이는 길이에서 모듈로 k를 뺀 길이다.

❸ 부분 염기 서열을 반환한다.

다음은 str.index() 함수를 사용해서 각 시작 M 코돈 다음에 * 중지 코돈을 찾는 find_orfs()를 작성하는 한 가지 방법이다.

```
def find_orfs(aa: str) -> List[str]:
  orfs = [] ❶
  while 'M' in aa: ❷
    start = aa.index('M') ❸
    if '*' in aa[start + 1:]: ❹
      stop = aa.index('*', start + 1) ❺
      orfs.append(''.join(aa[start:stop])) ❻
      aa = aa[start + 1:] ❼
    else:
      break ❽

return orfs
```

❶ ORF를 보유할 리스트를 초기화한다.

❷ 시작 코돈이 있는 동안 반복할 루프를 만든다.

❸ str.index()를 사용해서 시작 코돈의 위치를 찾는다.

❹ 시작 코돈의 위치 뒤에 정지 코돈이 있는지 확인한다.

❺ 시작 코돈 뒤의 종료 코돈 인덱스를 가져온다.

❻ 단백질을 찾기 위해 문자열 슬라이스를 사용한다.

❼ 아미노산 문자열을 시작 코돈 위치 뒤의 인덱스로 설정해서 다음 시작 코돈을 찾는다.

❽ 정지 코돈이 없으면 while 루프를 그대로 둔다.

이 아이디어를 프로그램에 통합시키는 방법은 다음과 같다.

```python
def main() -> None:
    args = get_args()
    for rec in SeqIO.parse(args.file, 'fasta'): ❶
        rna = str(rec.seq).replace('T', 'U') ❷
        orfs = set() ❸

        for seq in [rna, Seq.reverse_complement(rna)]: ❹
            for i in range(3): ❺
                if prot := Seq.translate(truncate(seq[i:], 3), to_stop=False): ❻
                    for orf in find_orfs(prot): ❼
                        orfs.add(orf) ❽

        print('\n'.join(sorted(orfs))) ❾
```

❶ 입력 염기 서열을 반복한다.

❷ DNA 염기 서열을 mRNA로 전사한다.

❸ 모든 ORF를 보유할 수 있는 빈 집합을 만든다.

❹ mRNA의 정방향과 역방향 상보체를 반복한다.

❺ 프레임 이동을 반복한다.

❻ 절단된 프레임 이동 mRNA를 단백질 서열로 번역한다.

❼ 단백질 서열에서 발견되는 각 ORF를 반복한다.

❽ ORF를 집합에 추가해서 고유한 리스트를 유지한다.

❾ 정렬된 ORF를 출력한다.

솔루션 2: str.partition() 함수 사용하기

str.partition()을 사용하는 find_orfs() 함수를 쓰는 또 다른 방법이 있다. 이 함수는 문자열을 부분 문자열 앞 부분, 부분 문자열, 부분 문자열 뒷부분으로 나눈다. 예를 들어 문자열 MAMAPR*MP*는 정지 코돈(*)에서 분할할 수 있다.

```
>>> 'MAMAPR*MP*'.partition('*')
('MAMAPR', '*', 'MP*')
```

단백질 서열이 정지 코돈을 포함하지 않을 경우, 함수는 첫 번째 위치에서 전체 서열을 반환하고 다른 위치에 대해서는 빈 문자열을 반환한다.

```
>>> 'M'.partition('*')
('M', '', '')
```

이 버전에서는 2개의 무한 루프를 사용한다. 첫 번째는 정지 코돈에서 주어진 아미노산 서열을 분할하려고 시도한다. 이 작업이 성공하지 못하면 루프를 종료한다. 그림 14-3은 단백질 서열 MAMAPR*MP*가 시작 코돈과 끝 코돈을 갖는 2개의 부분을 포함하고 있음을 보여준다.

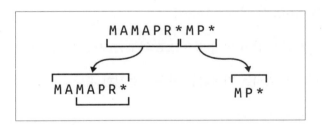

그림 14-3. 단백질 서열 MAMAPR*MP*는 두 부분에 3개의 ORF가 있다.

두 번째 루프는 첫 번째 파티션을 확인해서 M 시작 코돈으로 시작하는 모든 부분 염기 서열을 찾는다. 그래서 파티션 MAMAPR에서 MAMAPR과 MAPR의 두 염기 서열을 찾는다. 그다음 코드는 아미노산 서열을 마지막 파티션 MP*로 잘라 모든 ORF가 발견될 때까지 작업을 반복한다.

```
def find_orfs(aa: str) -> List[str]:
  """ Find ORFs in AA sequence """

  orfs = [] ❶
  while True: ❷
    first, middle, rest = aa.partition('*') ❸
    if middle == '': ❹
      break

    last = 0 ❺
    while True: ❻
      start = first.find('M', last) ❼
      if start == -1: ❽
        break
      orfs.append(first[start:]) ❾
      last = start + 1 ❿
    aa = rest ⓫

  return orfs ⓬
```

❶ 반환할 ORF의 리스트를 초기화한다.

❷ 첫 번째 무한 루프를 만든다.

❸ 정지 코돈에서 아미노산 서열을 나눈다.

❹ 정지 코돈이 없으면 중간이 비어 있으므로 외부 루프에서 분리한다.

❺ 시작 코돈의 마지막 위치를 기억하는 변수를 설정한다.

❻ 두 번째 무한 루프를 만든다.

❼ str.find() 메서드를 사용해서 시작 코돈의 인덱스를 찾는다.

❽ 값 -1은 시작 코돈이 존재하지 않음을 나타내므로 내부 루프를 그대로 둔다.

❾ 시작 인덱스의 부분 문자열을 ORF 리스트에 추가한다.

❿ 마지막으로 알려진 위치를 현재 시작 위치 뒤로 이동한다.

⓫ 초기 파티션의 마지막 부분으로 단백질 서열을 자른다.

⓬ ORF를 반환한다.

솔루션 3: 정규식 사용하기

이 마지막 솔루션에서 정규 표현식이 텍스트 패턴을 찾는 데 가장 적합한 솔루션인 것을 다시 한번 강조할 것이다. 이 패턴은 항상 M으로 시작하며 re.findall() 함수를 사용해서 이 단백질 염기 서열에서 4개의 M을 찾을 수 있다.

```
>>> import re
>>> re.findall('M', 'MAMAPR*MP*M')
['M', 'M', 'M', 'M']
```

로잘린드 챌린지는 규정 외의 시작 코돈을 고려하지 않으므로 ORF는 항상 M으로 시작해서 첫 번째 정지 코돈까지 확장된다. 이 사이에는 0개 이상의 논스톱 코돈이 있을 수 있으며, 0개 이상의 선행 패턴이 있을 수 있음을 나타내기 위해 정지 코돈과 *를 제외한 [^*]의 부정 문자 클래스를 사용해서 논스톱 코돈들을 나타낼 수 있다.

```
>>> re.findall('M[^*]*', 'MAMAPR*MP*M')
['MAMAPR', 'MP', 'M']
```

이 패턴에 정지 코돈 *를 추가해야 한다. 문자 그대로 별표는 메타 문자이기 때문에 백슬래시를 사용해야 한다.

```
>>> re.findall('M[^*]*\*', 'MAMAPR*MP*M')
['MAMAPR*', 'MP*']
```

메타 의미가 없는 문자 클래스 안에 별표를 넣을 수도 있다.

```
>>> re.findall('M[^*]*[*]', 'MAMAPR*MP*M')
['MAMAPR*', 'MP*']
```

그림 14-4는 유한 상태 머신^{finite state machine} 다이어그램을 사용해서 이 패턴을 보여준다.

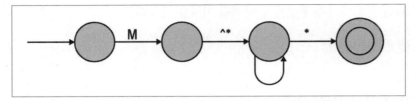

그림 14-4. 열린 번역 프레임을 찾기 위한 정규식의 유한 상태 머신 다이어그램

이 패턴은 작동하고 있지만 첫 번째 ORF가 두 번째 ORF와 겹치기 때문에 세 가지 ORF 중 2개만 찾는다. 8장과 11장에서와 같이 look-head assertion으로 패턴을 감쌀 수 있다. 또한 괄호를 사용해서 ORF 주위에 정지 코돈까지 캡처 그룹을 생성한다.

```
>>> re.findall('(?=(M[^*]*)[*])', 'MAMAPR*MP*M')
['MAMAPR', 'MAPR', 'MP']
```

다음은 이 패턴을 사용하는 find_orfs()의 한 버전이다.

```
def find_orfs(aa: str) -> List[str]:
  """ Find ORFs in AA sequence """

  return re.findall('(?=(M[^*]*)[*])', aa)
```

이 코드는 test_find_orfs()를 통과하지만, 이것은 정규식을 소개할 때마다 다시 배워야 할 복잡한 정규식이다. 이것을 작성하는 또 다른 방법은 정규식의 각 함수적인 부분을 별도의 줄에 배치하고, 라인 끝에 주석을 달고, 파이썬의 암시적 문자열 연결(2장에서 처음 소개함)로 이들을 단일 문자열로 결합하는 것이다. ORF를 찾기 위해 선호하는 방법은 다음과 같다.

```
def find_orfs(aa: str) -> List[str]:
  """ Find ORFs in AA sequence """

  pattern = ( ❶
    '(?='      # 긍정형 전방 탐색을 시작해서 중복을 처리한다.
    '('        # 캡처 그룹을 시작한다.
    'M'        # 문자 그대로 M
```

```
'[^*]*'    # 별표가 아닌 0개 이상의 항목
')'        # 캡처 그룹을 종료한다.
'[*]'      # 문자 그대로의 별표
')')       # 긍정형 전방 탐색을 종료한다.

return re.findall(pattern, aa) ❷
```

❶ 괄호는 파이썬이 자동으로 문자열을 단일 문자열로 결합하도록 다음 행을 그룹화한다. 쉼표가 없는지 확인하고 쉼표가 있다면 파이썬이 튜플을 만든다.

❷ re.findall() 함수로 패턴을 사용한다.

이것은 더 긴 함수이지만, 다음에 보면 훨씬 이해하기 쉬울 것이다. 한 가지 단점은 코드를 포맷하는 데 사용하는 yapf가 주석의 수직 정렬을 제거하므로 이 부분의 포맷을 수동으로 지정해야 한다는 것이다. 그래도 자체 문서 코드를 더 많이 갖고 있는 것이 가치가 있다고 생각한다.

더 나아가기

프로그램을 확장해서 여러 입력 파일을 처리하고, 모든 고유 ORF를 표시된 출력 파일에 기록한다.

요점 정리

14장의 주요 요점은 다음과 같다.

- Bio.Seq.translate() 함수는 입력 염기 서열이 3으로 균등하게 나눠지지 않으면 경고를 출력하므로 단백질을 자르기 위해 truncate() 함수를 작성했다.

- str.find()와 str.partition() 함수는 각각 문자열에서 하위 염기 서열을 찾는 방법을 제시한다.

- 정규식은 일부 텍스트에서 패턴을 찾기 위해 선호하는 방법이다.

- 복잡한 정규식은 코멘트와 함께 여러 줄에 주석으로 작성될 수 있으므로 파이썬은 이를 암시적으로 단일 문자열로 연결할 수 있다.

다른 프로그램

2부의 장들에서는 생물정보학에서 반복적으로 사용했던 패턴을 캡처하는 몇 가지 프로그램을 소개할 것이다. 먼저, 염기 서열 파일에서 기본 통계를 찾고, 출력 테이블을 형식 지정하는 프로그램을 작성하는 방법을 보여줄 것이다. 다음으로, 헤더 정보에 패턴 매칭을 사용해서 염기 서열을 선택하는 방법을 시연하고, 학습 파일에서 학습한 데이터를 이용해서 인공 DNA 염기 서열을 생성하는 프로그램을 시연할 것이다. 그런 다음, 하위 샘플 염기 서열에 대한 임의성을 탐색하는 프로그램을 보여주고, 파이썬을 사용해서 헤더 정보가 있거나 없는 구분된 텍스트 파일을 구문 분석하는 것으로 마무리할 것이다. 이 프로그램들에서 여러분이 직접 쓸 때 사용할 수 있는 패턴을 찾기 바란다.

15장

Seqmagique: 보고서 생성과 형식 지정

종종 생물정보학 프로젝트에서 FASTA 혹은 FASTQ 형식의 염기 서열 파일로 가득 찬 폴더를 노려보는 자신을 발견할 수 있다. 각 파일에 몇 개의 파일이 있는지 염기 서열의 평균, 최소와 최대 길이 같은 파일의 염기 서열 분포에 대한 아이디어를 얻는 것으로 시작할 수 있다. 파일이 손상됐는지(시퀀싱 센터에서 완전히 전송되지 않았을 수 있음) 또는 읽기 횟수가 훨씬 적은 샘플이 있는지(시퀀싱 실행을 다시 수행해야 함) 알아야 한다. 15장에서는 해시와 Seqmagick 개발 툴(https://oreil.ly/VI9gr)을 사용해서 염기 서열 파일을 확인하는 몇 가지 기술을 소개한다. 그런 다음 서식이 지정된 텍스트 테이블을 만드는 방법을 설명하기 위해 Seqmagick의 일부를 모방하는 작은 유틸리티를 작성할 것이다. 이 프로그램은 주어진 파일 집합의 모든 기록을 처리하고 요약 통계 테이블을 생성해야 하는 모든 프로그램의 템플릿 역할을 한다.

15장에서 배울 내용은 다음과 같다.

- seqmagick 개발 툴을 설치하는 방법
- MD5 해시를 사용하는 방법
- 인수를 제한하기 위해 argparse에서 choices를 사용하는 방법
- numpy 모듈을 사용하는 방법
- 파일핸들을 무시하는 방법
- tabulate과 rich 모듈을 사용해서 출력 테이블을 형식 지정하는 방법

Seqmagick을 사용해서 염기 서열 파일 분석하기

seqmagick은 염기 서열 파일을 처리하는 데 유용한 커맨드 라인 유틸리티다. '들어가며'에 있는 설정 지침을 따랐다면 이 모듈은 다른 파이썬 모듈과 함께 설치됐을 것이다. 설치돼 있지 않다면 pip와 함께 설치할 수 있다.

```
$ python3 -m pip install seqmagick
```

seqmagick --help를 실행하면 개발 툴이 다양한 옵션을 제공하는 것을 볼 수 있다. info의 하위 명령만 보고 싶다. 15_seqmagique 폴더에 있는 테스트 입력 FASTA 파일에서 다음과 같이 실행할 수 있다.

```
$ cd 15_seqmagique
$ seqmagick info tests/inputs/*.fa
name                 alignment    min_len   max_len   avg_len   num_seqs
tests/inputs/1.fa    FALSE             50        50     50.00          1
tests/inputs/2.fa    FALSE             49        79     64.00          5
tests/inputs/empty.fa FALSE             0         0      0.00          0
```

이 연습에서는 위 출력을 모방할 seqmagique.py라는 프로그램을 만든다. 프로그램의 핵심은 잘리거나 손상된 파일을 찾을 수 있도록 주어진 파일 집합의 염기 서열에 대한 기본 개요를 제공하는 것이다.

먼저, 솔루션을 seqmagique.py에 복사하고 사용법을 실행한다.

```
$ cp solution1.py seqmagique.py
$ ./seqmagique.py -h
usage: seqmagique.py [-h] [-t table] FILE [FILE ...]

Mimic seqmagick

positional arguments:
  FILE                Input FASTA file(s) ❶

optional arguments:
  -h, --help          show this help message and exit
```

```
    -t table, --tablefmt table ❷
                    Tabulate table style (default: plain)
```

❶ 프로그램은 FASTA 형식인 하나 이상의 입력 파일을 받는다.

❷ 이 옵션은 출력 테이블의 형식을 제어한다.

동일한 파일에서 이 프로그램을 실행하고, `alignment` 열을 생략한 것을 제외하고 출력이 거의 동일하다는 것에 유의하라.

```
$ ./seqmagique.py tests/inputs/*.fa
name                  min_len    max_len     avg_len    num_seqs
tests/inputs/1.fa          50         50       50.00           1
tests/inputs/2.fa          49         79       64.00           5
tests/inputs/empty.fa       0          0        0.00           0
```

`--tablefmt` 옵션은 출력 테이블의 형식 지정 방법을 제어한다. 이 프로그램은 주어진 리스트에 값을 제한하는 첫 번째 프로그램이다. 이 액션을 보려면 `blargh`와 같은 모의 값을 사용하면 된다.

```
$ ./seqmagique.py -t blargh tests/inputs/1.fa
usage: seqmagique.py [-h] [-t table] FILE [FILE ...]
seqmagique.py: error: argument -t/--tablefmt: invalid choice: 'blargh'
(choose from 'plain', 'simple', 'grid', 'pipe', 'orgtbl', 'rst',
 'mediawiki', 'latex', 'latex_raw', 'latex_booktabs')
```

그런 다음, `simple` 같은 다른 테이블 형식을 사용해보라.

```
$ ./seqmagique.py -t simple tests/inputs/*.fa
name                     min_len     max_len      avg_len    num_seqs
-------------------------  ----------  -----------  ----------  ----------
tests/inputs/1.fa             50          50        50.00           1
tests/inputs/2.fa             49          79        64.00           5
tests/inputs/empty.fa          0           0         0.00           0
```

다른 테이블 스타일로 프로그램을 실행한 다음 테스트 모음을 시도해보라. 다음으로 프로그램이 분석할 데이터를 얻는 방법에 대해 알아보자.

MD5 해시를 사용해서 파일 확인하기

대부분의 유전체학 프로젝트의 첫 번째 단계는 염기 서열 파일을 분석할 수 있는 특정 위치로 전송하는 것이며, 데이터 손상을 방지하는 첫 번째 방법은 파일이 완전히 복사됐는지 확인하는 것이다. 파일 소스는 시퀀식 센터 또는 GenBank(https://oreil.ly/2eaMj) 또는 SRA^{Sequence Read Archive}(https://oreil.ly/kGNCv)와 같은 공개 저장소일 수 있다. 파일은 USB 드라이브(thumb drive)에서 받거나 인터넷에서 다운로드할 수 있다. 후자의 경우, 연결이 끊겨 일부 파일이 잘리거나 손상될 수 있다. 이러한 유형의 오류를 어떻게 찾을 수 있을까?

파일이 완료됐는지 확인하는 한 가지 방법은 로컬에서 서버의 파일 크기를 비교하는 것이다. 예를 들어 ls -l 명령을 사용해서 파일 크기(바이트)가 표시된 긴 파일 리스트를 볼 수 있다. 큰 염기 서열 파일의 경우 이 값은 매우 큰 숫자이며, 소스에서 대상까지의 파일 크기를 수동으로 비교해야 하므로 번거롭고 오류가 발생하기 쉽다.

또 다른 기술은 가능한 모든 입력값에 고유한 출력을 생성하는 파일의 해시 또는 메시지 다이제스트(단방향 암호화 알고리듬에 의해 생성된 파일 내용의 시그니처인)를 사용하는 것이다. 해시를 만드는 데 사용할 수 있는 개발 툴이 많이 있지만, MD5 알고리듬을 사용하는 툴을 중점으로 설명할 것이다. 이 알고리듬은 원래 암호화와 보안의 맥락에서 개발됐지만, 연구자들은 그 이후로 데이터 무결성 검증과 같은 목적으로만 적합하도록 만드는 수많은 결함을 발견했다.

macOS에서는 **md5**를 사용해서 첫 번째 테스트 입력 파일의 내용에 128비트 해시 값을 생성할 수 있다.

```
$ md5 -r tests/inputs/1.fa
c383c386a44d83c37ae287f0aa5ae11d tests/inputs/1.fa
```

또한 **openssl**을 사용할 수 있다.

```
$ openssl md5 tests/inputs/1.fa
MD5(tests/inputs/1.fa)= c383c386a44d83c37ae287f0aa5ae11d
```

리눅스에서는 **md5sum**을 사용한다.

```
$ md5sum tests/inputs/1.fa
c383c386a44d83c37ae287f0aa5ae11d  tests/inputs/1.fa
```

보시다시피 개발 툴이나 플랫폼에 관계없이 해시 값은 동일한 입력 파일에 대해 동일하다. 만약 입력 파일을 하나의 비트라도 변경한다면 다른 해시 값이 생성될 것이다. 반대로, 동일한 해시 값을 생성하는 다른 파일을 찾으면 두 파일의 내용은 동일하다. 예를 들어 empty.fa 파일은 테스트를 위해 만든 0-length 파일이며, 다음과 같은 해시 값을 가진다.

```
$ md5 -r tests/inputs/empty.fa
d41d8cd98f00b204e9800998ecf8427e tests/inputs/empty.fa
```

touch foo 명령을 사용해서 다른 빈 파일을 생성하면 동일한 시그니처가 있음을 알 수 있다.

```
$ touch foo
$ md5 -r foo
d41d8cd98f00b204e9800998ecf8427e foo
```

데이터 공급자는 일반적으로 체크섬checksum 파일을 만들어 데이터 복사본이 완료됐는지 확인할 수 있다. 다음과 같이 tests/inputs/checksums.md5를 만들었다.

```
$ cd tests/inputs
$ md5 -r *.fa > checksums.md5
```

다음과 같은 내용을 담고 있다.

```
$ cat checksums.md5
c383c386a44d83c37ae287f0aa5ae11d 1.fa
863ebc53e28fdfe6689278e40992db9d 2.fa
d41d8cd98f00b204e9800998ecf8427e empty.fa
```

md5sum 툴에는 --check 옵션이 있으며, 이 옵션을 사용해서 파일이 지정된 파일에 있는 체크섬과 일치하는지 자동으로 확인할 수 있다. macOS md5 툴에는 이에 대한 옵션이 없지만 **brew install md5sh1sum**을 사용해서 이 옵션을 수행할 수 있는 동등한 md5sum 툴을 설치할 수 있다.

```
$ md5sum --check checksums.md5
1.fa: OK
2.fa: OK
empty.fa: OK
```

MD5 체크섬은 데이터 무결성을 확인하는 데 파일 크기를 수동으로 확인하는 것보다 더 완벽하고 쉬운 방법을 제공한다. 파일 요약이 이 연습의 직접적인 부분은 아니지만, 분석을 시작하기 전에 완전하고 손상되지 않은 데이터가 있는지 확인하는 방법을 이해하는 것은 중요하다고 생각한다.

시작하기

이 연습에서는 15_seqmagique 폴더에서 작업해야 한다. 평소와 같이 프로그램을 시작하겠다.

```
$ new.py -fp 'Mimic seqmagick' seqmagique.py
Done, see new script "seqmagique.py".
```

먼저, 프로그램이 위치 매개 변수로 하나 이상의 텍스트 파일을 허용하도록 해야 한다. 또한 출력 테이블 형식을 제어하는 옵션을 만들고 싶다. 다음은 이에 대한 코드다.

```python
import argparse
from typing import NamedTuple, TextIO, List

class Args(NamedTuple):
    """ Command-line arguments """
    files: List[TextIO]
    tablefmt: str
```

```python
def get_args() -> Args:
    """Get command-line arguments"""

    parser = argparse.ArgumentParser(
        description='Argparse Python script',
        formatter_class=argparse.ArgumentDefaultsHelpFormatter)

    parser.add_argument('file', ❶
                        metavar='FILE',
                        type=argparse.FileType('rt'),
                        nargs='+',
                        help='Input FASTA file(s)')

    parser.add_argument('-t',
                        '--tablefmt',
                        metavar='table',
                        type=str,
                        choices=[ ❷
                            'plain', 'simple', 'grid', 'pipe', 'orgtbl', 'rst',
                            'mediawiki', 'latex', 'latex_raw', 'latex_booktabs'
                        ],
                        default='plain',
                        help='Tabulate table style')

    args = parser.parse_args()

    return Args(args.file, args.tablefmt)
```

❶ 하나 이상의 읽을 수 있는 텍스트 파일의 위치 매개 변수를 정의한다.

❷ choices를 사용해서 인수를 리스트의 값으로 제한하는 옵션을 정의하고 적절한 default 값을 정의한다.

--tablefmt에 choices를 사용하면 사용자 입력을 검증하는 데 많은 작업이 절약된다. 412페이지의 'Seqmagick을 사용해서 염기 서열 파일 분석하기'에 나와 있는 것처럼 테이블 형식 옵션에 잘못된 값이 있으면 오류 메시지를 일으킨다.

입력 파일 이름을 출력하도록 main() 함수를 수정한다.

```
def main() -> None:
  args = get_args()
  for fh in args.files:
    print(fh.name)
```

그리고 이것이 동작하는지 확인한다.

```
$ ./seqmagique.py tests/inputs/*.fa
tests/inputs/1.fa
tests/inputs/2.fa
tests/inputs/empty.fa
```

목표는 각 파일을 반복하고 다음을 출력하는 것이다.

name

　파일 이름

min_len

　가장 짧은 염기 서열의 길이

max_len

　가장 긴 염기 서열의 길이

avg_len

　모든 염기 서열의 평균/평균 길이

num_seqs

　염기 서열의 수

만약 프로그램의 실제 입력 파일을 갖고 싶다면, NCBI의 fastq-dump 개발 툴(https://
github.com/ncbi/sra-tools/wiki/01.-Downloading-SRA-Toolkit)에서 '북태평양 아열대
환류의 플랑크톤 미생물 군집'(https://oreil.ly/aAGUA)에서 염기 서열을 다운로드한다.

```
$ fastq-dump --split-3 SAMN00000013 ❶
```

❶ --split-3 옵션을 사용하면 paired-end 읽기가 정방향/역방향/쌍 없음으로 올바르게 분할된다. SAMN000013 문자열은 실험 샘플 중 하나(https://oreil.ly/kBCQU)의 신규 자료다.

tabulate()를 사용해서 텍스트 테이블 서식 지정하기

프로그램의 출력은 해당 모듈의 tabulate() 함수를 사용해서 서식 지정된 텍스트 테이블이 된다. 다음 문서를 읽어 보라.

```
>>> from tabulate import tabulate
>>> help(tabulate)
```

테이블의 헤더를 정의해야 하기에 Seqmagick과 동일한 헤더를 사용하기로 결정했다 (alignment 열 제외).

```
>>> hdr = ['name', 'min_len', 'max_len', 'avg_len', 'num_seqs']
```

첫 번째 테스트 파일인 tests/inputs/1.fa에는 50개 염기의 염기 서열이 하나만 있으므로 이에 대한 열은 다음과 같다.

```
>>> f1 = ['tests/inputs/1.fa', 50, 50, 50.00, 1]
```

두 번째 테스트 파일인 tests/inputs/2.fa에는 49개 염기에서 79개 범위의 5개 염기 서열이 있으며, 평균 길이는 64개 염기다.

```
>>> f2 = ['tests/inputs/2.fa', 49, 79, 64.00, 5]
```

tabulate() 함수는 테이블 데이터가 리스트의 리스트로 위치 전달되기를 예상하며, 키워드 인수로 헤더를 지정할 수 있다.

```
>>> print(tabulate([f1, f2], headers=hdr))
name                   min_len    max_len    avg_len    num_seqs
---------------------  ---------  ---------  --------  ----------
```

```
tests/inputs/1.fa        50        50        50        1
tests/inputs/2.fa        49        79        64        5
```

또는 데이터의 첫 번째 행으로 헤더를 배치하고, 헤더의 위치를 표시할 수 있다.

```
>>> print(tabulate([hdr, f1, f2], headers='firstrow'))
name                  min_len   max_len   avg_len   num_seqs
--------------------  --------  --------  --------  --------
tests/inputs/1.fa          50        50        50         1
tests/inputs/2.fa          49        79        64         5
```

tabulate() 함수의 기본 테이블 스타일은 간단하지만, Seqmagick의 출력과 일치하기 위해 필요한 것은 일반 형식이다. tablefmt 옵션을 사용해서 설정할 수 있다.

```
>>> print(tabulate([f1, f2], headers=hdr, tablefmt='plain'))
name                  min_len   max_len   avg_len   num_seqs
tests/inputs/1.fa          50        50        50         1
tests/inputs/2.fa          49        79        64         5
```

주목해야 할 또 다른 사항은, avg_len 열의 값이 정수로 표시되지만 소수점 이하 둘째 자리까지의 부동 소수점 숫자로 형식이 지정해야 한다는 것이다. floatfmt 옵션은 앞서 소개한 f-string 숫자 형식과 유사한 구문을 사용해서 이를 제어한다.

```
>>> print(tabulate([f1, f2], headers=hdr, tablefmt='plain', floatfmt='.2f'))
name                  min_len   max_len   avg_len   num_seqs
tests/inputs/1.fa          50        50     50.00          1
tests/inputs/2.fa          49        79     64.00          5
```

각 파일의 모든 염기 서열을 처리해서 통계를 찾고 최종 테이블을 출력한다. 이는 문제를 해결하기에 충분하다. 모든 테스트를 통과할 수 있을 때까지 미리 솔루션을 읽지 마라.

솔루션

둘 다 파일 통계를 표시하지만, 출력 형식이 다른 두 가지 솔루션을 제시할 것이다. 첫 번째 솔루션은 tabulate() 함수를 사용해서 ASCII 문자 테이블을 만들고, 두 번째 솔루션은 rich 모듈을 사용해서 실험실 동료와 주임 연구원[PI, Principal Investigator]에게 깊은 인상을 줄 수 있는 멋진 테이블을 만든다.

솔루션 1: tabulate()로 형식 지정하기

솔루션을 위해, 먼저 각 입력 파일을 처리할 process() 함수를 작성하기로 결정했다. 일부 항목 리스트를 처리해야 하는 문제에 직면할 때마다 항목 중 하나만 처리하는 방법에 집중하는 것을 선호한다. 모든 파일의 모든 통계를 찾으려고 하기보다는 우선 한 파일의 정보를 찾는 방법으로 통계를 찾고 싶다.

함수는 파일 이름과 네 가지 메트릭(최소/최대/평균 염기 서열 길이와 염기 서열의 수)을 반환해야 한다. Args 클래스와 마찬가지로 NamedTuple을 기반으로 하는 유형을 생성해서 mypy가 유효성을 검사할 수 있는 정적으로 입력된 데이터 구조를 갖는다.

```
class FastaInfo(NamedTuple):
    """ FASTA file information """
    filename: str
    min_len: int
    max_len: int
    avg_len: float
    num_seqs: int
```

이제 이 데이터 구조를 반환하는 함수를 정의할 수 있다. 평균 길이를 얻기 위해 numpy.mean() 함수를 사용했다. numpy 모듈은 숫자 데이터를 처리하기 위한 많은 강력한 수학 연산을 제공하며, 특히 다차원 배열과 선형 대수 함수에 유용하다. 종속성을 가져올 때 별칭 np를 사용해서 numpy 모듈을 가져오는 것이 일반적이다.

```
import numpy as np
from tabulate import tabulate
```

```
from Bio import SeqIO
```

REPL에서 **help(np)**를 실행해서 설명서를 읽을 수 있다. 이 함수를 작성한 방법은 다음과 같다.

```
def process(fh: TextIO) -> FastaInfo: ❶
    """ Process a file """

    if lengths := [len(rec.seq) for rec in SeqIO.parse(fh, 'fasta')]: ❷
        return FastaInfo(filename=fh.name, ❸
                         min_len=min(lengths), ❹
                         max_len=max(lengths), ❺
                         avg_len=round(float(np.mean(lengths)), 2), ❻
                         num_seqs=len(lengths) ) ❼

    return FastaInfo(filename=fh.name, ❽
                     min_len=0,
                     max_len=0,
                     avg_len=0,
                     num_seqs=0)
```

❶ 이 함수는 파일핸들을 받고, `FastaInfo` 객체를 반환한다.

❷ 리스트 컴프리헨션을 사용해서 파일핸들의 모든 염기 서열을 읽는다. `len()` 함수를 사용해서 각 염기 서열의 길이를 반환한다.

❸ 파일 이름은 `fh.name` 속성을 통해 사용할 수 있다.

❹ `min()` 함수는 최솟값을 반환한다.

❺ `max()` 함수는 최댓값을 반환한다.

❻ `np.mean()` 함수는 값 리스트에서 평균을 반환한다. `round()` 함수는 부동 소수점 값을 2개의 유효 숫자로 반올림하는 데 사용된다.

❼ 염기 서열 수는 리스트의 길이다.

❽ 염기 서열이 없으면 모든 값에 0을 반환한다.

항상 그렇듯이 단위 테스트를 작성할 것이다. 작성한 통합 테스트가 프로그램의 파일을 읽는 기능을 다루지만, 이 부분에 대한 단위 테스트를 작성하는 방법을 보여주고 싶다. 실제 파일 말고, 모의 파일핸들을 만들 것이다.

첫 번째 테스트 파일은 다음과 같다.

```
$ cat tests/inputs/1.fa
>SEQ0
GGATAAAGCGAGAGGCTGGATCATGCACCAACTGCGTGCAACGAAGGAAT
```

io.StringIO() 함수를 사용해서 파일핸들처럼 동작하는 객체를 생성할 수 있다.

```
>>> import io
>>> f1 = '>SEQ0\nGGATAAAGCGAGAGGCTGGATCATGCACCAACTGCGTGCAACGAAGGAAT\n' ❶
>>> fh = io.StringIO(f1) ❷
>>> for line in fh: ❸
...     print(line, end='') ❹
...
>SEQ0
GGATAAAGCGAGAGGCTGGATCATGCACCAACTGCGTGCAACGAAGGAAT
```

❶ 이것은 첫 번째 입력 파일의 데이터다.

❷ 모의 파일핸들을 만든다.

❸ 모의 파일핸들의 라인을 반복한다.

❹ 새 라인(\n)이 있는 라인을 출력하므로 end=''를 사용해 새 라인을 추가로 출력한다.

하지만 약간의 문제가 있는데, process() 함수가 fh.name 속성을 호출해서 입력 파일 이름을 가져오기 때문에 예외가 발생한다.

```
>>> fh.name
Traceback (most recent call last):
  File "<stdin>", line 1, in <module>
AttributeError: '_io.StringIO' object has no attribute 'name'
```

다행히도 파이썬의 표준 unittest 모듈을 사용해서 모의 파일핸들을 만드는 다른 방법이 있다. 대부분 pytest 모듈을 사용하기 선호하지만, unittest 모듈은 오랫동안 사용돼 왔으며, 테스트 작성과 실행을 위해 사용할 수 있는 또 다른 프레임워크다. 지금의 경우 unittest.mock.mock_open() 함수를 불러와야 한다(https://oreil.ly/EGvXh). 첫 번째 테스트 파일의 데이터로 모의 파일핸들을 만드는 방법은 다음과 같다. read_data를 사용해 fh.read() 메서드로 반환되는 데이터를 정의한다.

```
>>> from unittest.mock import mock_open
>>> fh = mock_open(read_data=f1)()
>>> fh.read()
'>SEQ0\nGGATAAAGCGAGAGGCTGGATCATGCACCAACTGCGTGCAACGAAGGAAT\n'
```

테스트의 맥락에서 파일 이름에 신경쓰지 않는다. 다만 이 코드는 문자열을 반환하고 예외를 던지지 않는다.

```
 >>> fh.name
<MagicMock name='open().name' id='140349116126880'>
```

종종 유닛 테스트를 유닛 테스트가 테스트하는 함수와 같은 모듈에 배치하지만, 이 경우에는 메인 프로그램을 더 짧게 유지하기 위해 별도의 unit.py 모듈에 넣는 것이 좋다. 빈 파일, 하나의 염기 서열이 있는 파일, 하나 이상의 염기 서열이 있는 파일(3개의 입력 테스트 파일에도 반영됨)을 처리하기 위한 테스트를 작성했다. 아마도 이 세 가지 경우에 함수가 작동한다면 다른 모든 경우에 동작할 것이다.

```
from unittest.mock import mock_open ❶
from seqmagique import process ❷

def test_process() -> None:
  """ Test process """

  empty = process(mock_open(read_data='')()) ❸
  assert empty.min_len == 0
  assert empty.max_len == 0
  assert empty.avg_len == 0
```

```
    assert empty.num_seqs == 0

    one = process(mock_open(read_data='>SEQ0\nAAA')()) ❹
    assert one.min_len == 3
    assert one.max_len == 3
    assert one.avg_len == 3
    assert one.num_seqs == 1

    two = process(mock_open(read_data='>SEQ0\nAAA\n>SEQ1\nCCCC')()) ❺
    assert two.min_len == 3
    assert two.max_len == 4
    assert two.avg_len == 3.5
    assert two.num_seqs == 2
```

❶ mock_open() 함수를 불러온다.

❷ 테스트 중인 process() 함수를 불러온다.

❸ 모든 값에 0이 있어야 하는 빈 모의 파일핸들이다.

❹ 염기가 3개인 단일 염기 서열이다.

❺ 3개의 염기 서열과 4개의 염기 서열이 있는 파일핸들이다.

pytest를 사용해서 테스트를 실행한다.

```
$ pytest -xv unit.py
============================= test session starts ==============================
...

unit.py::test_process PASSED                                              [100%]

============================== 1 passed in 2.55s ===============================
```

main()에서 process() 함수를 사용하는 방법은 다음과 같다.

```
def main() -> None:
    args = get_args()
    data = [process(fh) for fh in args.files] ❶
    hdr = ['name', 'min_len', 'max_len', 'avg_len', 'num_seqs'] ❷
    print(tabulate(data, tablefmt=args.tablefmt, headers=hdr, floatfmt='.2f')) ❸
```

❶ 모든 입력 파일을 FastaInfo 객체(튜플) 리스트로 처리한다.

❷ 테이블 헤더를 정의한다.

❸ tabulate() 함수를 사용해서 포맷된 출력 테이블을 출력한다.

이 프로그램을 테스트하기 위해 다음과 같은 입력으로 실행한다.

- 빈 파일

- 1개의 염기 서열을 가진 파일

- 2개의 염기 서열을 가진 파일

- 모든 입력 파일

먼저, 이 모든 작업을 기본 테이블 스타일로 실행한다. 그리고 10개의 테이블 스타일이 모두 제대로 만들어졌는지 확인한다. 가능한 모든 테스트 입력을 모든 테이블 스타일과 결합하면 높은 수준의 순환 복잡성(매개 변수를 결합할 수 있는 다양한 방법)이 생성된다.

이를 테스트하려면 먼저, 프로그램이 올바르게 작동하는지 수동으로 확인해야 한다. 그런 다음 테스트하려는 각 조합에 대한 샘플 출력값을 생성해야 한다. 주어진 조합으로 입력 파일과 테이블 스타일에 대한 출력 파일을 만들기 위해 다음 bash 스크립트를 작성했다.

```
$ cat mk-outs.sh
#!/usr/bin/env bash

PRG="./seqmagique.py"  ❶
DIR="./tests/inputs"  ❷
INPUT1="${DIR}/1.fa"  ❸
INPUT2="${DIR}/2.fa"
EMPTY="${DIR}/empty.fa"

$PRG $INPUT1 > "${INPUT1}.out"  ❹
$PRG $INPUT2 > "${INPUT2}.out"
$PRG $EMPTY > "${EMPTY}.out"
$PRG $INPUT1 $INPUT2 $EMPTY > "$DIR/all.fa.out"

STYLES="plain simple grid pipe orgtbl rst mediawiki latex latex_raw
  latex_booktabs"

for FILE in $INPUT1 $INPUT2; do  ❺
  for STYLE in $STYLES; do
    $PRG -t $STYLE $FILE > "$FILE.${STYLE}.out"
```

```
    done
  done

  echo Done.
```

❶ 테스트 중인 프로그램이다.

❷ 입력 파일의 폴더다.

❸ 입력 파일이다.

❹ 3개의 입력 파일과 기본 테이블 스타일을 사용해 프로그램을 실행한다.

❺ 2개의 입력 파일과 모든 테이블 스타일로 프로그램을 실행한다.

tests/seqmagique_test.py의 테스트는 주어진 파일로 프로그램을 실행하고 출력을
tests/inputs 폴더의 출력 파일 중 하나와 비교한다. 이 모듈의 상단에서 다음과 같이 입
력 파일과 출력 파일을 정의한다.

```
TEST1 = ('./tests/inputs/1.fa', './tests/inputs/1.fa.out')
```

모듈에 run() 함수를 정의해서 입력 파일로 프로그램을 실행하고 실제 출력값을 예상
출력값과 비교한다. 이것은 프로그램의 출력을 테스트하기 위해 복사할 수 있는 기본
패턴이다.

```
def run(input_file: str, expected_file: str) -> None:
  """ Runs on command-line input """

  expected = open(expected_file).read().rstrip() ❶
  rv, out = getstatusoutput(f'{RUN} {input_file}') ❷
  assert rv == 0 ❸
  assert out == expected ❹
```

❶ 파일에서 예상되는 출력을 읽는다.

❷ 기본 테이블 스타일을 사용해서 주어진 입력 파일로 프로그램을 실행한다.

❸ 반환값이 0인지 확인한다.

❹ 출력이 예상값인지 확인한다.

이 함수를 다음과 같이 사용할 것이다.

```python
def test_input1() -> None:
    """ Runs on command-line input """

run(*TEST1)   ❶
```

❶ 튜플을 나눠서 run() 함수에 두 값을 전달한다.

테스트 모음은 테이블 스타일도 확인한다.

```python
def test_styles() -> None:
    """ Test table styles """

    styles = [  ❶
        'plain', 'simple', 'grid', 'pipe', 'orgtbl', 'rst', 'mediawiki',
        'latex', 'latex_raw', 'latex_booktabs'
    ]

    for file in [TEST1[0], TEST2[0]]:❷
        for style in styles:  ❸
            expected_file = file + '.' + style + '.out'  ❹
            assert os.path.isfile(expected_file)  ❺
            expected = open(expected_file).read().rstrip()  ❻
            flag = '--tablefmt' if random.choice([0, 1]) else '-t'  ❼
            rv, out = getstatusoutput(f'{RUN} {flag} {style} {file}')  ❽
            assert rv == 0  ❾
            assert out == expected
```

❶ 가능한 모든 스타일 리스트를 정의한다.

❷ 비어 있지 않은 2개의 파일을 사용한다.

❸ 각각의 스타일을 반복한다.

❹ 출력 파일은 입력 파일의 이름에 스타일과 확장자 .out을 더한 것이다.

❺ 파일이 존재하는지 확인한다.

❻ 파일에서 예상되는 값을 읽는다.

❼ 테스트할 짧거나 긴 플래그를 무작위로 선택한다.

❽ 플래그 옵션, 스타일, 파일을 사용해서 프로그램을 실행한다.

❾ 프로그램이 오류 없이 실행되고 올바른 출력을 생성하는지 확인한다.

프로그램이 더 이상 이전과 동일한 출력값을 생성하지 않도록 변경하면 이 테스트에서 해당 출력값을 포착해야 한다. 이 테스트는 프로그램이 현재 작동하는 방식과 이전에 작동하는 방식을 비교하는 회귀 테스트다. 즉 동일한 출력을 생성하지 못하면 회귀로 간주된다. 테스트 집합이 완벽히 완전하지는 않지만, 프로그램이 정확하다고 확신할 수 있을 만큼 충분한 조합을 다루고 있다.

솔루션 2: rich로 형식 지정하기

두 번째 솔루션에서는 rich 모듈을 사용해서 입력 파일의 처리를 추적하고, 더 멋진 출력 테이블을 만드는 다른 방법을 보여주고 싶다. 그림 15-1은 출력이 어떻게 보이는지 보여준다.

```
$ ./seqmagique_rich.py tests/inputs/*.fa
Working... ──────────────────────────────────── 100% 0:00:00
```

Name	Min. Len	Max. Len	Avg. Len	Num. Seqs
tests/inputs/1.fa	50	50	50.0	1
tests/inputs/2.fa	49	79	64.0	5
tests/inputs/empty.fa	0	0	0	0

그림 15-1. rich 모듈을 사용한 진행률 표시기와 출력 테이블이 더 화려하다.

여전히 같은 방식으로 파일을 처리하기 때문에 유일한 차이점은 출력을 만드는 것이다. 먼저, 필요한 함수를 불러와야 한다.

```python
from rich.console import Console
from rich.progress import track
from rich.table import Table, Column
```

사용 방법은 다음과 같다.

```python
def main() -> None:
  args = get_args()

  table = Table('Name', ❶
                Column(header='Min. Len', justify='right'),
                Column(header='Max. Len', justify='right'),
                Column(header='Avg. Len', justify='right'),
                Column(header='Num. Seqs', justify='right'),
                header_style="bold black")

  for fh in track(args.file): ❷
    file = process(fh) ❸
    table.add_row(file.filename, str(file.min_len), str(file.max_len), ❹
                  str(file.avg_len), str(file.num_seqs))

  console = Console() ❺
  console.print(table)
```

❶ 데이터를 저장할 테이블을 만든다. 이름 열은 왼쪽 정렬된 표준 문자열 필드다. 다른 모든 항목은 오른쪽 정렬이어야 하며, 사용자 지정 열 객체가 필요하다.

❷ track() 함수를 사용해서 각 파일핸들을 반복해서 사용자를 위한 진행률 표시줄을 만든다.

❸ 파일을 처리해서 통계를 가져온다.

❹ 파일의 통계를 테이블에 추가한다. 모든 값은 문자열이어야 한다.

❺ Console 객체를 만들고, 이를 사용해서 출력값을 출력한다.

더 나아가기

seqmagick 개발 툴에는 다른 많은 유용한 옵션이 있다. 가능한 한 많은 버전을 구현해 보자.

요점 정리

15장의 주요 요점은 다음과 같다.

- seqmagick 개발 툴은 염기 서열 파일을 검사하는 많은 방법을 제공한다.

- 파일 크기 검사부터 MD5 해시와 같은 메시지 요약 사용까지 입력 파일이 완전히 손상됐는지 확인하는 방법은 여러 가지가 있다.

- argparse 매개 변수에 대한 선택 옵션은 사용자가 지정된 리스트에서 값을 강제로 선택하도록 한다.

- tabulate와 rich 모듈은 데이터의 텍스트 테이블을 만들 수 있다.

- numpy 모듈은 많은 수학적 연산에 유용하다.

- io.StringIO() 함수와 unittest.mock.mock_open() 함수는 테스트를 위해 파일 핸들을 모의 실험하는 두 가지 방법을 제공한다.

- 회귀 테스트는 프로그램이 이전처럼 계속 작동하는지 확인한다.

## 16장

FASTX grep: 염기 서열을 선택하기 위한 유틸리티 프로그램 만들기

한 동료가 문자열 긴 서브유닛 RNA^{LSU, Long Subunit RNA}가 포함된 설명이나 이름을 가진 FASTQ 파일에서 모든 RNA 염기 서열을 찾아달라고 요구한 적이 있다. 일부 패턴과 일치하는 파일의 모든 라인을 찾기 위해 grep 프로그램[1]을 사용해서 FASTQ 파일 문제를 해결할 수 있지만, 파이썬으로 솔루션을 작성하면 FASTA와 같은 다른 형식(길이 또는 GC 함량 같은 다른 기준에 따라 레코드를 선택할 수도 있는)을 처리하도록 확장할 수 있는 프로그램을 만들 수 있다. 또한 출력 염기 서열 형식을 변경하는 옵션을 추가하고 파일 확장자를 기반으로 입력 파일 형식을 추측하는 등 사용자의 편의를 제공할 수 있다.

16장에서 배울 내용은 다음과 같다.

- FASTQ 파일 구조

- 대소문자를 구분하지 않는 정규식 맞춤을 수행하는 방법

- 코드에서 DWIM^{Do What I Mean}과 DRY^{Don't Repeat Yourself}에 관한 정보

- 부울 값과 비트를 줄이기 위해 and와 or 연산을 사용하는 방법

---

1   어떤 이들은 이것이 글로벌 정규 표현 출력(global regular expression print)의 줄임말이라 한다.

grep을 사용해서 파일에서 줄 찾기

grep 프로그램은 주어진 패턴과 일치하는 파일의 모든 줄을 찾을 수 있다. FASTQ 파일 중 하나에서 LSU를 검색하면 이 패턴을 포함하는 2개의 헤더 줄을 찾을 수 있다.

```
$ grep LSU tests/inputs/lsu.fq
@ITSLSUmock2p.ITS_M01380:138:000000000-C9GKM:1:1101:14440:2042 2:N:0
@ITSLSUmock2p.ITS_M01384:138:000000000-C9GKM:1:1101:14440:2043 2:N:0
```

만약 목표가 이 문자열을 포함하는 염기 서열의 수를 찾는 것이라면 이를 단어 수[wc, word count]에 연결해서 -1 옵션을 사용해서 줄을 셀 수 있다.

```
$ grep LSU tests/inputs/lsu.fq | wc -l
       2
```

헤더에 부분 문자열 LSU가 포함된 염기 서열 레코드를 추출하는 것이 목표이기 때문에 조금 더 작업을 해야 한다. 입력 파일이 FASTQ 형식이면 grep을 사용할 수 있지만, 그러려면 형식을 더 잘 이해해야 한다.

FASTQ 레코드의 구조

FASTQ 염기 서열 형식은 각 염기에 대한 base call과 quality score를 모두 포함하기 때문에 sequencer로부터 염기 서열 데이터를 수신하는 일반적인 방법이다. 즉 sequencer는 일반적으로 염기와 염기가 정확하다는 확실성의 척도를 모두 보고한다. 예를 들어 일부 시퀀싱 기술은 sequencer가 정확한 수를 셀 수 없는 많은 A의 poly(A) 실행과 같은 단일 중합체 실행에 문제가 있다. 또한 많은 sequencer는 판독이 길어져 가면서 base call에 대한 신뢰를 잃는다. quality score는 낮은 품질의 판독을 거부하거나 잘라내기 위한 중요한 방법이다.

> sequencer에 따라 일부 염기는 구별하기 어려울 수 있으며, 1장에서 설명한 IUPAC 코드(예를 들어 A 혹은 G 혹은 N에 대한 R)를 사용해서 모호한 정도를 보고할 수 있다.

FASTQ 형식은 로잘린드 챌린지의 많은 문제에 사용되는 FASTA 형식과 비슷하다. 참고로 FASTA 레코드는 > 기호로 시작하고 그 뒤에 염기 서열을 식별하고 메타데이터를 포함할 수 있는 헤더 줄이 온다. 염기 서열 자체는 한 줄(아마도 긴)의 텍스트일 수도 있고, 여러 줄로 분할됐을 수도 있다. 대조적으로, FASTQ 레코드는 그림 16-1과 같이 항상 정확하게 4줄이어야 한다.

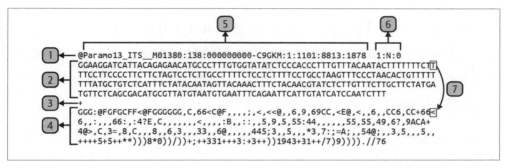

그림 16-1. FASTQ 레코드의 요소: 이 화면에는 긴 줄로 표시돼 있지만, 실제 레코드에는 정확히 4줄이 포함된다.

그림 16-1의 내용을 자세히 살펴보자.

1. 첫 번째 줄은 @ 기호로 시작하고 헤더 정보를 포함한다.

2. 두 번째 줄에는 줄 바꿈이 없는 염기 서열을 포함한다.

3. 세 번째 줄은 + 기호로 시작한다. 종종 이 기호만 사용되지만, 헤더 정보가 반복될 수도 있다.

4. 네 번째 줄에는 염기 서열의 각 염기에 대한 quality score가 포함돼 있으며 줄 바꿈도 없다.

5. 염기 서열 ID는 첫 번째 공백까지의 모든 문자다.

6. 추가 메타데이터는 ID를 따를 수 있으며, 설명에 포함된다.

7. 염기 서열의 각 염기는 이 염기가 정확하다는 신뢰를 나타내는 품질 줄의 파트너가 있다.

FASTQ 헤더는 > 대신 @ 기호로 시작한다는 점을 제외하고는 FASTA 레코드의 헤더와 동일한 구조를 갖는다. 염기 서열 식별자는 일반적으로 @ 다음부터 첫 번째 공백까지의 모든 문자다. 염기 서열을 포함하는 두 번째 줄은 줄 바꿈을 할 수 없으며, 염기 서열의 각 염기는 네 번째 줄에 해당하는 품질 값을 가진다. 네 번째 줄의 quality score는 문자의 ASCII 값을 사용해서 base call의 정확성을 암호화한다. 이 score는 3장에서 처음 소개된 ASCII 테이블의 출력 가능한 문자를 사용해 표시된다.

ASCII 테이블의 처음 32개 값은 출력할 수 없는 제어 문자와 공백이다. 출력 가능한 문자는 33에서 시작하고 구두점과 숫자가 뒤를 잇는다. 첫 번째 문자인 A는 65이며, 대문자가 소문자보다 먼저다. 다음은 ASCII 테이블의 128개 값의 순서 값을 보여 주는 저장소에 포함된 `asciitbl.py` 프로그램의 출력이다.

```
$ ./asciitbl.py
 0 NA          26 NA          52 4          78 N          104 h
 1 NA          27 NA          53 5          79 O          105 i
 2 NA          28 NA          54 6          80 P          106 j
 3 NA          29 NA          55 7          81 Q          107 k
 4 NA          30 NA          56 8          82 R          108 l
 5 NA          31 NA          57 9          83 S          109 m
 6 NA          32 SPACE       58 :          84 T          110 n
 7 NA          33 !           59 ;          85 U          111 o
 8 NA          34 "           60 <          86 V          112 p
 9 NA          35 #           61 =          87 W          113 q
10 NA          36 $           62 >          88 X          114 r
11 NA          37 %           63 ?          89 Y          115 s
12 NA          38 &           64 @          90 Z          116 t
13 NA          39 '           65 A          91 [          117 u
14 NA          40 (           66 B          92 \          118 v
15 NA          41 )           67 C          93 ]          119 w
16 NA          42 *           68 D          94 ^          120 x
17 NA          43 +           69 E          95 _          121 y
18 NA          44 ,           70 F          96 `          122 z
19 NA          45 -           71 G          97 a          123 {
20 NA          46 .           72 H          98 b          124 |
21 NA          47 /           73 I          99 c          125 }
22 NA          48 0           74 J         100 d          126 ~
```

23 NA	49 1	75 K	101 e	127 DEL
24 NA	50 2	76 L	102 f	
25 NA	51 3	77 M	103 g	

그림 16-1의 FASTQ 레코드의 quality 줄을 살펴본 후, 시작 부분의 대문자와 같은 높은 값에서 끝부분의 구두점과 숫자와 같은 낮은 값으로 문자가 어떻게 변하는지 확인해 보라. 네 번째 줄의 @과 + 기호는 quality 값을 나타내므로 레코드의 시작 혹은 구분선을 나타내는 메타 문자가 아니다. 이러한 이유로 FASTQ 레코드는 새 줄을 사용해 (FASTA 레코드처럼) 염기 서열 또는 quality 줄을 끊을 수 없다. 기호 @ 와 +는 줄의 첫 번째 문자로 끝날 수 있으므로 레코드의 시작을 찾을 수 없게 된다. 이것은 종종 하나의 + 기호로 구성되고 때로는 모든 헤더 정보를 불필요하게 요약하는 쓸모없는 세 번째 줄과 결합하면, 생물학자들이 파일 형식을 정의하는 것을 절대 허용해서는 안 되는 이유를 알 수 있다.

 quality score를 나타내기 위해 다양한 범위를 사용하는 여러 인코딩 표준이 있다.

FASTQ 레코드는 4줄 길이여야 하므로 grep에 -A|--after-context 옵션을 사용해서 매치 후에 후행 콘텍스트의 줄 개수를 지정할 수 있다.

```
$ grep -A 4 LSU tests/inputs/lsu.fq | head -4
@ITSLSUmock2p.ITS_M01380:138:000000000-C9GKM:1:1101:14440:2042 2:N:0
CAAGTTACTTCCTCTAAATGACCAAGCCTAGTGTAGAACCATGTCGTCAGTGTCAGTCTGAGTGTAGATCT\
CGGTGGTCGCCGTATCATTAAAAAAAAAAAATGTAATACTACTAGTAATTATTAATATTATAATTTTGTCTA\
TTAGCATCTTATTATAGATAGAAGATATTATTCATATTTCACTATCTTATACTGATATCAGCTTTATCAGA\
TCACACTCTAGTGAAGATTGTTCTTAACTGAAATTTCCTTCTTCATACAGACACATTAATCTTACCTA
+
EFGGGGGGGGGCGGGGGFCFFFGGGGGFGGGGGGGGGGGGFGGGGGGGFGFFFCFGGFFGGGGGGGGGGFGGG\
GFGGGDG<FD@4@CFFGGGGCFFAFEFEG+,9,,,,99,,,5,,49,4,8,4,444,4,4,,,,,,,,,,,\
,,,8,,,,63,,,,,,,,,376,3,,,,,,,8,,,,,,,,,,,+++++++++++++3++25+++0+*+0+*0+*\
**))*0))1/+++**************.****.*******0*********/(,(/).)))1)).).).
```

만약 grep이 레코드의 다른 줄에서 일치하는 것을 찾으면 그 줄에 다음 세 줄을 더해서 사용할 수 없는 쓰레기를 생성할 것이다. 검색할 레코드의 부분과 입력 파일이 FASTQ, FASTA 또는 다른 여러 형식일 수 있다는 사실을 정확히 제어하고 싶기 때문에 grep을 사용할 수는 없을 것이다.

시작하기

먼저, 내가 작성한 솔루션이 어떻게 동작하는지 보여주고, 여러분의 버전을 구현해보겠다. 이 연습의 모든 코드와 테스트는 저장소의 16_fastx_grep 폴더에 있다. 먼저, 이 폴더로 이동하고 솔루션을 fastx_grep.py에 복사한다.

```
$ cd 16_fastx_grep
$ cp solution.py fastx_grep.py
```

grep 사용법은 2개의 위치 인수, 패턴, 하나 이상의 파일을 허용한다고 알려 준다.

```
$ grep -h
usage: grep [-abcDEFGHhIiJLlmnOoqRSsUVvwxZ] [-A num] [-B num] [-C[num]]
            [-e pattern] [-f file] [--binary-files=value] [--color=when]
            [--context[=num]] [--directories=action] [--label] [--line-buffered]
            [--null] [pattern] [file ...]
```

fastx_grep.py 프로그램에 도움 옵션을 사용해서 패턴과 하나 이상의 입력 파일이 필요한 유사한 인터페이스가 있는지 확인한다. 또한 이 프로그램은 다양한 입력 파일 형식을 분석하고, 다양한 출력 형식을 생성하며, 출력을 파일에 기록하고, 대소문자를 구분하지 않는 매치를 수행한다.

```
$ ./fastx_grep.py -h
usage: fastx_grep.py [-h] [-f str] [-O str] [-o FILE] [-i]
                     PATTERN FILE [FILE ...]

Grep through FASTX files
```

```
positional arguments:
  PATTERN                Search pattern ❶
  FILE                   Input file(s) ❷

optional arguments:
  -h, --help             show this help message and exit
  -f str, --format str   Input file format (default: ) ❸
  -O str, --outfmt str   Output file format (default: ) ❹
  -o FILE, --outfile FILE
                         Output file (default: <_io.TextIOWrapper ❺
                         name='<stdout>' mode='w' encoding='utf-8'>)
  -i, --insensitive      Case-insensitive search (default: False) ❻
```

❶ 정규식(패턴)이 첫 번째 위치 인수다.

❷ 하나 이상의 위치 파일 인수가 두 번째로 필요하다.

❸ 염기 서열의 입력 파일 형식은 fasta 혹은 fastq다. 기본값은 파일 확장자에서 추측할 수 있다.

❹ 출력 파일 형식은 fasta, fastq 혹은 fasta-2line 중 하나다. 기본값은 입력 파일과 동일하게 사용된다.

❺ 출력 파일 이름: 기본값은 STDOUT이다.

❻ 대소문자를 구분하지 않는 매치를 수행할지 여부다. 기본값은 False다.

이 프로그램은 1부의 많은 프로그램보다 더 복잡한 인수 세트를 갖고 있다. 평소와 같이 NamedTuple을 사용해서 다음 옵션을 모델링한다.

```python
from typing import List, NamedTuple, TextIO

class Args(NamedTuple):
    """ Command-line arguments """
    pattern: str ❶
    files: List[TextIO] ❷
    input_format: str ❸
    output_format: str ❹
```

```
  outfile: TextIO ❺
  insensitive: bool ❻
```

❶ 사용할 정규식이다.

❷ 하나 이상의 입력 파일이다.

❸ FASTA 혹은 FASTQ와 같은 입력 파일의 형식이다.

❹ 출력 파일의 형식이다.

❺ 출력 파일의 이름이다.

❻ 대소문자를 구분하지 않고 검색을 수행할지 여부다.

프로그램의 매개 변수를 정의하는 방법은 다음과 같다.

```python
def get_args() -> Args:
    """ Get command-line arguments """

    parser = argparse.ArgumentParser(
        description='Grep through FASTX files',
        formatter_class=argparse.ArgumentDefaultsHelpFormatter)

    parser.add_argument('pattern', ❶
                        metavar='PATTERN',
                        type=str,
                        help='Search pattern')

    parser.add_argument('file',
                        metavar='FILE',
                        nargs='+',
                        type=argparse.FileType('rt'), ❷
                        help='Input file(s)')

    parser.add_argument('-f',
                        '--format',
                        help='Input file format',
                        metavar='str',
                        choices=['fasta', 'fastq'], ❸
```

```
                      default='')

parser.add_argument('-O',
                     '--outfmt',
                     help='Output file format',
                     metavar='str',
                     choices=['fasta', 'fastq', 'fasta-2line'], ❹
                     default='')

parser.add_argument('-o',
                     '--outfile',
                     help='Output file',
                     type=argparse.FileType('wt'), ❺
                     metavar='FILE',
                     default=sys.stdout)

parser.add_argument('-i', ❻
                     '--insensitive',
                     help='Case-insensitive search',
                     action='store_true')

args = parser.parse_args()

return Args(pattern=args.pattern,
            files=args.file,
            input_format=args.format,
            output_format=args.outfmt,
            outfile=args.outfile,
            insensitive=args.insensitive)
```

❶ 패턴은 문자열이 된다.

❷ 입력값은 읽을 수 있는 텍스트 파일이어야 한다.

❸ choices를 사용해서 입력값을 제한하라. 기본값은 입력 파일 확장자에서 추측할 수 있다.

❹ choices를 사용해서 값을 제한한다. 기본적으로 입력 형식을 사용한다. fasta-2line 옵션은 여러 줄에 걸쳐 긴 염기 서열을 중단하지 않으므로 레코드당 두 줄만 사용한다.

❺ 출력 파일은 쓰기 가능한 텍스트 파일이다. 기본값은 STDOUT이다.

❻ 대소문자를 구분하지 않는 검색을 나타내는 플래그다. 기본값은 False다.

다음 명령을 실행해서 lsu.fq 테스트 파일에서 LSU를 검색하는 경우, 2개의 FASTQ 레코드를 나타내는 출력 8줄이 표시된다.

```
$ ./fastx_grep.py LSU tests/inputs/lsu.fq | wc -l
        8
```

그러나 소문자 lsu를 검색하면 출력값이 표시되지 않는다.

```
$ ./fastx_grep.py lsu tests/inputs/lsu.fq | wc -l
        0
```

대소문자를 구분하지 않는 검색을 실행하려면 -i|--insensitive 플래그를 사용한다.

```
$ ./fastx_grep.py -i lsu tests/inputs/lsu.fq  | wc -l
        8
```

-o|--outfile 옵션을 사용해서 결과를 STDOUT 대신 파일에 쓸 수 있다.

```
$ ./fastx_grep.py -o out.fq -i lsu tests/inputs/lsu.fq
$ wc -l out.fq
        8 out.fq
```

out.fq 파일을 보면 입력과 동일하게 FASTQ 형식으로 돼 있다. -O|--outfmt 옵션을 사용해서 FASTA와 같은 형식으로 변경하고 출력 파일을 확인할 수 있다.

```
$ ./fastx_grep.py -O fasta -o out.fa -i lsu tests/inputs/lsu.fq
$ head -3 out.fa
>ITSLSUmock2p.ITS_M01380:138:000000000-C9GKM:1:1101:14440:2042 2:N:0
CAAGTTACTTCCTCTAAATGACCAAGCCTAGTGTAGAACCATGTCGTCAGTGTCAGTCTG
AGTGTAGATCTCGGTGGTCGCCGTATCATTAAAAAAAAAAAATGTAATACTACTAGTAATT
```

fasta-2 라인 출력 형식을 사용해서 긴 염기 서열이 여러 줄에 걸쳐 끊어지지 않는 방법을 확인해보라. 이 프로그램은 또한 .fa 파일 확장자에서 파일 형식을 추측하기 때문에 파일 형식을 따로 지정할 필요 없이 FASTA 입력에서도 작동한다.

```
$ ./fastx_grep.py -o out.fa -i lsu tests/inputs/lsu.fa
$ ../15_seqmagique/seqmagique.py out.fa
name      min_len    max_len    avg_len    num_seqs
out.fa        281        301     291.00           2
```

pytest -v를 실행해서 파일 형식 추측, 빈 파일 처리, 대소문자 구분 없이 소문자와 대문자 입력 검색, 출력 파일 쓰기, 서로 다른 출력 형식 쓰기 등 프로그램에 대한 모든 테스트를 확인한다. 프로그램에서 처리해야 하는 모든 옵션을 이해했다고 생각되면 스스로 다시 시작해보라.

```
$ new.py -fp 'Grep through FASTX files' fastx_grep.py
Done, see new script "fastx_grep.py".
```

파일 형식 추측하기

이전 절에서 생성한 out.fa를 보면 입력 형식과 일치하는 FASTA 형식임을 알 수 있지만, 입력 파일 형식을 표시한 적은 없다. 프로그램은 입력 파일의 파일 확장자를 지능적으로 확인하고, 표 16-1의 가정을 사용해서 형식을 추측한다. 마찬가지로 출력 형식을 지정하지 않으면 입력 파일 형식이 원하는 출력 형식으로 추정한다. 이것은 소프트웨어 개발에서 DWIM^{Do What I Mean} 원칙의 예다.

표 16-1. FASTA/ 파일에 대한 공통 파일 확장자

확장자	형식
.fasta	FASTA
.fa	FASTA
.fna	FASTA(뉴클레오타이드)
.faa	FASTA(아미노산)

확장자	형식
.fq	FASTQ
.fastq	FASTQ

프로그램은 입력 파일의 형식을 추측해야 한다. 파일의 이름을 가져오고 fasta 또는 fastq 문자열을 반환하는 guess_format() 함수를 만들었다. 다음은 함수에 대한 짧은 부분이다.

```python
def guess_format(filename: str) -> str:
    """ Guess format from extension """
    return ''
```

다음은 내가 작성한 테스트 코드다. 인수를 정의한 후에 이 함수로 시작하는 것이 좋다. 코드가 다음을 통과할 때까지 실행하면 안 된다.

```python
def test_guess_format() -> None:
    """ Test guess_format """

    assert guess_format('/foo/bar.fa') == 'fasta'
    assert guess_format('/foo/bar.fna') == 'fasta'
    assert guess_format('/foo/bar.faa') == 'fasta'
    assert guess_format('/foo/bar.fasta') == 'fasta'
    assert guess_format('/foo/bar.fq') == 'fastq'
    assert guess_format('/foo/bar.fastq') == 'fastq'
    assert guess_format('/foo/bar.fx') == ''
```

프로그램의 동작 방식을 간단하게 설명하는 것이 도움이 될 수 있다.

```python
def main():
    get the program arguments

    for each input file:
        guess the input format or complain that it can't be guessed
        figure out the output format from the args or use the input format
```

```
for each record in the input file:
    if the sequence ID or description matches the pattern:
        write the sequence to the output file in the output format
```

예를 들어 셸에서 glob 명령어 *f[aq]를 사용해서 확장자가 f로 시작하고 그 뒤에 a 또는 q로 이어지는 모든 파일을 표시해서 3개의 입력 파일에서 프로그램을 실행할 수 있다.

```
$ ls tests/inputs/*.f[aq]
tests/inputs/empty.fa  tests/inputs/lsu.fa    tests/inputs/lsu.fq
```

out.fa 파일에 4개의 염기 서열이 작성된다.

```
$ ./fastx_grep.py -O fasta -o out.fa -i lsu tests/inputs/*.f[aq]
$ ../15_seqmagique/seqmagique.py out.fa
name      min_len   max_len   avg_len   num_seqs
out.fa        281       301    291.00          4
```

이것은 완료하는 데 시간이 꽤 걸릴 수 있는 복잡한 프로그램이다. 여러분의 도전은 가치가 있으므로 계속해서 테스트를 작성하고 실행하라. 또한 프로그램에 도전하는 방법을 이해하기 위해 계속 읽어라.

솔루션

경험상 이 솔루션은 자주 작성하는 많은 패턴을 캡처하는 복잡한 프로그램이다. 먼저, 몇 개의 입력 파일을 확인하고 처리한다. 나는 항상 내 프로그램에 가능한 한 적은 정보를 주고 싶은 지연된 프로그래머[2]이기 때문에, 나를 위해 파일 형식을 추측할 수 있는 조금의 코드를 쓰는 것을 좋아한다.

---

2   톰 크리스텐슨 외(Tom Christiansen et al.)의 『Programming Perl』(O'Reilly, 2012)에 따르면 프로 프로그래머의 세 가지 큰 장점은 게으름, 조급함, 자만심이다.

파일 확장명에서 파일 형식 추측하기

파일 확장자에서 파일 형식을 추측하는 함수부터 시작할 것이다.

```python
def guess_format(filename: str) -> str:
  """ Guess format from extension """

  ext = re.sub('^[.]', '', os.path.splitext(filename)[1]) ❶

  return 'fasta' if re.match('f(ast|a|n)?a$', ext) else 'fastq' if re.match( ❷
    'f(ast)?q$', ext) else ''
```

❶ os.path.splitext() 함수를 사용해서 파일 확장자를 가져오고 앞의 점을 제거한다.

❷ 확장자가 표 16-1의 FASTA 파일 패턴 중 하나와 일치하는 경우 fasta를 반환하고, FASTQ 패턴 중 하나와 일치하는 경우 fastq를 반환하고, 그렇지 않은 경우 빈 문자열을 반환한다.

os.path.splitext()는 파일 이름의 루트와 확장자 둘 다 2-튜플로 반환한다.

```
>>> import os
>>> os.path.splitext('/foo/bar.fna')
('/foo/bar', '.fna')
```

우리는 두 번째 부분이 더 관심이 있기 때문에 _를 사용해서 튜플의 첫 번째 요소를 일회용으로 할당할 수 있다.

```
>>> _, ext = os.path.splitext('/foo/bar.fna')
>>> ext
'.fna'
```

대신, 확장자만 선택하기 위해 튜플을 인덱싱한다.

```
>>> ext = os.path.splitext('/foo/bar.fna')[1]
>>> ext
'.fna'
```

앞에 점을 원하지 않기 때문에 문자열 슬라이스를 사용해서 이를 제거할 수 있지만 이 문자는 비밀스럽고 읽을 수 없는 것처럼 보인다.

```
>>> ext = os.path.splitext('/foo/bar.fna')[1][1:]
>>> ext
'fna'
```

대신, 2장에서 처음 소개한 re.sub() 함수를 사용하는 것이 좋다. 찾고 있는 패턴은 문자열의 시작 부분에 있는 문자 그대로의 점이다. 삽입 기호(^)는 문자열의 시작을 나타내고 .은 모든 것 중 하나를 의미하는 메타 문자다. 문자 그대로의 점을 원한다는 것을 나타내려면 ^\.처럼 그 앞에 백슬래시를 넣거나 ^[.]에서와 같이 문자 클래스 안에 배치해야 한다.

```
>>> import re
>>> ext = re.sub('^[.]', '', os.path.splitext('/foo/bar.fna')[1]) ❶
>>> ext
'fna'
```

❶ re.sub()를 사용해서 파일 확장자의 시작 부분에 있는 문자 그대로의 점을 제거한다.

표 16-1과 같이 FASTA 파일에 대한 4개의 공통 확장자가 있으며 하나의 압축된 정규 표현식을 사용해서 나타낼 수 있다. re 모듈에는 검색을 위한 두 가지 함수가 있다.

- re.match()는 문자열의 시작 부분에서 일치하는 항목을 찾는다.
- re.search()는 문자열 내의 임의의 위치에서 일치하는 항목을 찾는다.

이 예시에서는 패턴(첫 번째 인수)이 extension의 시작 부분(두 번째 인수)에 있는지 확인하기 위해 re.match() 함수를 사용하고 있다.

```
>>> re.match('f(ast|a|n)?a$', ext)
<re.Match object; span=(0, 3), match='fna'>
```

re.search()에서 동일한 결과를 얻으려면 시작 부분에 삽입 기호를 사용해서 패턴을 문자열의 시작 부분에 고정해야 한다.

```
>>> re.search('^f(ast|a|n)?a$', ext)
<re.Match object; span=(0, 3), match='fna'>
```

그림 16-2는 정규 표현식의 각 부분을 설명한다.

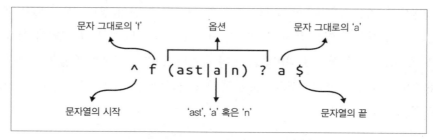

그림 16-2. 4개의 FASTA 패턴을 일치시키기 위한 정규식

그림 16-3과 같이 유한 상태 머신 다이어그램으로 그린 것을 보는 것이 도움이 될 수 있다.

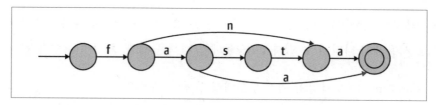

그림 16-3. 네 가지 FASTA 패턴을 일치시키기 위한 유한 상태 머신 다이어그램

FASTQ 파일에는 두 가지 패턴만 있으므로 패턴이 다소 간단하다.

```
>>> re.search('^f(ast)?q$', 'fq')
<re.Match object; span=(0, 2), match='fq'>
>>> re.search('^f(ast)?q$', 'fastq')
<re.Match object; span=(0, 5), match='fastq'>
```

그림 16-4는 이 정규식을 설명한다.

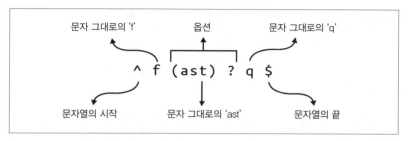

그림 16-4. 두 FASTQ 패턴을 일치시키기 위한 정규식

그림 16-5는 유한 상태 머신으로 표현된 동일한 아이디어다.

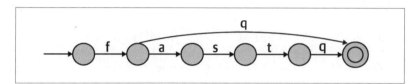

그림 16-5. 두 FASTQ 패턴을 일치시키기 위한 유한 상태 머신 다이어그램

계획이 함께 올 때가 좋다

다음은 16장의 첫 번째 부분에서 소개한 구조를 사용해서 main()을 작성한 방법이다.

```python
def main() -> None:
    args = get_args()
    regex = re.compile(args.pattern, re.IGNORECASE if args.insensitive else 0) ❶

    for fh in args.files: ❷
        input_format = args.input_format or guess_format(fh.name) ❸

        if not input_format: ❹
            sys.exit(f'Please specify file format for "{fh.name}"')

        output_format = args.output_format or input_format ❺

        for rec in SeqIO.parse(fh, input_format): ❻
            if any(map(regex.search, [rec.id, rec.description])): ❼
```

```
        SeqIO.write(rec, args.outfile, output_format) ❽
```

❶ 정규식을 컴파일해 지정된 패턴을 찾는다.

❷ 입력 파일을 반복한다.

❸ 입력 형식을 사용하거나 파일 이름에서 추측한다.

❹ 입력 파일 형식이 없으면 오류와 함께 종료한다.

❺ 출력 형식을 사용하거나 입력 형식을 사용한다.

❻ 파일의 각 염기 서열을 반복한다.

❼ 염기 서열 ID 혹은 설명이 패턴과 일치하는지 확인한다.

❽ 만약에 그렇다면 염기 서열을 출력 파일에 기록한다.

강조하고 싶은 항목이 몇 가지 있는데, 출력 파일 형식을 결정할 수 없는 경우 파일을 처리하는 동안 프로그램을 중지하기 위해 sys.exit()을 사용할 것이다. 이 값은 사용자에게 반드시 기대하지는 않는 값이며, 프로그램이 실행 중일 때 알아낼 수 있기를 바라는 값이다. 그럴 수 없다면 사용자에게 오류 메시지를 반환하고 실패를 나타내기 위해 운영체제에 종료값을 반환해야 한다. 계속하기 전에 사용자가 다시 시작해서 누락된 정보를 수정해야 한다.

또한 all() 함수와 상관관계가 있는 any() 함수의 사용을 지적하고 싶다. 두 함수 모두 실제 값 리스트를 단일 부울 값으로 줄인다. 모든 값이 true이면 all() 함수가 True를 반환하고 그렇지 않으면 False를 반환한다.

```
>>> all([True, True, True])
True
>>> all([True, False, True])
False
```

값이 true이면 any() 함수가 True를 반환하고 그렇지 않으면 False를 반환한다.

```
>>> any([True, False, True])
True
>>> any([False, False, False])
False
```

레코드의 ID와 설명 필드를 검색하기 위해 컴파일된 정규식과 함께 이것을 사용한다. 해당 정규식은 re.IGNORECASE 플래그를 사용해서 대소문자를 구분하지 않는 매치를 설정한다. 이를 설명하기 위해 파이썬이 각각의 비트 연산자 &과 |을 사용해서, and와 or과 비트로 부울 값을 결합하는 방법에 대해 살펴보고자 한다.

정규식 검색 플래그 결합하기

기본적으로 정규식은 대소문자를 구분하지만, 이 프로그램은 대소문자를 구분하는 검색과 대소문자를 구분하지 않는 검색을 모두 처리해야 한다. 예를 들어 소문자 lsu를 검색했는데 레코드 헤더에 대문자 LSU만 있으면 실패한다.

```
>>> import re
>>> type(re.search('lsu', 'This contains LSU'))
<class 'NoneType'>
```

대소문자를 무시하는 한 가지 방법은 검색 패턴과 문자열을 모두 대문자 또는 소문자로 강제 지정하는 것이다.

```
>>> re.search('lsu'.upper(), 'This contains LSU'.upper())
<re.Match object; span=(14, 17), match='LSU'>
```

다른 방법은 re.search() 함수에 선택적 플래그를 제공하는 것이다.

```
>>> re.search('lsu', 'This contains LSU', re.IGNORECASE)
<re.Match object; span=(14, 17), match='LSU'>
```

re.I로 줄일 수 있다.

```
>>> re.search('lsu', 'This contains LSU', re.I)
```

```
<re.Match object; span=(14, 17), match='LSU'>
```

이것은 프로그램에서 정규 표현식을 컴파일할 때 사용한다.

```
regex = re.compile(args.pattern, re.IGNORECASE if args.insensitive else 0) ❶
```

❶ `args.insensitive`가 True이면 패턴을 컴파일할 때 `re.IGNORECASE` 옵션을 사용한다.
그렇지 않으면 옵션이 없음을 의미하는 0을 사용한다.

11장에서 정규 표현식을 컴파일하는 방법을 처음 소개했었다. 장점은 파이썬이 패턴을
한 번만 구문 분석하면 되기 때문에 일반적으로 코드 실행 속도가 빨라진다는 것이다.
여기서 옵션 플래그를 사용해서 대소문자를 구분하지 않는 매치로 변경할지 여부를 결
정해야 한다. 비트 연산 또는 | 연산자를 사용해서 결합할 수 있는 다른 플래그와 일치
하는 정규 표현식의 여러 측면을 변경할 수 있다. `help(re)`의 설명서를 보자.

```
Each function other than purge and escape can take an optional 'flags' argument
consisting of one or more of the following module constants, joined by "|".
A, L, and U are mutually exclusive.
    A ASCII              For string patterns, make \w, \W, \b, \B, \d, \D
                         match the corresponding ASCII character categories
                         (rather than the whole Unicode categories, which is the
                         default).
                         For bytes patterns, this flag is the only available
                         behaviour and needn't be specified.
    I IGNORECASE         erform case-insensitive matching.
    L LOCALE             Make \w, \W, \b, \B, dependent on the current locale.
    M MULTILINE          "^" matches the beginning of lines (after a newline)
                         as well as the string.
                         "$" matches the end of lines (before a newline) as well
                         as the end of the string.
    S DOTALL             "." matches any character at all, including the newline.
    X VERBOSE            Ignore whitespace and comments for nicer looking RE's.
    U UNICODE            For compatibility only. Ignored for string patterns (it
                         is the default), and forbidden for bytes patterns.
```

자세히 살펴보면 `re.IGNORECASE`가 열거형(https://oreil.ly/J6Wsy) 또는 가능한 값의 열

거형인 것을 알 수 있다.

```
>>> type(re.IGNORECASE)
<enum 'RegexFlag'>
```

문서(https://oreil.ly/nONMy)에 따르면 이는 'enum.IntFlag의 하위 클래스'이며 다음과 같이 설명된다(https://oreil.ly/l1dyG).

> IntFlag 멤버 자격을 잃지 않고 비트 단위 연산자를 사용해서 결합할 수 있는 열거 상수를 만드는 기본 클래스다. IntFlag 멤버는 int의 하위 클래스이기도 하다.

즉 False가 실제로 0이고 True가 실제로 1인 것처럼 re.IGNORECASE가 int의 깊은 곳에서 실행된다. 나는 0을 더해서 플래그의 정숫값을 알아내기 위해 약간의 수사 작업을 했다.

```
>>> for flag in sorted([re.A, re.I, re.L, re.M, re.S, re.X, re.U]):
...     print(f'{flag:15} {flag + 0:5} {0 + flag:#011b}')
...
re.IGNORECASE       2 0b000000010
re.LOCALE           4 0b000000100
re.MULTILINE        8 0b000001000
re.DOTALL          16 0b000010000
re.UNICODE         32 0b000100000
re.VERBOSE         64 0b001000000
re.ASCII          256 0b100000000
```

각 플래그가 고유한 단일 비트로 표현되도록 각 값이 2의 거듭제곱이라는 점에 유의하라. 이를 통해 문서에 언급된 | 연산자를 사용해서 플래그를 결합할 수 있다. 설명하기 위해 접두사 0b를 사용해서 원시 바이트 문자열을 나타낼 수 있다. 다음은 숫자 1과 2의 이진 표현이다. 각각은 1로 설정된 단일 비트만 사용한다.

```
>>> one = 0b001
>>> two = 0b010
```

|, 즉 비트 or를 사용하면 표 16-2에 표시된 true 표처럼 세 비트가 각각 결합된다.

표 16-2. or (|)를 사용한 true 표

첫 번째	두 번째	결과
T	T	T
T	F	T
F	T	T
F	F	F

그림 16-6과 같이 파이썬은 각 비트를 보고 어느 한 비트가 1이면 1을 선택하고, 두 비트가 모두 0이면 0을 선택한다. 즉 위치 1과 2의 비트가 모두 설정돼 있기 때문에 숫자 3의 이진 표현인 `0b011`이 된다.

```
>>> one | two
3
```

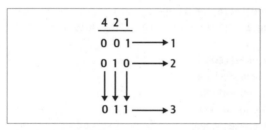

그림 16-6. 비트의 각 열을 or로 만들 때 임의의 위치에 있는 1은 1을 생성한다. 모든 비트가 0이면 결과는 0이 된다.

& 연산자를 사용할 때 파이썬은 두 비트가 모두 1일 때만 1을 산출하고, 그렇지 않으면 표 16-3에 나온 것처럼 0을 반환한다.

표 16-3. and (&)에 대한 true 표

첫 번째	두 번째	결과
T	T	T
T	F	F
F	T	F

첫 번째	두 번째	결과
F	F	F

따라서 &을 사용해서 one과 two를 결합하면 0의 이진 표현인 0b000 값이 생성된다.

```
>>> one & two
0
```

| 연산자를 사용해서 여러 정규식 비트플래그를 결합할 수 있다. 예를 들어 re.IGNORE CASE는 2로 0b010으로 표시되고 re.LOCALE은 4로 0b100으로 표시된다. 숫자 6인 0b110으로 결합 혹은 비트 연산한다.

```
>>> 0b010 | 0b100
6
```

이것이 사실인지 확인할 수 있다.

```
>>> (re.IGNORECASE | re.LOCALE) == 6
True
```

re.compile() 함수로 반환하려면 기본은 대소문자를 일치시키는 것이다.

```
>>> regex = re.compile('lsu')
>>> type(regex.search('This contains LSU'))
<class 'NoneType'>
```

사용자가 대소문자를 구분하지 않는 검색을 원할 경우 다음과 같은 작업을 실행한다.

```
>>> regex = re.compile('lsu', re.IGNORECASE)
>>> regex.search('This contains LSU')
<re.Match object; span=(14, 17), match='LSU'>
```

이를 방지하는 한 가지 방법은 if 문을 사용하는 것이다.

```
regex = None
if args.insensitive:
  regex = re.compile(args.pattern, re.IGNORECASE)
else:
  regex = re.compile(args.pattern)
```

이 솔루션은 DRY^{Don't Repeat Yourself} 원칙에 위반하기 때문에 좋아하지 않는다. if 문을 작성해서 re.IGNORECASE 플래그 또는 플래그가 없음을 의미하는 기본값(숫자 0)을 선택할 수 있다.

```
regex = re.compile(args.pattern, re.IGNORECASE if args.insensitive else 0)
```

문서에서 추가 검색 플래그를 포함하도록 이 프로그램을 확장하려면 |를 사용해서 해당 플래그를 결합할 수 있다. 6장과 12장에서는 여러 값을 하나의 값으로 줄이는 아이디어에 대해 설명했다. 예를 들어 숫자 리스트를 리스트의 합으로 줄이기 위해 덧셈을 사용하거나 곱셈을 사용해서 리스트를 만들고, str.join() 함수를 사용해서 문자열 리스트를 단일값으로 줄일 수 있다. 비슷하게 비트 연산 |를 사용해서 모든 정규식 플래그를 줄일 수 있다.

```
>>> (re.A | re.I | re.L | re.M | re.S | re.X | re.U) + 0
382
```

이런 플래그는 고유한 비트를 사용하므로 & 연산자를 사용해서 특정 비트가 있는지 확인해서 값을 생성하는 데 사용된 플래그를 정확히 찾을 수 있다. 예를 들어 앞서 |를 사용해서 플래그 re.IGNORECASE와 re.LOCALE을 결합하는 방법을 보여 줬다.

```
>>> flags = re.IGNORECASE | re.LOCALE
```

flags 변수에 지정된 플래그가 있는지 확인하기 위해 &를 사용한다. 두 값에 모두 있는 1비트만 반환하기 때문에 and를 반환한다.

```
>>> flags & re.IGNORECASE
re.IGNORECASE
```

결합된 값에 존재하지 않는 and 플래그를 처리하면 결과는 0이다.

```
>>> (flags & re.VERBOSE) + 0
0
```

비트 결합에 대해 많은 정보를 알려 줬다. 그러니 몰랐다면 이제 알게 됐을 것이다.

부울 값 줄이기

이 프로그램에서 사용했던 것을 any() 함수로 되돌리고 싶다. 정숫값의 비트 연산 조합 처럼 비슷하게 여러 부울 값을 줄일 수 있다. 다음은 or 연산자를 사용해서 부울을 결합 하는 표 16-2와 동일한 정보다.

```
>>> True or True
True
>>> True or False
True
>>> False or True
True
>>> False or False
False
```

이는 부울 리스트가 있는 any()를 사용하는 것과 같다. 값이 true이면 전체 식은 True다.

```
>>> any([True, True])
True
>>> any([True, False])
True
>>> any([False, True])
True
>>> any([False, False])
False
```

그리고 다음은 표 16-3과 동일한 데이터로, 부울을 결합하기 위해 and를 사용한다.

```
>>> True and True
True
```

```
>>> True and False
False
>>> False and True
False
>>> False and False
False
```

이것은 all()을 사용하는 것과 같다. 모든 값이 true인 경우에만 전체 식이 **True**가 된다.

```
>>> all([True, True])
True
>>> all([True, False])
False
>>> all([False, True])
False
>>> all([False, False])
False
```

이 아이디어를 사용하는 코드 라인은 다음과 같다.

```
if any(map(regex.search, [rec.id, rec.description])):
```

map() 함수는 각각의 rec.id와 rec.description 값을 regex.search() 함수에 공급해서 참 거짓을 해석할 수 있는 값 리스트를 생성한다. 필드 중 적어도 하나 이상의 일치하는 항목이 있다면 any()가 **True**를 반환하고 염기 서열을 출력 파일에 기록해야 한다.

더 나아가기

때로는 염기 서열 헤더에 'Organism=Oryza sativa'와 같은 키/값 메타데이터가 포함돼 있다. 이 값을 검색하는 옵션을 추가한다. tests/inputs 폴더에 입력 파일 예제를 추가하고 tests/fastx_grep_test.py에 적절한 테스트를 추가해야 한다.

GenBank, EMBL, SwissProt과 같은 추가 입력 염기 서열 형식을 처리하도록 프로그램을 확장한다. 다시 예제 파일과 테스트를 추가해서 프로그램이 작동하는지 확인한다.

프로그램을 변경해서 최소 길이와 quality score를 가진 염기 서열을 선택한다.

요점 정리

16장의 주요 요점은 다음과 같다.

- FASTQ 파일 형식을 사용하려면 각 레코드를 다음 네 줄로 표시해야 한다. - 헤더, 염기 서열, 구분 기호, quality score

- 정규 표현식 매치는, 예를 들어 대소문자를 구분하지 않는 매치를 수행할지 여부를 제어하는 플래그를 허용할 수 있다. 기본적으로 정규 표현식은 대소문자를 구분한다.

- 여러 정규식 플래그를 나타내려면 | (or) 비트 연산자를 사용해서 플래그의 정숫값을 결합한다.

- 부울 값은 and와 or 연산과 any()와 all() 함수를 사용해서 줄일 수 있다.

- DWIM 미학은 사용자가 프로그램이 자연스럽고 지능적으로 수행하기를 원한다고 예상하는 것을 의미한다.

- DRY 원칙은 코드에서 동일한 아이디어를 복제하지 않고 하나의 위치 또는 함수로 분리한다는 것을 의미한다.

DNA 합성기:
마르코프 체인으로 합성 데이터 생성하기

마르코프 체인Markov chain은 주어진 데이터 집합에서 발견되는 서열의 가능성을 나타내는 모델이다. 이 모델은 입력 데이터에서 패턴을 발견하거나 학습하기 때문에 머신러닝 알고리듬이다. 17장에서 새로운 DNA 서열을 생성하기 위해 DNA 염기 서열 집합에 대해 숙달된 마르코프 체인을 사용하는 방법을 소개할 것이다.

17장에서 배울 내용은 다음과 같다.

- 주어진 k에 대한 모든 고유 k-mer를 찾으려면 몇 개의 입력 염기 서열 파일을 읽는다.
- k-mer를 사용해서 최소, 최대로 제한된 길이의 몇 가지 새로운 염기 서열을 생성하기 위해 마르코프 체인을 생성한다.
- 제너레이터generator에 대해 배울 것이다.
- 무작위 시드random seed를 사용해서 무작위 선택을 복제한다.

마르코프 체인의 이해

클로드 섀넌은 「A Mathematical Theory of Communication의사소통의 수학적 이론」(https://oreil.ly/8Gka4)(1948)이라는 논문에서 그래프와 정규 상태 다이어그램을 설명하는 데 사용했던 유한 상태 다이어그램과 놀라울 정도로 유사한 마르코프 과정을 설명한다. 섀넌은 이 과정을 '시스템의 가능한 상태의 유한한 수'와 한 상태가 다른 상태로 이어질 '일련의 전이 확률'로 설명한다.

마르코프 과정의 한 예로, 섀넌은 영어 알파벳 26개 문자와 공백 중에서 무작위로 선택해서 문자열을 생성하는 시스템을 설명한다. '0차 근사'에서 각 문자는 선택될 확률이 동일하다. 이 과정은 bz와 qr과 같은 문자 조합이 st와 qu만큼 자주 나타날 수 있는 문자열을 생성한다. 그러나 실제 영어 단어를 조사해보면 후자의 두 단어가 전자의 두 단어보다 훨씬 더 흔하다는 것을 알 수 있다.

```
$ for LETTERS in bz qr st qu
> do echo -n $LETTERS && grep $LETTERS /usr/share/dict/words | wc -l; done
bz      4
qr      1
st   21433
qu    3553
```

하나의 문자에서 다른 문자로의 가능한 전이를 보다 정확하게 모형화하기 위해 섀넌은 '연속적인 문자를 독립적으로 선택하지만 각 문자는 자연어에서와 동일한 확률을 갖는 1차 근사'를 도입한다. 이 모델의 경우 영어의 대표적인 텍스트의 선택 과정을 훈련해야 한다. 섀넌은 영어 단어에서의 사용 빈도를 반영해서 문자 e의 확률이 0.12인 반면, w는 그림 17-1과 같이 훨씬 덜 사용되는 0.02의 확률을 갖고 있다고 지적한다.

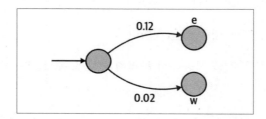

그림 17-1. 영어의 임의의 문자에서 문자 'e' 또는 'w'로 이동할 확률을 포함하는 유한 상태 다이어그램

섀넌은 계속해서 후속 문자가 '첫 번째 문자 다음에 오는 다양한 문자의 빈도에 따라 선택되는' 2차 근사를 설명한다. 이는 1부에서 여러 번 사용했던 k-mer와 관련이 있다.

언어학에서는 이를 N-gram이라고 한다. 예를 들어 2-mer가 주어졌을 때 어떤 3-mer가 생성될 가능성이 있을까? 알파벳 e 또는 r은 가능성이 높은 반면, z는 어떤 영어 단어에 thz 서열이 포함돼 있지 않으므로 불가능하다.

이러한 패턴을 얼마나 자주 찾을 수 있는지 대략적으로 추정할 수 있다. 시스템의 딕셔너리 행의 수를 세는 데 **wc -l**을 사용해서 약 236,000개의 영어 단어를 찾았다.

```
$ wc -l /usr/share/dict/words
  235886 /usr/share/dict/words
```

하위문자열의 빈도를 찾기 위해 몇몇 단어가 패턴을 두 번 가질 수 있다는 사실을 고려해야 한다. 예를 들어 다음은 2개 이상의 패턴이 있는 몇 가지 단어다.

```
$ grep -E '.*the.*the.*' /usr/share/dict/words | head -3
diathermotherapy
enthelminthes
hyperthermesthesia
```

grep -io를 사용해서 문자열 thr와 the의 대소문자를 구분하지 않는 방식(-i)으로 검색할 수 있으며, -o 플래그는 grep이 일치하는 문자열만 반환하도록 지시해서 각 단어의 모든 일치 항목을 표시한다. thr은 1,270번 발생하고 the는 3,593번 발생한다.

```
$ grep -io thr /usr/share/dict/words | wc -l
  1270
$ grep -io the /usr/share/dict/words | wc -l
  3593
```

이 숫자를 총 단어 수로 나누면 그림 17-2와 같이 thr의 경우 0.005, the의 경우 0.015의 빈도가 된다.

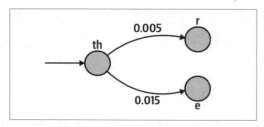

그림 17-2. 'th'에서 'r' 혹은 'e'로 이동할 확률을 보여 주는 유한 상태 다이어그램

위와 같은 아이디어를 적용해서 일부 샘플 염기 서열을 읽고 10 염기쌍^{bp}과 같은 k-mer 레벨에서 염기의 순서를 기록하면서 새로운 DNA 염기 서열을 생성할 수 있다. 다양한 훈련 문자가 모델에 영향을 끼친다는 점에 유의해야 한다. 예를 들어 영어 단어와 철자는 시간이 지남에 따라 변했기 때문에 베오울프^{Beowulf}와 켄터베리^{Canterbury} 이야기와 같은 오래된 영어 본문으로 된 훈련은 현대 신문 기사와는 다른 결과를 낼 것이다. 이것은 머신러닝의 학습 부분이다. 많은 머신러닝 알고리듬은 일부 데이터 집합에서 다른 집합에 적용할 패턴을 찾도록 설계됐다. 이 프로그램의 경우 생성된 염기 서열은 입력 염기 서열과 구성이 어느 정도 유사하다. 훈련 데이터로 인간 게놈을 사용해서 프로그램을 실행하면 해양 열수 수로에서 바이러스 메타 게놈을 사용하는 것과 다른 결과가 생성된다.

시작하기

이 프로그램의 입력값과 테스트 코드를 포함하는 17_synth 폴더에서 작업해야 한다. 먼저, 솔루션을 synth.py 프로그램에 복사한다.

```
$ cd 17_synth
$ cp solution.py synth.py
```

이 프로그램에는 많은 매개 변수가 있다. 도움말을 실행해서 확인한다.

```
$ ./synth.py -h
usage: synth.py [-h] [-o FILE] [-f format] [-n number] [-x max] [-m min]
```

```
                    [-k kmer] [-s seed]
                    FILE [FILE ...]

Create synthetic DNA using Markov chain

positional arguments:
  FILE                          Training file(s) ❶

optional arguments:
  -h, --help                    show this help message and exit
  -o FILE, --outfile FILE
                                Output filename (default: out.fa) ❷
  -f format, --format format
                                Input file format (default: fasta) ❸
  -n number, --num number
                                Number of sequences to create (default: 100) ❹
  -x max, --max_len max
                                Maximum sequence length (default: 75) ❺
  -m min, --min_len min
                                Minimum sequence length (default: 50) ❻
  -k kmer, --kmer kmer    Size of kmer (default: 10) ❼
  -s seed, --seed seed    Random seed value (default: None) ❽
```

❶ 필요한 매개 변수는 하나 이상의 입력 파일이다.

❷ 출력 파일 이름은 기본적으로 out.fa로 설정된다.

❸ 입력 타입은 fasta 혹은 fastq여야 하며, 기본값은 fasta 타입이다.

❹ 생성되는 기본 염기 서열의 수는 100개다.

❺ 기본 최대 염기 서열의 길이는 75bp다.

❻ 기본 최소 염기 서열의 길이는 50bp다.

❼ 기본 k-mer 길이는 10bp다.

❽ 기본 무작위 시드는 None 값이다.

평소와 마찬가지로 이런 매개 변수를 나타내는 Args 객체를 만든다. 다음 typing 불러 오기를 사용한다. Dict는 프로그램에서 나중에 사용된다.

```python
from typing import NamedTuple, List, TextIO, Dict, Optional

class Args(NamedTuple):
    """ Command-line arguments """
    files: List[TextIO] ❶
    outfile: TextIO ❷
    file_format: str ❸
    num: int ❹
    min_len: int ❺
    max_len: int ❻
    k: int ❼
    seed: Optional[int] ❽
```

❶ 입력 files은 열린 파일핸들 리스트가 된다.

❷ outfile은 열린 파일핸들이 된다.

❸ 입력 파일의 file_format은 문자열이다.

❹ 생성할 염기 서열의 수(num)는 정수다.

❺ min_len은 정수다.

❻ max_len은 정수다.

❼ k-mer 길이는 정수다.

❽ 무작위 시드는 값 None 혹은 정수일 수 있다.

다음은 프로그램의 매개 변수를 정의하는 방법이다.

```python
def get_args() -> Args:
    """ Get command-line arguments """

    parser = argparse.ArgumentParser(
        description='Create synthetic DNA using Markov chain',
```

```
                   formatter_class=argparse.ArgumentDefaultsHelpFormatter)

    parser.add_argument('file',
                        help='Training file(s)',
                        metavar='FILE',
                        nargs='+',
                        type=argparse.FileType('rt')) ❶

    parser.add_argument('-o',
                        '--outfile',
                        help='Output filename',
                        metavar='FILE',
                        type=argparse.FileType('wt'), ❷
                        default='out.fa')

    parser.add_argument('-f',
                        '--format',
                        help='Input file format',
                        metavar='format',
                        type=str,
                        choices=['fasta', 'fastq'], ❸
                        default='fasta')

    parser.add_argument('-n',
                        '--num',
                        help='Number of sequences to create',
                        metavar='number',
                        type=int,
                        default=100) ❹

    parser.add_argument('-x',
                        '--max_len',
                        help='Maximum sequence length',
                        metavar='max',
                        type=int,
                        default=75) ❺

    parser.add_argument('-m',
                        '--min_len',
                        help='Minimum sequence length',
                        metavar='min',
```

```
                        type=int,
                        default=50) ❻

    parser.add_argument('-k',
                        '--kmer',
                        help='Size of kmer',
                        metavar='kmer',
                        type=int,
                        default=10) ❼

    parser.add_argument('-s',
                        '--seed',
                        help='Random seed value',
                        metavar='seed',
                        type=int,
                        default=None) ❽

    args = parser.parse_args()

    return Args(files=args.file,
                outfile=args.outfile,
                file_format=args.format,
                num=args.num,
                min_len=args.min_len,
                max_len=args.max_len,
                k=args.kmer,
                seed=args.seed)
```

❶ type은 값을 읽을 수 있는 텍스트 파일로 제한하며, nargs는 하나 이상의 값을 필요로 한다.

❷ type은 값을 쓰기 가능한 텍스트 파일로 제한하며, 기본 파일 이름은 out.fa이다.

❸ choices는 값을 fasta 혹은 fastq로 제한하며, 기본값은 fasta이다.

❹ type은 값을 유효한 정숫값으로 제한하며, 기본값은 100이다.

❺ type은 값을 유효한 정숫값으로 제한하며, 기본값은 75이다.

❻ type은 값을 유효한 정숫값으로 제한하며, 기본값은 50이다.

❼ type은 값을 유효한 정숫값으로 제한하며, 기본값은 10이다.

❽ type은 값을 유효한 정숫값으로 제한하며, 기본값은 None이다.

시드가 type=int이지만 None이 정수가 아니기 때문에 기본값이 None인 것이 약간 이상해 보일 수 있다. 이 말은 사용자가 시드의 값을 제공하면 유효한 정수여야 하고, 그렇지 않으면 값이 None이 된다는 소리다. 이는 또한 Args.seed 정의에서 Optional[int]로 반영되며, 이는 값이 int 또는 None일 수 있음을 의미한다. int 타입과 None 값의 합집합인 typing.Union[int, None]과 동일하다.

무작위 시드 이해하기

염기 서열을 생성할 때 이 프로그램에는 무작위 요소가 있다. 각 염기를 독립적으로 무작위로 선택하는 섀넌의 0차 구현부터 시작한다. random.choice() 함수를 사용해서 하나의 염기를 선택할 수 있다.

```
>>> bases = list('ACGT')
>>> import random
>>> random.choice(bases)
'G'
```

10-bp 염기 서열을 생성하려면 range() 함수를 사용해서 다음과 같은 리스트 컴프리헨션을 사용할 수 있다.

```
>>> [random.choice(bases) for _ in range(10)]
['G', 'T', 'A', 'A', 'C', 'T', 'C', 'T', 'C', 'T']
```

random.randint() 함수를 사용해서 최소 길이와 최대 길이 사이에서 무작위 염기 서열 길이를 추가로 선택할 수 있다.

```
>>> [random.choice(bases) for _ in range(random.randint(10, 20))]
['G', 'T', 'C', 'A', 'C', 'C', 'A', 'G', 'C', 'A', 'G']
```

컴퓨터에서 위 코드를 실행하면 표시된 것과 동일한 출력이 표시될 가능성이 매우 낮다. 다행히 이런 선택은 난수 생성기^{RNG, Random Number Generator}에 의해 결정론적으로 생성되기 때문에 의사 난수일 뿐이다. 정말로 무작위적이고, 재현 불가능한 선택은 이 프로그램을 테스트하는 것을 불가능하게 만들 것이다.

시드 또는 초깃값을 사용해서 의사 난수 선택을 예측 가능하게 할 수 있다. **help(random.seed)**을 읽으면 '지원되는 시드 타입은 None, int, float, str, bytes, bytearray'임을 알 수 있다. 예를 들어 정수를 사용해서 시드를 만들 수 있다.

```
>>> random.seed(1)
>>> [random.choice(bases) for _ in range(random.randint(10, 20))]
['A', 'G', 'A', 'T', 'T', 'T', 'T', 'C', 'A', 'T', 'A', 'T']
```

문자열도 사용할 수 있다.

```
>>> random.seed('markov')
>>> [random.choice(bases) for _ in range(random.randint(10, 20))]
['G', 'A', 'G', 'C', 'T', 'A', 'A', 'C', 'G', 'T', 'C', 'C', 'C', 'G', 'G']
```

앞의 코드를 실행하면 정확한 출력이 표시돼야 한다. 기본적으로 임의 시드는 None이며, 이는 프로그램의 기본값이다. 이는 시드를 전혀 설정하지 않는 것과 마찬가지이므로 프로그램이 기본값으로 실행될 때 의사 난수 방식으로 작동한다. 테스트할 때 프로그램이 올바르게 작동하는지 확인하기 위해 알려진 결과를 생성하는 값을 제공할 수 있다.

사용자에게 정숫값을 강제로 제공하도록 했다. 비록 정수를 사용하는 것이 편리하다고 생각했지만, 문자열, 숫자 또는 바이트를 사용해 시드를 생성할 수 있다. 정수 4와 문자열 '4'는 서로 다른 두 값이며, 서로 다른 결과를 생성한다는 점만 기억하라.

```
>>> random.seed(4) ❶
>>> [random.choice(bases) for _ in range(random.randint(10, 20))]
['G', 'A', 'T', 'T', 'C', 'A', 'A', 'A', 'T', 'G', 'A', 'C', 'G']
>>> random.seed('4') ❷
>>> [random.choice(bases) for _ in range(random.randint(10, 20))]
['G', 'A', 'T', 'C', 'G', 'G', 'A', 'G', 'A', 'C', 'C', 'A']
```

❶ 정숫값 4를 사용해서 시드를 생성한다.

❷ 문자열 값 '4'를 사용해서 시드를 생성한다.

무작위 시드는 해당 시점 이후의 random 함수의 모든 호출에 영향을 미친다. 이것은 프로그램에 전체적인 변화를 일으키므로 매우 주의해서 보아야 한다. 일반적으로 인수를 검증한 후 즉시 프로그램에 무작위 시드를 설정한다.

```
def main() -> None:
    args = get_args()
    random.seed(args.seed)
```

시드가 기본값인 None이면 무작위 함수에 영향을 주지 않는다. 사용자가 시드 값을 제공한 경우 이후의 모든 random 호출이 영향을 받는다.

훈련 파일 읽기

이 프로그램의 첫 번째 단계는 훈련 파일을 읽는 것이다. argparse로 이 인수를 정의한 방법 때문에 입력 파일의 유효성을 검사하는 과정이 처리됐고, 열린 파일핸들 리스트인 List[TextIO]가 있음을 알고 있다. Bio.SeqIO.parse()를 사용해서 이전 장들과 마찬가지로 염기 서열을 읽는다.

훈련 파일에서 각 k-mer를 따를 수 있는 가중 가능한 염기를 설명하는 딕셔너리를 생성하려 한다. 몇 가지 새로운 타입을 정의하기 위해 타입 별칭을 사용하는 것이 도움이 된다. 먼저, 이 염기를 선택할 확률을 설명하기 위해 T와 같은 염기를 0과 1 사이의 부동소수점 값에 매핑하는 딕셔너리를 원한다. 이를 WeightedChoice라고 한다.

```
WeightedChoice = Dict[str, float]
```

예를 들어 ACGTACGC 염기 서열에서 3-mer ACG는 동일한 가능성을 가진 T 또는 C로 이어진다. 이것을 이렇게 표현한다.

```
>>> choices = {'T': 0.5, 'C': 0.5}
```

다음으로, 나는 k-mer ACG를 선택 항목에 매핑하는 타입을 원한다. 마르코프 체인을 나타내므로 이것을 Chain이라고 부를 것이다.

```
Chain = Dict[str, WeightedChoice]
```

다음과 같이 표시된다.

```
>>> weighted = {'ACG': {'T': 0.5, 'C': 0.5}}
```

입력 파일에 있는 염기 서열의 각 k-mer에는 다음 염기 선택에 사용할 가중치 옵션 딕셔너리가 있다. 훈련 파일을 읽는 함수를 정의하는 데 사용하는 방법은 다음과 같다.

```
def read_training(fhs: List[TextIO], file_format: str, k: int) -> Chain: ❶
    """ Read training files, return dict of chains """

    pass ❷
```

❶ 이 함수는 파일핸들 리스트, 파일의 파일 형식, 읽을 k-mer 크기를 허용한다. Chain 타입을 반환한다.

❷ pass를 사용해서 아무것도 하지 않고 None을 반환한다.

k-mer는 이 솔루션에서 중요한 역할을 하므로 1부의 find_kmer() 함수를 사용할 수 있다. 이 서명이 있는 함수의 경우 다음과 같이 한다.

```
def find_kmer(seq: str, k: int) -> List[str]:
    """ Find k-mer in string """
```

다음 테스트를 사용한다.

```
def test_find_kmer() -> None:
    """ Test find_kmer """

    assert find_kmer('ACTG', 2) == ['AC', 'CT', 'TG']
```

```
assert find_kmer('ACTG', 3) == ['ACT', 'CTG']
assert find_kmer('ACTG', 4) == ['ACTG']
```

이 함수에 무엇이 들어가고 무엇이 돌아올 것을 예상하는지 정확히 보는 것이 도움이 된다고 생각한다. tests/unit_test.py 파일에서 이 프로그램의 모든 단위 테스트를 찾을 수 있다. 다음은 이 함수에 대한 테스트다.

```
def test_read_training() -> None: ❶
    """ Test read_training """

    f1 = io.StringIO('>1\nACGTACGC\n') ❷
    assert read_training([f1], 'fasta', 4) == { ❸
        'ACG': { 'T': 0.5, 'C': 0.5 },
        'CGT': { 'A': 1.0 },
        'GTA': { 'C': 1.0 },
        'TAC': { 'G': 1.0 }
    }

    f2 = io.StringIO('@1\nACGTACGC\n+\n!!!!!!!!!') ❹
    assert read_training([f2], 'fastq', 5) == { ❺
        'ACGT': { 'A': 1.0 },
        'CGTA': { 'C': 1.0 },
        'GTAC': { 'G': 1.0 },
        'TACG': { 'C': 1.0 }
    }
```

❶ 함수는 인수를 사용하지 않고 None을 반환한다.

❷ FASTA 형식의 단일 염기 서열을 포함하는 모의 파일핸들을 정의한다.

❸ FASTA 형식으로 데이터를 읽고 4-mer에 대한 마르코프 체인을 반환한다.

❹ FASTQ 형식의 단일 염기 서열을 포함하는 모의 파일핸들을 정의한다.

❺ FASTQ 형식으로 데이터를 읽고 5-mer에 대한 마르코프 체인을 반환한다.

k-mer를 더 잘 이해할 수 있도록 염기 서열에서 겹치는 k-mer를 보여 주는 kmer_tiler.py라는 프로그램을 포함했다. 이전 함수의 첫 번째 테스트는 3-mer ACG 뒤에

동일한 확률로 4-mer ACGT 또는 ACGC를 생성할 T 또는 C가 있는지 확인한다. kmer_tiler.py의 출력을 보면 다음 두 가지 가능성을 알 수 있다.

```
$ ./kmer_tiler.py ACGTACGC -k 4
There are 5 4-mer in "ACGTACGC."
ACGTACGC
ACGT ❶
  CGTA
    GTAC
      TACG
        ACGC ❷
```

❶ ACG 뒤에 T

❷ ACG 뒤에 C

이 정보를 사용해서 섀넌의 2차 근사치를 만들 수 있다. 예를 들어 3-mer ACG를 임의로 선택해서 새 염기 서열을 생성하면 T 또는 C를 동일한 확률로 추가할 수 있다. 이 훈련 데이터를 고려할 때 이런 패턴은 다시 발생하지 않기 때문에 A나 G를 추가할 수 없었다.

작성하기에 까다로운 함수이기 때문에 몇 가지 조언을 하려 한다. 먼저, 모든 파일의 모든 염기 서열에서 모든 k-mer를 찾아야 한다. 각 k-mer에 대해 길이 k - 1의 염기 서열의 가능한 모든 끝을 찾아야 한다. 즉 k가 4인 경우 먼저, 4-mer를 모두 찾은 다음 어떻게 선두 3-mer가 마지막 염기로 완료되는지 주목한다.

collections.Counter()를 사용했고 다음과 같은 임시 데이터 구조가 됐다.

```
{
  'ACG': Counter({'T': 1, 'C': 1}),
  'CGT': Counter({'A': 1}),
  'GTA': Counter({'C': 1}),
  'TAC': Counter({'G': 1})
}
```

입력 파일이 모두 DNA 서열이기 때문에 각각의 k-mer는 최대 4개의 가능한 선택을 가질 수 있다. 마르코프 체인의 핵심은 이러한 값에 가중치를 부여하는 것이므로 다음으로 각 옵션을 총 옵션 수로 나눈다. ACG의 경우 각각 한 번씩 발생하는 2개의 가능한 값이 있으므로 각각 1/2 또는 0.5의 가중치를 얻는다. 이 함수에서 반환하는 데이터 구조는 다음과 같다.

```
{
  'ACG': {'T': 0.5, 'C': 0.5},
  'CGT': {'A': 1.0},
  'GTA': {'C': 1.0},
  'TAC': {'G': 1.0}
}
```

이 테스트를 통과하는 함수를 작성하는 데 집중하는 것을 추천한다.

염기 서열 생성하기

다음으로 체인을 사용해서 새로운 염기 서열을 생성하는 데 집중할 것을 권장한다. 다음은 함수의 작은 부분이다.

```
def gen_seq(chain: Chain, k: int, min_len: int, max_len: int) -> Optional[str]: ❶
    """ Generate a sequence """

    return '' ❷
```

❶ 함수는 Chain, k-mer의 크기, 최소와 최대 염기 서열 길이를 사용할 수 있다. 곧 설명할 이유 때문에 새 염기 서열을 문자열로 반환할 수도 있고 반환하지 않을 수도 있다.

❷ 지금은 빈 문자열을 반환한다.

함수를 작은 조각으로 나눌 때 더미 값을 반환하는 것과 pass를 교환한다. 여기서는 함수가 str을 반환하므로 빈 문자열을 사용한다. 요점은 파이썬이 구문 분석하고 테스트에 사용할 수 있는 함수를 만드는 것이다. 여기서는 함수가 실패할 것이라고 예상한다.

이것을 위해 작성한 테스트는 다음과 같다.

```python
def test_gen_seq() -> None:  ❶
    """ Test gen_seq """

    chain = {  ❷
        'ACG': { 'T': 0.5, 'C': 0.5 },
        'CGT': { 'A': 1.0 },
        'GTA': { 'C': 1.0 },
        'TAC': { 'G': 1.0 }
    }

    state = random.getstate()  ❸
    random.seed(1)  ❹
    assert gen_seq(chain, k=4, min_len=6, max_len=12) == 'CGTACGTACG'  ❺
    random.seed(2)  ❻
    assert gen_seq(chain, k=4, min_len=5, max_len=10) == 'ACGTA'  ❼
    random.setstate(state)  ❽
```

❶ 함수는 인수를 허용하지 않으며 None을 반환한다.

❷ read_training() 함수로 반환된 데이터 구조다.

❸ random 모듈의 현재 전역 상태를 저장한다.

❹ 시드를 알려진 값 1로 설정한다.

❺ 적절한 염기 서열이 생성됐는지 확인한다.

❻ 시드를 알려진 다른 값인 2로 설정한다.

❼ 적절한 염기 서열이 생성됐는지 확인한다.

❽ 무작위 모듈을 이전 상태로 복원한다.

> 앞서 언급했듯이 random.seed()를 호출하면 무작위 모듈의 상태가 전체적으로 수정된다.
> random.getstate()를 사용해 수정하기 전에 현재 상태를 저장하고 테스트가 완료되면 해
> 당 상태를 복원한다.

작성하기 까다로운 함수이므로 작성할 방향을 가르쳐 주려 한다. 먼저, 생성할 염기 서열의 길이를 임의로 선택하면 random.randint() 함수가 이 작업을 수행한다. 최대, 최소 한도는 다음과 같다.

```
>>> min_len, max_len = 5, 10
>>> import random
>>> seq_len = random.randint(min_len, max_len)
>>> seq_len
9
```

다음으로 마르코프 체인 구조의 키 중 하나를 사용해서 염기 서열을 초기화해야 한다. 'dict_keys object is not subscriptable' 오류를 피하기 위해 list(chain.keys())를 강제로 지정해야 한다.

```
>>> chain = {
...     'ACG': { 'T': 0.5, 'C': 0.5 },
...     'CGT': { 'A': 1.0 },
...     'GTA': { 'C': 1.0 },
...     'TAC': { 'G': 1.0 }
... }
>>> seq = random.choice(list(chain.keys()))
>>> seq
'ACG'
```

염기 서열 길이가 선택한 염기 서열 길이보다 작다는 조건으로 루프를 설정했다. 루프가 도는 동안 계속해서 염기를 추가할 것이다. 각각의 새로운 염기를 선택하려면 리스트 슬라이스와 네거티브 인덱싱을 사용해서 계속 증가하는 염기 서열의 마지막 k - 1 염기를 얻어야 한다. 다음은 루프를 통과하는 하나의 패스pass다.

```
>>> k = 4
>>> while len(seq) < seq_len:
...     prev = seq[-1 * (k - 1):]
...     print(prev)
...     break
...
ACG
```

이 이전 값이 체인에서 발생하면 random.choices() 함수를 사용해서 다음 염기를 선택할 수 있다. help(random.choices)를 읽으면 이 함수가 선택할 population, 선택할 때 고려할 weights, 반환할 선택 수에 대한 k를 허용한다는 것을 알 수 있다. 주어진 k-mer의 체인의 키는 population이다.

```
>>> opts = chain['ACG']
>>> pop = opts.keys()
>>> pop
dict_keys(['T', 'C'])
```

체인의 값은 weights다.

```
>>> weights = opts.values()
>>> weights
dict_values([0.5, 0.5])
```

list()를 사용해서 키와 값을 강제로 지정해야 하고, random.choices()는 하나만 요청하더라도 항상 리스트를 반환하므로 첫 번째 값을 선택해야 한다.

```
>>> from random import choices
>>> next = choices(population=list(pop), weights=list(weights), k=1)
>>> next
['T']
```

이것을 염기 서열에 추가할 수 있다.

```
>>> seq += next[0]
>>> seq
'ACGT'
```

염기 서열이 올바른 길이가 되거나 체인에 없는 이전 값을 선택할 때까지 루프가 반복된다. 다음에 루프를 통과할 때 이전 3-mer는 seq의 마지막 3개 염기이므로 CGT가 된다. CGT가 체인의 키인 경우도 있지만, 다음 k-mer가 체인에 존재하지 않기 때문에 염기 서열을 계속할 방법이 없는 경우도 있다. 이 경우 루프를 종료하고 함수에서 None

을 반환할 수 있다. 이것이 gen_seq() 함수 시그니처가 Optional[str]을 반환하는 이유다. 함수가 너무 짧은 서열을 반환하지 않았으면 한다. 이 함수가 단위 테스트를 통과할 때까지 진행하지 않는 것이 좋다.

프로그램 구조화

훈련 파일을 읽고 마르코프 체인 알고리듬을 사용해서 새 서열을 생성할 수 있으면 새 서열을 출력 파일에 출력할 준비가 된 것이다. 다음은 프로그램 작동 방식에 대한 일반적인 개요다.

```
def main() -> None:
  args = get_args()
  random.seed(args.seed)
  chains = read_training(...)
  seqs = calls to gen_seq(...)
  print each sequence to the output file
  print the final status
```

이 프로그램은 FASTA 출력만 생성하며, 각 서열에는 ID로 1부터 번호를 붙여야 한다. 즉 출력 파일은 다음과 같아야 한다.

```
>1
GGATTAGATA
>2
AGTCAACG
```

테스트 집합은 확인할 옵션이 너무 많아서 상당히 크다. **make test**를 실행하거나 Makefile을 읽고 모든 단위 및 통합 테스트가 제대로 실행되고 있는지 확인하는 것을 추천한다.

솔루션

이 프로그램은 굉장히 복잡하기 때문에 단 한 가지 솔루션이 있다. collections 모듈에서 defaultdict()와 Counter()를 불러와 사용하는, 훈련 파일을 읽는 함수부터 시작한다.

```python
def read_training(fhs: List[TextIO], file_format: str, k: int) -> Chain:
  """ Read training files, return dict of chains """

  counts: Dict[str, Dict[str, int]] = defaultdict(Counter) ❶
  for fh in fhs: ❷
    for rec in SeqIO.parse(fh, file_format): ❸
      for kmer in find_kmer(str(rec.seq), k): ❹
        counts[kmer[:k - 1]][kmer[-1]] += 1 ❺

  def weight(freqs: Dict[str, int]) -> Dict[str, float]: ❻
    total = sum(freqs.values()) ❼
    return {base: freq / total for base, freq in freqs.items()} ❽

  return {kmer: weight(freqs) for kmer, freqs in counts.items()} ❾
```

❶ 마르코프 체인을 보유할 딕셔너리를 초기화한다.

❷ 각 파일핸들을 반복한다.

❸ 파일핸들들의 각 염기 서열을 반복한다.

❹ 염기 서열의 각 k-mer를 반복한다.

❺ k-mer의 접두사를 마르코프 체인의 키로 사용하고 마지막 염기의 개수에 추가한다.

❻ 개수를 가중된 값으로 바꾸는 함수를 정의한다.

❼ 전체 염기의 수를 찾는다.

❽ 각 염기의 빈도를 전체로 나눈다.

❾ 딕셔너리 컴프리헨션을 사용해서 가공되지 않은 개수를 가중치로 변환한다.

이것은 1부의 `find_kmer()` 함수를 사용하는데, 다음과 같다.

```
def find_kmer(seq: str, k: int) -> List[str]:
    """ Find k-mer in string """

    n = len(seq) - k + 1 ❶
    return [] if n < 1 else [seq[i:i + k] for i in range(n)] ❷
```

❶ k-mer의 수는 염기 서열의 길이 - k + 1이다.

❷ 리스트 컴프리헨션을 사용해서 염기 서열에서 모든 k-mer를 선택한다.

단일 염기 서열을 생성하기 위해 `gen_seq()` 함수를 작성한 방법은 다음과 같다.

```
def gen_seq(chain: Chain, k: int, min_len: int, max_len: int) -> Optional[str]:
    """ Generate a sequence """

    seq = random.choice(list(chain.keys())) ❶
    seq_len = random.randint(min_len, max_len) ❷

    while len(seq) < seq_len: ❸
        prev = seq[-1 * (k - 1):] ❹
        if choices := chain.get(prev): ❺
            seq += random.choices(population=list(choices.keys()), ❻
                                  weights=list(choices.values()),
                                  k=1)[0]
        else:
            break ❼

    return seq if len(seq) >= min_len else None ❽
```

❶ 체인 키에서 무작위 선택으로 염기 서열을 초기화한다.

❷ 염기 서열의 길이를 선택한다.

❸ 염기 서열 길이가 원하는 길이보다 짧은 동안 루프를 실행한다.

❹ 마지막 k - 1 염기를 선택한다.

❺ 이 k-mer에 대한 선택 리스트를 가져오려 시도한다.

❻ 가중 선택을 사용해서 다음 염기를 무작위로 선택한다.

❼ 체인에서 이 k-mer를 찾을 수 없으면 루프를 종료한다.

❽ 새 염기 서열이 충분히 길면 반환하고, 그렇지 않으면 None을 반환한다.

이 모든 것을 통합하기 위한 main() 함수는 다음과 같다.

```python
def main() -> None:
    args = get_args()
    random.seed(args.seed) ❶
    if chain := read_training(args.files, args.file_format, args.k): ❷
        seqs = (gen_seq(chain, args.k, args.min_len, args.max_len) ❸
                    for _ in count())

        for i, seq in enumerate(filter(None, seqs), start=1): ❹
            print(f'>{i}\n{seq}', file=args.outfile) ❺
            if i == args.num: ❻
                break

        print(f'Done, see output in "{args.outfile.name}".') ❼
    else:
        sys.exit(f'No {args.k}-mer in input sequences.') ❽
```

❶ 무작위 시드를 설정한다.

❷ 지정된 크기 k를 사용해서 주어진 형식으로 훈련 파일을 읽는다. 염기 서열이 k보다 짧으면 실패할 수 있다.

❸ 염기 서열을 생성하는 제너레이터를 만든다.

❹ seqs 제너레이터에서 false 요소를 제거하려면 술어 None과 filter()를 사용한다. 인덱스 위치와 0이 아닌 1부터 시작하는 염기 서열을 반복하려면 enumerate()를 사용한다.

❺ 인덱스 위치를 ID로 사용해서 FASTA 형식으로 염기 서열을 출력한다.

❻ 충분한 염기 서열이 생성되면 루프에서 벗어나라.

❼ 최종 상태를 출력한다.

❽ 염기 서열을 생성할 수 없는 이유를 사용자에게 알린다.

이전 코드의 제너레이터에 대해 잠시 설명하겠다. 원하는 수의 염기 서열을 생성하기 위해 range() 함수를 사용한다. 다음과 같이 리스트 컴프리헨션을 사용할 수 있다.

```
>>> from solution import gen_seq, read_training
>>> import io
>>> f1 = io.StringIO('>1\nACGTACGC\n')
>>> chain = read_training([f1], 'fasta', k=4)
>>> [gen_seq(chain, k=4, min_len=3, max_len=5) for _ in range(3)]
['CGTACG', 'CGTACG', 'TACGTA']
```

리스트 컴프리헨션은 다음 줄로 이동하기 전에 모든 염기 서열을 강제로 생성한다. 만약 수백만 개의 염기 서열을 만들고 있다면 프로그램이 여기에서 차단되고 모든 염기 서열을 저장하기 위해 많은 양의 메모리를 사용할 가능성이 높다. 리스트 컴프리헨션의 대괄호 []를 괄호 ()로 바꾸면 지연된 제너레이터가 된다.

```
>>> seqs = (gen_seq(chain, k=4, min_len=3, max_len=5) for _ in range(3))
>>> type(seqs)
<class 'generator'>
```

값을 반복해서 이것을 리스트처럼 처리할 수 있지만, 이 값들은 필요할 때만 생성된다. 즉 제너레이터를 생성하기 위한 코드 라인이 거의 즉시 실행되고 for 루프로 이동한다. 또한 프로그램은 다음 염기 서열을 생성하는 데 필요한 메모리만 사용한다.

range()와 염기 서열 수를 사용할 때 한 가지 작은 문제는 gen_seq() 함수가 때때로 None을 반환해 무작위 선택이 충분히 긴 염기 서열을 생성하지 않는 체인으로 유도한다는 것을 알고 있다는 것이다. 상한 없이 제너레이터를 실행해야 하며, 충분한 양이 생성되면 염기 서열 요청을 중지하는 코드를 작성한다. 무한 염기 서열을 만들기 위해 itertools.count()를 사용할 수 있으며, 거짓인 요소를 제거하기 위해 술어 None으로

filter()를 사용한다.

```
>>> seqs = ['ACGT', None, 'CCCGT']
>>> list(filter(None, seqs))
['ACGT', 'CCCGT']
```

최종 프로그램을 실행해서 기본값을 사용한 출력 파일을 만들 수 있다.

```
$ ./synth.py tests/inputs/*
Done, see output in "out.fa".
```

그런 다음 15장의 seqmagique.py를 사용해서 예상 범위에서 올바른 수의 염기 서열을
생성했는지 확인할 수 있다.

```
$ ../15_seqmagique/seqmagique.py out.fa
name      min_len    max_len    avg_len    num_seqs
out.fa         50         75      63.56         100
```

더 나아가기

염기 서열에 --type 옵션을 추가해서 DNA 또는 RNA를 생성한다.

프로그램을 확장해서 정방향과 역방향 읽기가 2개의 별도 파일에 있는 양방향 염기 서
열을 처리한다.

이제 마르코프 체인을 이해했으니 생물정보학의 다른 분야에서 마르코프 체인이 어떻
게 사용되는지에 대해 관심이 생길 것이다. 예를 들어 HMMER(http://hmmer.org) 개발
툴은 숨겨진 마르코프 모델을 사용해서 염기 서열 데이터베이스에서 상동homolog을 찾고
염기 서열 정렬을 생성한다.

요점 정리

17장의 주요 요점은 다음과 같다.

- 무작위 시드는 의사 난수 선택을 복제하는 데 사용된다.

- 마르코프 체인은 그래프의 노드가 다른 노드나 상태로 이동할 수 있는 확률을 인코딩하는 데 사용될 수 있다.

- 리스트 컴프리헨션은 대괄호를 괄호로 대체해서 지연된 제너레이터로 만들 수 있다.

FASTX 샘플러:
염기 서열 파일 무작위 서브샘플링

유전체학과 메타게놈학^{metagenomics}의 염기 서열 데이터 집합은 엄청나게 커질 수 있으므로 분석하는 데 상당한 시간과 계산 자원이 필요하다. 많은 시퀀서는 샘플당 수천만 개의 read를 생성할 수 있으며, 많은 실험에는 수십 개에서 수백 개의 샘플이 포함되며, 각각의 실험은 여러 기술 복제로 기가바이트에서 테라바이트의 데이터를 생성한다. 무작위 서브샘플링 염기 서열을 사용해 입력 파일의 크기를 줄이면 데이터를 보다 빠르게 탐색할 수 있다. 18장에서는 파이썬의 random 모듈을 사용해 FASTA/FASTQ 염기 서열 파일의 read 일부를 선택하는 방법을 소개할 것이다.

18장에서 배울 내용은 다음과 같다.

- 비결정적 샘플링

시작하기

이 연습의 코드와 테스트 코드는 18_fastx_sampler 폴더에 있다. sampler.py라는 프로그램의 솔루션을 복사하면서 시작한다.

```
$ cd 18_fastx_sampler/
$ cp solution.py sampler.py
```

이 프로그램을 테스트하기 위한 FASTA 입력 파일은 17장에서 작성한 synth.py 프로그램에서 생성된다. 해당 프로그램 작성을 완료하지 않은 경우 **make fasta**를 실행하기 전에 파일 이름에 솔루션을 복사해서 1K, 10K, 100K read로 각각 75~200bp 길이의 파일 이름이 있는 3개의 FASTA 파일을 생성해야 한다(각 파일의 이름은 n1k.fa, n10k.fa, n100k.fa다). 파일이 올바른지 확인하려면 **seqmagique.py**를 사용하라.

```
$ ../15_seqmagique/seqmagique.py tests/inputs/n1*
name                     min_len    max_len    avg_len    num_seqs
tests/inputs/n100k.fa         75        200     136.08      100000
tests/inputs/n10k.fa          75        200     136.13       10000
tests/inputs/n1k.fa           75        200     135.16        1000
```

sampler.py를 실행해서 가장 작은 파일에서 염기 서열의 기본값인 10%를 선택한다. 1의 무작위 시드를 사용하는 경우 95개의 read를 얻을 수 있다.

```
$ ./sampler.py -s 1 tests/inputs/n1k.fa
Wrote 95 sequences from 1 file to directory "out"
```

결과는 out이라는 이름의 출력 폴더에 있는 n1k.fa 파일에서 찾을 수 있다. 이를 확인하는 한 가지 방법은 **grep -c**를 사용해서 각 레코드의 시작 부분에서 > 기호를 찾는 횟수를 계산하는 것이다.

```
$ grep -c '>' out/n1k.fa
95
```

> 좌우에 따옴표를 잊어버린 경우 치명적인 오류가 발생할 수 있다.

```
$ grep -c > out/n1k.fa
usage: grep [-abcDEFGHhIiJLlmnOoqRSsUVvwxZ] [-A num] [-B num] [-C[num]]
            [-e pattern] [-f file] [--binary-files=value] [--color=when]
            [--context[=num]] [--directories=action] [--label] [--line-buffered]
            [--null] [pattern] [file ...]
```

잠깐, 무슨 일일까? >는 STDOUT을 한 프로그램에서 파일로 리디렉션하는 bash 연산자임을 기억하라. 이전 커맨드에서 충분한 인수 없이 **grep**을 실행하고 출력을 out/n1k.fa로 리디렉션했다. 표시된 출력값은 **STDERR**에 출력된 사용법이다. **STDOUT**에 아무것도 출력되지 않았기 때문에 이 null 출력값은 out/n1k.fa 파일을 덮어쓰고 비어 있다.

```
$ wc out/n1k.fa
      0       0       0 out/n1k.fa
```

이 오류 때문에 염기 서열 파일을 여러 개 잃어버렸다. 데이터가 영구적으로 손실됐으므로 파일을 재생성하려면 이전 명령을 다시 실행해야 한다. 이 작업을 수행한 후에는 **seqmagique.py**를 사용해서 내용을 확인하는 것이 좋다.

```
$ ../15_seqmagique/seqmagique.py out/n1k.fa
name            min_len    max_len    avg_len    num_seqs
out/n1k.fa          75        200     128.42          95
```

프로그램 매개 변수 검토하기

이것은 많은 옵션을 가진 꽤 복잡한 프로그램이다. **sampler.py** 프로그램을 실행해서 도움을 요청한다. 모든 옵션이 합리적인 기본값으로 설정되므로 필요한 인수는 입력 파일뿐이다.

```
$ ./sampler.py -h
usage: sampler.py [-h] [-f format] [-p reads] [-m max] [-s seed] [-o DIR]
                  FILE [FILE ...]

Probabilistically subset FASTA files

positional arguments:
  FILE                  Input FASTA/Q file(s) ❶

optional arguments:
  -h, --help            show this help message and exit
  -f format, --format format
                        Input file format (default: fasta) ❷
  -p reads, --percent reads
```

```
                        Percent of reads (default: 0.1) ❸
 -m max, --max max      Maximum number of reads (default: 0) ❹
 -s seed, --seed seed   Random seed value (default: None) ❺
 -o DIR, --outdir DIR   Output directory (default: out) ❻
```

❶ 하나 이상의 FASTA 또는 FASTQ 파일이 필요하다.

❷ 입력 파일의 기본 염기 서열 형식은 FASTA다.

❸ 기본적으로 프로그램은 read의 10%를 선택한다.

❹ 이 옵션은 지정된 최댓값에 도달하면 샘플링을 중지한다.

❺ 이 옵션은 선택 항목을 재생산하기 위해 무작위 시드를 설정한다.

❻ 출력 파일의 기본 폴더는 out이다.

이전 프로그램과 마찬가지로 프로그램은 유효하지 않거나 읽을 수 없는 입력 파일을 거부하며, 무작위 시드 인수는 정숫값이어야 한다. - p|--percent 옵션은 0과 1 사이의 부동 소수점 값이어야 하며, 프로그램은 해당 범위를 벗어나는 모든 것을 거부한다. 이 인수를 수동으로 검증하고 4장과 9장에서 설명한 것처럼 parser.error()를 사용한다.

```
$ ./sampler.py -p 3 tests/inputs/n1k.fa
usage: sampler.py [-h] [-f format] [-p reads] [-m max] [-s seed] [-o DIR]
                  FILE [FILE ...]
sampler.py: error: --percent "3.0" must be between 0 and 1
```

-f|--format 옵션은 fasta 또는 fastq 값만 허용하며, 기본값은 첫 번째 값으로 설정된다. 15장과 16장에서와 같이 argparse와 함께 선택 옵션을 사용해서 원치 않는 값을 자동으로 거부한다. 예를 들어 프로그램은 fastb 값을 거부한다.

```
$ ./sampler.py -f fastb tests/inputs/n1k.fa
usage: sampler.py [-h] [-f format] [-p reads] [-m max] [-s seed] [-o DIR]
                  FILE [FILE ...]
sampler.py: error: argument -f/--format: invalid choice:
'fastb' (choose from 'fasta', 'fastq')
```

마지막으로, -m|--max 옵션은 기본적으로 0으로 설정되며, 이는 프로그램이 상한 없이 read의 --percent를 샘플링한다는 것을 의미한다. 실질적으로는 수천만 개의 read가 있는 입력 파일이 있을 수 있지만, 각각에서 최대 100K만 원한다. 이 옵션을 사용해서 원하는 수에 도달하면 샘플링을 중지한다. 예를 들어 -m 30을 사용해서 30 read에서 샘플링을 중지할 수 있다.

```
$ ./sampler.py -m 30 -s 1 tests/inputs/n1k.fa
  1: n1k.fa
Wrote 30 sequences from 1 file to directory "out"
```

프로그램 작동 방식을 이해했다고 생각되면 직접 작성해서 실행해보라.

```
$ new.py -fp 'Probabilistically subset FASTA files' sampler.py
Done, see new script "sampler.py".
```

매개 변수 정의하기

프로그램의 인수에는 많은 다양한 데이터 타입이 포함돼 있으며, 이를 다음 클래스로 표현했다.

```
class Args(NamedTuple):
  """ Command-line arguments """
  files: List[TextIO] ❶
  file_format: str ❷
  percent: float ❸
  max_reads: int ❹
  seed: Optional[int] ❺
  outdir: str ❻
```

❶ files는 열린 파일핸들들의 리스트다.

❷ 입력 파일 형식은 문자열이다.

❸ read의 퍼센트는 부동 소수점 값이다.

❹ 최대 read 수는 정수다.

❺ 무작위 시드 값은 선택적 정수다.

❻ 출력 폴더 이름은 문자열이다.

다음은 argparse를 사용해서 인수를 정의하는 방법이다.

```python
def get_args() -> Args:
    parser = argparse.ArgumentParser(
        description='Probabilistically subset FASTA files',
        formatter_class=argparse.ArgumentDefaultsHelpFormatter)

    parser.add_argument('file',
                        metavar='FILE',
                        type=argparse.FileType('r'),  ❶
                        nargs='+',
                        help='Input FASTA/Q file(s)')

    parser.add_argument('-f',
                        '--format',
                        help='Input file format',
                        metavar='format',
                        type=str,
                        choices=['fasta', 'fastq'],  ❷
                        default='fasta')

    parser.add_argument('-p',
                        '--percent',
                        help='Percent of reads',
                        metavar='reads',
                        type=float,  ❸
                        default=.1)

    parser.add_argument('-m',
                        '--max',
                        help='Maximum number of reads',
                        metavar='max',
                        type=int,
                        default=0)  ❹
```

```python
parser.add_argument('-s',
                    '--seed',
                    help='Random seed value',
                    metavar='seed',
                    type=int,
                    default=None) ❺

parser.add_argument('-o',
                    '--outdir',
                    help='Output directory',
                    metavar='DIR',
                    type=str,
                    default='out') ❻

args = parser.parse_args()

if not 0 < args.percent < 1: ❼
  parser.error(f'--percent "{args.percent}" must be between 0 and 1')

if not os.path.isdir(args.outdir): ❽
  os.makedirs(args.outdir)

return Args(files=args.file, ❾
            file_format=args.format,
            percent=args.percent,
            max_reads=args.max,
            seed=args.seed,
            outdir=args.outdir)
```

❶ 파일 입력을 하나 이상의 읽을 수 있는 텍스트 파일로 정의한다.

❷ choices를 사용해서 파일 형식을 제한하고 기본값을 fasta로 한다.

❸ 퍼센트 인수는 기본값이 10%인 부동 소수점 값이다.

❹ 최대 read 수는 기본값이 0인 정수여야 한다.

❺ 무작위 시드 값은 선택 사항이지만 존재하는 경우 유효한 정수여야 한다.

❻ 출력 폴더는 기본값이 out인 문자열이다.

❼ 퍼센트가 0과 1 사이인지 확인한다.

❽ 출력 폴더가 없는 경우 해당 폴더를 만든다.

❾ Args 객체를 반환한다.

프로그램은 FASTA와 FASTQ 입력을 모두 허용하지만 FASTA 형식의 출력 파일만 작성해야 한다.

비결정적 샘플링하기

염기 서열에 고유한 순서가 없기 때문에 사용자가 표시한 염기 서열의 수가 아무리 많더라도 첫 번째 순서를 선택하려고 할 수 있다. 예를 들어 head를 사용해서 각 파일에서 몇 줄을 선택할 수 있다. 이것은 이 숫자가 4의 배수인 한 FASTQ 파일에서 작동하지만, 이러한 접근 방식은 여러 줄 FASTA 또는 Swiss-Prot와 같은 대부분의 다른 염기 서열 형식에 대해 잘못된 파일을 생성할 수 있다.

파일에서 염기 서열을 읽고 선택하는 여러 프로그램을 소개했기 때문에 원하는 수에 도달할 때까지 레코드를 선택하기 위해 그 프로그램 중 하나의 용도를 변경할 수 있다. 상사가 처음 이 프로그램을 작성해 달라는 요청을 했을 때 정확히 이렇게 했었다. 그러나 그 입력이 알려지지 않은 유기체로 구성된 환경 샘플인 메타게놈을 시뮬레이션하기 위해 동료가 만든 합성 데이터 집합이라는 것을 깨닫지 못했기 때문에 출력값을 사용할 수 없었다. 입력 파일은 알려진 게놈의 다양한 read를 연결해 생성했다. 예를 들어 처음 10K read는 박테리아에서, 다음 10K read는 다른 박테리아에서, 다음 10K read는 대표적인 고세균에서, 다음 10K는 바이러스에서 생성했다. 첫 번째 N개의 레코드만 선택하는 것은 입력의 다양성을 포함하는 데 실패했다. 그 프로그램은 쓰기 지루한 프로그램이었을 뿐만 아니라 항상 같은 출력을 생성했기 때문에 다른 서브샘플을 생성하는 데 사용될 수 없었다. 동일한 입력이 주어지면 출력이 항상 동일하기 때문에 이것은 결정론적 프로그램의 예다.

read의 일부 비율을 무작위로 선택하는 방법을 찾아야 했기 때문에 처음으로 생각한 것은 read 수를 세는 것이었다. 그러면 예를 들어 10% 정도가 될지 알 수 있다. 이를 위해 모든 염기 서열을 리스트에 저장하고, len()을 사용해서 몇 개가 있는지 파악한 다음, 이 범위의 숫자 중 10%를 무작위로 선택했다. 이러한 접근 방식은 매우 작은 입력 파일에도 적용될 수 있지만, 이것이 어떻게 의미 있는 방식으로 확장되는 데 실패하는지 볼 수 있기를 바란다. 수천만 개의 read가 있는 입력 파일을 접하는 것은 드문 일이 아니다. 모든 데이터를 파이썬 리스트 같은 것으로 유지하려면 시스템에서 사용 가능한 것보다 더 많은 메모리가 쉽게 필요할 수 있다.

결국 한 번에 한 염기 서열을 읽고 무작위로 선택할지 거부할지를 결정하는 솔루션을 선택했다. 즉 각 염기 서열에 대해 0과 1 사이의 연속 균일 분포에서 무작위로 숫자를 선택한다. 이 범위의 모든 값이 선택될 가능성이 동일하다. 해당 숫자가 지정된 백분율보다 작거나 같으면 read를 선택한다. 이 접근법은 한 번에 하나의 염기 서열 레코드만 메모리에 저장하므로 적어도 선형 또는 O(n)으로 확장해야 한다.

선택 프로세스를 설명하기 위해 무작위 모듈을 불러오고 random.random() 함수를 사용해서 0과 1 사이의 숫자를 선택한다.

```
>>> import random
>>> random.random()
0.465289867914331
```

아마 이 숫자와 같을 가능성은 거의 없다. 둘 다 동일한 값을 생성하려면 시드에 동의해야 한다. 정수 1을 사용하면 다음 번호를 얻을 수 있다.

```
>>> random.seed(1)
>>> random.random()
0.13436424411240122
```

random.random() 함수는 균일한 분포를 사용한다. 무작위 모듈은 정규 분포 또는 가우스 분포와 같은 다른 분포에서도 표본을 추출할 수 있다. 다른 함수와 사용 방법을 보려면 help(random)을 참고하라.

각 파일의 염기 서열을 반복할 때 이 함수를 사용해서 숫자를 선택한다. 숫자가 선택한 백분율보다 작거나 같으면 염기 서열을 출력 파일에 쓰고 싶다. 즉 random.random() 함수는 시간의 약 10%에서 .10보다 작거나 같은 수를 생성해야 한다. 이런 방식으로 프로그램을 실행할 때마다 선택된 read가 다르기 때문에 샘플링에 비결정론적 접근법을 사용하고 있다(무작위 시드를 설정하지 않는다고 가정한다). 이를 통해 동일한 입력 파일에서 다양한 하위 샘플을 생성할 수 있으며, 이는 분석을 위한 기술적 복제를 생성하는 데 유용할 수 있다.

프로그램 구성하기

이 프로그램이 복잡하다는 사실에 다소 부담이 될 수 있으므로 도움이 될 수 있는 유사 코드를 제시하겠다.

```
set the random seed
iterate through each input file
  set the output filename to output directory plus the input file's basename
  open the output filehandle
  initialize a counter for how many records have been taken

  iterate through each record of the input file
    select a random number between 0 and 1
    if this number is less than or equal to the percent
      write the sequence in FASTA format to the output filehandle
      increment the counter for taking records

    if there is a max number of records and the number taken is equal
      leave the loop

  close the output filehandle

print how many sequences were taken from how many files and the output location
```

solution.py 프로그램을 한 파일에서 실행하고, 여러 파일에서 실행한 다음, 출력을 역방향으로 변환해보라. 테스트 제품군을 계속 실행해서 프로그램이 제대로 작동하는지 확인하라.

이 프로그램이 몇 개의 입력 파일을 처리하고 몇 개의 출력을 만드는 이전의 많은 프로그램과 구조가 얼마나 유사한지 알았으면 한다. 예를 들어 2장에서는 출력 폴더에 있는 RNA 염기 서열의 파일을 생성하기 위해 DNA 염기 서열의 파일을 처리했다. 15장에서는 통계 요약 표를 생성하기 위해 염기 서열 파일을 처리했다. 16장에서는 패턴과 일치하는 레코드를 선택하기 위해 염기 서열 파일을 처리하고, 선택한 염기 서열을 출력 파일에 기록했다. 2장과 16장의 프로그램은 여기서 수행해야 할 작업과 가장 유사하므로 이런 솔루션을 사용하면 좋다.

솔루션

두 가지 버전의 솔루션을 공유하고자 한다. 첫 번째 솔루션은 설명한 대로 정확한 문제를 해결하기 위해 작동한다. 두 번째 솔루션은 원래 요구 사항을 뛰어넘는다. 왜냐하면 대규모 생물정보학 데이터 집합을 처리하는 과정에서 직면할 수 있는 두 가지 일반적인 문제, 즉 너무 많은 파일핸들을 열고, 압축 파일을 읽는 방법을 보여주고 싶기 때문이다.

솔루션 1: 일반 파일 읽기

압축되지 않은 제한된 수의 입력 파일을 처리하는 경우 다음 솔루션이 적합하다.

```python
def main() -> None:
    args = get_args()
    random.seed(args.seed) ❶

    total_num = 0 ❷
    for i, fh in enumerate(args.files, start=1): ❸
        basename = os.path.basename(fh.name)
        out_file = os.path.join(args.outdir, basename)
        print(f'{i:3}: {basename}') ❹

        out_fh = open(out_file, 'wt') ❺
        num_taken = 0 ❻
```

```
    for rec in SeqIO.parse(fh, args.file_format): ❼
      if random.random() <= args.percent: ❽
        num_taken += 1
        SeqIO.write(rec, out_fh, 'fasta')

      if args.max_reads and num_taken == args.max_reads: ❾
        break

    out_fh.close() ❿
    total_num += num_taken

  num_files = len(args.files) ⓫
  print(f'Wrote {total_num:,} sequence{"" if total_num == 1 else "s"} '
      f'from {num_files:,} file{"" if num_files == 1 else "s"} '
      f'to directory "{args.outdir}"')
```

❶ 무작위 시드가 있는 경우 설정한다. 기본 None 값은 시드를 설정하지 않는 것과 동일하다.

❷ 선택한 총 염기 서열 수를 기록하도록 변수를 초기화한다.

❸ 각 입력 파일핸들을 반복한다.

❹ 출력 폴더를 파일의 기본 이름과 결합해서 출력 파일 이름을 구성한다.

❺ 텍스트 쓰기를 위해 출력 파일핸들을 연다

❻ 변수를 초기화해서 이 파일에서 가져온 염기 서열 수를 기록한다.

❼ 입력 파일의 각 염기 서열 레코드를 반복한다.

❽ 레코드를 무작위로 선택한 경우 카운터를 증가시키고 염기 서열을 출력 파일에 쓴다.

❾ 최대 제한이 정의돼 있고, 선택한 레코드 수가 이 값과 같으면 내부 for 루프를 종료한다.

❿ 출력 파일핸들을 닫고 가져온 총 레코드 수를 늘린다.

❶ 처리된 파일 수를 기록하고 최종 상태를 사용자에게 알린다.

솔루션 2: 많은 압축 파일 읽기

원래 문제는 압축 파일을 읽는 것과 관련이 없지만, 데이터를 전송할 때 대역폭을 절약하고 데이터를 저장할 때 디스크 공간을 절약하기 위해 이러한 방식으로 데이터가 저장되는 경우가 많다. 파이썬은 zip과 gzip과 같은 도구로 압축된 파일을 직접 읽을 수 있으므로 처리하기 전에 입력 파일의 압축을 풀 필요가 없다.

또한 수백 개에서 수천 개의 입력 파일을 처리하는 경우 type=argparse.FileType()을 사용하면 운영체제에서 허용하는 최대 열린 파일 수를 초과할 수 있으므로 프로그램이 실패할 수 있다. 이 경우 Args.files를 List[str]로 선언하고 다음과 같이 매개 변수를 생성해야 한다.

```
parser.add_argument('file',
                    metavar='FILE',
                    type=str, ❶
                    nargs='+',
                    help='Input FASTA/Q file(s)')
```

❶ 매개 변수 타입을 하나 이상의 문자열 값으로 설정한다.

즉 입력 파일을 직접 검증해야 한다는 것을 의미하며, 다음과 같이 get_args() 함수에서 수행할 수 있다.

```
if bad_files := [file for file in args.file if not os.path.isfile(file)]: ❶
  parser.error(f'Invalid file: {", ".join(bad_files)}') ❷
```

❶ 유효하지 않은 파일에서 모든 인수를 찾는다.

❷ 잘못된 입력을 보고하려면 parser.error()를 사용한다.

이제 args.files가 문자열 리스트가 되므로 main() 처리를 약간 변경해야 한다. open()을 사용해서 파일핸들을 직접 열어야 하며, 이는 압축 파일을 처리하는 데 필요한 프로그램의 중요한 변경 사항이다. .gz 파일 확장자를 검사하는 간단한 발견법을 사용해서 파일이 압축됐는지 확인하고, 대신 **gzip.open()** 함수를 사용해서 파일을 연다.

```python
def main() -> None:
    args = get_args()
    random.seed(args.seed)

    total_num = 0
    for i, file in enumerate(args.files, start=1):  ❶
        basename = os.path.basename(file)
        out_file = os.path.join(args.outdir, basename)
        print(f'{i:3}: {basename}')

        ext = os.path.splitext(basename)[1]  ❷
        fh = gzip.open(file, 'rt') if ext == '.gz' else open(file, 'rt')  ❸
        out_fh = open(out_file, 'wt')
        num_taken = 0

        for rec in SeqIO.parse(fh, args.file_format):
            if random.random() <= args.percent:
                num_taken += 1
                SeqIO.write(rec, out_fh, 'fasta')

            if args.max_reads and num_taken == args.max_reads:
                break

        out_fh.close()
        total_num += num_taken

    num_files = len(args.files)
    print(f'Wrote {total_num:,} sequence{"" if total_num == 1 else "s"} '
          f'from {num_files:,} file{"" if num_files == 1 else "s"} '
          f'to directory "{args.outdir}".')
```

❶ `args.files`는 이제 파일핸들들이 아닌 문자열 리스트다.

❷ 파일 확장명을 가져온다.

❸ 파일 확장자가 .gz이면 gzip.open()을 사용해서 파일을 연다. 그렇지 않으면 일반

open() 함수를 사용한다.

마지막으로, nargs='+'가 동작하지 않을 때가 있다. 한 프로젝트에서 350,000개 이상의 XML 파일을 다운로드해야 했다. 이 모든 것을 인수로 전달하면 커맨드 라인에서 'Argument list too long(인수 리스트가 너무 길다)'라는 오류 메시지가 발생한다. 해결 방법은 폴더 이름을 인수로 허용하는 것이다.

```python
parser.add_argument('-d',
                    '--dir',
                    metavar='DIR',
                    type=str,
                    nargs='+',
                    help='Input directories of FASTA/Q file(s)')
```

그런 다음 파이썬을 사용해서 폴더에서 파일을 재귀적으로 검색한다. 이 코드의 경우 Path.rglob() 함수를 사용할 수 있도록 from pathlib impot Path를 추가했다.

```python
files = []
for dirname in args.dir:
  if os.path.isdir(dirname):
    files.extend(list(Path(dirname).rglob('*')))

if not files:
  parser.error('Found no files')

return Args(files=files,
          file_format=args.format,
          percent=args.percent,
          max_reads=args.max,
          seed=args.seed,
          outdir=args.outdir)
```

파이썬은 리스트에 수십만 개의 항목을 저장하는 데 문제가 없기 때문에 이전과 같이 프로그램을 계속 실행할 수 있다.

더 나아가기

이 프로그램은 항상 FASTA 출력값을 생성한다. 출력 형식을 지정할 수 있도록 --outfmt 출력 형식 옵션을 추가한다. 입력 파일 형식을 탐지하고 16장에서 수행한 것과 동일한 방법으로 출력 형식을 작성하는 것을 고려해보라. 프로그램이 작동하는지 확인하기 위해 적절한 테스트를 추가해야 한다.

요점 정리

- FASTA 파일의 > 레코드 마커는 bash의 리다이렉트 연산자이기도 하므로 커맨드 라인에서 이 값을 인용할 때 주의해야 한다.

- 결정론적 접근법은 항상 주어진 입력에 대해 동일한 출력을 생성한다. 비결정론적 접근법은 동일한 입력에 대해 서로 다른 출력을 생성한다.

- random 모듈에는 균일 분포와 정규 분포와 같은 다양한 분포에서 숫자를 선택하는 함수를 갖고 있다.

## 19장

Blastomatic:
구분된 텍스트 파일 구문 분석

구분된 텍스트 파일은 열 데이터를 인코딩하는 표준 방법이다. 마이크로소프트 엑셀 Microsoft Excel 또는 구글 시트Google Sheets와 같은 스프레드 시트에 익숙할 수 있다. 각 워크시트에는 상단에 열이 있고 아래로 내려가는 레코드가 있는 데이터 집합이 포함돼 있다. 이 데이터를 데이터 열이 구분된 텍스트 파일로 내보내거나 문자로 구분할 수 있다. 종종 구분 기호는 쉼표이며 파일의 확장자는 .csv다. 쉼표로 구분된 값의 경우 이 형식을 CSV라고 한다. 구분 기호가 탭인 경우 .tab, .txt 또는 확장자가 탭으로 구분된 값의 경우 .tsv다. 파일의 첫 번째 줄에는 일반적으로 열 이름이 포함된다. 특히 염기 서열을 비교하는 데 사용되는 생물정보학에서 가장 인기 있는 툴 중 하나인 BLASTBasic Local Alignment Search Tool의 표 형식 출력에는 해당되지 않는다. 19장에서는 csv와 pandas 모듈을 사용해서 이 출력을 구문 분석하고 BLAST 결과를 구분된 다른 텍스트 파일의 메타데이터와 병합하는 방법을 보여준다.

19장에서 배울 내용은 다음과 같다.

- csvkit과 csvchk를 사용해서 구분된 텍스트 파일을 보는 방법

- csv와 pandas 모듈을 사용해서 구분된 텍스트 파일을 구문 분석하는 방법

BLAST 소개

BLAST 프로그램은 서열 유사성을 결정하기 위한 생물정보학에서 가장 보편적인 툴 중 하나다. 앞서 6장에서 두 염기 서열 사이의 해밍 거리가 어떻게 유사성의 한 척도인지 보여주고 이것을 정렬의 개념과 비교했다. 해밍 거리는 처음부터 시작하는 두 염기 서열을 비교하는 반면, BLAST와의 정렬은 두 염기 서열이 겹치기 시작하는 모든 곳에서 시작되며 삽입, 삭제, 불일치가 가능한 가장 긴 유사 영역을 찾을 수 있다.

국립 생명공학 센터^{NCBI, National Center for Biotechnology} BLAST 웹 인터페이스를 소개할 것이지만, 로컬에 BLAST가 설치돼 있으면 blastn을 사용할 수 있다. 나는 글로벌 해양 샘플링 탐험대^{GOS, Global Ocean Sampling Expedition}(https://oreil.ly/POkOV)의 100개 염기 서열을 NCBI의 염기 서열 데이터베이스와 비교할 것이다. GOS는 크레이그 벤터^{Craig Venter} 박사가 전 세계의 해양 샘플을 수집하고 분석하기 위해 2년간의 탐험에 자금을 지원한 2000년대 초부터 시작됐다. DNA 물질이 환경 샘플에서 직접 추출됐기 때문에 이것은 메타게놈 프로젝트이다. BLAST를 사용하는 목적은 알려지지 않은 GOS 염기 서열을 NCBI의 알려진 염기 서열과 비교해서 가능한 분류학적 분류를 결정하는 것이다.

18장의 FASTX 샘플러를 사용해서 tests/inputs/gos.fa에서 100개의 입력 염기 서열을 무작위로 선택했다.

```
$ ../15_seqmagique/seqmagique.py tests/inputs/gos.fa
name                    min_len     max_len     avg_len     num_seqs
tests/inputs/gos.fa       216        1212        1051.48       100
```

NCBI BLAST 개발 툴(https://oreil.ly/gXErw)를 사용해서 뉴클레오타이드를 비교하기 위해 blastn 프로그램을 사용해서 이러한 서열을 nr/nt(비중복 뉴클레오타이드) 데이터베이스와 비교했다. 결과 페이지에서는 100개의 염기 서열 각각에 대한 자세한 결과를 선택할 수 있다. 그림 19-1에서 볼 수 있듯이 첫 번째 염기 서열은 알려진 염기 서열과 일치하는 4개의 일치 항목이 있다. 첫 번째이자 가장 잘 맞는 것은 SAR11 분류군의 해양 박테리아인 칸디다투스 펠라기박터^{Candidatus Pelagibacter}(https://oreil.ly/qywN2)의 게놈 일부와 길이의 99%에 걸쳐 약 93% 동일하다. GOS 쿼리 염기 서열이 바다에서 왔다는 점을 고려하면 이것은 일치할 가능성이 높아 보인다.

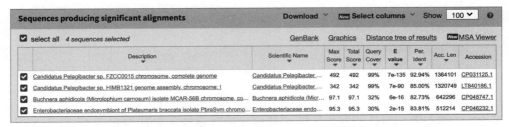

Sequences producing significant alignments Download ∨ New Select columns ∨ Show 100 ∨ ❓

☑ select all *4 sequences selected* GenBank Graphics Distance tree of results New MSA Viewer

	Description	Scientific Name	Max Score ▼	Total Score ▼	Query Cover ▼	E value ▼	Per. Ident ▼	Acc. Len ▼	Accession
☑	Candidatus Pelagibacter sp. FZCC0015 chromosome, complete genome	Candidatus Pelagibacter ...	492	492	99%	7e-135	92.94%	1364101	CP031125.1
☑	Candidatus Pelagibacter sp. HIMB1321 genome assembly, chromosome: I	Candidatus Pelagibacter ...	342	342	99%	7e-90	85.00%	1320749	LT840186.1
☑	Buchnera aphidicola (Microlophium carnosum) isolate MCAR-56B chromosome, co...	Buchnera aphidicola (Micr...	97.1	97.1	32%	6e-16	82.73%	642296	CP048747.1
☑	Enterobacteriaceae endosymbiont of Plateumaris braccata isolate PbraSym chromo...	Enterobacteriaceae endo...	95.3	95.3	30%	2e-15	83.81%	512214	CP046232.1

그림 19-1. 첫 번째 GOS 염기 서열은 nr/nt에서 4개의 가능한 일치 항목이 있다.

그림 19-2는 쿼리 서열이 칸디다투스 펠라기박터 게놈의 영역과 얼마나 유사한지 보여준다. 정렬이 어떻게 단일 염기 변이$^{SNV, Single-Nucleotide Variation}$와 서열 사이의 삭제 또는 삽입으로 인한 간격을 허용하는지 주목하라. 도전하고 싶다면 서열 정렬기를 작성해보라. 그림 19-2에서 예시를 볼 수 있다.

Candidatus Pelagibacter sp. FZCC0015 chromosome, complete genome
Sequence ID: CP031125.1 Length: 1364101 Number of Matches: 1

Range 1: 801257 to 801595 GenBank Graphics ▼ Next Match ▲ Previous Match

Score	Expect	Identities	Gaps	Strand
492 bits(266)	7e-135	316/340(93%)	3/340(0%)	Plus/Minus

```
Query  3       AAAATTTAATTCATGATAATGTTGAGATAACGAGTCAAAACCATGGATTTGAAGTAGTTA  62
               ||||||||||||||||| |||||| ||||| |||||||||||||||| ||||||||||||
Sbjct  801595  AAAATTTAATTCATGACAATGTAGAAATAACAAGTCAAAACCATGGTTTTGAAGTAGTTA  801536

Query  63      AACAAACATTACCTAAAAATATTGAGGTCACACATAAAATCTTTGTTTGATAATAGTATT  122
               || |||||||||| ||||||||||||| |||||||||| | |||| ||||||||||||||
Sbjct  801535  AAGAAACATTACCAAAAAATATTGAAGTCACACATAAA-TCTTTATTTGATAATAGTATT  801477

Query  123     GAAGGCATCAAACTAAAAA-TAAACCAGTTTTTTCAGTTCAATATCATCCAGAGTCTAAT  181
               ||||| ||| ||||||||| ||||||||||| ||||||||||||||||||||||| ||||
Sbjct  801476  GAAGGTATTAAACTAAAAACAAACCAGTCTTTTCAGTTCAATATCATCCAGAATCTAAT  801417

Query  182     CCAGGACCTCAAGATAGCGTTTATTTGTTTCAAGAATTTATTAACAACATGaaaaaaaat  241
               || |||||||||||||| |||| ||||||||||||||| ||||||||||||||||||| |
Sbjct  801416  CCGGGACCTCAAGATAGTGTTTATTTGTTTCAAGAATTTATTAACAACATGAAAAAAAAT  801357

Query  242     gccaaaaagaaaagatattaaaaaa-TATTAGTTGTAGGAGCTGGTCCAATAATTATAGG  300
               ||||||||||||||| ||| ||||||| |||||||||||||||||||||||||||||||||
Sbjct  801356  GCCAAAAAGAAAAGATCTTAAAAAAATATTGGTTGTAGGAGCTGGTCCAATAATTATAGG  801297

Query  301     ACAAGCATGTGAATTTGACTATTCGGGTACACAAGCATGT  340
               ||||||||||||||||||| |||| ||| |||||||||||
Sbjct  801296  ACAAGCATGTGAATTTGATTATTCAGGGACACAAGCATGT  801257
```

그림 19-2. 상위 BLAST 일치의 정렬

각각의 개별 일치를 탐색하는 것도 흥미롭지만, 모든 조회수에 대한 표를 다운로드하고 싶다. 11개의 다운로드 포맷이 있는 Download All 메뉴가 있다. 'Hit table(csv)' 포맷을 선택하고, 이 데이터를 tests/inputs 폴더에서 hits1.csv와 hits2.csv로 분할했다.

```
$ wc -l tests/inputs/hits*.csv
    500 tests/inputs/hits1.csv
    255 tests/inputs/hits2.csv
    755 total
```

텍스트 편집기로 이러한 파일을 열면 쉼표로 구분된 값이 포함된 것을 볼 수 있다. 엑셀과 같은 스프레드 시트 프로그램으로 파일을 열어 데이터를 열 형식으로 볼 수도 있으며, 열 이름이 지정되지 않은 것을 알 수 있다. 클러스터 노드와 같은 원격 시스템이 있는 경우 엑셀과 같은 그래픽 프로그램에 접근해서 결과를 검사할 수 없다. 게다가 엑셀은 약 100만 개의 행과 16,000개의 열로 제한된다. 실제 생물정보학에서는 이 두 값을 모두 초과하는 것은 매우 쉽기 때문에 구분된 텍스트 파일을 보는 데 사용할 수 있는 커맨드 라인 툴을 보여 주겠다.

csvkit과 csvchk 사용하기

먼저, 'CSV로 변환하고 작업하기 위한 커맨드 라인 툴 모음'인 csvkit 모듈을 소개한다. 폴더의 requirements.txt 파일은 이것을 종속성으로 등록하므로 아마도 설치돼 있을 것이다. 그렇지 않은 경우 다음 명령을 사용해서 설치할 수 있다.

```
$ python3 -m pip install csvkit
```

이렇게 하면 몇 가지 유용한 유틸리티가 설치된다. 이 유틸리티에 대해 알아보려면 문서(https://oreil.ly/QDAn2)를 읽는 것이 좋다. '콘솔에서 CSV 파일을 Markdown과 호환되는 고정 너비 테이블로 렌더링'하는 csvlook을 강조하고 싶다. csvlook --help를 실행해서 사용법을 보고, 헤더 행이 없는 파일을 볼 수 있는 -H|--no-header-row 옵션이 있음을 확인한다. 다음 명령은 일치 테이블의 처음 3행을 표시한다. 화면 크기에 따라

읽지 못할 수도 있다.

```
$ csvlook -H --max-rows 3 tests/inputs/hits1.csv
```

csvchk 프로그램(https://oreil.ly/T2QSo)은 이와 같은 넓은 레코드를 위쪽이 아닌 왼쪽에 열 이름이 있는 세로 방향의 긴 레코드로 전환한다. 이것도 다른 모듈 종속성과 함께 설치돼야 하지만, 필요한 경우 pip을 사용해서 설치할 수 있다.

```
$ python3 -m pip install csvchk
```

사용법을 읽어 보면 이 툴에도 -N|--noheaders 옵션이 있음을 알 수 있다. csvchk를 사용해서 동일한 일치 파일의 첫 번째 레코드를 검사한다.

```
$ csvchk -N tests/inputs/hits1.csv
// ****** Record 1 ****** //
Field1  : CAM_READ_0234442157
Field2  : CP031125.1
Field3  : 92.941
Field4  : 340
Field5  : 21
Field6  : 3
Field7  : 3
Field8  : 340
Field9  : 801595
Field10 : 801257
Field11 : 6.81e-135
Field12 : 492
```

NCBI BLAST에서 다운로드할 수 있는 출력 파일은 뉴클레오타이드 비교를 위한 blastn, 단백질 비교를 위한 blastp 등과 같은 BLAST 프로그램의 커맨드 라인 버전의 출력 형식과 일치한다. blastn에 대한 도움말 설명서에는 0과 18 사이의 숫자를 사용해서 출력 형식을 지정하는 -outfmt 옵션이 포함돼 있다. 이전 출력 파일 형식은 'Tabular' 옵션 6이다.

```
*** Formatting options
```

```
-outfmt <String>
  alignment view options:
  0 = Pairwise,
  1 = Query-anchored showing identities,
  2 = Query-anchored no identities,
  3 = Flat query-anchored showing identities,
  4 = Flat query-anchored no identities,
  5 = BLAST XML,
  6 = Tabular,
  7 = Tabular with comment lines,
  8 = Seqalign (Text ASN.1),
  9 = Seqalign (Binary ASN.1),
  10 = Comma-separated values,
  11 = BLAST archive (ASN.1),
  12 = Seqalign (JSON),
  13 = Multiple-file BLAST JSON,
  14 = Multiple-file BLAST XML2,
  15 = Single-file BLAST JSON,
  16 = Single-file BLAST XML2,
  17 = Sequence Alignment/Map (SAM),
  18 = Organism Report
```

표 형식 출력 파일에 열 머리글이 포함되지 않은 이유가 궁금할 수 있다. 모든 포맷 옵션을 읽으면 출력 포맷 7이 '주석이 있는 표 형식'임을 알 수 있으며, 다음과 같이 스스로에게 질문할 수 있다. 이것은 열 이름을 포함하는 옵션인가? 독자분들, 그렇지 않다는 것을 알게 되면 매우 실망할 것이다.[1] 옵션 7은 NCBI BLAST 페이지의 'Hits table(text)' 옵션과 동일하다. 해당 파일을 다운로드하고 열어 # 문자로 시작하는 줄에 구조화되지 않은 텍스트로 검색에 대한 메타데이터가 포함돼 있는지 확인한다. 파이썬을 포함한 많은 언어가 이 문자를 무시해야 할 줄line을 나타내는 주석 문자로 사용하기 때문에 메타데이터가 주석 처리돼 있으며, 많은 구분된 문자 파서가 이 줄을 건너뛴다.

그렇다면 열 이름은 무엇인가? 53개의 선택적 필드를 포함하도록 '옵션 6, 7, 10, 17을 추가로 구성할 수 있음'을 찾기 위해 수백 줄의 blastn 사용법을 구문 분석해야 한다.

---

1   여러분은 스스로에게 이렇게 말할지도 모른다. "맙소사! 무슨 짓을 한 거야?"

필드를 지정하지 않으면 기본 필드는 다음과 같다.

- qaccver: 쿼리 염기 서열 접근/ID

- saccver: 주제 염기 서열 접근/ID

- pident: 동일한 일치 비율

- length: 길이 정렬

- mismatch: 오탈자 수

- gapopen: 열린 간격 수

- qstart: 쿼리 정렬 시작

- qend: 쿼리 정렬 끝

- sstart: 주제 정렬 시작

- send: 주제 정렬 끝

- evalue: 값 예측

- bitscore: 비트 점수

csvchk에 대한 사용법을 다시 살펴보면 레코드의 -f|--fieldnames의 이름을 지정하는 옵션이 있다. 다음은 일치 파일에서 첫 번째 레코드를 보고 열 이름을 지정하는 방법이다.

```
$ csvchk -f 'qseqid,sseqid,pident,length,mismatch,gapopen,qstart,qend,\
  sstart,send,evalue,bitscore' tests/inputs/hits1.csv
// ****** Record 1 ****** //
qseqid   : CAM_READ_0234442157
sseqid   : CP031125.1
pident   : 92.941
length   : 340
mismatch : 21
gapopen  : 3
qstart   : 3
```

```
qend     : 340
sstart   : 801595
send     : 801257
evalue   : 6.81e-135
bitscore : 492
```

이것은 훨씬 더 유용한 출력값이다. 이 명령이 마음에 들면 다음과 같이 bash에서 blstchk 라는 별칭을 만들 수 있다.

```
alias blstchk='csvchk -f "qseqid,sseqid,pident,length,mismatch,gapopen,\
  qstart,qend,sstart,send,evalue,bitscore"'
```

 대부분의 셸을 사용하면 새 셸을 시작할 때마다 읽는 파일에서 이와 같은 별칭을 정의할 수 있다. bash에서는 .bash_profile, .bashrc 또는 .profile과 같은 $HOME 폴더의 파일에 이 줄을 추가할 수 있다. 다른 셸들도 비슷한 속성을 갖고 있다. 별칭은 일반 명령에 대한 전역 바로 가기를 만드는 편리한 방법이다. 특정 프로젝트나 폴더 내에 명령 바로 가기를 만드려면 Makefile에서 타깃을 사용하는 것을 생각해보라.

다음은 blstchk 명령을 사용하는 방법이다.

```
$ blstchk tests/inputs/hits1.csv
// ****** Record 1 ****** //
qseqid   : CAM_READ_0234442157
sseqid   : CP031125.1
pident   : 92.941
length   : 340
mismatch : 21
gapopen  : 3
qstart   : 3
qend     : 340
sstart   : 801595
send     : 801257
evalue   : 6.81e-135
bitscore : 492
```

19장에서 프로그램의 목표는 BLAST 일치를 tests/inputs/meta.csv 파일에서 발견되는 GOS 염기 서열의 깊이와 위치에 연결하는 것이다. csvchk에 -g|--grep 옵션을 사용해

서 이전 쿼리 염기 서열인 CAM_READ_0234442157을 찾는다.

```
$ csvchk -g CAM_READ_0234442157 tests/inputs/meta.csv
// ****** Record 1 ****** //
seq_id      : CAM_READ_0234442157
sample_acc  : CAM_SMPL_GS112
date        : 8/8/05
depth       : 4573
salinit     : 32.5
temp        : 26.6
lat_lon     : -8.50525,80.375583
```

BLAST 결과는 앞의 **qseqid**가 뒤의 **seq_id**와 동일한 메타데이터에 결합될 수 있다. 바로 이 작업을 수행하는 join이라는 커맨드 라인 개발 툴이 있다. 입력값은 모두 정렬돼야 하며, 쉼표가 필드 구분 기호임을 나타내기 위해 -t 옵션을 사용한다. 기본적으로 join은 각 파일의 첫 번째 열이 공통 값이라고 가정하며, 여기서도 마찬가지다. 출력은 두 파일의 쉼표로 구분된 필드 조합이다.

```
$ cd tests/inputs/
$ join -t , <(sort hits1.csv) <(sort meta.csv) | csvchk -s "," -N - ❶
// ****** Record 1 ****** //
Field1  : CAM_READ_0234442157
Field2  : CP046232.1
Field3  : 83.810
Field4  : 105
Field5  : 12
Field6  : 5
Field7  : 239
Field8  : 340
Field9  : 212245
Field10 : 212143
Field11 : 2.24e-15
Field12 : 95.3
Field13 : CAM_SMPL_GS112
Field14 : 8/8/05
Field15 : 4573
Field16 : 32.5
Field17 : 26.6
```

```
Field18 : -8.50525,80.375583
```

❶ 두 위치 입력을 join하려면 셸 리디렉션 <을 사용해서 두 입력 파일을 정렬한 결과를 읽는다. join의 출력은 csvchk로 파이프된다.

join을 사용하는 방법을 아는 것은 좋지만, 이 출력값에는 열 헤더가 없기 때문에 특별히 유용하지는 않다(또한 중점은 파이썬에서 이것을 하는 방법을 배우는 것이다). 이 정보에 헤더를 추가하려면 어떻게 해야 할까? bash 스크립트나 Makefile 대상에서 몇 가지 셸 명령을 꼬아서 만들 것인가, 아니면 파이썬 프로그램을 작성할 것인가? 계속 해보자. 다음으로 프로그램이 어떻게 동작해야 하는지, 프로그램이 생성하는 출력은 무엇인지 보여 주겠다.

시작하기

이 연습에 대한 모든 코드와 테스트는 저장소의 19_blastomatic 폴더에서 찾을 수 있다. 이 폴더로 변경하고 두 번째 솔루션을 blastomatic.py 프로그램에 복사한다.

```
$ cd 19_blastomatic/
$ cp solution2_dict_writer.py blastomatic.py
```

프로그램은 BLAST 일치와 메타데이터 파일을 승인하고 샘플의 염기 서열 ID, 백분율 동일성 일치, 깊이, 위도, 경도를 보여 주는 출력 파일을 생성한다. 선택적으로 출력을 백분율 동일성으로 필터링할 수 있다. 다음 옵션을 보려면 프로그램에 도움을 요청하라.

```
$ ./blastomatic.py -h
usage: blastomatic.py [-h] -b FILE -a FILE [-o FILE] [-d DELIM] [-p PCTID]

Annotate BLAST output

optional arguments:
  -h, --help            show this help message and exit
  -b FILE, --blasthits FILE
                        BLAST -outfmt 6 (default: None) ❶
```

```
-a FILE, --annotations FILE
                    Annotations file (default: None) ❷
-o FILE, --outfile FILE
                    Output file (default: out.csv) ❸
-d DELIM, --delimiter DELIM
                    Output field delimiter (default: ) ❹
-p PCTID, --pctid PCTID
                    Minimum percent identity (default: 0.0) ❺
```

❶ -outfmt 6에서 BLAST 검색의 테이블 형식 출력 파일이다.

❷ 염기 서열에 대한 메타데이터가 있는 주석 파일이다.

❸ 출력 파일의 이름이며 기본값은 out.csv다.

❹ 출력 파일 확장자를 기반으로 한 추측으로 기본 설정되는 출력 파일 구분 기호다.

❺ 기본값은 0인 최소 백분율 동일성이다.

첫 번째 적중 파일을 사용해서 프로그램을 실행하면 출력 파일 out.csv에 500개의 염기 서열이 작성된다.

```
$ ./blastomatic.py -b tests/inputs/hits1.csv -a tests/inputs/meta.csv
Exported 500 to "out.csv".
```

--max-rows 옵션과 함께 csvlook을 사용해서 테이블의 처음 2행을 볼 수 있다.

```
$ csvlook --max-rows 2 out.csv
| qseqid            | pident | depth | lat_lon             |
| ----------------- | ------ | ----- | ------------------- |
| CAM_READ_0234442157 | 92.941 | 4,573 | -8.50525,80.375583 |
| CAM_READ_0234442157 | 85.000 | 4,573 | -8.50525,80.375583 |
| ...               |   ...  |   ... | ...                 |
```

또는 -l|--limit와 함께 csvchk를 사용해서 동일한 작업을 수행할 수 있다.

```
$ csvchk --limit 2 out.csv
// ****** Record 1 ****** //
```

```
qseqid  : CAM_READ_0234442157
pident  : 92.941
depth   : 4573
lat_lon : -8.50525,80.375583
// ****** Record 2 ****** //
qseqid  : CAM_READ_0234442157
pident  : 85.000
depth   : 4573
lat_lon : -8.50525,80.375583
```

90% 이상의 백분율 동일성을 가진 일치만 내보내려면 **-p|--pctid** 옵션을 사용해서 190개의 레코드만 찾을 수 있다.

```
$ ./blastomatic.py -b tests/inputs/hits1.csv -a tests/inputs/meta.csv -p 90
Exported 190 to "out.csv".
```

올바른 데이터를 선택한 것으로 보이는 파일을 살짝 들여다볼 수 있다.

```
$ csvlook --max-rows 4 out.csv
| qseqid                 | pident | depth | lat_lon             |
| ---------------------- | ------ | ----- | ------------------- |
| CAM_READ_0234442157    | 92.941 | 4,573 | -8.50525,80.375583  |
| JCVI_READ_1091145027519 | 97.368 |     2 | 44.137222,-63.644444 |
| JCVI_READ_1091145742680 | 98.714 |    64 | 44.690277,-63.637222 |
| JCVI_READ_1091145742680 | 91.869 |    64 | 44.690277,-63.637222 |
| ...                    |   ...  |  ...  | ...                 |
```

구분된 문자로 awk와 cut 사용하기

데이터의 두 번째 열만 검사하려면 두 번째 필드(1-염기 계산)를 선택하는 -f 옵션과 구분 기호로 쉼표를 표시하는 -d 옵션이 있는 cut 개발 툴을 사용할 수 있다.

```
$ cut -f2 -d, out.csv
```

또는 -F 옵션으로 awk를 사용해서 필드 구분 기호로 쉼표를 나타내고, 명령 {print $2}(역시 1-염기)을 사용해서 두 번째 필드를 출력한다.

```
$ awk -F, '{print $2}' out.csv
```

 큰따옴표는 변수 $2를 삽입하려 하기 때문에 awk 명령의 따옴표는 bash에서 작은 따옴표로 구분해야 한다. 이는 셸 인용문의 변덕이다.

두 번째 열의 모든 값이 실제로 90보다 크거나 같은지 추가로 확인하려면 cut과 awk를 사용할 수 있다. awk가 값을 정수로 처리하도록 하려면 첫 번째 필드에 0을 추가해야 한다.

```
$ cut -f2 -d, out.csv | awk '$1 + 0 >= 90' | wc -l
        190
```

또는 열 2의 값이 90보다 크거나 같을 때만 awk를 사용해서 출력할 수 있다.

```
$ awk -F"," '$2 + 0 >= 90 {print $2}' out.csv | wc -l
        190
```

또는 펄(Perl)이 내 첫 번째 진정한 사랑 중 하나였기 때문에 다음은 펄을 사용한 한 줄의 코드다.

```
$ perl -F"," -ane '$F[1] >= 90 && print($F[1], "\n")' out.csv | wc -l
        190
```

join, paste, comm, awk, sed, grep, cut, sort, 심지어 펄과 같은 작고 제한된 개발 툴을 사용하는 방법을 배우는 것은 가치가 있다. 이러한 개발 툴과 유닉스 파이프에 대한 충분한 숙련도는 종종 더 긴 파이썬 프로그램을 작성하는 것을 피할 수 있다.

blastomatic.py 프로그램은 기본적으로 쉼표로 구분된 파일 out.csv에 출력을 작성한다. -d|--delimiter 옵션을 사용해서 다른 구분 기호를 지정하고 -o|--outfile 옵션을 사용해서 다른 파일을 지정할 수 있다. 구분 기호가 지정되지 않은 경우 출력 파일 이름의 확장자에서 가져온다. 확장자 .csv는 쉼표를 의미하며 그렇지 않으면 탭이 사용된다.

전체 테스트 모음을 보려면 **make test**를 실행하라. 프로그램 작동 방식을 이해했다고 생각되면 새로 시작해보라.

```
$ new.py -fp 'Annotate BLAST output' blastomatic.py
Done, see new script "blastomatic.py".
```

인수 정의

다음은 내 인수를 정의하는 데 사용한 객체다.

```
class Args(NamedTuple):
    """ Command-line arguments """
    hits: TextIO ❶
    annotations: TextIO ❷
    outfile: TextIO ❸
    delimiter: str ❹
    pctid: float ❺
```

❶ BLAST 일치 파일은 열린 파일핸들이 된다.

❷ 메타데이터 파일은 열린 파일핸들이 된다.

❸ 출력 파일은 열린 파일핸들이 된다.

❹ 출력 파일 구분 기호는 문자열이다.

❺ 백분율 동일성은 부동 소수점 숫자다.

다음은 인수를 구문 분석하고 검증하는 방법이다.

```
def get_args():
    """ Get command-line arguments """

    parser = argparse.ArgumentParser(
        description='Annotate BLAST output',
        formatter_class=argparse.ArgumentDefaultsHelpFormatter)

    parser.add_argument('-b',
                        '--blasthits',
                        metavar='FILE',
                        type=argparse.FileType('rt'), ❶
```

```
                         help='BLAST -outfmt 6',
                         required=True)

    parser.add_argument('-a',
                        '--annotations',
                        help='Annotations file',
                        metavar='FILE',
                        type=argparse.FileType('rt'),  ❷
                        required=True)

    parser.add_argument('-o',
                        '--outfile',
                        help='Output file',
                        metavar='FILE',
                        type=argparse.FileType('wt'),  ❸
                        default='out.csv')

    parser.add_argument('-d',
                        '--delimiter',
                        help='Output field delimiter',  ❹
                        metavar='DELIM',
                        type=str,
                        default='')

    parser.add_argument('-p',
                        '--pctid',
                        help='Minimum percent identity',  ❺
                        metavar='PCTID',
                        type=float,
                        default=0.)

    args = parser.parse_args()

    return Args(hits=args.blasthits,  ❻
                annotations=args.annotations,
                outfile=args.outfile,
                delimiter=args.delimiter or guess_delimiter(args.outfile.name),  ❼
                pctid=args.pctid)
```

❶ BLAST 파일은 읽을 수 있는 텍스트 파일이어야 한다.

❷ 메타데이터 파일은 읽을 수 있는 텍스트 파일이어야 한다.

❸ 출력 파일은 쓰기 가능한 텍스트 파일이어야 한다.

❹ 출력 필드 구분 문자는 출력 파일 이름에서 추측하려는 문자열이 될 빈 문자열이다.

❺ 최소 백분율 동일성은 기본값이 0인 부동 소수점 숫자여야 한다.

❻ Args 객체를 만든다. Args 필드는 매개 변수 이름과 일치할 필요가 없다.

❼ 출력 파일 이름에서 구분 문자를 추측하는 함수를 작성했다.

 이 프로그램에는 BLAST 동일성과 주석이라는 두 가지 필수 파일 인수가 있다. 사용자가 순서를 기억해야 하기 때문에 이런 위치에 대해 논의하고 싶지 않다. 이러한 옵션을 명명된 옵션으로 사용하는 것이 좋지만, 선택 사항이 되기 때문에 원하지 않는다. 이를 극복하기 위해 두 파일 매개 변수 모두에 대해 required=True를 사용해서 사용자가 매개 변수를 제공하는지 확인한다.

guess_delimiter() 함수로 시작하는 것이 좋다. 여기 작성한 테스트가 있다.

```python
def test_guess_delimiter() -> None:
  """ Test guess_delimiter """

  assert guess_delimiter('/foo/bar.csv') == ','
  assert guess_delimiter('/foo/bar.txt') == '\t'
  assert guess_delimiter('/foo/bar.tsv') == '\t'
  assert guess_delimiter('/foo/bar.tab') == '\t'
  assert guess_delimiter('') == '\t'
```

다음과 같은 최소한의 코드로 main()을 시작한다.

```python
def main() -> None:
  args = get_args()
  print('hits', args.hits.name)
  print('meta', args.annotations.name)
```

이 함수가 작동하는지 확인한다.

```
$ ./blastomatic.py -a tests/inputs/meta.csv -b tests/inputs/hits1.csv
hits tests/inputs/hits1.csv
meta tests/inputs/meta.csv
```

make test를 실행할 때 여러 테스트를 통과할 수 있어야 한다. 다음으로 구분된 텍스트 파일을 구문 분석하는 방법을 소개하겠다.

csv 모듈을 사용해서 구분된 텍스트 파일 구문 분석

파이썬에는 구분된 텍스트 파일을 쉽게 처리할 수 있는 csv 모듈이 있지만, 먼저 이 모듈이 수행하는 작업을 정확히 보여주고 얼마나 많은 노력을 절약할 수 있는지 알려 줄 것이다. 먼저, 메타데이터 파일을 열고 첫 번째 줄의 헤더를 읽어 보겠다. 파일핸들의 fh.readline() 메서드를 호출해서 텍스트 한 줄을 읽을 수 있다. 여기에는 여전히 줄바꿈이 있으므로 str.rstrip()을 호출해서 문자열 오른쪽에서 공백을 제거한다. 마지막으로, str.split(',')을 호출해서 구분 쉼표에서 줄을 끊는다.

```
>>> fh = open('tests/inputs/meta.csv')
>>> headers = fh.readline().rstrip().split(',')
>>> headers
['seq_id', 'sample_acc', 'date', 'depth', 'salinity', 'temp', 'lat_lon']
```

다음 데이터 줄을 분석해보겠다.

```
>>> line = fh.readline()
>>> data = line.split(',')
>>> data
['JCVI_READ_1092301105055', 'JCVI_SMPL_1103283000037', '2/11/04', '1.6', '',
 '25.4', '"-0.5938889', '-91.06944"']
```

여기서 문제점이 보이는가? 쉼표를 포함하는 lat_lon 필드를 2개의 값으로 분할해서 7개의 필드에 대해 8개의 값을 제공한다.

```
>>> len(headers), len(data)
(7, 8)
```

`str.split()`은 구분 기호가 필드 값의 일부일 때 고려하지 않으므로 사용할 수 없다. 즉 필드 구분 기호가 따옴표로 묶이면 필드 구분 기호가 아니다. `lat_lon` 값이 올바르게 따옴표로 묶여 있음을 확인한다.

```
>>> line[50:]
'11/04,1.6,,25.4,"-0.5938889,-91.06944"\n\'
```

이 줄을 올바르게 구문 분석하는 한 가지 방법은 pyparsing 모듈을 사용하는 것이다.

```
>>> import pyparsing as pp
>>> data = pp.commaSeparatedList.parseString(line).asList()
>>> data
['JCVI_READ_1092301105055', 'JCVI_SMPL_1103283000037', '2/11/04', '1.6',
 '', '25.4', '"-0.5938889,-91.06944"']
```

`lat_lon` 필드에는 여전히 따옴표가 있다. 정규식을 사용해 제거할 수 있다.

```
>>> import re
>>> data = list(map(lambda s: re.sub(r'^"|"$', '', s), data)) ❶
>>> data
['JCVI_READ_1092301105055', 'JCVI_SMPL_1103283000037', '2/11/04', '1.6', '',
 '25.4', '-0.5938889,-91.06944']
```

❶ 이 정규식은 문자열의 시작 또는 끝에 고정된 따옴표를 빈 문자열로 바꾼다.

이제 주어진 레코드에 대한 헤더 리스트와 데이터 리스트가 있으므로 이것들을 함께 압축해서 딕셔너리를 만들 수 있다. 6장과 13장의 `zip()` 함수를 사용해서 2개의 리스트를 튜플 리스트에 결합했다. `zip()`은 지연 함수이므로 REPL의 `list()` 함수를 사용해서 평가를 강제로 수행해야 했다.

```
>>> from pprint import pprint
>>> pprint(list(zip(headers, data)))
[('seq_id', 'JCVI_READ_1092301105055'),
 ('sample_acc', 'JCVI_SMPL_1103283000037'),
 ('date', '2/11/04'),
 ('depth', '1.6'),
```

```
 ('salinity', ''),
 ('temp', '25.4'),
 ('lat_lon', '-0.5938889,-91.06944')]
```

list() 함수를 dict()로 변경해서 딕셔너리로 만들 수 있다.

```
>>> pprint(dict(zip(headers, data)))
{'date': '2/11/04',
 'depth': '1.6',
 'lat_lon': '-0.5938889,-91.06944',
 'salinity': '',
 'sample_acc': 'JCVI_SMPL_1103283000037',
 'seq_id': 'JCVI_READ_1092301105055',
 'temp': '25.4'}
```

파일의 각 행을 반복하고 헤더와 데이터를 압축해서 레코드 딕셔너리를 만들 수 있다. 이는 잘 작동하지만, 이 모든 작업은 csv 모듈에서 이미 수행됐다. 다음은 csv.DictReader()를 사용해서 동일한 파일을 딕셔너리 리스트로 구문 분석하는 방법이다. 기본적으로 쉼표를 구분 기호로 사용한다.

```
>>> import csv
>>> reader = csv.DictReader(open('tests/inputs/meta.csv'))
>>> for rec in reader:
...     pprint(rec)
...     break
...
{'date': '2/11/04',
 'depth': '1.6',
 'lat_lon': '-0.5938889,-91.06944',
 'salinity': '',
 'sample_acc': 'JCVI_SMPL_1103283000037',
 'seq_id': 'JCVI_READ_1092301105055',
 'temp': '25.4'}
```

더 쉬운 방법이 있다. 염기 서열 ID에 키가 지정된 모든 주석의 딕셔너리를 만드는 데 이것을 사용하는 방법은 다음과 같다. 다음을 위해 from pprint import pprint를 추가해야 한다.

```
def main():
    args = get_args()
    annots_reader = csv.DictReader(args.annotations, delimiter=',') ❶
    annots = {row['seq_id']: row for row in annots_reader} ❷
    pprint(annots)
```

❶ 주석 파일핸들에서 CSV 데이터를 구문 분석하려면 csv.DictReader()를 사용하라.

❷ 딕셔너리 컴프리헨션을 사용해서 각 레코드의 seq_id 필드에 키가 있는 딕셔너리를 만든다.

입력 파일로 이것을 실행하고 합리적으로 보이는 데이터 구조를 얻을 수 있는지 확인하라. 여기서 STDOUT을 호출된 파일로 리디렉션하고 head를 사용해서 검사한다.

```
$ ./blastomatic.py -a tests/inputs/meta.csv -b tests/inputs/hits1.csv > out
$ head out
{'CAM_READ_0231669837': {'date': '8/4/05',
                         'depth': '7',
                         'lat_lon': '-12.092617,96.881733',
                         'salinity': '32.4',
                         'sample_acc': 'CAM_SMPL_GS108',
                         'seq_id': 'CAM_READ_0231669837',
                         'temp': '25.8'},
 'CAM_READ_0231670003': {'date': '8/4/05',
                         'depth': '7',
                         'lat_lon': '-12.092617,96.881733',
```

BLAST 일치를 읽기 전에 출력 파일핸들을 열고 싶다. 출력 파일의 형식은 다른 구분된 텍스트 파일이어야 한다. 기본적으로 CSV 파일이지만, 사용자는 탭 구분 기호와 같은 다른 것을 선택할 수 있다. 파일의 첫 번째 줄은 헤더여야 하므로 즉시 작성하겠다.

```
def main():
    args = get_args()
    annots_reader = csv.DictReader(args.annotations, delimiter=',')
    annots = {row['seq_id']: row for row in annots_reader}

    headers = ['qseqid', 'pident', 'depth', 'lat_lon'] ❶
```

```
args.outfile.write(args.delimiter.join(headers) + '\n') ❷
```

❶ 출력 파일의 열 이름이다.

❷ args.outfile은 텍스트를 쓰기 위한 열린 파일핸들이다. args.delimiter 문자열에 결합된 헤더를 작성한다. 줄 바꿈을 추가해야 한다.

또는 print()를 파일 인수와 사용할 수 있다.

```
print(args.delimiter.join(headers), file=args.outfile)
```

다음으로 BLAST 일치를 한 바퀴 돌아볼 것이다. 파일의 첫 번째 줄에 열 이름이 없기 때문에 csv.DictReader()에 필드 이름을 입력해야 한다.

```
def main():
    args = get_args()
    annots_reader = csv.DictReader(args.annotations, delimiter=',')
    annots = {row['seq_id']: row for row in annots_reader}

    headers = ['qseqid', 'pident', 'depth', 'lat_lon']
    args.outfile.write(args.delimiter.join(headers) + '\n')
    hits = csv.DictReader(args.hits, ❶
                          delimiter=',',
                          fieldnames=[
                              'qseqid', 'sseqid', 'pident', 'length',
                              'mismatch', 'gapopen', 'qstart', 'qend',
                              'sstart', 'send', 'evalue', 'bitscore'
                          ])

    for hit in hits: ❷
        if float(hit.get('pident', -1)) < args.pctid: ❸
            continue
        print(hit.get('qseqid')) ❹
```

❶ BLAST CSV 파일을 구문 분석한다.

❷ 각 BLAST 일치를 반복한다.

❸ 백분율 ID가 최솟값보다 적은 일치는 건너뛴다. float() 함수를 사용해서 텍스트를 부동 소수점 값으로 변환한다.

❹ 쿼리 염기 서열 ID를 출력한다.

최소 백분율 ID가 90인 이 버전의 프로그램을 실행하고 첫 번째 파일에서 190개의 일치를 얻었는지 확인한다.

```
$ ./blastomatic.py -a tests/inputs/meta.csv -b tests/inputs/hits1.csv -p 90 \
  | wc -l
    190
```

BLAST 일치의 qseqid 값이 메타데이터 파일에서 seq_id로 발견되면 염기 서열 ID, BLAST 일치의 백분율 ID, 메타데이터 파일의 깊이와 위도/경도 값을 출력 파일에 출력한다. 이 정도면 프로그램을 시작하기에 충분하다. 테스트를 실행해서 프로그램이 올바른지 확인하라.

pandas 모듈을 사용해서 구분된 텍스트 파일 구문 분석

pandas 모듈은 구분된 파일을 읽을 수 있는 또 다른 효과적인 방법을 제시한다. 이 모듈은 Numpy와 함께 데이터 사이언스에 사용되는 기본 파이썬 라이브러리 중 하나다. R 프로그래밍 언어의 read_csv() 함수와 매우 유사한 pd.read_csv() 함수를 사용하겠다. 이 함수는 sep 필드 구분 기호를 사용해서 지정한 구분 기호로 구분된 텍스트를 읽을 수 있지만 기본값은 쉼표다.

 일반적으로 구분 기호는 단일 문자이지만, 문자열을 사용해서 텍스트를 분할할 수 있다. 이렇게 하면 다음 경고를 마주할 수 있다. "ParserWarning: c 엔진이 정규식 구분 기호를 지원하지 않기 때문에 파이썬 엔진으로 다시 이동한다(구분자가 1자 이상이고 \s+와 다르며 정규 표현으로 해석됨). engine=python을 지정해서 이 경고를 피할 수 있다."

별칭 pd를 사용해서 pandas를 불러오는 것이 일반적이다.

```
>>> import pandas as pd
```

```
>>> meta = pd.read_csv('tests/inputs/meta.csv')
```

pandas의 대부분은 R의 아이디어를 기반으로 한다. pandas 데이터 프레임은 R의 데이터 프레임처럼 메타데이터 파일의 모든 열과 행을 단일 개체에 저장하는 2차원 객체다. 즉 이전 예제의 판독기는 각 레코드를 순차적으로 검색하는 데 사용되는 인터페이스이지만, pandas 데이터 프레임은 파일의 모든 데이터를 완전히 표현한다. 따라서 데이터 프레임의 크기는 컴퓨터의 메모리 양으로 제한된다. fh.read()를 사용해서 전체 파일을 메모리로 읽는 것에 대해 경고한 것처럼 pandas를 사용해서 실제로 어떤 파일을 읽을 수 있는지 신중해야 한다. 기가바이트 크기의 파일에서 구분된 텍스트의 수백만 행을 처리해야 하는 경우, 한 번에 하나의 레코드를 처리하기 위해 cvs.DictReader()를 사용하는 것이 좋다.

REPL에서 meta 객체를 평가하는 경우, 테이블의 샘플이 표시된다. pandas가 파일의 첫 번째 행을 열 헤더로 사용한 것을 볼 수 있다. 줄임표로 표시된 것처럼 화면의 제한된 너비로 인해 일부 열이 생략됐다.

```
>>> meta
                      seq_id  ...                lat_lon
0   JCVI_READ_1092301105055  ...      -0.5938889,-91.06944
1   JCVI_READ_1092351051817  ...      -0.5938889,-91.06944
2   JCVI_READ_1092301096881  ...      -0.5938889,-91.06944
3   JCVI_READ_1093017101914  ...      -0.5938889,-91.06944
4   JCVI_READ_1092342065252  ...        9.164444,-79.83611
..                      ...  ...                      ...
95  JCVI_READ_1091145742670  ...      44.690277,-63.637222
96  JCVI_READ_1091145742680  ...      44.690277,-63.637222
97  JCVI_READ_1091150268218  ...      44.690277,-63.637222
98  JCVI_READ_1095964929867  ...     -1.9738889,-95.014725
99  JCVI_READ_1095994150021  ...     -1.9738889,-95.014725

[100 rows x 7 columns]
```

데이터 프레임에서 행과 열의 수를 찾으려면 meta.shape 속성을 검사하라. 메서드 호출이 아니기 때문에 괄호가 뒤에 붙지 않는다. 이 데이터 프레임에는 100개의 행과 7개의 열이 있다.

```
>>> meta.shape
(100, 7)
```

열 이름에 대한 `meta.columns` 속성을 검사할 수 있다.

```
>>> meta.columns
Index(['seq_id', 'sample_acc', 'date', 'depth', 'salinity', 'temp', 'lat_lon'],
dtype='object')
```

데이터 프레임의 한 가지 이점은 딕셔너리의 필드에 접근하는 것 같은 구문을 사용해서 열의 모든 값을 쿼리할 수 있다는 것이다. 여기서 salinity 값을 선택할 것이고, pandas 가 값을 텍스트에서 부동 소수점 값으로 변환했으며, 누락된 값은 NaN(숫자가 아님)으로 표시했다.

```
>>> meta['salinity']
0      NaN
1      NaN
2      NaN
3      NaN
4      0.1
       ...
95    30.2
96    30.2
97    30.2
98     NaN
99     NaN
Name: salinity, Length: 100, dtype: float64
```

R의 구문과 거의 동일한 구문을 사용해서 염도가 50보다 큰 행을 찾을 수 있다. 이러면 술어 염도가 50보다 큰 부울 값 배열이 반환된다.

```
>>> meta['salinity'] > 50
0      False
1      False
2      False
3      False
4      False
```

```
      ...
95    False
96    False
97    False
98    False
99    False
Name: salinity, Length: 100, dtype: bool
```

다음 부울 값을 마스크로 사용해서 이 조건이 True인 행만 선택할 수 있다.

```
>>> meta[meta['salinity'] > 50]
                    seq_id  ...             lat_lon
23  JCVI_READ_1092351234516  ...  -1.2283334,-90.42917
24  JCVI_READ_1092402566200  ...  -1.2283334,-90.42917
25  JCVI_READ_1092402515846  ...  -1.2283334,-90.42917

[3 rows x 7 columns]
```

그 결과 새로운 데이터 프레임이 생성돼 다음과 같은 salinity 값을 확인할 수 있다.

```
>>> meta[meta['salinity'] > 50]['salinity']
23    63.4
24    63.4
5     63.4
Name: salinity, dtype: float64
```

pandas로 BLAST 일치 파일을 읽는 경우, 이전 예에서와 같이 열 이름을 작성해야 한다.

```
>>> cols = ['qseqid', 'sseqid', 'pident', 'length', 'mismatch', 'gapopen',
'qstart', 'qend', 'sstart', 'send', 'evalue', 'bitscore']
>>> hits = pd.read_csv('tests/inputs/hits1.csv', names=cols)
>>> hits
              qseqid       sseqid  ...       evalue  bitscore
0  CAM_READ_0234442157  CP031125.1  ...  6.810000e-135     492.0
1  CAM_READ_0234442157  LT840186.1  ...   7.260000e-90     342.0
2  CAM_READ_0234442157  CP048747.1  ...   6.240000e-16      97.1
3  CAM_READ_0234442157  CP046232.1  ...   2.240000e-15      95.3
```

```
4      JCVI_READ_1095946186912   CP038852.1   ...   0.000000e+00    1158.0
..                       ...           ...    ...          ...        ...
495    JCVI_READ_1095403503430   EU805356.1   ...   0.000000e+00    1834.0
496    JCVI_READ_1095403503430   EU804987.1   ...   0.000000e+00    1834.0
497    JCVI_READ_1095403503430   EU804799.1   ...   0.000000e+00    1834.0
498    JCVI_READ_1095403503430   EU804695.1   ...   0.000000e+00    1834.0
499    JCVI_READ_1095403503430   EU804645.1   ...   0.000000e+00    1834.0

[500 rows x 12 columns]
```

이 프로그램의 한 요소는 퍼센트 ID가 일부 최솟값보다 크거나 같은 일치만 선택하는 것이다. pandas는 자동으로 pid열을 부동 소수점 값으로 변환한다. 여기서 백분율 ID가 90 이상인 일치를 선택한다.

```
>>> wanted = hits[hits['pident'] >= 90]
>>> wanted
                      qseqid        sseqid   ...         evalue   bitscore
0          CAM_READ_0234442157   CP031125.1  ...   6.810000e-135     492.0
12       JCVI_READ_1091145027519  CP058306.1  ...   6.240000e-06      65.8
13       JCVI_READ_1091145742680  CP000084.1  ...   0.000000e+00    1925.0
14       JCVI_READ_1091145742680  CP038852.1  ...   0.000000e+00    1487.0
111      JCVI_READ_1091145742680  CP022043.2  ...   1.320000e-07      71.3
..                       ...           ...    ...          ...        ...
495      JCVI_READ_1095403503430  EU805356.1  ...   0.000000e+00    1834.0
496      JCVI_READ_1095403503430  EU804987.1  ...   0.000000e+00    1834.0
497      JCVI_READ_1095403503430  EU804799.1  ...   0.000000e+00    1834.0
498      JCVI_READ_1095403503430  EU804695.1  ...   0.000000e+00    1834.0
499      JCVI_READ_1095403503430  EU804645.1  ...   0.000000e+00    1834.0

[190 rows x 12 columns]
```

데이터 프레임의 행을 반복하려면 wanted.iterrows() 메서드를 사용한다. 이것은 행 인덱스와 행 값의 튜플을 반환한다는 점에서 enumerate() 함수처럼 작동한다.

```
>>> for i, hit in wanted.iterrows():
...     print(hit)
...     break
...
```

```
qseqid        CAM_READ_0234442157
sseqid                 CP031125.1
pident                     92.941
length                        340
mismatch                       21
gapopen                         3
qstart                          3
qend                          340
sstart                     801595
send                       801257
evalue                      0.000
bitscore                  492.000
Name: 0, dtype: object
```

데이터 프레임의 레코드에서 단일 필드를 출력하려면 대괄호를 통한 필드 액세스를 사용하거나 익숙한 dict.get() 메서드를 사용해서 레코드를 딕셔너리처럼 처리할 수 있다. 딕셔너리와 마찬가지로 첫 번째 메서드는 필드 이름의 철자를 잘못 입력하면 예외가 발생하는 반면, 후자 메서드는 조용히 None을 반환한다.

```
>>> for i, hit in wanted.iterrows():
...     print(hit['qseqid'], hit.get('pident'), hit.get('nope'))
...     break
...
CAM_READ_0234442157 92.941 None
```

앞의 예와 같이 먼저 메타데이터를 읽은 후 BLAST 일치를 반복하는 것이 좋다. seq_id 필드를 검색해서 meta 데이터 프레임에서 메타데이터를 조회할 수 있다. 메타데이터 파일의 염기 서열 ID는 고유하므로 최대 하나만 찾을 수 있다.

```
>>> seqs = meta[meta['seq_id'] == 'CAM_READ_0234442157']
>>> seqs
               seq_id      sample_acc  ...  temp          lat_lon
91  CAM_READ_0234442157  CAM_SMPL_GS112  ...  26.6  -8.50525,80.375583

[1 rows x 7 columns]
```

일치 항목을 반복하거나 iloc 액세스를 사용해서 첫 번째(0번째) 레코드를 가져올 수 있다.

```
>>> seqs.iloc[0]
seq_id              CAM_READ_0234442157
sample_acc            CAM_SMPL_GS112
date                          8/8/05
depth                         4573.0
salinity                        32.5
temp                            26.6
lat_lon            -8.50525,80.375583
Name: 91, dtype: object
```

일치하는 항목을 찾지 못하면 빈 데이터 프레임이 표시된다.

```
>>> seqs = meta[meta['seq_id'] == 'X']
>>> seqs
Empty DataFrame
Columns: [seq_id, sample_acc, date, depth, salinity, temp, lat_lon]
Index: []
```

값이 비어 있는지 확인하기 위해 seqs.empty 속성을 검사할 수 있다.

```
>>> seqs.empty
True
```

또는 seqs.shape에서 행 값을 검사한다.

```
>>> seqs.shape[0]
0
```

데이터 프레임은 to_csv() 메서드를 사용해서 값을 파일에 쓸 수도 있다. read_csv()와 마찬가지로 seq 필드 구분 기호를 지정할 수 있으며, 기본값은 쉼표다. 기본적으로 pandas는 행 인덱스를 출력 파일의 첫 번째 필드로 포함한다. 이것을 생략하기 위해 일반적으로 index=False를 사용한다. 예를 들어 salinity가 50보다 큰 메타데이터 레코드를 한 줄의 코드로 salty.csv 파일에 저장한다.

```
>>> meta[meta['salinity'] > 50].to_csv('salty.csv', index=False)
```

데이터가 csvchk 또는 csvlook을 사용해서 작성됐는지 확인할 수 있다.

```
$ csvchk salty.csv
// ****** Record 1 ****** //
seq_id      : JCVI_READ_1092351234516
sample_acc  : JCVI_SMPL_1103283000038
date        : 2/19/04
depth       : 0.2
salinity    : 63.4
temp        : 37.6
lat_lon     : -1.2283334,-90.42917
```

pandas를 완벽히 검토하는 것은 이 책의 범위를 훨씬 벗어나지만, 스스로 솔루션을 찾기에는 충분하다. 더 알고 싶다면 웨스 맥키니^{Wes McKinney}의 『파이썬 라이브러리를 활용한 데이터 분석』(한빛미디어, 2023)과 제이크 밴더 플래스^{Jake Vander Plas}의 『파이썬 데이터 사이언스 핸드북』(위키북스, 2023)을 추천한다.

솔루션

네 가지 솔루션이 있는데, 두 가지는 csv 모듈을 사용하고 두 가지는 pandas를 사용한다. 모든 솔루션은 다음과 같이 쓴 동일한 guess_delimiter() 함수를 사용한다.

```
def guess_delimiter(filename: str) -> str:
  """ Guess the field separator from the file extension """

  ext = os.path.splitext(filename)[1] ❶
  return ',' if ext == '.csv' else '\t' ❷
```

❶ os.path.splitext()에서 파일 확장자를 선택한다.

❷ 파일 확장자가 .csv이면 쉼표를 반환하고, 그렇지 않으면 탭 문자를 반환한다.

솔루션 1: 딕셔너리를 사용해서 수동으로 테이블 조인하기

이 버전은 19장의 앞부분에서 제시한 모든 제안을 거의 따른다.

```
def main():
  args = get_args()
  annots_reader = csv.DictReader(args.annotations, delimiter=',') ❶
  annots = {row['seq_id']: row for row in annots_reader} ❷

  headers = ['qseqid', 'pident', 'depth', 'lat_lon'] ❸
  args.outfile.write(args.delimiter.join(headers) + '\n') ❹

  hits = csv.DictReader(args.hits, ❺
                        delimiter=',',
                        fieldnames=[
                        'qseqid', 'sseqid', 'pident', 'length',
                          'mismatch', 'gapopen', 'qstart', 'qend',
                          'sstart', 'send', 'evalue', 'bitscore'
                        ])
  num_written = 0 ❻
  for hit in hits: ❼
    if float(hit.get('pident', -1)) < args.pctid: ❽
      continue

    if seq_id := hit.get('qseqid'): ❾
      if seq := annots.get(seq_id): ❿
        num_written += 1 ⓫
        args.outfile.write(
          args.delimiter.join( ⓬
            map(lambda s: f'"{s}"', [
                seq_id,
                hit.get('pident'),
                seq.get('depth'),
                seq.get('lat_lon')
            ])) + '\n')
  args.outfile.close() ⓭
  print(f'Exported {num_written:,} to "{args.outfile.name}".') ⓮
```

❶ 주석 파일에 대한 파서를 만든다.

❷ 염기 서열 ID에 키가 지정된 딕셔너리로 모든 주석을 읽는다.

❸ 출력 파일의 헤더를 정의한다.

❹ 헤더를 출력 파일에 쓴다.

❺ BLAST 일치에 관한 파서를 만든다.

❻ 기록된 레코드 수에 대한 카운터를 초기화한다.

❼ BLAST 일치를 반복한다.

❽ 최솟값보다 작은 백분율 ID의 레코드를 건너뛴다.

❾ BLAST 쿼리 염기 서열 ID를 가져오려고 시도한다.

❿ 주석에서 이 염기 서열 ID를 찾으려고 시도한다.

⓫ 찾으면 카운터를 증가시키고 출력값을 쓴다.

⓬ 구분 기호가 보호되도록 모든 필드를 인용한다.

⓭ 출력 파일을 닫는다.

⓮ 최종 상태를 사용자에게 출력한다. `num_written` 형식의 쉼표는 숫자에 수천 개의 구분 기호를 추가한다.

솔루션 2: csv.DictWriter()를 사용해서 출력 파일 쓰기

이다음 솔루션은 `csv.DictWriter()`를 사용해서 출력 파일을 작성한다는 점에서만 첫 번째 솔루션과 다르다. 필드 구분 기호가 포함된 필드를 적절하게 인용하는 경우를 처리하기 때문에 지금 소개하는 솔루션을 선호한다.

```
def main():
    args = get_args()
    annots_reader = csv.DictReader(args.annotations, delimiter=',')
    annots = {row['seq_id']: row for row in annots_reader}
```

```
writer = csv.DictWriter( ❶
  args.outfile,
  fieldnames=['qseqid', 'pident', 'depth', 'lat_lon'],
  delimiter=args.delimiter)
writer.writeheader() ❷

hits = csv.DictReader(args.hits,
                      delimiter=',',
                      fieldnames=[
                          'qseqid', 'sseqid', 'pident', 'length',
                          'mismatch', 'gapopen', 'qstart', 'qend',
                          'sstart', 'send', 'evalue', 'bitscore'
                      ])

num_written = 0
for hit in hits:
  if float(hit.get('pident', -1)) < args.pctid:
    continue

  if seq_id := hit.get('qseqid'):
    if seq := annots.get(seq_id):
      num_written += 1
      writer.writerow({ ❸
              'qseqid': seq_id,
              'pident': hit.get('pident'),
              'depth': seq.get('depth'),
              'lat_lon': seq.get('lat_lon'),
      })

print(f'Exported {num_written:,} to "{args.outfile.name}".') ❹
```

❶ 구분된 텍스트 출력 파일을 만들기 위해 쓰기 객체를 만든다.

❷ 헤더 행을 출력 파일에 쓴다.

❸ 작성자에 대해 정의된 필드 이름과 동일한 키를 사용해서 딕셔너리에 전달하는 데이
  터 행을 작성한다.

❹ 서식 지정 명령 {:,}은 숫자가 천 단위 구분 기호로 출력되도록 한다.

솔루션 3: pandas를 사용해서 파일 읽기와 쓰기

pandas 버전은 어떤 면에서는 조금 더 간단하고 다른 면에서는 조금 더 복잡하다. 모든 출력 레코드를 파이썬 리스트에 저장하고 출력 파일을 작성하기 위해 새 데이터 프레임을 인스턴스화하도록 선택했다.

```python
def main():
  args = get_args()
  annots = pd.read_csv(args.annotations, sep=',') ❶
  hits = pd.read_csv(args.hits, ❷
                     sep=',',
                     names=[
                     'qseqid', 'sseqid', 'pident', 'length', 'mismatch',
                     'gapopen', 'qstart', 'qend', 'sstart', 'send',
                     'evalue', 'bitscore'
                     ])

  data = [] ❸
  for _, hit in hits[hits['pident'] >= args.pctid].iterrows(): ❹
    meta = annots[annots['seq_id'] == hit['qseqid']] ❺
    if not meta.empty: ❻
      for _, seq in meta.iterrows(): ❼
        data.append({ ❽
            'qseqid': hit['qseqid'],
            'pident': hit['pident'],
            'depth': seq['depth'],
            'lat_lon': seq['lat_lon'],
        })

  df = pd.DataFrame.from_records(data=data) ❾
  df.to_csv(args.outfile, index=False, sep=args.delimiter) ❿

  print(f'Exported {len(data):,} to "{args.outfile.name}".') ⓫
```

❶ 메타데이터 파일을 데이터 프레임으로 읽는다.

❷ BLAST 일치를 데이터 프레임으로 읽는다.

❸ 출력 데이터의 리스트를 초기화한다.

❹ 백분율 ID가 최소 백분율보다 크거나 같은 모든 BLAST 일치를 선택한다.

❺ 지정된 쿼리 염기 서열 ID에 대한 메타데이터를 선택한다.

❻ 메타데이터가 비어 있지 않은지 확인한다.

❼ 메타데이터 레코드를 반복한다(하나만 있어야 함에도 불구하고).

❽ 출력 데이터와 함께 새 딕셔너리를 저장한다.

❾ 출력 데이터에서 새 데이터 프레임을 만든다.

❿ 데이터 프레임 인덱스 값을 제외한 데이터 프레임을 출력 파일에 쓴다.

⓫ 콘솔에 상태를 출력한다.

솔루션 4: pandas를 사용해서 파일 조인하기

이 마지막 솔루션에서는 pandas를 사용해서 19장의 앞부분에서 설명한 join 프로그램과 매우 유사하게 메타데이터와 BLAST 데이터 프레임을 조인한다.

```python
def main():
    args = get_args()
    annots = pd.read_csv(args.annotations, sep=',', index_col='seq_id') ❶
    hits = pd.read_csv(args.hits,
                       sep=',',
                       index_col='qseqid',❷
                       names=[
                           'qseqid', 'sseqid', 'pident', 'length', 'mismatch',
                           'gapopen', 'qstart', 'qend', 'sstart', 'send',
                           'evalue', 'bitscore'
                       ])

    joined = hits[hits['pident'] >= args.pctid].join(annots, how='inner')❸

    joined.to_csv(args.outfile,❹
                  index=True,
                  index_label='qseqid',
```

```
            columns=['pident', 'depth', 'lat_lon'],
            sep=args.delimiter)

  print(f'Exported {joined.shape[0]:,} to "{args.outfile.name}".')
```

❶ 주석 파일을 읽고 인덱스 열을 seq_id로 설정한다.

❷ BLAST 일치를 읽고 인덱스 열을 qseqid로 설정한다.

❸ 원하는 백분율 ID로 BLAST 일치를 선택하고, 인덱스 열을 사용해서 주석에 대한 내부 조인을 수행한다.

❹ 표시된 구분 기호를 사용해서 조인된 데이터 프레임의 원하는 열을 출력 파일에 쓴다. 인덱스를 포함하고 이름은 qseqid로 지정한다.

조인^{join} 작업이 상당히 복잡하기 때문에 잠시 설명을 하겠다. 먼저, 각 데이터 프레임에는 기본적으로 행 인덱스인 고유 인덱스가 있어야 한다.

```
>>> import pandas as pd
>>> annots = pd.read_csv('tests/inputs/meta.csv')
>>> annots.index
RangeIndex(start=0, stop=100, step=1)
```

대신, pandas가 seq_id 열을 index_col 인수로 표시하는 인덱스로 사용하기를 원한다.

```
>>> annots = pd.read_csv('tests/inputs/meta.csv', index_col='seq_id')
```

0번째 필드도 표시할 수 있다.

```
>>> annots = pd.read_csv('tests/inputs/meta.csv', index_col=0)
```

이제 인덱스는 seq_id로 설정된다.

```
>>> annots.index[:10]
Index(['JCVI_READ_1092301105055', 'JCVI_READ_1092351051817',
       'JCVI_READ_1092301096881', 'JCVI_READ_1093017101914',
```

```
'JCVI_READ_1092342065252', 'JCVI_READ_1092256406745',
'JCVI_READ_1092258001174', 'JCVI_READ_1092959499253',
'JCVI_READ_1092959656555', 'JCVI_READ_1092959499263'],
dtype='object', name='seq_id')
```

마찬가지로, BLAST 일치를 쿼리 염기 서열 ID에 인덱싱하기를 원한다.

```
>>> cols = ['qseqid', 'sseqid', 'pident', 'length', 'mismatch', 'gapopen',
  'qstart', 'qend', 'sstart', 'send', 'evalue', 'bitscore']
>>> hits = pd.read_csv('tests/inputs/hits1.csv', names=cols, index_col='qseqid')
>>> hits.index[:10]
Index(['CAM_READ_0234442157', 'CAM_READ_0234442157', 'CAM_READ_0234442157',
       'CAM_READ_0234442157', 'JCVI_READ_1095946186912',
       'JCVI_READ_1095946186912', 'JCVI_READ_1095946186912',
       'JCVI_READ_1095946186912', 'JCVI_READ_1095946186912',
       'JCVI_READ_1091145027519'],
      dtype='object', name='qseqid')
```

pident가 최솟값 이상인 BLAST 일치를 선택할 수 있다. 예를 들어 190개의 행에 90개
의 값이 있다.

```
>>> wanted = hits[hits['pident'] >= 90]
>>> wanted.shape
(190, 11)
```

결과 데이터 프레임은 여전히 qseqid 열에 인덱싱돼 있으므로 인덱스 값(염기 서열 ID)
이 공통인 주석에 결합할 수 있다. 기본적으로 pandas는 left join을 수행해 첫 번째 또
는 왼쪽 데이터 프레임에서 모든 행을 선택하고, 오른쪽 데이터 프레임에 짝이 없는 행
을 null 값으로 대체한다. right join은 left join과 반대로 왼쪽에 일치하는 항목에 관
계없이 오른쪽 데이터 프레임에서 모든 레코드를 선택한다. 주석이 있는 일치만 원하
기 때문에 inner join을 사용할 것이다. 그림 19-3은 벤 다이어그램^{Venn diagram}을 사용한
join을 설명한다.

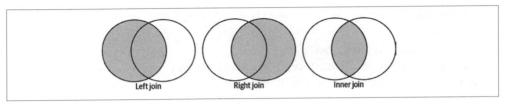

그림 19-3. left join은 왼쪽 테이블에서 모든 레코드를 선택하고, right join은 오른쪽 테이블에서 모든 레코드를 선택하며, inner join은 양쪽에 있는 레코드만 선택한다.

조인 작업은 506페이지의 'csvkit과 csvchk 사용하기'에서 보여 준 join 개발 툴과 마찬가지로 두 데이터 프레임의 열로 새 데이터 프레임을 생성한다.

```
>>> joined = wanted.join(annots, how='inner')
>>> joined
                          sseqid   pident  ...  temp             lat_lon
CAM_READ_0234442157      CP031125.1  92.941  ...  26.6    -8.50525,80.375583
JCVI_READ_1091120852400  CP012541.1  100.000 ...  25.0     24.488333,-83.07
JCVI_READ_1091141680691  MN693562.1  90.852  ...  27.7  10.716389,-80.25445
JCVI_READ_1091141680691  MN693445.1  90.645  ...  27.7  10.716389,-80.25445
JCVI_READ_1091141680691  MN693445.1  91.935  ...  27.7  10.716389,-80.25445
...                             ...     ...  ...   ...                  ...
JCVI_READ_1095913058159  CP000437.1  94.737  ...   9.4  41.485832,-71.35111
JCVI_READ_1095913058159  AM286280.1  92.683  ...   9.4  41.485832,-71.35111
JCVI_READ_1095913058159  DQ682149.1  94.737  ...   9.4  41.485832,-71.35111
JCVI_READ_1095913058159  AM233362.1  94.737  ...   9.4  41.485832,-71.35111
JCVI_READ_1095913058159  AY871946.1  94.737  ...   9.4  41.485832,-71.35111

[190 rows x 17 columns]
```

이를 작성하는 또 다른 방법은 pd.merge() 함수를 사용하는 것이다. 이 함수는 기본적으로 inner join이다. 왼쪽과 오른쪽 데이터 프레임에서 조인에 사용할 열을 지정해야 한다. 이 경우 인덱스는 다음과 같다.

```
>>> joined = pd.merge(wanted, annots, left_index=True, right_index=True)
```

joined.to_csv() 메서드를 사용해서 데이터 프레임을 출력 파일에 쓸 수 있다. 일반적인 염기 서열 ID는 열 이름이 없는 인덱스다. 출력 파일에 인덱스가 포함되기를 원하므로 파일이 예상 출력과 일치하도록 index=True와 index_name='qseqid'를 사용한다.

```
>>> out_fh = open('out.csv', 'wt')
>>> joined.to_csv(out_fh, index=True, index_label='qseqid',
columns=['pident', 'depth', 'lat_lon'], sep=',')
```

더 나아가기

온도, 염도 또는 BLAST e-value와 같은 다른 필드로 필터링하는 옵션을 추가한다. 기본적으로 두 파일의 모든 열을 출력 파일에 포함하고 열의 하위 집합을 선택하는 옵션을 추가한다.

요점 정리

19장의 주요 요점은 다음과 같다.

- 셸 별칭을 사용해서 일반 커맨드에 대한 바로가기를 만들 수 있다.

- 구분된 텍스트 파일에 항상 열 헤더가 있는 것은 아니다. BLAST의 표 출력 형식이 그렇다.

- csv와 pandas 모듈은 구분된 텍스트 파일을 읽고 쓸 수 있다.

- dataset는 조인 커맨드 라인 개발 툴을 사용하거나 파이썬에서 딕셔너리의 공통 키 또는 pandas 데이터 프레임의 공통 인덱스를 사용해서 공통 열에 조인할 수 있다.

- pandas는 메모리의 모든 데이터에 접근해야 하는 경우 구분된 파일을 읽는 데 적합하다. 예를 들어 데이터의 통계 분석을 수행해야 하거나 열의 모든 값에 빠르게 액세스하려는 경우 매우 큰 구분된 파일을 구문 분석해야 한다. 레코드를 독립적으로 처리할 수 있는 경우 성능 향상을 위해 csv 모듈을 사용하라.

make를 사용해서 명령 문서화와 워크플로 생성하기

make 프로그램은 소스 코드 파일로부터 실행 가능한 프로그램을 만드는 것을 돕기 위해 1976년에 만들어졌다. 원래 C 언어 프로그래밍을 지원하기 위해 개발됐지만, 해당 언어나 코드 컴파일 작업에 국한되지 않는다. 매뉴얼에 다음과 같이 소개됐다. "다른 파일이 변경될 때마다 다른 파일에서 자동으로 업데이트돼야 하는 작업을 설명하는 데 사용할 수 있다." make 프로그램은 워크플로 시스템이 되기 위한 빌드 도구로서의 역할을 훨씬 뛰어넘어 발전했다.

Makefiles는 레시피다

make 명령을 실행하면 현재 작업 폴더에서 Makefile(또는 makefile)이라는 파일을 찾는다. 이 파일에는 몇 개의 출력을 생성하기 위해 결합되는 개별 작업을 설명하는 레시피recipe가 포함돼 있다. 레몬 머랭 파이lemon meringue pie의 레시피가 어떤 특정 순서와 조합으로 완료해야 하는 단계가 있는지 생각해보라. 예를 들어 크러스트crust, 필링filling, 머랭을 따로 만들어서 모은 뒤 구워야 맛있는 간식을 즐길 수 있다. 그림 A-1에 설명된 것처럼 끈 다이어그램이라고 불리는 것으로 이것을 시각화할 수 있다.

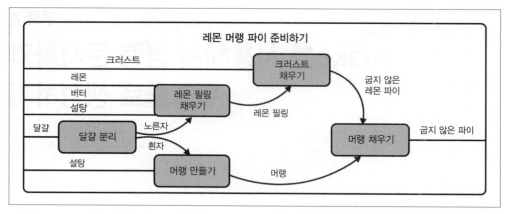

그림 A-1. 브렌단 퐁(Brendan Fong)과 데이비드 스피박(David Spivak)의 『An Invitation to Applied Category Theory (Seven Sketches in Compositionality)』(Cambridge University Press, 2019)를 각색한 파이 만드는 방법을 설명하는 끈 다이어그램

전날 파이 크러스트를 만들어서 차갑게 유지하는 것은 중요하지 않고 속을 채우는 것도 마찬가지로 중요하지 않지만, 크러스트가 먼저 접시에 들어가야 하고 그다음 속이 채워지고 마지막으로 머랭이 들어가야 한다는 것은 분명하다. 실제 레시피는 다른 곳의 크러스트와 머랭에 대한 일반적인 레시피를 참고할 수 있으며 레몬 속을 채우고 굽는 방법에 대한 단계만 나열할 수 있다.

이런 아이디어를 목업^{mock up}하기 위해 Makefile을 작성할 수 있다. 셸 스크립트를 사용해서 다양한 재료를 crust.txt와 filling.txt와 같은 일부 출력 파일로 조립하는 것처럼 가정한다. app01_makefiles/pie 폴더에서 파일 이름과 파일에 넣을 '재료' 목록을 예상하는 combine.sh 스크립트를 작성했다.

```
$ cd app01_makefiles/pie/
$ ./combine.sh
usage: combine.sh FILE ingredients
```

다음과 같이 크러스트를 만드는 척할 수 있다.

```
$ ./combine.sh crust.txt flour butter water
```

이제 다음 내용이 포함된 crust.txt 파일이 있다.

```
$ cat crust.txt
Will combine flour butter water
```

Makefile의 레시피가 출력 파일을 만드는 것은 일반적이지만 반드시 필요한 것은 아니다. 이 예에서는 정리 대상이 파일을 제거한다는 점에 유의하라.

```
all: crust.txt filling.txt meringue.txt ❶
        ./combine.sh pie.txt crust.txt filling.txt meringue.txt ❷
        ./cook.sh pie.txt 375 45

filling.txt: ❸
        ./combine.sh filling.txt lemon butter sugar

meringue.txt: ❹
        ./combine.sh meringue.txt eggwhites sugar

crust.txt: ❺
        ./combine.sh crust.txt flour butter water

clean: ❻
        rm -f crust.txt meringue.txt filling.txt pie.txt
```

❶ all이라는 타깃을 정의한다. 첫 번째 타깃은 타깃이 지정되지 않은 경우 실행되는 타깃이다. 관례에 따르면 모든 타깃은 소프트웨어 구축과 같은 일부 기본 목표를 달성하는 데 필요한 모든 타깃을 실행한다. 컴포넌트 파일에서 pie.txt 파일을 만들고 '요리'하려고 한다. 이름 all이 먼저 정의된다는 사실은 중요하지 않다. 타깃 이름 뒤에 콜론이 오고 이 타깃을 실행하기 전에 충족해야 하는 종속성이 있다.

❷ all 타깃에는 실행할 두 가지 명령이 있다. 각 명령은 탭 문자로 들여쓰기 된다.

❸ filling.txt 타깃이다. 일반적이지만 출력 파일 이름을 타깃 이름으로 사용할 필요는 없다. 이 타깃에는 속을 채울 재료를 결합하는 명령이 하나뿐이다.

❹ meringue.txt 타깃이며, 달걀 흰자와 설탕을 결합한다.

❺ 밀가루, 버터, 물을 결합한 crust.txt 타깃이다.

❻ 정상적인 빌드 과정에서 생성된 파일을 제거하기 위해 깨끗한 타깃을 갖는 것이 일반적이다.

앞의 예에서 볼 수 있듯이 타깃에는 이름 뒤에 콜론이 있다. 실행하려는 순서대로 콜론 뒤에 모든 종속 작업을 나열할 수 있다. 타깃에 대한 작업은 그림 A-2와 같이 탭 문자로 들여 써야 하며, 원하는 만큼의 명령을 정의할 수 있다.

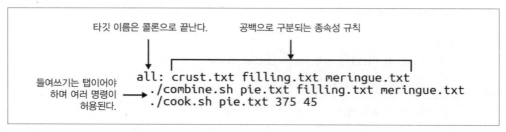

그림 A-2. Makefile 타깃은 콜론으로 종료되고 선택적으로 종속성이 뒤따른다. 모든 타깃의 작업은 단일 탭 문자로 들여 써야 한다.

특정 타깃 실행

Makefile의 각 작업을 타깃, 규칙, 레시피라고 한다. 타깃의 순서는 첫 번째 타깃이 기본값인 것 외에는 중요하지 않다. 파이썬 프로그램의 함수와 같은 타깃은 파일에서 이전 또는 이후에 정의된 다른 타깃을 참고할 수 있다.

특정 타깃을 실행하려면 **make target**을 실행해서 make가 주어진 레시피에 대한 명령을 실행하도록 한다.

```
$ make filling.txt
./combine.sh filling.txt lemon butter sugar
```

그리고 이제 filling.txt라는 파일이 있다.

```
$ cat filling.txt
Will combine lemon butter sugar
```

이 타깃을 다시 실행하려고 하면 파일이 이미 존재하기 때문에 수행할 작업이 없다는 메시지가 표시된다.

```
$ make filling.txt
make: 'filling.txt' is up to date.
```

make가 존재하는 이유 중 하나는 기본 소스가 변경되지 않는 한 파일을 만들고자 추가 작업을 수행하지 않기 위해서다. 소프트웨어를 구축하거나 파이프라인을 실행하는 과정에서 소스 코드가 수정되는 등 입력이 변경되지 않는 한 일부 출력을 생성할 필요가 없을 수 있다. make가 filling.txt 타깃을 실행하도록 하려면 해당 파일을 제거하거나 **make clean**을 실행해서 생성된 파일을 제거할 수 있다.

```
$ make clean
rm -f crust.txt meringue.txt filling.txt pie.txt
```

타깃 없이 실행하기

인수 없이 make 명령을 실행하면 첫 번째 타깃이 자동으로 실행된다. 이것이 모든 타깃(또는 이와 유사한 타깃)을 먼저 배치해야 하는 주요 이유다. 실수로 실행해서 귀중한 데이터를 제거할 수 있으므로 clean 타깃과 같은 파괴적인 것을 먼저 두지 않도록 주의하라.

이전 Makefile로 make를 실행할 때의 출력은 다음과 같다.

```
$ make ❶
./combine.sh crust.txt flour butter water ❷
./combine.sh filling.txt lemon butter sugar ❸
./combine.sh meringue.txt eggwhites sugar ❹
./combine.sh pie.txt crust.txt filling.txt meringue.txt ❺
./cook.sh pie.txt 375 45 ❻
Will cook "pie.txt" at 375 degrees for 45 minutes.
```

❶ 인수 없이 make를 실행한다. 현재 작업 폴더에 있는 Makefile이라는 파일에서 첫 번째 타깃을 찾는다.

❷ crust.txt 레시피가 먼저 실행된다. 타깃을 지정하지 않았기 때문에 make는 먼저 정의된 모든 타깃을 실행하고 이 타깃은 첫 번째 종속성으로 crust.txt를 나열한다.

❸ 다음으로 filling.txt 타깃을 실행한다.

❹ 그다음에는 meringue.txt가 실행된다.

❺ 다음으로 pie.txt를 조립한다.

❻ 그리고 나서 파이를 375도에서 45분 동안 '요리'한다.

make를 다시 실행하면 crust.txt, filling.txt, meringue.txt 파일을 생성하기 위한 중간 단계가 이미 존재하기 때문에 건너뛰는 것을 볼 수 있다.

```
$ make
./combine.sh pie.txt crust.txt filling.txt meringue.txt
./cook.sh pie.txt 375 45
Will cook "pie.txt" at 375 degrees for 45 minutes.
```

강제로 다시 만들려면 make clean && make를 실행할 수 있다. 여기서 &&은 논리적이며 첫 번째 명령이 성공할 경우에만 두 번째 명령을 실행한다.

```
$ make clean && make
rm -f crust.txt meringue.txt filling.txt pie.txt
./combine.sh crust.txt flour butter water
./combine.sh filling.txt lemon butter sugar
./combine.sh meringue.txt eggwhites sugar
./combine.sh pie.txt crust.txt filling.txt meringue.txt
./cook.sh pie.txt 375 45
Will cook "pie.txt" at 375 degrees for 45 minutes.
```

Makefiles은 DAGs를 생성한다

각 타깃은 다른 타깃을 먼저 완료해야 하는 전제 조건 또는 종속성으로 지정할 수 있다. 이러한 작업은 시작점과 대상을 통과하는 경로가 있는 그래프 구조를 만들어 최종적으로 일부 출력 파일을 만든다. 모든 타깃을 설명한 경로는 그림 A-3과 같이 방향성(시작에서 끝까지) 비순환(주기 또는 무한 루프가 없음) 그래프 또는 DAG여야 한다.

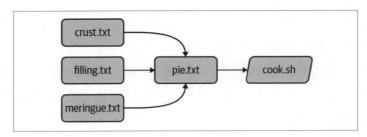

그림 A-3. 타깃은 어떤 결과를 생성하기 위한 작업의 방향성 비순환 그래프를 설명하기 위해 결합될 수 있다.

많은 분석 파이프라인은 FASTA 염기 서열 파일과 같은 일부과 BLAST 일치, DNA 예측 또는 함수형 주석과 같은 일부 출력으로 변환(트리밍, 필터링, 비교)된 그래프다. 작업을 문서화하고 완전한 함수적 분석 파이프라인을 만드는 데 make가 얼마나 남용될 수 있는지 알면 놀랄 것이다.

make를 사용한 C 프로그램 컴파일

make가 존재하는 이유를 이해하기 위해 적어도 한 번은 의도된 목적으로 make를 사용하는 것이 도움이 된다고 생각한다. 잠시 시간을 내어 C 언어로 'Hello, World' 예제를 작성하고 컴파일한다. app01_makefiles/c-hello 폴더에서 'Hello, World!'를 출력하는 간단한 C 프로그램을 찾을 수 있다. 다음은 hello.c 소스 코드다.

```
#include <stdio.h> ❶
int main() { ❷
  printf("Hello, World!\n"); ❸
  return 0; ❹
} ❺
```

❶ bash에서와 마찬가지로 # 문자는 C 언어로 주석을 도입하지만, 이는 코드의 외부 모듈을 사용할 수 있도록 하는 특수 주석이다. 여기서는 **printf**(print-format) 함수를

사용하고 싶기 때문에 stdio라는 표준 I/O^{입/출력} 모듈을 포함해야 한다. 해당 모듈의 함수 정의를 불러오려면 'header' 파일인 stdio.h만 포함하면 된다. 이것은 표준 모듈이며, C 컴파일러는 불러온 파일을 찾기 위해 다양한 위치에서 찾을 것이다. 일부 헤더 파일을 찾을 수 없기 때문에 소스 코드에서 C(또는 C++ 프로그램)를 컴파일할 수 없는 경우가 있다. 예를 들어 gzip 라이브러리는 데이터 압축 해제에 자주 사용되지만, 다른 프로그램들이 이렇게 include 할 수 있는 라이브러리 형식으로 항상 설치되는 것은 아니다. 따라서 libgz 프로그램을 다운로드해서 설치해야 하며 적절한 include 폴더에 헤더를 설치해야 한다. apt-get과 yum과 같은 패키지 관리자에는 종종 이러한 헤더를 가져오기 위해 설치해야 하는 -dev 또는 -devel 패키지가 있다. 즉 libgz와 libgz-dev 등을 모두 설치해야 한다.

❷ 이것은 C에서 함수 선언의 시작이다. 함수 이름(main) 앞에 반환 유형(int)이 온다. 함수에 대한 매개 변수는 이름 뒤의 괄호 안에 나열된다. 이 경우에는 아무것도 없으므로 괄호는 비어 있다. 여는 중괄호({)는 함수에 속하는 코드의 시작을 나타낸다. C는 자동으로 main() 함수를 실행하며 모든 C 프로그램에는 프로그램이 시작되는 main() 함수가 있어야 한다.

❸ printf() 함수는 주어진 문자열을 커맨드 라인에 출력한다. 이 함수는 stdio 라이브러리에 정의돼 있으므로 위의 헤더 파일을 #include해야 한다.

❹ return은 함수를 종료하고 값 0을 반환한다. 이것은 main() 함수의 반환값이므로 전체 프로그램의 종료값이 된다. 값 0은 프로그램이 정상적으로 실행됐음을 나타낸다. '오류 0'이라고 생각하라. 0이 아닌 값은 실패를 나타낸다.

❺ 닫는 중괄호(})는 2행에 있는 중괄호의 짝이며 main() 함수의 끝을 표시한다.

이를 실행 가능한 프로그램으로 바꾸려면 컴퓨터에 C 컴파일러가 있어야 한다. 예를 들어 GNU C 컴파일러인 gcc를 사용할 수 있다.

```
$ gcc hello.c
```

그러면 실행 파일인 a.out이라는 파일이 생성된다. 내 매킨토시^{Macintosh}에서는 다음 file 을 보고한다.

```
$ file a.out
a.out: Mach-O 64-bit executable arm64
```

그리고 이것을 실행할 수 있다.

```
$ ./a.out
Hello, World!
```

하지만 a.out이라는 이름이 마음에 들지 않으므로 -o 옵션을 사용해서 출력 파일의 이름을 hello로 지정할 수 있다.

```
$ gcc -o hello hello.c
```

결과 hello 실행 파일을 실행한다. 동일한 출력이 표시된다.

hello.c를 수정할 때마다 gcc -o hello.c를 입력하는 대신, Makefile에 넣을 수 있다.

```
hello:
        gcc -o hello hello.c
```

이제 **make hello**를 실행하거나 이것이 첫 번째 타깃인 경우 그냥 만들 수 있다.

```
$ make
gcc -o hello hello.c
```

make를 다시 실행해도 hello.c 파일이 변경되지 않았기 때문에 아무 일도 일어나지 않는다.

```
$ make
make: 'hello' is up to date.
```

'Hello' 대신 'Hola'를 출력하도록 hello.c 코드를 변경한 다음 make를 다시 실행하면 어떻게 될까?

```
$ make
make: 'hello' is up to date.
```

-B 옵션을 사용해서 강제로 대상을 실행할 수 있다.

```
$ make -B
gcc -o hello hello.c
```

이제 새 프로그램이 컴파일됐다.

```
$ ./hello
Hola, World!
```

이것은 사소한 예이며, 여러분은 이것이 어떻게 시간을 절약하는지 궁금해 할 것이다. C 또는 모든 언어의 실제 프로젝트는 다른 .c 파일에서 사용할 수 있도록 함수를 설명하는 헤더(.h 파일)가 있는 여러 .c 파일을 가질 것이다. C 컴파일러는 각 .c 파일을 .o(out) 파일로 변환한 다음, 이들을 하나의 실행 파일로 연결해야 한다. 수십개의 .c 파일이 있고 한 파일에서 한 줄의 코드를 변경한다고 가정해보라. 모든 코드를 다시 컴파일하고 연결하기 위해 수십 개의 명령을 입력할 것인가? 물론 그렇지 않다. 이러한 작업을 자동화하는 툴을 구축할 수 있다.

새 파일을 생성하지 않는 타깃을 Makefile에 추가할 수 있다. 더 이상 필요하지 않은 파일과 폴더를 정리하는 깨끗한 타깃을 갖는 것은 일반적이다. 여기서 hello 실행 파일을 제거하기 위한 깨끗한 타깃을 만들 수 있다.

```
clean:
        rm -f hello
```

hello 타깃을 실행하기 전에 실행 파일이 항상 제거되는지 확인하려면 종속성으로 추가할 수 있다.

```
hello: clean
        gcc -o hello hello.c
```

타깃의 결과가 새로 생성된 파일이 아니기 때문에 가짜 타깃임을 **make**에 대해 문서화하는 것이 좋다. .PHONY:를 사용해서 모든 가짜를 타깃으로 지정하고 나열한다. 이제 완전한 Makefile은 다음과 같다.

```
$ cat Makefile
.PHONY: clean

hello: clean
        gcc -o hello hello.c

clean:
        rm -f hello
```

이전 Makefile로 c-hello 폴더에서 **make**를 실행하면 다음과 같이 표시된다.

```
$ make
rm -f hello
gcc -o hello hello.c
```

이제 폴더에 실행할 수 있는 hello 실행 파일이 있을 것이다.

```
$ ./hello
Hello, World!
```

clean 타깃은 타깃 자체가 언급되기 전에도 hello 타깃에 대한 종속성으로 나열될 수 있다. make는 전체 파일을 읽은 다음 종속성을 사용해서 그래프를 확인한다. hello에 대한 추가 종속성으로 foo를 지정한 후 **make**를 다시 실행하면 다음과 같은 결과가 나타난다.

```
$ make
make: *** No rule to make target 'foo', needed by 'hello'.  Stop.
```

Makefile을 사용하면 종속성에 따라 순서가 지정된 독립적인 작업 그룹을 작성할 수 있다. 이는 고급 언어의 함수와 같다. 나는 본질적으로 다른 프로그램을 출력하는 프로그램을 작성했다.

cat hello를 실행해서 hello 파일의 내용을 확인하라. 대부분 횡설수설처럼 보이는 이진법 정보이지만, 아마 간단한 영어도 이해할 수 있을 것이다. 문자열 hello를 사용해서 텍스트 문자열만 추출할 수도 있다.

바로가기에 make 사용하기

Makefile을 사용해서 명령에 대한 바로가기를 만드는 방법에 대해 알아볼 것이다. app01_makefiles/hello 폴더에는 다음과 같은 Makefile이 있다.

```
$ cat Makefile
.PHONY: hello ❶

hello: ❷
        echo "Hello, World!" ❸
```

❶ hello 타깃은 파일을 생성하지 않기 때문에 가짜 타깃으로 나열한다.

❷ 여기가 hello 타깃이다. 타깃의 이름은 문자와 숫자로만 구성돼야 하며, 앞에 공백이 없어야 하며, 콜론(:)이 뒤에 와야 한다.

❸ hello 타깃에 대해 실행할 명령은 탭 문자로 들여쓰기된 행에 나열된다.

make로 실행할 수 있다.

```
$ make
echo "Hello, World!"
Hello, World!
```

나는 종종 Makefile을 사용해 다양한 인수가 있는 명령어를 호출하는 방법을 떠올린다. 즉 분석 파이프라인을 작성한 다음 모든 매개 변수를 사용해서 다양한 데이터 집합에서 프로그램을 실행하는 방법을 문서화할 수 있다. 이런 식으로 목표를 실행함으로써 즉시 재현할 수 있는 방식으로 내 작업을 문서화하고 있다.

변수 정의

다음은 짧은 reads에 분류학적 할당을 만들기 위해 원심분리기^{centrifuge} 프로그램을 사용한 방법을 문서화하기 위해 작성한 Makefile의 예다.

```
INDEX_DIR = /data/centrifuge-indexes ❶

clean_paired:
    rm -rf $(HOME)/work/data/centrifuge/paired-out

paired: clean_paired ❷
    ./run_centrifuge.py \ ❸
    -q $(HOME)/work/data/centrifuge/paired \ ❹
    -I $(INDEX_DIR) \ ❺
    -i 'p_compressed+h+v' \
    -x "9606, 32630" \
    -o $(HOME)/work/data/centrifuge/paired-out \
    -T "C/Fe Cycling"
```

❶ 여기서 INDEX_DIR 변수를 정의하고 값을 할당한다. =의 양쪽에는 공백이 있어야 한다. 변수 이름으로 ALL_CAPS를 선호하지만, 이것은 개인적인 선호다.

❷ 이 타깃을 실행하기 전에 clean_paired 타깃을 실행하라. 이렇게 하면 이전 실행에서 남은 출력이 없다.

❸ 이 작업은 길기 때문에 커맨드 라인에서 백슬래시(\)를 사용해서 명령이 다음줄로 계속됨을 나타낸다.

❹ $HOME 환경 변수의 값을 따르거나 사용하려면 $(HOME) 구문을 사용하라.

❺ $(INDEX_DIR)은 상단에 정의된 변수를 의미한다.

워크플로 작성

app01_makefiles/yeast 폴더는 워크플로를 make 타깃으로 작성하는 방법의 예시다. 목표는 효모 게놈을 다운로드하고 다양한 유전자 유형을 'Dubious', 'Uncharacterized', 'Verified' 등으로 특성화하는 것이다. 이것은 wget, grep, awk와 같은 커맨드 라인 개발 툴 모음과 download.sh라는 사용자 지정 셸 스크립트와 결합돼 수행되며, 모든 파트는 make에 의해 순서대로 실행된다.

```
.PHONY: all fasta features test clean

FEATURES = http://downloads.yeastgenome.org/curation/$\
    chromosomal_feature/
    SGD_features.tab

all: fasta genome chr-count chr-size features gene-count verified-genes \
    uncharacterized-genes gene-types terminated-genes test

clean:
        find . \( -name \*gene\* -o -name chr-\* \) -exec rm {} \;
        rm -rf fasta SGD_features.tab

fasta:
        ./download.sh

genome: fasta
        (cd fasta && cat *.fsa > genome.fa)

chr-count: genome
        grep -e '^>' "fasta/genome.fa" | grep 'chromosome' | wc -l > chr-count

chr-size: genome
        grep -ve '^>' "fasta/genome.fa" | wc -c > chr-size

features:
        wget -nc $(FEATURES)

gene-count: features
        cut -f 2 SGD_features.tab | grep ORF | wc -l > gene-count
```

```
verified-genes: features
        awk -F"\t" '$$3 == "Verified" {print}' SGD_features.tab | \
            wc -l > verified-genes

uncharacterized-genes: features
        awk -F"\t" '$$2 == "ORF" && $$3 == "Uncharacterized" {print $$2}' \
            SGD_features.tab | wc -l > uncharacterized-genes

gene-types: features
        awk -F"\t" '{print $$3}' SGD_features.tab | sort | uniq -c > gene-types

terminated-genes:
        grep -o '/G=[^ ]*' palinsreg.txt | cut -d = -f 2 | \
            sort -u > terminated-genes

test:
        pytest -xv ./test.py
```

모든 명령을 언급하지는 않을 것이다. 주로 워크플로를 생성하기 위해 Makefile을 얼마나 남용할 수 있는지 설명할 것이다. 모든 단계를 문서화했을 뿐만 아니라 **make** 명령만 있으면 실행할 수 있다. make를 사용하지 않으면 이를 수행하기 위해 셸 스크립트를 작성하거나 파이썬과 같은 더 강력한 언어를 사용해야 한다. 두 언어 중 하나로 작성된 결과 프로그램은 아마 더 길고 버그가 많으며 이해하기 더 어려울 것이다. 때로는 Makefile과 몇 가지 셸 명령만 있으면 된다.

기타 워크플로 관리자

make 한계에 부딪히면 작업 워크플로 관리자로 이동하도록 선택할 수 있다. 여러분은 선택할 수 있는 것들이 많다. 예를 들어 다음과 같다.

- Snakemake는 파이썬으로 make의 기본 개념을 확장한다.
- CWL^{Common Workflow Language}은 YAML의 구성 파일에서 워크플로와 매개 변수를 정의하고, 인수를 설명하는 다른 구성 파일로 워크플로를 실행하기 위해 **cwltool**

또는 cwl-runner(모두 파이썬에 구현됨)와 같은 개발 툴을 사용한다.

- WDL^{Workflow Description Language}은 워크플로와 인수를 설명하는 데 유사한 접근 방식을 사용하며 Cromwell 엔진으로 실행할 수 있다.

- Pegasus를 사용하면 파이썬 코드를 사용해서 워크플로를 설명한 다음 코드를 실행할 엔진의 입력 파일인 XML 파일에 기록할 수 있다.

- Nextflow는 Groovy(자바의 하위 집합)라는 전체 프로그래밍 언어를 사용해서 Nextflow 엔진에서 실행할 수 있는 워크플로를 작성한다는 점에서 비슷하다.

이런 모든 시스템은 make와 동일한 기본 아이디어를 따르기 때문에 make가 작동하는 방식과 워크플로의 일부를 작성하는 방법, 워크플로가 상호 작용하는 방법을 이해하는 것이 더 큰 분석 워크플로의 기초가 된다.

더 읽기

다음은 make에 대해 배울 수 있는 몇 가지 다른 리소스다.

- The GNU Make Manual(https://oreil.ly/D9daZ)

- 존 그레이엄 커밍^{John Graham-Cumming}의 『The GNU Make Book』(No Starch Press, 2015)

- 로버트 멕글랜버그^{Robert Mecklenburg}의 『Managing Projects with GNU Make』 (https://oreil.ly/D8Oyk)(O'Reilly, 2004)

$PATH 이해하고
커맨드 라인 프로그램 설치하기

PATH는 지정된 명령을 검색할 폴더를 정의하는 환경 변수다. 즉 foo를 입력했는데 PATH 어디에도 셸이 foo로 실행할 수 있는 내장 명령어, 셸 함수, 명령어 별칭 또는 프로그램이 없다면 이 명령어를 찾을 수 없다는 메시지가 나타난다.

```
$ foo
-bash: foo: command not found
```

윈도우 파워셸Windows PowerShell에서 echo $env:Path를 사용해서 PATH를 검사할 수 있지만, 유닉스 플랫폼에서는 echo $PATH 명령을 사용한다. 두 경로 모두 공백이 없는 긴 문자열로 출력되며, 윈도우에서는 세미콜론으로, 유닉스에서는 콜론으로 구분된 모든 경로 이름을 나열한다. 운영체제에 경로 개념이 없다면 주어진 명령에 대해 시스템의 모든 폴더를 검색해야 한다. 이 작업은 몇 분에서 몇 시간이 걸릴 수 있으므로 검색을 몇 개의 경로로 제한하는 것이 좋다.

다음은 내 맥킨토시에서의 경로다. 셸(bash)에게 이것이 리터럴 문자열 PATH가 아니라 변수임을 알려 주기 위해 이름 앞에 달러 기호($)를 넣어야 한다. 가독성을 높이기 위해 펄Perl을 사용해서 콜론을 새 줄로 바꾼다. 이 명령은 펄이 설치된 유닉스 커맨드 라인에서만 작동한다.

```
$ echo $PATH | perl -pe 's/:/\n/g' ❶
/Users/kyclark/.local/bin ❷
```

```
/Library/Frameworks/Python.framework/Versions/3.9/bin ❸
/usr/local/bin ❹
/usr/bin ❺
/bin
/usr/sbin
/sbin
```

❶ 펄 대체(s//) 명령은 첫 번째 패턴(:)을 전역적으로(g) 두 번째(\n)로 바꾼다.

❷ 내 프로그램을 설치하기 위해 일반적으로 만드는 사용자 정의 폴더다.

❸ 파이썬이 자체적으로 설치된 곳이다.

❹ 사용자가 설치한 소프트웨어의 표준 폴더다.

❺ 나머지는 프로그램을 찾기 위한 표준 폴더다.

 경로는 정의된 순서대로 검색되므로 순서가 매우 중요할 수 있다. 예를 들어 파이썬 경로는 시스템 경로 앞에 나열되므로 **python3**을 입력하면 내 시스템에 먼저 설치됐을 수 있는 버전보다 먼저 로컬 파이썬 폴더에 있는 버전을 사용한다.

내 PATH의 모든 폴더 이름은 bin으로 끝난다. 이것은 바이너리의 줄임말이며 많은 프로그램이 바이너리 형태로 존재하기 때문이다. 예를 들어 C 프로그램의 소스 코드는 기계가 읽을 수 있는 실행 파일로 컴파일되는 유사 영어 언어로 작성된다. 이 파일의 내용은 운영체제에서 실행할 수 있는 이진 인코딩 명령이다.

반면에 파이썬 프로그램은 일반적으로 런타임 때 파이썬에 의해 실행되는 소스 코드 파일로 설치된다. 파이썬 프로그램 중 하나를 전체적으로 설치하려면 PATH에 이미 나열된 폴더 중 하나에 복사하는 것이 좋다. 예를 들어 /usr/local/bin은 사용자가 소프트웨어를 로컬에 설치하는 일반적인 폴더다. 일반적으로 PATH에 있는 공통 폴더다. 관리자 권한이 있는 노트북과 같은 개인 컴퓨터에서 작업하는 경우 이 위치에 새 파일을 쓸 수 있어야 한다.

예를 들어 소스 코드의 전체 경로를 제공하지 않고 1장의 dna.py 프로그램을 실행하고 싶다면 내 PATH의 위치에 복사할 수 있다.

```
$ cp 01_dna/dna.py /usr/local/bin
```

그러나 이 작업을 수행할 수 있는 충분한 권한이 없을 수 있다. 유닉스 시스템은 처음부터 멀티테넌트multitenant 운영체제로 설계됐다. 즉 시스템을 동시에 사용하는 여러 사람을 지원한다. 사용자가 해서는 안 되는 파일을 작성하고 삭제하지 못하도록 하는 것이 중요하므로 OS에서 소유하지 않은 폴더에 dna.py를 쓰지 못하게 할 수 있다. 예를 들어 대학에서 공유 고성능 컴퓨팅 시스템을 사용하는 경우에는 이러한 권한이 없다.

시스템 폴더에 설치할 수 없는 경우 HOME 폴더에 해당 파일 위치를 만드는 것이 가장 쉽다. 내 노트북에는 다음과 같은 HOME 폴더가 있다.

```
$ echo $HOME
/Users/kyclark
```

거의 모든 시스템에서 프로그램을 설치하기 위해 $HOME/.local 폴더를 만든다. 대부분의 셸은 물결표(~)를 HOME으로 해석한다.

```
$ mkdir ~/.local
```

 관례상, 점으로 시작하는 이름을 가진 파일과 폴더는 일반적으로 ls 명령에선 숨겨진다. **ls -a**를 사용해야 폴더의 모든 파일을 나열할 수 있다. 옵션과 프로그램 상태를 유지하기 위해 다양한 프로그램에서 사용하는 다른 많은 점으로 된 파일을 볼 수 있다. 난 이것을 .local이라고 부르고, 일반적으로 내 폴더 리스트에서 볼 수 없다.

소프트웨어 설치를 위해 HOME에 폴더를 생성하는 것은 생물정보학에서 매우 일반적인 작업인, 소스에서 프로그램을 컴파일할 때 특히 유용하다. 이러한 종류의 설치는 구성 프로그램을 사용해서 C 컴파일러의 위치와 같은 시스템에 대한 정보를 수집하는 것부터 시작된다. 이 프로그램에는 거의 항상 --prefix 옵션이 있으며 이 옵션을 다음 폴더로 설정한다.

```
$ ./configure --prefix=$HOME/.local
```

설치 결과 바이너리 컴파일 파일을 $HOME/.local/bin에 저장한다. 또한 헤더 파일, 매뉴얼 페이지, 기타 지원 데이터를 $HOME/.local의 다른 폴더에 설치할 수도 있다.

로컬 프로그램을 설치하기로 결정할 때마다 다른 폴더뿐만 아니라 해당 폴더에서도 검색할 수 있도록 PATH가 업데이트돼야 한다. 나는 bash 셸을 자주 사용하며, HOME에 있는 점 파일 중 하나는 .bashrc(또는 .bash_profile 또는 .profile)라는 파일이다. 이 행을 추가해서 PATH의 첫 번째 사용자 정의 폴더를 배치할 수 있다.

```
export PATH=$HOME/.local/bin:$PATH
```

다른 셸을 사용하는 경우 약간 다른 것이 필요할 수 있다. 최근 macOS가 zsh(Z shell)를 기본 셸로 사용하기 시작했고, HPC 시스템이 다른 셸을 사용할 수 있다. 이들은 모두 PATH에 대한 개념을 갖고 있으며, 어떤 식으로든 사용자 정의할 수 있다. 윈도우에서는 이 명령을 사용해서 경로에 폴더를 추가할 수 있다.

```
> $env:Path += ";~/.local/bin"
```

폴더를 만들고 프로그램을 복사하는 방법은 다음과 같다.

```
$ mkdir -p ~/.local/bin
$ cp 01_dna/dna.py ~/.local/bin
```

이제 유닉스 시스템의 모든 위치에서 **dna.py**를 실행할 수 있다.

```
$ dna.py
usage: dna.py [-h] DNA
dna.py: error: the following arguments are required: DNA
```

cmd.exe와 PowerShell과 같은 윈도우 셸은 유닉스 셸과 같은 shebang을 읽고 실행하지 않으므로 프로그램 이름 앞에 **python.exe** 또는 **python3.exe** 명령을 포함해야 한다.

```
> python.exe C:\Users\kyclark\.local\bin\dna.py
usage: dna.py [-h] DNA
dna.py: error: the following arguments are required: DNA
```

 python.exe --version이 version 2가 아닌 version 3을 사용하고 있음을 표시하는지 확인해야 한다. 최신 버전의 파이썬을 설치해야 할 수도 있다. Python 3을 의미한다고 가정하고 python.exe를 사용하는 윈도우 명령만 표시했지만 시스템에 따라 python3.exe를 사용해야 할 수도 있다.

에필로그

우리가 사용하는 도구는 우리의 사고 습관, 즉 사고 능력에 심오한(그리고 사악한!) 영향을 미친다.

– 에츠허르 다익스트라(Edsger Dijkstra)

이 책은 로잘린드 챌린지에서 영감을 얻었는데, 처음에는 생물학에 대해 더 이해하려고 노력하다가 새로운 프로그래밍 언어를 배우면서 몇 년 동안 다시 살펴봤다. 처음에는 펄로 시도했고 이후 자바스크립트, 하스켈, 파이썬, 러스트를 사용해서 다양한 정도의 성공을 거뒀다. 여러분이 알고 있는 다른 언어를 사용해서 해결책을 작성하는 것도 도전할 것이다.

나는 여러분이 프로그램에서 재사용할 수 있는 파이썬의 패턴을 보여 주려고 노력했다. 무엇보다 타입과 테스트, 다양한 포맷과 린팅 툴이 여러분이 작성하는 프로그램을 획기적으로 개선할 수 있다는 것을 보여 줬다고 믿는다.

찾아보기

S

생물정보학을 위한 파이썬

유연한 파이썬 코드 작성, 테스트, 리팩토링

발 행 | 2024년 1월 2일

옮긴이 | 황 태 웅
지은이 | 켄 유엔스 클락

펴낸이 | 권 성 준
편집장 | 황 영 주
편 집 | 김 진 아
　　　　김 은 비
디자인 | 윤 서 빈

에이콘출판주식회사
서울특별시 양천구 국회대로 287 (목동)
전화 02-2653-7600, 팩스 02-2653-0433
www.acornpub.co.kr / editor@acornpub.co.kr